Hans-Martin Lübking

KURSBUCH KONFIRMATION

Das neue Programm

Ein Praxisbuch für Unterrichtende in der Konfirmandenarbeit

Patmos

Das Praxisbuch ist bezogen auf das folgende Arbeitsbuch:

Hans-Martin Lübking

Kursbuch Konfirmation
Das neue Programm
Ein Arbeitsbuch für Konfirmandinnen
und Konfirmanden
160 Seiten, Format DIN A 4

Lieferbar als

Broschur
ISBN/Best.-Nr. 3-491-76445-9

Bedruckter Ringordner mit eingelegter
Loseblattsammlung
ISBN/Best.-Nr. 3-491-76446-7

Loseblattsammlung mit farbigem Titelaufkleber
ISBN/Best.-Nr. 3-491-76447-5

Umschlagabbildung: zefa images
Gestaltung: grimm.design, Düsseldorf
Printed in Germany
ISBN 3-491-76448-3
www.patmos.de

INHALT PRAXISBUCH

INHALT CD-ROM

Die Erläuterungen und Materialien des vorliegenden Praxisbuches, wie auch die des dazugehörigen Arbeitsbuches „Kursbuch Konfirmation", sind aus der Praxis der Konfirmandenarbeit erwachsen. Sie berücksichtigen, dass Pfarrerinnen und Pfarrer ebenso wie andere Unterrichtende in der Regel nur wenig Zeit zur Vorbereitung und Reflexion des Unterrichts finden. Die in diesem Band vorgestellten Ideen, Arbeitshilfen und Vorlagen sind daher für „normale" Konfirmandengruppen konzipiert und dort ohne größere Umarbeitungsnotwendigkeiten einsetzbar.
Über weite Strecken ist das „Praxisbuch" ein Handbuch zur Arbeit mit dem Arbeitsbuch „Kursbuch Konfirmation". Es enthält methodische Erläuterungen, inhaltliche Alternativen und zusätzliche praktische Vorschläge zu den 19 Themen des Arbeitsbuches.
Diese Themen umfassen so etwas wie eine christliche Grundbildung für junge Christinnen und Christen. Möglicherweise sind es für manche Konfirmandengruppen mehr Themen, als in der Konfirmandenzeit behandelt werden können. Hier setze ich auf das pädagogische Geschick der Unterrichtenden, eigenverantwortlich auszuwählen oder auch Themen miteinander zu vernetzen. Da das „Kursbuch Konfirmation" aber auch, wie mir viele Rückmeldungen gezeigt haben, von Konfirmandinnen und Konfirmanden als „ihr" Lesebuch verstanden worden ist, sah ich keine Veranlassung zu einer Reduktion der Themen.
Die Reihenfolge der Themen orientiert sich an der Struktur der Konfirmandenzeit sowie am Kirchenjahr und berücksichtigt entwicklungspsychologische Einsichten. Da die Themen aber auch in sich abgeschlossen sind und nicht aufeinander aufbauen, ist im Unterricht auch eine andere Reihenfolge denkbar.
Die Erläuterungen zu den einzelnen Praxismaterialien sind durchgängig neu geschrieben worden. Viel umfangreicher als bisher bieten sie Zusatzinformationen zu einzelnen Themen und Bildern und beschreiben detailliert, wie mit den jeweiligen Praxisimpulsen gearbeitet werden kann. Die zusätzlichen Kopiervorlagen (M 1 usw.) bieten Anregungen für eine weitere Vertiefung des Themas.
Speziell zur „Jesus-Geschichte", die zusammen mit dem „Kursbuch Konfirmation" erschienen ist, habe ich verschiedene Möglichkeiten zusammengestellt, wie sie in der Konfirmandenarbeit gelesen und wie mit ihr gearbeitet werden kann.
Zu jedem Thema werden im Praxisbuch neu eine oder mehrere Skizzen kleiner Andachten oder anderer spiritueller Formen für die Konfirmandenarbeit geboten.
Neu ist ebenfalls die ausführliche Beschreibung eines mit den Konfirmandinnen und Konfirmanden erarbeiteten Gottesdienstes zu jedem Thema. Dazu gehören neben der vollständigen Ablaufskizze auch Texte, Szenen, Bilder und immer auch eine ausgeführte Kurzpredigt.
Am Ende jedes thematischen Abschnittes habe ich schließlich „wichtige Ergebnisse" formuliert. Sie beschreiben knapp, was bei den Konfirmandinnen und Konfirmanden bei der Beschäftigung mit dem jeweiligen Thema „herausgekommen" sein könnte oder sollte.
Mir ist bewusst, dass eine solche Formulierung von

Ergebnissen nur in einem eingeschränkten Sinn relevant sein kann. Die einzelnen Konfirmandengruppen unterscheiden sich in Herkunft und Zusammensetzung zum Teil beträchtlich. Das volkskirchliche Umfeld und die Rahmenbedingungen des Unterrichts sind häufig sehr ungleich. Das pädagogische Vermögen der Unterrichtenden differiert teilweise erheblich. Dennoch scheint es mir sinnvoll, auch einmal konkret zu beschreiben, was die Konfirmandinnen und Konfirmanden in der Konfirmandenzeit an Neuem lernen und erfahren können und wie sie in religiösen Fragen möglichst auch sprach- und ausdrucksfähiger werden können. Im Jargon der gegenwärtig viel verhandelten „Bildungsstandards" beschreiben die „wichtigen Ergebnisse" am ehesten so etwas wie „Mindeststandards" – und damit vor allem Ansprüche an den Unterricht und an die Unterrichtenden: Ermöglicht den Konfirmandinnen und Konfirmanden eine interessante Konfirmandenzeit mit Angeboten, Begegnungen und Erfahrungen, die zu den beschriebenen Ergebnissen führen können.

Es folgt ein praktischer Teil mit methodischen Hilfen für die Konfirmandenarbeit. Die hier gebotenen Anregungen und Beispiele sind gegenüber der letzten Auflage bearbeitet und fast durchgehend ergänzt worden.

Die CD-ROM enthält eine Fülle von zusätzlichen Materialien für die gesamte Konfirmandenarbeit. Die Arbeitsblätter und Kopiervorlagen berücksichtigen dabei auch die spezifischen Bedingungen eines Block-Modells in der Konfirmandenarbeit (Konfi-Nachmittag, Konfi-Tag oder Wochenende).

Auf der CD-ROM sind auch kleine Texte, kurze Erzählungen, Zeitungsmeldungen, Gebete und Fotos zusammengestellt, aus denen eine kleine „Andachts-Mappe" (etwa DIN A 5-Ringbuch) für den Unterricht gestaltet werden kann.

Plakatvorlagen zu den klassischen Auswendiglern-Texten (Glaubensbekenntnis, Zehn Gebote, Vater unser, Psalm 23) können ausgedruckt, vergrößert und im DIN A 3-Format (oder größer) im Gruppenraum aufgehängt werden.

Schließlich enthält die CD-ROM auch noch praktische Hilfen zu einigen wichtigen Themen der Konfirmandenzeit: Elternarbeit, Freizeit, Störungen, Konfirmandenarbeit im Team. Ferner finden sich Textbausteine für Informationen an Eltern und Konfirmanden zur Frage „Warum Konfirmandenunterricht?" Eine Anleitung zur CD-ROM finden Sie auf S. 213.

Gelegentlich ist zum Kursbuch Konfirmation (Arbeitsbuch und Praxisbuch) bemerkt worden, dass es einen mehrperspektivischen, anspruchsvollen Ansatz verfolge und auf Qualität Wert lege. Ich sehe darin, gerade auch in den Zeiten nach PISA, keine Überforderung der Konfirmandinnen und Konfirmanden, sondern bin überzeugt, dass ein solcher Ansatz am ehesten nachhaltig wirken kann. Außerdem macht den Konfirmandinnen und Konfirmanden auf Dauer nur eine interessante und auch anspruchsvolle Konfirmandenarbeit Spaß.

Diesen Ansatz habe ich in dem einführenden Artikel „Die Konfirmandenarbeit als Bildungsauftrag der evangelischen Kirche" beschrieben und begründet.

Hans-Martin Lübking

///DIE KONFIRMANDENARBEIT ALS BILDUNGSAUFTRAG DER EVANGELISCHEN KIRCHE///

❶ KONFIRMATION UND KONFIRMANDENUNTERRICHT – EIN ERFOLGSMODELL DES PROTESTANTISMUS

In der Geschichte des Protestantismus sind Konfirmation und Konfirmandenunterricht ein einziges Erfolgsmodell. Was im 16. Jahrhundert in Hessen in Auseinandersetzung mit katholischer Firmpraxis einerseits und mit der reformatorischen Täuferbewegung andererseits entstand, setzte sich bis ins 19. Jahrhundert in fast allen protestantischen Ländern und Gemeinden durch. Aber nur in Deutschland und auch noch in der Schweiz wurde die Konfirmation zugleich auch zu einem lebensgeschichtlich wichtigen Datum. In Nordamerika, in Großbritannien oder in den skandinavischen Ländern käme niemand auf die Idee, beispielsweise die „Goldene Konfirmation" zu feiern. In Deutschland zumindest hat der Konfirmandenunterricht ganz wesentlich dazu beigetragen, dass es ein elementares Glaubenswissen in der protestantischen Bevölkerung gab, Gesangbuchlieder, Glaubensbekenntnis, Psalmen und Bibelverse bekannt waren und es unter den Evangelischen insgesamt eine Ansprechbarkeit auf Fragen des Glaubens und der Religion gab. Konfirmationssprüche spielten im persönlichen Leben eine große Rolle, begleiteten einen evangelischen Christen oft bis zur Beerdigung und hingen nicht selten als einziger Wandschmuck in den guten Stuben. Dabei sorgte die Konfirmation nur selten für eine bruchlose Kirchenkarriere – auch in früheren Zeiten nicht. In der Literatur des 19. Jahrhunderts ist fast immer davon die Rede, dass man mit der Konfirmation „freikam". Der Unterricht und vor allem das ständige Auswendiglernen sind auch als drückende Last empfunden worden. Und schon im 18. und 19. Jahrhundert wurde viel geklagt, dass ein großer Teil der Konfirmandinnen und Konfirmanden es ja gar nicht wirklich ernst meine. Dem wollte man mit der Einführung einer Konfirmation erster und einer zweiter Klasse begegnen. Und schließlich wurde auch schon im 19. Jahrhundert die Frage des richtigen Alters heiß diskutiert.
Dennoch waren Konfirmandenunterricht und Konfirmation ein Erfolgsmodell – und es lohnt, die einzelnen Erfolgsfaktoren dieses Modells noch einmal extra zu benennen:

1) Die Konfirmation mit 14 Jahren – eine feste Institution. Konfirmiert wurde über lange Zeit hinweg am Palmsonntag, denn das war auch, für die allermeisten, die Zeit der Schulentlassung. Zu diesem Anlass gab es einen Anzug, ein Kleid, eine Uhr und feste Schuhe, damit man die Lehre bzw. die Stellung antreten konnte. Das alles war ein fester Zusammenhang.
2) Konfirmandenunterricht und Konfirmation waren Sache des Pfarrers. Man ging „auf die Pfarre" oder zum „Packer". Die Literatur ist voll von Belegen, wie sich berühmte Leute in ihren Lebenserinnerungen an den Pfarrer ihrer Konfirmandenzeit erinnern, der ihnen den Weg gewiesen und wichtige Impulse für ihr späteres Leben gegeben habe.
3) Der Katechismus. Der Heidelberger und mehr noch der kleine Katechismus Luthers haben Generationen von Heranwachsenden zumindest christlich mitgeprägt. Luthers kleiner Katechismus war wohl das einflussreichste christliche Elementarbuch der Kirchengeschichte.
4) Die einfache Struktur. Man ging jede Woche ein oder zwei Stunden zum Pfarrer, übrigens häufig in Verbindung mit der Schule (Bis zum Ende des 19. Jahrhunderts hatten wir in Deutschland eine Ganztagsschule!). Freizeiten, Fahrten, Erkundungen oder Praktika gab es nicht.
5) Das protestantische Milieu. Alle gingen zum Konfirmandenunterricht, er war selbstverständlich. Konfessionslose Kinder gab es noch nicht, ungetaufte auch nicht, ausländische Kinder schon gar nicht.

Man kann sagen, das alles ist heute vorbei, wir müssen uns auf eine ganz andere Situation einstellen. Das ist richtig, dennoch scheint es mir nicht überflüssig zu sein, an die alten Erfolgsfaktoren des Konfirmandenunterrichts zu erinnern.

❷ KONFIRMANDENARBEIT ALS TEIL DES BILDUNGSAUFTRAGS DER EVANGELISCHEN KIRCHE

Konfirmandenarbeit und Konfirmation gehören zum Bildungsauftrag der evangelischen Kirche.
Sie sind nicht das alleinige Bildungsangebot der evangelischen Kirche, aber immer noch ein zentrales. Immer noch bilden die Erfahrungen, die ein durchschnittlicher Christ in der Konfirmandenzeit mit der Kirche gemacht hat, wahrscheinlich den stärksten Einzelfaktor für die spätere Einstellung zur Kirche. Denn immer noch bleibt die Konfirmandenzeit im Leben eines evangelischen Durchschnittschristen die längste Zeit, die er oder sie kontinuierlich mit der Kirche verbracht hat. Und so bleibt die Konfirmandenarbeit die größte Chance der evangelischen Kirche, eine bloß zugeschriebene und mit der Säuglings- oder Kindertaufe erworbene Mitgliedschaft in eine bejahte und innerlich akzeptierte Mitgliedschaft umzuwandeln.

So hat die Konfirmandenarbeit nichts von ihrer Relevanz verloren, auch wenn in den letzten Jahrzehnten viele andere kirchliche Bildungsangebote dazugekommen sind.

❸ EVANGELISCHES BILDUNGSVERSTÄNDNIS

In ihrer Denkschrift „Maße des Menschlichen" hat die EKD daran erinnert, dass Bildung sich nicht vorrangig an Nützlichkeitskriterien orientieren darf. Bildung muss mehr sein als Ausbildung und berufliche Qualifikation, mehr auch als Lernen und Wissen. Es wird heute viel von der „Wissensgesellschaft" geredet. In der Tat wissen wir heute viel, und alle 5 bis 10 Jahre verdoppelt sich das in Datenbanken und Bibliotheken verfügbare Sachwissen. Doch je mehr wir wissen, wissen wir zugleich noch nicht, wozu dieses Wissen gut ist. Wissen allein ermöglicht noch kein verantwortungsvolles Handeln. Die alte Unterscheidung von Wissen und Weisheit ist aktueller denn je. Um Wissen richtig zu verarbeiten, braucht man Bildung – ethische, soziale, religiöse, philosophische, ästhetische, geschichtliche, auch ökonomische Bildung.
Bildung braucht Zeit, sie ist nie abgeschlossen, sie ist immer eigene Bildung (ich kann mich nur selbst bilden), sie hat immer eine existenzielle Dimension, sie führt zu größerer Freiheit und Selbstbestimmung und ist gar nicht denkbar ohne die Übernahme von Verantwortung. Man ist nie nur für sich selbst gebildet – dann ist man eingebildet –, sondern immer auch, um Verantwortung für andere zu übernehmen.
Das sind einige allgemeine Kriterien für Bildung.
Zum evangelischen Bildungsverständnis gehören aber noch einige besondere Nuancen:

1) Zur Bildung gehört immer auch ein Menschenbild. Nach christlichem Verständnis ist der Mensch Geschöpf und Ebenbild Gottes. Er ist nicht in erster Linie Teilnehmer an einem internationalen Wettbewerb, er ist nicht in erster Linie als Humankapital und als wertvoller Rohstoff für den Standort Deutschland in den Blick zu nehmen. Und er darf auch nicht erst dann als wertvoll und gebildet gelten, wenn er die Feuilleton-Seiten der „Zeit" verstanden hat. Nein: christliche Bildung bedeutet, in allen Menschen Gottes Ebenbild zu entdecken und für seine Würde einzutreten. „Bildung für alle" war darum zu Recht ein Schlagwort der Reformation und „Bildungsgerechtigkeit" muss uns heute besonders am Herzen liegen.
2) Christliche, evangelische Bildung orientiert sich an Gottes Heilsversprechen für alle Menschen. Bildung ist nicht Selbstzweck, sie orientiert sich nicht an dem modischen Begriff der Lebenskunst. Sie hat ein Ziel, das ich abgekürzt mit gesellschaftlicher und globaler Gerechtigkeit, mit Frieden und Bewahrung der Schöpfung skizzieren möchte. Zu Recht hat Dietrich Bonhoeffer seinerzeit darauf bestanden, dass sich wirkliche Bildung und Nationalsozialismus nicht vereinbaren lassen.
3) Der christliche Bildungsauftrag betrifft den ganzen Menschen. Bildung ist nicht vorrangig auf eine möglichst rasche Berufsfähigkeit ausgerichtet, sondern zielt über die gegenwärtig bevorzugte technisch-kognitive Förderung hinaus auf die geistige Entwicklung des Menschen und auf seine sozialen, gefühlsmäßigen und schöpferischen Fähigkeiten. „Was hülfen uns Wissensriesen, wenn sie Gemüter von Zwergen hätten", fragte der ehemalige Max-Planck-Präsident Hubert Markl – und ich möchte ergänzen: Wer sich mit den neuesten Computer-Programmen auskennt oder wer 40 Veröffentlichungen zur Stammzellforschung aufzuweisen hat, sich aber keinen Reim darauf machen kann, warum 4 Millionen Menschen zur Papst-Beerdigung nach Rom oder 1 Million Menschen zum Kirchentag nach Hannover gefahren sind, darf nicht als gebildet gelten.
4) Zum protestantischen Verständnis gehört die Achtung vor dem Gewissen und dem Eigenrecht des einzelnen Menschen. Indoktrination und Überwältigung sind mit evangelischer Bildung unvereinbar. Kinder, Jugendliche und auch Erwachsene sind Subjekte, die sich selbsttätig und eigenverantwortlich bilden. Dazu brauchen sie die Begegnung mit Eltern, Erziehenden, Lehrenden und mit ihresgleichen.
5) Gerade angesichts des gegenwärtigen Bildungsbooms möchte ich aus protestantischer Einsicht sagen: Bildung ist aber auch begrenzt. Daran hat die EKD-Denkschrift „Maße des Menschlichen" erinnert. Sie darf nicht maßlos werden. Längst haben Lernen und Bildung die Funktion übernommen, die früher dem Gebet zukam. Wenn man nicht weiterwusste, betete man früher – heute macht man eine Fortbildung. Doch es können nicht alle gesellschaftlichen und persönlichen Probleme durch Bildung gelöst werden. Was ist mit den Menschen, die nicht gesund, nicht psychisch stabil, nicht arbeitsfähig und gehandicapt sind? Bildung kann den Menschen nicht erlösen. Jeder Mensch, mit seinen besonderen Fähigkeiten aber auch in seinen Grenzen, hat von Gott her eine unverlierbare Würde, die er durch Bildung nicht verbessern und durch fehlende Bildung nicht beeinträchtigen kann. Das ist christliche Grundüberzeugung.

Was bedeutet das für die Konfirmandenarbeit?

❹ KONFIRMANDENARBEIT UND BILDUNG: SIEBEN RICHTUNGSANZEIGEN

1) Konfirmandenarbeit ist keine Schulung und auch nicht die Absolvierung eines Lernprogramms. Erinnern wir uns: Ich kann mich nur selbst bilden. Auch Lernen ist immer etwas Individuelles und Persönliches. Nur das, was ich selbst erarbeitet, mir selbst angeeignet, selbst begriffen habe, hat überhaupt die Chance, in mein Langzeitgedächtnis zu kommen, Wurzeln zu schlagen und länger zu wirken.
Ausgangspunkt des Konfirmandenunterrichts der Zukunft müssen zunächst die Konfirmandinnen und Konfirmanden selbst sein: ihre Situation, ihre Fragen, ihr Erfahrungs- und Verstehenshorizont.
Bisher geht es im Unterricht noch zu oft darum, Grundlagen vom christlichen Glauben her zu legen. Die Konfirmandinnen und Konfirmanden sollen dann ihre Fragen, die sie haben, von diesem Fundament her selbst beantworten können. Genau das geht aber nicht mehr. Die Konfirmanden merken meist nicht, was diese Grundlage mit ihnen zu tun haben könnte. So werden im Konfirmandenunterricht häufig Fragen beantwortet, die keiner gestellt hat – nach dem Motto: „Es kann ja nicht schaden".
Nein, die Themen der Konfirmandenzeit müssen im Horizont und in der Sprache der Jugendlichen erschlossen werden. Das schließt aber die Aneignung von Texten aus der Bibel und die Beschäftigung mit wichtigen Themen der christlichen Tradition nicht aus.
Gerade unter den wichtigen Themen der christlichen Tradition (Jesus, Taufe, Abendmahl, Gott, Gebote usw.) gibt es viele ungehobene Schätze für Jugendliche, die wir aber nicht mehr in dogmatisch-korrekter und auch nicht in symbolisch-klerikaler Form vermitteln können. Vielmehr sollten wir entschieden danach fragen: „Wo liegen die elementaren Zugänge dieses Thema speziell für 13-14-Jährige und was kann an dem Thema für sie befreiend-hilfreich sein?" Denn was ein Konfirmand als für sein späteres Leben wichtig einsehen soll, das muss ihm auch jetzt schon als wichtig einleuchten.

2) Konfirmandenorientierung ersetzt aber die Inhalte nicht. Wer in scheinbarer Annäherung an die Lebenswelt Jugendlicher ohne thematischen Plan immer gerade das zum Thema macht, was bei den Jugendlichen oder in der Gruppe gerade dran zu sein scheint, dreht sich nicht nur bald im Kreis, sondern veranstaltet auch einen autoritären Unterricht. Konfirmanden-orientierung ist auch nicht mit Erlebnisorientierung gleichzusetzen. Wer darauf setzt, hat Konfirmandin-nen und Konfirmanden eigentlich schon als blöd abgeschrieben. Gewiss: Konfirmandenunterricht soll Spaß machen; aber nur was interessant ist, macht auf Dauer Spaß. In der Konfirmandenzeit müssen die Jugendlichen etwas Neues lernen und erfahren können, in religiösen Fragen selbstständiger und d.h. auch sprach- und ausdrucksfähiger werden, muss es auch zu Erkenntnis- und Erfahrungsfortschritten kommen. Wenn ein Konfirmand auch nach der Kon-firmation noch nicht weiß, dass man mit der Taufe Mitglied in der Kirche wird oder Martin Luther nicht die Kirche gegründet hat, dann halte ich das für eine Bankrotterklärung des Unterrichts. Kurz: Im Konfirmandenunterricht muss auch etwas dabei herauskommen. Es kann nicht nur darum gehen, eine schöne Zeit miteinander zu verbringen oder die Beziehungen untereinander zu bearbeiten. Es darf nicht der Unterricht der unbeantwortet gebliebenen Fragen sein.
Aus der Bildungsforschung wissen wir: Bildung basiert auf Wissen, gibt es nicht ohne Inhalte und ist bezogen auf die Schlüsselthemen menschlichen und gesellschaftlichen Lebens. Nur so kann Bildung Orientierung vermitteln. Wissen und Inhalte gehören darum zur Konfirmandenarbeit unabdingbar dazu. Schon Philipp Melanchthon stellte fest: *„Die Kirche schuldet den jungen Menschen die verständige Klarheit des Glaubens und den überzeugenden Aufweis der Wohltaten Christi."*
In ihrer Konfirmandenzeit sollten Jugendliche zentrale Texte und Einsichten der biblischen Tradition, besonders der Evangelien, in ihrem existenziellen Sinn für ihr eigenes Leben kennenlernen und in Andachten, Gottesdiensten und weiteren spirituellen Formen auch ausprobieren können.
Die Konfirmandenarbeit stellt unseren eigenen Glauben und den Glauben unserer Gemeinden auf den Prüfstand. Die Jugendlichen fordern von uns den Erweis der Relevanz des Glaubens für eine sinnvolle Lebensgestaltung. Die Relevanz der Konfirmandenarbeit liegt in ihren Inhalten. Sie wird für Jugendliche dort interessant, wo sie die Inhalte als spannend erleben.
Was Fulbert Steffensky für den Religionsunterricht gesagt hat, gilt daher auch für den Konfirmandenunterricht: *„Ich kann mir keinen Religionsunterricht vorstellen, der nicht auch etwas Missionarisches hat; nicht Missionierung für die Kirchen, wohl aber für die Bilder der Lebensrettung. Tradition verstehe ich als eine Überlieferung der Bilder der Lebensrettung, die Menschen miteinander teilen. Dass das Leben kostbar*

ist; dass Gott es liebt; dass einmal die Tränen abgewischt werden sollen; dass wir zur Freiheit berufen und dass die Armen die ersten Adressaten des Evangeliums sind, das sagt, das singt, das spielt uns diese Tradition in vielen Geschichten und Bildern vor.“
Ich ergänze: Diese Geschichten und Bilder dürfen wir den Jugendlichen in einer Zeit der Leichtgläubigkeit und grassierender religiöser Warenhausmentalität um Himmels willen nicht vorenthalten.

3) Jugendliche entdecken Zugänge und Lösungen zu einem Thema auf sehr unterschiedliche Weise. Evangelisches Bildungsverständnis zielt immer auf die Entwicklung des ganzen Menschen mit seinen Fähigkeiten und Gaben, aber eben auch seinen Schwächen und Unzulänglichkeiten. Eben deshalb brauchen wir möglichst vielfältige Formen und Kanäle, um Impulse und Informationen aufnehmen und verarbeiten zu können. Je vielfältiger und bunter die Informationen daherkommen, umso wirksamer werden sie im Gehirn verarbeitet. Neues haftet am Besten, wenn es in möglichst vielen Zusammenhängen auftaucht. Konfirmandenarbeit ist nicht nur Aktion, Freizeit, Gottesdienst oder Projekt, sondern immer auch noch Unterricht. Das ist nichts, dessen wir uns schämen müssten. Guter Unterricht ist bei den Konfirmanden beliebter als eine schlechte Freizeit.
Doch immer noch dominiert im Konfirmandenunterricht als Methode das „Unterrichtsgespräch“. Dahinter steckt ein gewisser pädagogischer Aberglaube: Man glaubt, auf diese Weise möglichst viele Fragen zügig behandeln zu können und dabei das Heft im Unterricht in der Hand zu behalten – und übersieht, dass die Konfirmandinnen und Konfirmanden in der Regel darauf mit ihrem in langer Schulzeit trainierten minimalistischen Schülerverhalten reagieren: Man arbeitet nur soweit mit, wie es sich nicht gerade anders vermeiden lässt.
Es gibt also noch keinen Grund, vor Methodenvielfalt zu warnen. Im Gegenteil! Ein Unterricht, der möglichst viele Sinne anspricht und verschiedene Arbeitsverfahren integriert, erreicht auch mehr Konfirmandinnen und Konfirmanden. Gerade in Gruppen, in denen Sonderschüler neben Gymnasiastinnen sitzen, provoziert man durch Methodenarmut selbst Lethargie und Störungen. Denn Konfirmanden, denen im offiziellen Teil des Unterrichts Methodenvielfalt vorenthalten wird, schaffen sich diese Vielfalt im inoffiziellen Teil des Unterrichts selbst.

Aus der Schulunterrichtsforschung wissen wir in Deutschland seit etwa 10 Jahren, was zu einem guten Unterricht gehört.

Einige Merkmale möchte ich nennen und sie auf die Konfirmandenarbeit beziehen:

1) Klare Strukturierung des Unterrichts: Nichts ist langweiliger als eine Veranstaltung, in der man nicht weiß, worum es geht. Den roten Faden erkennen zu können gilt als das empirisch am besten erhärtete Gütekriterium. Auch die Konfirmanden müssen wissen, worum es geht, was von ihnen im Unterricht erwartet wird, wie der Unterricht geplant ist. Sinn und Ziel des jeweiligen Unterrichtsabschnittes müssen für sie erkennbar sein.

2) Intensive Nutzung der Lernzeit: Ein Unterricht, in dem es egal ist, ob man pünktlich oder zu spät kommt, in dem der Aufbau technischer Geräte die Hälfte der Unterrichtszeit verschlingt und die andere Hälfte für Ermahnungen und Störungen der Konfirmanden draufgeht, ist nicht nur kontraproduktiv, sondern nur noch ärgerlich. Andererseits sollte man nicht meinen, den Konfirmandinnen und Konfirmanden sei am besten gedient, wenn sie möglichst wenig Zeit im Konfirmandenunterricht verbringen. Wenn der Unterrichtende seine Sache ernst nimmt und will, dass dies auch die Konfirmanden tun, dann braucht man Zeit, um die Dinge begreiflich zu machen.
Aus Befragungen von Konfirmanden weiß man zudem, dass die Zufriedenheit mit der Konfirmandenarbeit mit der Zeit ansteigt. Bildung braucht Zeit.

3) Ziele, Inhalte und Methoden müssen zusammenpassen, müssen stimmig sein. Wenn hier keine Klarheit herrscht, ist auch Sinn und Struktur des Unterrichts in Frage gestellt. Unsicherheit wiederum ist für die Konfirmandinnen und Konfirmanden ein Signal, in Machtspiele einzusteigen.

4) Lernförderliches Klima: Grundvoraussetzung für ein förderliches Unterrichtsklima ist die Wertschätzung der Konfirmanden durch den Unterrichtenden. Die Konfirmanden müssen spüren können, das man sie mag. Hinzu kommen aber gerechte Regeln, regelmäßiges Feedback, Formen der Mitbestimmung durch die Konfirmanden und nicht zuletzt ansprechende Räumlichkeiten.

5) Anspruchsvoller Unterricht: Alle Untersuchungen zeigen, dass Schülerinnen und Schüler einen anspruchsvollen und interessanten Unterricht wünschen. Ohne Anstrengung gibt es kein Lernen. Aus der Hirnforschung wissen wir, dass unser Gehirn, ein energieintensives Organ, bei jeder Information erst einmal fragt: Ist das so interessant, dass ich meinen Betrieb einschalte oder laufe ich weiter im Energiesparbetrieb? Der Unterricht braucht ein gewisses Anspruchsniveau mit ausreichender Lernzeit – und das gilt gerade auch für schwächere Konfirmanden mit geringeren Vorkenntnissen.

4) Ein wesentlicher Mangel des herkömmlichen Konfirmandenunterrichts ist seine Folgenlosigkeit. Ob wir über den Aufbau der Kirche sprechen, einen Film über Ausländerfeindlichkeit sehen, große Hände aufs Papier malen oder über die Vor- und Nachteile der Kindertaufe diskutieren – es bleibt alles ohne greifbare Folgen für die Konfirmandinnen und Konfirmanden.
Es muss daher im Unterricht auch etwas zu erkunden, zu bauen, auszuprobieren, zu unternehmen, zu befragen, zu erleben, zu tun geben. Wir müssen öfter raus aus dem Unterrichtsraum. Eine einfache pädagogische Regel sagt: „Wer etwas verstehen will, muss es entstehen sehen". Dass das, was wir im Konfirmandenunterricht behandeln, auch eine Lebensrelevanz haben kann, werden wir im Unterrichtsraum allein kaum noch vermitteln können. Es ist besser, gemeinsam etwas zu bauen als ein Arbeitsblatt auszufüllen, auf der Polizeiwache über das 7. Gebot zu diskutieren als ein zähes Unterrichtsgespräch zu führen.
Konfirmandenarbeit ist insgesamt noch mehr als Unterricht. Praktika, Projekte, Erkundungen, Begegnungen und Freizeiten und hier und da auch ein Konfi-Camp haben heute zu Recht einen hohen Stellenwert für die Konfirmandenarbeit. Bildung braucht Begegnung. Bei Gesprächen mit anderen Gemeindegruppen, Besuchen von diakonischen Einrichtungen und Erkundungen von kommunalen Angeboten können Jugendliche erfragen und hoffentlich auch spüren, ob und dass der christliche Glaube auch heute noch eine soziale, eine lebensprägende Relevanz hat.
Konfirmandinnen und Konfirmanden sollten aber auch Fragen und Ergebnisse des Unterrichts in den Gottesdienst einbringen, im Gottesdienst mitwirken und einige Gottesdienst selbst vorbereiten und mitgestalten. Ich glaube, dass es in Zukunft eine immer wichtigere Aufgabe der Konfirmandenarbeit sein wird, Erfahrungen mit Spiritualität und gelebter Frömmigkeit anzubahnen oder zu ermöglichen. Ein Großteil der Kinder und Jugendlichen wächst ja heute eher in einer Umgebung der spirituellen Verarmung oder Leere auf. Wie sollen 13- und 14-Jährige aber über etwas reden, mit dem sie keine eigene Erfahrung verbinden?
Von der Meditation über das gemeinsame Fasten bis zu verschiedenen gottesdienstlichen Beteiligungsmöglichkeiten, vom gemeinsamen Essen über eine Wiederentdeckung der Rituale bis zur intensiveren Nutzung des Kirchenraumes gibt es hier viele Formen, die je nach eigenem Interesse ausprobiert und stärker berücksichtigt werden sollten.

5) Als therapeutische Veranstaltung für 12- bis 14-Jährige wäre der Konfirmandenunterricht überfordert. Trotzdem sollte er eine seelsorgerliche Dimension haben. In jeder Konfirmandengruppe sitzen inzwischen Jugendliche mit erheblichen Problembelastungen – von krimineller Auffälligkeit bis zu erheblichem Schuldruck, mit Essstörungen oder mit Gewalterfahrungen, keine traurigen Fälle und auch keine „Erziehungsbomben", sondern Geschöpfe Gottes, Ebenbilder Gottes, deren Bildung und deren Lebenschancen uns am Herzen liegen sollten. Wir werden ihre Probleme im Konfirmandenunterricht nicht lösen können und wir sollten uns hüten, solche Fälle selbst bearbeiten zu wollen. Aber wir dürfen den Unterricht auch nicht unbeeindruckt von der Situation dieser Jugendlichen einfach durchziehen. Wir können eine erkennbare Anlaufstelle sein, vielleicht Hilfen vermitteln, eventuell sollten wir uns auch einmischen. Das setzt aber ein Interesse an den einzelnen Personen sowie eine genauere Wahrnehmung ihrer Situation voraus, die wir nicht durch Shell-Studien, sondern durch Zusammensein mit ihnen bei Freizeiten, beim gemeinsamen Fußballspiel, beim Eisessen usw., und durch gezielte Fortbildung erwerben können.
Alle Indizien weisen darauf hin, dass wir in Zukunft mit einer weiter wachsenden sozialen Schere und mit einer Zunahme von psychischen Belastungen bei Jugendlichen rechnen müssen. Dies wird auch die Konfirmandenarbeit tangieren.

6) Auch in Zukunft werden die unterrichtenden Pfarrerinnen und Pfarrer eine entscheidende Bedeutung für die Qualität der Konfirmandenarbeit haben. Die Konfirmandenarbeit gehört nach wie vor zu den Grundaufgaben jeder Pfarrerin und jedes Pfarrers. Doch zugleich gilt auch: Wo weitere Mitarbeiterinnen und Mitarbeiter kontinuierlich in der Konfirmandenarbeit mitwirken, profitiert diese Arbeit von neuen Ideen, wird sie methodisch vielseitiger, steigt die Motivation, ist der Unterricht zumindest immer ein vorbereiteter – wird er aber auch vorbereitungsintensiver. Personale Beziehungen, die zwischen Konfirmanden und einzelnen Mitarbeitern entstehen, verstärken die Bindung an die Gemeinde und vergrößern die Chance eines Übergangs in die Jugendarbeit nach der Konfirmation. Gerade konfir-

mierte Jugendliche können als Teamer eine Brücke in die Gemeinde sein. Sie sind zugleich oft auch eine Brücke zwischen Pfarrern und Konfirmanden. Manche Inhalte können über die Jugendlichen besser transportiert werden als im direkten Kontakt zwischen Erwachsenen und Konfirmanden.
Die Zukunft gehört dem Team in der Konfirmandenarbeit – aber auch die Teamer brauchen verlässliche Begleitung und Fortbildung.

7) Modelle der Konfirmandenarbeit
Zurzeit wird in der Konfirmandenarbeit viel über alternative Modelle nachgedacht. Doch alternative Organisationsformen sind kein Allheilmittel. Damit sich die Einführung eines anderen Modells nicht nach einiger Zeit als Ausweichmanöver gegenüber anders gelagerten, unbequemen, aber standzuhaltenden Problemen in der Konfirmandenarbeit entpuppt, empfehle ich zuvor eine sorgsame Prüfung einiger Fragen:
1) Welche Probleme veranlassen mich, den bisherigen Konfirmandenunterricht zu verändern? Keine Erprobung neuer Modelle ohne Analyse der bisherigen Arbeit – damit beim neuen Modell nicht die alten Probleme wieder auftreten.
2) Wer ist außer mir in dieser Gemeinde noch an einer Veränderung des Modells interessiert? Hängt das neue Modell an mir und meiner Person? Wer kann einspringen, wenn ich krank werde?
3) Wie viel Mehrarbeit wird das neue Modell für mich bedeuten? Habe ich die Zeit und die Kraft, eventuell mehr in die Konfirmandenarbeit zu investieren?
4) Wenn Mitarbeiterinnen und Mitarbeiter beteiligt sind – sind sie auch von vornherein an der Planung beteiligt? Wie viel Verantwortung haben sie? Und vor allem: Was haben sie von der Mitarbeit, was kommt für sie dabei heraus?
5) Ist das neue Organisationsmodell für Konfirmanden und Eltern verständlich und transparent? Findet es die Akzeptanz der Eltern?
Wichtig ist: Die Organisation der Konfirmandenarbeit muss eine kontinuierliche Begleitung der Konfirmandinnen und Konfirmanden ermöglichen. Sie muss den Jugendlichen verständlich sein und mit den Eltern besprochen werden.
In einigen Landeskirchen gibt es seit Jahren Erfahrungen mit dem so genannten 2-Stufen-Modell, einem ersten Jahr im 3. und einem zweiten Jahr im 8. Schuljahr. Meine Einschätzung ist: Das Modell hat Vorteile und Nachteile!
Vorteile sind:

- Der Kontakt der Kinder zur Kirche erfolgt wesentlich früher!
- Im dritten Schulbesuchsjahr können auch Eltern zur Mitarbeit gewonnen werden – manchmal sind es Eltern, die man von der Kirche aus sonst nie erreicht hätte.
- Bei den Unterrichtenden steigt die Motivation für den Konfirmandenunterricht, denn sie können mit relativ unaufwendigen Methoden bei den Kindern Erfolge haben.
- Ein Großteil der Kinder ist im Alter von 9 Jahren aufmerksamer und mitarbeitsbereiter.

Nachteile sind:

- Man kann mit 9 Jahren keine inhaltlichen Fundamente legen, die mit 13 oder 14 Jahren noch tragen. Man fängt im 2. Teil inhaltlich wieder neu an, die Brücke zwischen 9 und 13 sind weniger die Themen, sondern die guten Eindrücke und die personellen und sozialen Erfahrungen mit der Kirche, an die man anknüpfen kann.
- Das Modell erfordert eine hohen Organisationsaufwand. Wegen der zwischenzeitlich zugezogenen Kinder und weil es immer Eltern gibt, die ihr Kind erst mit 12 schicken wollen, muss fast in allen Gemeinden zusätzlich ein Konfirmandenunterricht im 7. Schulbesuchsjahr angeboten werden.
- Entscheidend für die spätere Beurteilung durch die Konfirmierten bleibt das zweite Jahr mit 13 und 14.

Trotz dieser Nachteile halte ich das Modell für sehr bedenkenswert. Der Akzent sollte im 1. Jahr aber nicht auf Unterricht liegen, sondern auf einer lebendigen kirchlichen Kinderarbeit mit Spielen, Feiern, Familiengottesdiensten, Freizeiten, Erzählritualen, Erkundungen und Kinderbibelwochen. Zusätzlich ist sicher zu stellen, dass die Konfirmandinnen und Konfirmanden in der Zeit zwischen dem dritten und dem achten Schuljahr regelmäßig zu Angeboten der Arbeit mit Kindern eingeladen werden. Auch darf die Begleitung Jugendlicher in einer schwierigen Lebensphase nicht dadurch in den Hintergrund gerückt werden, dass alles Gewicht auf die erste Phase im 3. Schuljahr gelegt wird.
Als akzeptierte Alternative zum herkömmlichen Wochenstundenunterricht schält sich gegenwärtig eher ein anderes Modell heraus: Der Blockunterricht alle drei oder vier Wochen am Samstag mit gemeinsamem Essen, vielen Kleingruppen und einer, wie fast alle berichten, wesentlich entspannteren Atmosphäre. Es funktioniert nur mit einem Team, doch es erhöht eindeutig die Motivation für den Konfirmandenunterricht und erlaubt ein kreativeres,

///DIE KONFIRMANDENARBEIT ALS BILDUNGSAUFTRAG DER EVANGELISCHEN KIRCHE///

produktorientiertes Arbeiten. Themen können umfassender erarbeitet werden, es gibt gute Chancen für Gemeinschaftserfahrungen (z. B. gemeinsame Mahlzeiten) und liturgische Elemente. Auch dieses Modell ist nicht ohne Probleme. Nicht alle Jugendlichen und nicht alle Eltern sind für den Samstag zu gewinnen – und wer einmal fehlt, hat meist ein ganzes Thema verpasst.
Der Konfirmandenunterricht ist ein diffiziles Organisationsgebilde. Es sind daran nicht nur die unterrichtenden Pfarrerinnen und Pfarrer, Mitarbeiterinnen und Mitarbeiter beteiligt, sondern auch Eltern, Schulen, Kirchenvorstände, Küster, Kieferorthopäden und nicht zuletzt die Konfirmandinnen und Konfirmanden selbst. Es geht aber auch um geeignete Räume, finanzierbare Freizeiten, verfügbare Materialien. Alles muss mitspielen. Letztlich werden sich in der Konfirmandenarbeit immer wieder einfache, transparente und nicht zu arbeitsaufwendige Organisationsformen durchsetzen.
Wie immer das Organisationsmodell der Konfirmandenarbeit konkret aussehen mag, es sollten dabei drei Essentials beachtet werden, die etwas mit dem evangelischen Bildungsverständnis zu tun haben.
a) Eigentlich ist der Konfirmandenunterricht ein gesellschaftlich wertvolles Fossil, das unter Artenschutz gestellt werden müsste. Wo gibt es das sonst noch in der Gesellschaft, dass Sonderschüler und kluge Gymnasiastinnen, Luxuskinder und Armutskinder über längere Zeit in einer Gruppe zusammen sind, gemeinsam auf Freizeiten fahren, sich gegenseitig aushalten und aufeinander Rücksicht nehmen müssen? Das ist nicht nur soziales Lernen par excellence, der Konfirmandenunterricht ist auch einer der letzten institutionellen Orte der Bildungsgerechtigkeit in der Gesellschaft. Und das muss auch so bleiben!
b) Bildung braucht Zeit! Eine Konfirmandenarbeit, die unterschiedliche Organisationsformen vereint, methodisch vielfältig gestaltet wird, mit der Jugendarbeit und anderen Bereichen der Gemeinde vernetzt ist und an der auch noch andere Mitarbeiter beteiligt sind, braucht zur Vorbereitung und Durchführung Zeit. Und Konfirmanden brauchen Zeit, um untereinander zu einer Gruppe zu werden, um mit christlichen Traditionen und mit dem Leben der Gemeinde vertraut zu werden, um mehrere Gottesdienste vorzubereiten und in ihrem Glauben selbstständiger zu werden. Das geht nicht im Turboverfahren. Eine Verkürzung der Konfirmandenzeit würde sich sehr wahrscheinlich kontraproduktiv auf die Nachhaltigkeit der Ergebnisse auswirken.
c) Konfirmandenarbeit braucht strukturelle Klarheit. Es bietet sich daher an, zu Beginn der Konfirmandenzeit mit allen Beteiligten einen „Kontrakt" zu schließen. In diesem Kontrakt werden die Angebote während der Konfirmandenzeit, die Rechte der Konfirmanden sowie die Verpflichtungen aller an der Konfirmandenarbeit Beteiligten angesprochen („Das kannst du von uns erwarten." – „Das wünschen wir uns von dir."). Teile dieses Kontraktes werden von der Gemeinde vorgegeben, andere Teile können im gemeinsamen Gespräch entwickelt werden.
Mir ist wichtig: Der Kontrakt sorgt für mehr Verbindlichkeit, nicht nur bei den Jugendlichen, sondern – noch wichtiger – auch bei den Unterrichtenden.

DAS EVANGELIUM AN DIE NÄCHSTE GENERATION WEITERGEBEN

Die Konfirmandenarbeit gehört zum Bildungsauftrag der evangelischen Kirche. Unsere Aufgabe ist es, das Evangelium an die nächste Generation weiterzugeben. Das ist oft ein mühsames Geschäft – und häufig sind die Erfolge nicht so, dass wir damit rundum zufrieden wären. Diese Erfahrung kennen alle – auch Martin Luther wird diese Erfahrung gemacht haben. Sein Votum ist tröstlich und theologisch wegweisend zugleich. Mir ist es für die Konfirmandenarbeit wichtig geworden: „Niemand soll zum Glauben gezwungen, sondern freiwillig gezogen werden durch das Evangelium ... Denn es ist nicht euer Werk, und es steht nicht in eurer Macht, dass jemand gläubig wird, sondern Gottes allein ... Wo nun Kinder das Evangelium nicht annehmen wollen, soll man sie deshalb nicht vernachlässigen oder verstoßen, sondern sie pflegen und sorgen, als wären sie die allerbesten Christen, und ihren Glauben Gott befehlen ..., bis dass Gott durch uns mit seiner Gnade bekehre, welche er bekehren will." (WA 12, 112f. 125)

Hans-Martin Lübking

❶ INTENTIONEN

Atmosphäre und Klima der Konfirmandenarbeit werden wesentlich schon durch die ersten Stunden in der Konfirmandengruppe geprägt. Die Erfahrungen, die Konfirmandinnen und Konfirmanden hier miteinander und im Verhältnis zu den Unterrichtenden machen, beeinflussen die Einstellungen zum Konfirmandenunterricht langfristig. Eine gelungene Anfangszeit ist darum oft schon „die halbe Miete".
Damit die Jugendlichen die Unsicherheit und Fremdheit des Anfangs abbauen können, sollte zu Beginn genug Zeit in die Herstellung eines guten Gruppenklimas investiert werden. Durch Kennenlernspiele, Fotos und Partnerinterviews sollen sich die Konfirmandinnen und Konfirmanden schon frühzeitig besser kennen lernen und miteinander und mit den Unterrichtenden besser vertraut werden. Sie müssen aber auch die Gelegenheit bekommen, ihre Erwartungen und auch ihre Befürchtungen im Blick auf den Unterricht auszusprechen. Die Unterrichtenden sollten auch ihre eigenen Zielvorstellungen und Vorhaben im Unterricht benennen. Die Konfirmanden müssen dabei aber erfahren können, dass ihre eigenen Fragen und Interessen berücksichtigt werden und in die Unterrichtsplanung aufgenommen werden.
Von Anfang an sollte den Konfirmandinnen und Konfirmanden vermittelt werden, dass es im Konfirmandenunterricht keine Denkverbote gibt und auch abweichende Meinungen geäußert werden können. Sie müssen auch spüren können, dass ihre verschiedenen Schulherkünfte keine unterschiedliche Behandlung im Konfirmandenunterricht nach sich ziehen. Der Konfirmandenunterricht sollte Lernfeld für soziales Verhalten sein.

❷ ERLÄUTERUNGEN ZUM »KURSBUCH KONFIRMATION«, S. 7-10:

S. 7 In den Rahmen können die Konfirmandinnen und Konfirmanden ihr eigenes Foto einkleben.

S. 8 Für das Partnerinterview empfiehlt es sich, die Unterrichtsbücher auszutauschen. Die Konfirmandinnen und Konfirmanden können sich gegenseitig vorstellen. Wichtig ist es, dass alle drankommen und auch der oder die Unterrichtende nicht ausgeschlossen ist.

S. 9 Reihum tragen die Konfirmandinnen und Konfirmanden ihre Angaben in die Seite ein. Bei großen Gruppen empfiehlt es sich, die Seite für jede(n) zu kopieren. Weitere Kennenlernspiele auf **S. 204**.

S. 10 Bei der Auswertung des Fragebogens kann ein Gruppenergebnis erstellt werden. Erwartete, auffällige oder überraschende Einzelergebnisse werden in der Gruppe diskutiert. Im Anschluss an die Fragebogenaktion zeichnen die Konfirmandinnen und Konfirmanden auf Tapetenbahnen zwei große Umrissfiguren: von einem Konfirmand oder von einer Konfirmandin und vom Pfarrer oder der Pfarrerin bzw. von einem anderen Unterrichtenden. In die Figuren schreiben sie hinein, wie der Konfirmandenunterricht und wie die Unterrichtenden sein sollen. Die Figuren werden anschließend im Raum aufgehängt.
Weißt du, was Konfirmation bedeutet? Bevor die Konfirmandinnen und Konfirmanden auf **S. 150** im Arbeitsbuch (Info: Konfirmation) hingewiesen werden, sollten sie zunächst ihre eigenen Meinungen und Vermutungen äußern können.
Das Rollenspiel „Tom hat keine Lust, zum Konfirmandenunterricht zu gehen" nimmt die Situation von Interesse, Neugier, Unsicherheit, Distanz und evtl. auch Unlust auf, die nicht selten zu Beginn der Unterrichtszeit auf Seiten der Konfirmandinnen und Konfirmanden anzutreffen ist: **M 1**.

❸ WEITERE IDEEN

- Die Konfirmandinnen und Konfirmanden erkunden in einem ersten Rundgang die Räume, in denen sie sich während der Unterrichtszeit aufhalten und bewegen: Gemeindehaus, Kirche, Gemeindebüro usw. Diese Erkundung kann auch in Form einer kleinen Rallye stattfinden. Dazu bilden die Konfirmandinnen und Konfirmanden kleine Teams und erhalten Laufzettel mit kleinen Aufgaben, die sie zu lösen haben.
- Auf einer großen Karte des Ortes werden die Wohnungen der Konfirmandinnen und Konfirmanden und die Gebäude der Gemeinde mit bunten Fähnchen markiert.
- Die Konfirmandinnen und Konfirmanden erstellen in Partnerarbeit Schattenrisse voneinander und tragen in die jeweiligen Profile die Namen, Daten und Hobbys ihrer Partner ein.
- Die Konfirmandinnen und Konfirmanden bemalen Leinentaschen mit eigenen Motiven oder nach zur Verfügung gestellten Schablonen (Stoffmalstifte!).
  In den Leinentaschen können sie künftig Bibel, Unterrichtsbuch, Schreibzeug u. a. zum Unterricht mitnehmen.

❹ SPIRITUELLE FORMEN

Die Konfirmandinnen und Konfirmanden bilden einen großen Kreis und fassen sich dabei an den Händen. Ohne dass die Hände losgelassen werden, verknotet sich der Kreis mit sich selbst – soweit es nur geht. Anschließend entknotet sich die Gruppe wieder. Das alles geschieht schweigend und voller Rücksicht aufeinander.
In einem zweiten Spiel rücken die im Kreis stehenden Konfirmandinnen und Konfirmanden dicht aneinander heran, so dass in der Mitte nur ein kleiner Platz frei bleibt. Dort hinein stellt sich eine Konfirmandin oder ein Konfirmand, die sich langsam nach hinten fallen lassen

und von den ausgestreckten Händen der anderen aufgefangen werden. Dies kann mehrfach wiederholt werden. Anschließend wird eine Kerze in die Mitte gestellt, um die herum die Konfirmandinnen und Konfirmanden Platz nehmen. Der oder die Unterrichtende liest die Geschichte von Swimmy (Leo Lionni, Swimmy – z.B. in: U. Kabitz u.a. (Hg.), Die heilsame Reise, Gütersloh 1994, 69 f), die vielen Konfirmandinnen und Konfirmanden bekannt sein dürfte und daher gerade am Beginn der Konfirmandenzeit eine Brücke zu ihrer Kindheit schlagen kann.
Nach der Geschichte wird gemeinsam die 1. Strophe des Liedes „Komm, Herr, segne uns" (EG 170) gesungen.

❺ GOTTESDIENST

Zu Beginn der Konfirmandenzeit werden die Konfirmandinnen und Konfirmanden mit ihren Eltern im Gottesdienst begrüßt und in ihrer neuen Situation besonders angesprochen. Dieser Gottesdienst wird von den in der Konfirmandenarbeit Beteiligten gestaltet.
Zwei Beispiele für Begrüßungsgottesdienste zu den Themen „Gemeinschaft" und „Nicht die Schönste, nicht der Größte – und doch einmalig": **M 2** und **M 3**.
In allen landeskirchlichen Ordnungen und Leitlinien für die Konfirmandenarbeit wird von den Konfirmandinnen und Konfirmanden erwartet, dass sie in dieser Zeit regelmäßig am Gottesdienst teilnehmen. Konkrete Vereinbarungen und praktische Beteiligungsmöglichkeiten der Jugendlichen sollten jedoch schon gleich zu Beginn miteinander besprochen und geklärt werden.

❻ ANREGUNGEN FÜR PROJEKTE UND AKTIONEN

- Für die neuen Konfirmandinnen und Konfirmanden veranstaltet die Jugendarbeit eine Kennenlernparty.
- Herstellung eines Mobiles mit den Fotos und Namen der neuen Konfirmandinnen und Konfirmanden. Das Mobile kann im Unterrichtsraum oder in der Kirche aufgehängt werden.
- Das Presbyterium oder der Gemeindebeirat laden die neuen Konfirmandinnen und Konfirmanden mit ihren Eltern im Rahmen des ersten Elternabends oder nach dem Begrüßungsgottesdienst zum Essen ins Gemeindehaus ein.

❼ HINWEISE

- Vorschlag für einen Begrüßungsgottesdienst: S.16 ff.
  Kennenlern- und Kooperationsspiele: S.204 ff.
- Tipps für eine Freizeit zu Beginn der Unterrichtszeit vgl. CD-ROM.
- Vorschlag für einen Elternabend zu Beginn der Unterrichtszeit vgl. CD-ROM.
- Warum Konfirmandenunterricht? vgl. CD-ROM.
- KONFER normal 4 (4/96), Anfangen im KU
- ku praxis 40, Von Anfang an, Gütersloh 2000

❽ WICHTIGE ERGEBNISSE

- Die Konfirmandinnen und Konfirmanden kennen sich alle mit Namen. Auch die Unterrichtenden kennen alle Namen. Die Spielregeln für das Zusammensein in der Gruppe sind untereinander geklärt. Unsicherheiten und Beklemmungen der Anfangszeit haben sich bei den Konfirmandinnen und Konfirmanden gelegt.
- Die Konfirmandinnen und Konfirmanden kennen sich im Gemeindehaus und in den Räumlichkeiten für die Konfirmandenarbeit aus und wissen, wie sie sich dort verhalten können.
- Sie haben einen ersten Überblick über den Ablauf, die Schwerpunkte und die einzelnen zeitlichen Stationen der Konfirmandenzeit erhalten.
- Alle haben eine Bibel, das Unterrichtsbuch, evtl. ein Gesangbuch und weitere benötigte Unterrichtsmaterialien.

M 1: „TOM HAT KEINE LUST, ZUM KONFIRMANDENUNTERRICHT ZU GEHEN“ (ROLLENSPIEL)

Tom und Alex wohnen in derselben Straße. Beide sind 12 Jahre alt, kennen sich schon aus dem Kindergarten und spielen in demselben Verein Fußball. Als sie mittwochs wieder zusammen zum Training fahren, fragt Alex: „Wenn nach den Sommerferien der Konfirmandenunterricht anfängt, können wir doch auch zusammen hinfahren, oder?“ – „Ich glaube, ich gehe da nicht hin. Keine Lust!“, antwortet Tom. – „Mensch Tom! Du kannst mich doch nicht hängen lassen“, regt sich Alex auf. „Dann muss ich ja allein fahren.“ – „Na, und?“, fragt Tom. „Muss doch wohl jeder selber wissen.“ – „Warum gehst du denn da nicht hin?“, fragt Alex zurück. „Mein Bruder war vor 2 Jahren da. Er meint, der Konfirmandenunterricht hätte richtig Spaß gemacht.“ – „Kann ich mir nicht vorstellen“, meint Tom. „Und außerdem: Jeden Dienstag dahinfahren, darauf habe ich keinen Bock.“ – „Dann wirst du aber auch nicht konfirmiert“, stellt Alex fest. – „Na, und?“
Einige Tage später bei Tom zu Hause: „Tom, willst du es dir nicht noch mal überlegen? Der Alex geht doch auch zum Konfirmandenunterricht.“ – „Woher weißt du das denn schon wieder?“, fragt Tom seine Mutter. – „Ich habe seine Mutter getroffen. Ihr könntet doch so gut zusammen hingehen. Kannst du mir denn wenigstens einmal sagen, warum du nicht hingehen willst?“ – „Jeden Dienstag! Weißt du, was das heißt? Eine Stunde in der Woche Freizeit weniger!“, ereifert sich Tom. – „Hab' ich's mir doch gedacht!“, antwortet seine Mutter. „Du und deine Bequemlichkeit! Ich möchte aber, dass du anfängst, dir etwas mehr Gedanken über das Leben zu machen. Ich möchte auch, dass du etwas mehr über das Christentum und den Glauben lernst. Ich bin früher gern zum Konfirmandenunterricht gegangen. Da haben wir viel unternommen und mir hat es viel gebracht.“ – „Du kannst mir viel erzählen“, erwidert Tom. „Ich weiß ja überhaupt nicht, was im Konfirmandenunterricht gemacht wird.“ – „Weißt du was? Ich lade die Pastorin einmal ein. Die kann uns ja etwas zum Konfirmandenunterricht sagen“, schlägt die Mutter vor. – „Ach, du meine Güte“, stöhnt Tom.

Die Pastorin wird eingeladen und sie sagt ihren Besuch zu.

» Spielt in einem Rollenspiel den Besuch der Pastorin bei Tom und seiner Mutter. Bereitet die drei Rollen zunächst in Gruppen vor und überlegt dabei, welche Argumente die drei Personen in dem Gespräch vorbringen könnten.

M 2: BEGRÜßUNGSGOTTESDIENST FÜR DIE NEUEN KONFIRMANDINNEN UND KONFIRMANDEN – UND IHRE ELTERN > THEMA: GEMEINSCHAFT

Presbyter/Presbyterin:	Begrüßung der Gemeinde, besonders der neuen Konfirmandinnen und Konfirmanden sowie ihrer Eltern, und Einladung zum Kirchenkaffee nach dem Gottesdienst
Pfarrer/Pfarrerin:	Einführende Worte zur Situation: Beginn des Konfirmandenunterrichts
Lied:	Lobet den Herren alle, die ihn ehren (EG 447,1-3.6.7)
Pfarrer/Pfarrerin:	Gruß (Eingangsworte)
Alle:	Lesefigur zu Psalm 146 (Den Text des Psalms sollten alle in Kopie haben.)
Gebet:	„Jemand sagte mir..." (H.M. Lübking, Jugendgottesdienst plus, 76f)
Konfirmanden/Konfirmandinnen:	Die neuen Konfirmandinnen und Konfirmanden zeigen die Umrissfiguren, die sie in den ersten Stunden angefertigt haben („Was mir in der Gruppe und im Unterricht (keinen) Spaß machen würde!" und „Wie der Pfarrer oder die Pfarrerin im Unterricht (nicht) sein sollte!"). Die Äußerungen werden vorgelesen (Mikrophon!) und gegebenenfalls erläutert.
Lied:	Er hält die ganze Welt in seiner Hand
Pfarrer/Pfarrerin:	Ansprache (Vgl. S.17)
Konfirmanden/Konfirmandinnen:	Pantomime zu 1. Korinther 12 (Vgl. S.18) (Die Pantomime wird von den Konfirmandinnen und Konfirmanden vorgeführt, die schon ein Jahr zum Unterricht gehen. Sie haben sie im Unterricht vorbereitet. Reizvoll wäre es, wenn sich die Pfarrerin oder der Pfarrer etwa als vorlauter „Mund" beteiligte. Der Text könnte dann von dem Presbyter oder der Presbyterin vorgelesen werden.)
Alle:	Glaubensbekenntnis
Lied:	Ein Schiff, das sich Gemeinde nennt (EG 604,1-5) (Zu den Strophen dieses Liedes haben sich die Konfirmandinnen und Konfirmanden einige Symbolhandlungen ausgedacht, die sie jeweils vor einer Strophe zeigen.) Beispiel: 1. Ein großes Boot aus Pappe wird im Altarraum aufgestellt. 2. Ein Liegestuhl, in dem ein Konfirmand liegt. 3. Konfirmanden im Kreis – untergehakt. 4. Konfirmanden durcheinander laufend – achselzuckend und fragend. 5. Die große Altarbibel wird vor das Boot gelegt.
Fürbittengebet:	„Gott, wir tragen deinen Namen..." (H.M.Lübking, Jugendgottesdienst plus, 93)
Lied:	Vaterunser-Lied (EG 188)
Pfarrer/Pfarrerin:	Segen

ANSPRACHE
(VOR DER PANTOMIME ZU 1. KORINTHER 12)

(Anknüpfend an einige Äußerungen in den Umrissfiguren:) ... Was ich mir wünsche ist, dass sich alle neuen Konfirmandinnen und Konfirmanden in ihrer Gruppe wohl fühlen. Keiner soll von den anderen gehänselt werden und keiner soll den dicken Boss markieren!
Oft ist es aber so, dass einige da sind, die gerne das große Wort führen, und andere, die durch „Quatsch-machen" die Aufmerksamkeit auf sich ziehen wollen. Das gibt es in jeder Gruppe, nicht nur in der Konfirmandengruppe. Das gibt es sogar in der Kirchengemeinde. Da gibt es welche, die wollen das Sagen haben, und andere, die meinen, ohne sie liefe gar nichts.

In der Bibel steht: Das war schon vor 2000 Jahren so, als es gerade die ersten Christengemeinden gab. Dem Apostel Paulus hat das gar nicht gefallen und darum hat er den Christen in der Stadt Korinth einen Brief geschrieben. Darin schreibt er: „Eine Gruppe ist so wie der Körper eines Menschen. Da kann auch nicht das Auge gegen die Nase oder der Bauch gegen die Hände kämpfen. Wenn der Körper gut funktionieren soll, müssen alle Organe zusammenarbeiten."
Paulus hat dort noch mehr dazu geschrieben. Das will ich jetzt aber gar nicht alles vorlesen, sondern die Konfirmandinnen und Konfirmanden und ich wollen das jetzt einmal vorspielen: ...

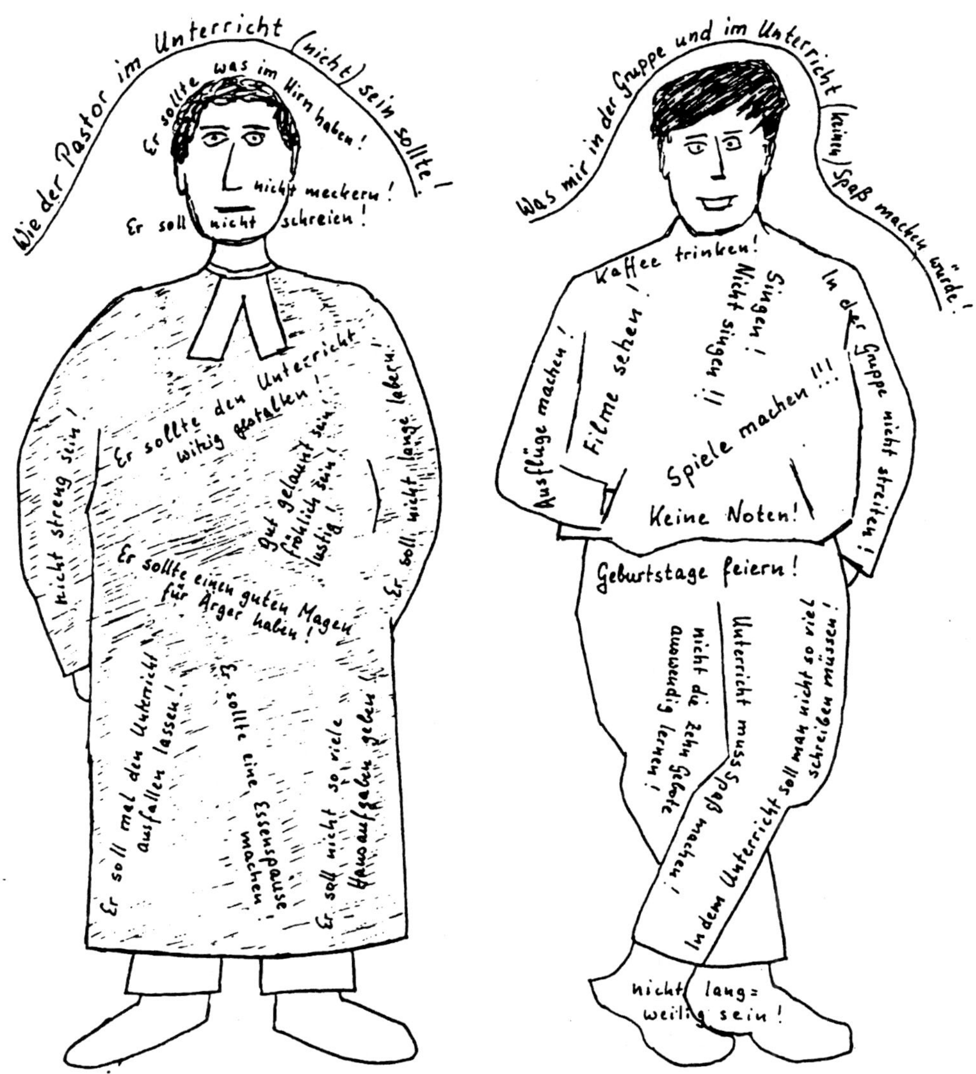

PANTOMIME ZU 1. KORINTHER 12

Es gibt da ein paar Leute, kaum einer wie der andere, eben echte Persönlichkeiten. Was jeder so sagt und macht, das ist auch wirklich ganz gut. - Manchmal kommen sie zusammen und halten eine Versammlung.
(Die Gruppe kommt vor und stellt sich vor dem Altar im Kreis auf. Jeder hat ein Schild umgehängt mit der Bezeichnung des Gliedes oder Organs, das er darstellt: FUSS, NASE usw. Die zur Gemeinde gewendet stehen, haben ihr Schild auf der Brust; die rückwärts stehen, haben es auf dem Rücken.)
Sie arbeiten alle an einer gemeinsamen Sache; da ist immer einiges zu besprechen und zu entscheiden. Aber kaum treffen sie zusammen, geht es schon los: einer gegen den anderen. Sie stoßen sich aneinander und fahren, rempeln sich an. – Wenn zwei von einer Sorte dabei sind, dann tun die sich zusammen und fühlen sich besonders wichtig.
(AUGEN, OHREN, FÜSSE und HÄNDE legen sich paarweise den Arm um die Schulter, recken den anderen Arm hoch.) Ein FUSS stampft energisch auf: „Ich habe einen festen Standpunkt, davon lasse ich mich nicht abbringen. Aber wie steht es mit euch anderen? Worauf steht ihr denn eigentlich?" – Er zeigt auf diesen und jenen anderen. – Der FUSS wendet sich zur NASE: „Wie steht es zum Beispiel mit dir, du NASE? Von dir weiß ich ganz schöne Geschichten!" – „Spiel dich nicht so auf, mein lieber FUSS", faucht die NASE, „zu zweit wäre ich auch stärker. Ich aber habe einen guten Riecher. Sieh dich bloß vor! Ich rieche auch, was diese Leute hier brauchen." – Sie wendet sich um und schnuppert nach den Leuten hin (in Richtung Gemeinde). – „Ich weiß", sagt sie, „wo es langgeht; ich kenne die Richtung, die wir einschlagen müssen. Folgt nur meinem guten Riecher!" – Die NASE streckt sich vor (der Spieler zeigt auf seine Nase). Dann stößt die NASE ihren Nachbarn, den BAUCH kräftig an: „Der Kleine hier ist ganz Gefühl, ganz Mitmenschlichkeit, manchmal ohne Sinn und Verstand, scheint mir. Da fragt man sich doch, was das mit unseren eigentlichen Zielen zu tun hat." – Der Bauch sinkt eingeschüchtert in sich zusammen. – „Sieh mal einer an, diese NASE!", werfen die AUGEN ein. „Wovon redest du eigentlich?" – Und sie werfen ihren berühmten Blick erst einmal bedeutungsvoll nach oben und dann kritisch in die Runde. – Sie starren diesen und jenen durchdringend an. – „Du bist doch blind, liebe Nachbarin NASE, richtest dich immer nur nach den Leuten. Wir, die AUGEN, sind es, die den Durchblick haben. Wir sehen, worauf es ankommt."
„Die Wahrheit sehen und sie tun, das ist zweierlei", regen – und recken – sich die HÄNDE auf. „Was ist wohl wichtiger? Seht uns an, wir sind es schließlich, die etwas schaffen. Wir geben (darbietende Geste der HÄNDE), was man zum Leben braucht. Wir nehmen (raffende Geste der HÄNDE) auch weg – selbstverständlich nur das, was euch belastet."
„Schon gut", sagen die beiden OHREN fast gleichzeitig, „wir kommen viel herum und kriegen so manches mit, was die Leute über euch reden." (Sie legen die Hände hinter die Ohren.) „Ihr HÄNDE sollt ganz schöne Fäuste ballen können und noch viel Schlimmeres." (Die Spieler legen ihre Hände an die Ohren und wackeln damit bedenklich hin und her) Die HÄNDE sacken betroffen in sich zusammen.
„Seht mich mal an", tut sich nun der MUND hervor. „Ich bin bedeutend. Ich bin es, der ausspricht, was gesagt werden muss. Da nehme ich kein Blatt vor den Mund." (Der Spieler hält kurz sein Schild vor den Mund, lässt es sofort wieder sinken und legt seine beiden Hände als Schalltrichter an den Mund.) „Wenn sie nur alle auf mich hören würden." – „Ich weiß", knurrt leise der MAGEN, „manchmal redest du ganz schön geschwollen daher, du großer MUND, machst andere fertig, die dir nicht nach dem Munde reden wollen, du mit deiner spitzen Zunge! Das habe ich selbst schon schmerzlich erfahren müssen." – Er krümmt sich zusammen und presst die Hand auf sein empfindliches Organ. – „Der MAGEN hat Recht", rufen alle durcheinander und stoßen den MUND aus ihrem Kreis.
„Leute, Leute", sagt das HERZ freundlich und holt den MUND, der sich ängstlich zugehalten hat, wieder in den Kreis herein. „Bauscht euch doch nicht so auf! Ihr seid alle wichtig und in Ordnung; aber alleine für sich kann keiner von euch etwas ausrichten. Wir gehören doch zusammen und müssen auch zusammenhalten. Dann sind wir stark. Dann können wir unsere verschiedenen Gaben einbringen und auch manches Gute bewirken."

Peter Horst/Ingrid Scholz

M 3: BEGRÜSSUNGSGOTTESDIENST FÜR DIE NEUEN KONFIRMANDINNEN UND KONFIRMANDEN – UND IHRE ELTERN > THEMA: NICHT DIE SCHÖNSTE, NICHT DER GRÖSSTE – UND DOCH EINMALIG

Presbyter/Presbyterin:	Begrüßung der Gemeinde und besonders der neuen Konfirmandinnen und Konfirmanden und ihrer Eltern. Einladung zum Kirchenkaffee nach dem Gottesdienst.
Pfarrer/Pfarrerin:	Einführende Worte zur Situation: Beginn des Konfirmandenunterrichts
Lied:	Ich singe dir mit Herz und Mund (EG 324,1-6.13)
Pfarrer/Pfarrerin:	Gruß (Eingangsworte)
Alle:	Lesefigur zu Psalm 139,1-14 (Text in Kopie auf dem Gottesdienstprogramm)
Gebet:	„Lass mich eines lernen ..." (H.M.Lübking, Jugendgottesdienst plus, 102)
Konfirmanden/Konfirmandinnen:	Die Konfirmandinnen und Konfirmanden zeigen und erläutern „Bravo-Boy" und „Bravo-Girl", zwei Umrissfiguren, die sie mit Bildern, Schlagzeilen, Zitaten und Ausrissen aus gängigen Jugendzeitschriften beklebt haben.
Konfirmanden/Konfirmandinnen:	Poppig zum Fernsehmoderator und zur Fernsehmoderatorin aufgestylt, treten eine Konfirmandin und ein Konfirmand auf. Ihr Auftritt wird kommentiert von einigen Konfirmandinnen und Konfirmanden: „Wenn man heute ‚in' sein will ..."
Konfirmanden/Konfirmandinnen:	Leserbrief von Birgit: „Ich habe ein großes Problem: Ich bin zu dick. Bei einer Größe von 1,56 m wiege ich 69 Kilo. Bei den Jungen in meiner Klasse heiße ich nur noch ‚Pummel'. Mit meiner Figur kann ich mir keine schicken Klamotten leisten. Wenn ich in den Spiegel sehe, kriege ich regelmäßig einen Schreck. Ich bin manchmal ganz unglücklich. Meine Freundin sagt, ich bin auch so ganz in Ordnung. Aber sie sagt das so mitleidig, dass ich es ihr nicht abnehme. Was soll ich tun?" Birgit, 14 Jahre
Konfirmanden/Konfirmandinnen:	Die beiden zu Moderatoren aufgestylten Konfirmanden gehen mit einem Mikrophon durch die Reihen der Gottesdienstbesucher und befragen sie, was sie Birgit raten würden.
Lied:	Er hält die ganze Welt in seiner Hand
Pfarrer/Pfarrerin:	Ansprache: „Ausgeschlossen"
Lied:	Hört, wen Jesus glücklich preist (EG West 670,1-6)
Konfirmanden/Konfirmandinnen:	Die Konfirmandinnen und Konfirmanden verteilen an die Gottesdienstbesucher das Bild „Fingerabdruck" (s. Kursbuch, 86). Dazu lesen einige Konfirmandinnen und Konfirmanden in verteilten Rollen den Text „Ich kann nicht malen ..." (s. Kursbuch, 86).
Alle:	Glaubensbekenntnis
Lied:	Wenn einer sagt, ich mag dich (Kindermutmachlied)
Fürbittengebet:	„Gott, wir stehen gern groß da ..." (H.M.Lübking, Jugendgottesdienst plus, 103)
Alle:	Vaterunser
Pfarrer/Pfarrerin:	Segen

PREDIGT: AUSGESCHLOSSEN

Birgit ist 14 Jahre alt und wiegt 138 Pfund. Sie ist nicht schön, sie ist nicht schlank, sie ist dick und kann sich selbst nicht leiden. Oft steht sie vor dem Spiegel und greift zu Cremes und Spezialseifen, Hauttönungsmittel und Schminke. Es nützt nichts, sie kann sich nicht anders machen als sie ist. Bei den Jungen hat sie keine Chance. In der Disco steht sie am Rand und schaut zu, wie die anderen tanzen. Doch auch sie hätte gern einen Freund. Sie möchte nicht immer nur die „gute Freundin" ihrer Freundin sein. Auch sie möchte einmal umarmt, gestreichelt, geküsst werden. Doch ein Junge hat sie mal „Pummel" genannt. Diesen Namen wird sie nicht mehr los. Birgit fühlt sich ausgeschlossen. Die Freuden des Lebens sind für andere bestimmt. Sie steht am Rand.
Ich weiß nicht, ob Sie dieses Gefühl auch kennen. Vielleicht hat jeder einmal die Erfahrung gemacht, benachteiligt, übersehen oder ausgeschlossen zu werden, sodass er oder sie nachfühlen kann, was in Birgit vorgeht. Ich kann mich noch sehr gut daran erinnern, dass meine Mitschüler auf dem Gymnasium mich in den ersten Jahren sehr deutlich spüren ließen, dass ich ja nur „vom Dorfe" kam. Außerdem war mein Vater nicht Arzt, Anwalt, Studienrat oder Pfarrer, und ich konnte nicht mitreden, wenn über Bücher, Filme oder Sonntagsvergnügen geredet wurde. Damals fühlte ich mich auch ausgeschlossen – vielleicht nicht so sehr wie Birgit, aber ich kenne das Gefühl. Es kann sehr bitter sein.
Offenbar gibt es immer wieder Gewinner und auch Verlierer. Es gibt die Schönen, von der Natur Bevorzugten, Braungebrannten, Charmanten, die mit ihrem Lachen andere Menschen sofort für sich einnehmen können. Und es gibt die, die immer übersehen werden und ihr Leben lang im zweiten Glied stehen. Es gibt die Claudia Schiffers und es gibt die Birgits. Es gibt Kain, der von Gott benachteiligt wird, und es gibt Josef, den Liebling seines Vaters. Es gibt Jakob, an dem seine Mutter einen Narren gefressen hat, und es gibt Esau, den Behaarten, der um sein Erbe betrogen wird. Es gibt Saul, den Gott fallen lässt, und es gibt David, seinen Liebling. Immer scheint es Gewinner und Verlierer zu geben und ungleiche Lebenschancen. Birgit muss mit 10 Euro Taschengeld auskommen, ihre Freundin Antje hat 100 Euro. Da fühlt man sich schon ausgeschlossen, wenn man nicht mitgehen kann ins Kino oder ins Aquadrom. Wir hatten schon mal Zeiten, in denen diese Ungleichheiten stärker als heute als Ungerechtigkeiten empfunden wurden. Diese Zeiten sind vorbei. Wir erleben einen Kult der Schönheit, der Stärke und des Geldes. Es lebe der feine Unterschied! Es gibt wieder eine verschämte Armut unter uns und einen unverschämten Reichtum. Die Zeit steht günstig für die Schönen, die Erfolgreichen, die Braungebrannten und Karrierebewussten.
Und Birgit und Kain und Esau – die Verlierer?
Was mir am Christentum immer besonders eingeleuchtet hat, das ist: Es steht nicht auf der Seite der Sieger! „Was schwach ist vor der Welt, das hat sich Gott erwählt", sagt Paulus im 1. Korintherbrief. Nämlich das unbekannte Mädchen Mirjam aus Nazaret, den einfachen Fischer vom See Gennesaret, den kranken Zeltmacher Paulus aus Tarsus, die unbedeutende Nomadengruppe Israel in der Wüste. Das Unscheinbare bekommt eine Chance. Gerade am Schwachen und Kleinen hat Gott ein Wohlgefallen. Ob das der Birgit hilft, die in der Disco immer nur am Rande steht und keinen Freund findet? Wahrscheinlich will sie nicht nur von Gott, sondern auch von Jens und Markus geliebt werden. Es ist nicht wenig, in Gott einen Freund zu finden, aber ich brauche auch Freunde hier auf Erden.
Wir können der Birgit wahrscheinlich keinen Freund verschaffen, aber wir können mithelfen, dass sie nicht permanent übersehen wird. Wahrscheinlich kennt jeder von uns irgendeine Birgit oder wie sie oder er auch heißen mag, die auch immer am Rande stehen und denen es unwahrscheinlich gut tun würde, einmal beachtet zu werden. Was kann jemand aufblühen, wenn er von anderen Menschen Zeichen der Zuneigung erfährt!
„Was schwach ist vor der Welt, das hat Gott sich erwählt." Das Christentum hat einen unausrottbaren Zug hin zum Unscheinbaren und Benachteiligten. Claudia Schiffer und die HörZu-Prominenz erfahren schon genug Aufmerksamkeit. Die Birgits und die Kinder der Arbeitslosen, die Sonderschüler im Konfirmandenunterricht und die grauen Mäuse, die immer im zweiten Glied zurückbleiben, haben diese Aufmerksamkeit nötiger. Von Gott werden sie geliebt, aber sie brauchen auch ein bisschen Liebe hier auf Erden. Amen.

❶ INTENTIONEN

Für viele Jugendliche ist der Konfirmandenunterricht eine Erstbegegnung mit der Kirche. Darum ist es wichtig, den Konfirmandinnen und Konfirmanden von Anfang an möglichst breite praktische Erfahrungen mit der eigenen Gemeinde zu ermöglichen.
Das Kennenlernen der Ortsgemeinde ist deshalb Ausgangspunkt für die unterrichtliche Behandlung des Themas „Kirche". Die Erkundung möglichst vieler Gemeindeveranstaltungen und die Begegnung mit anderen Mitarbeiterinnen und Mitarbeitern kann den Jugendlichen zeigen, wie vielfältig die Arbeit der Kirchengemeinde ist und dass sie von der Mitarbeit vieler Gemeindeglieder lebt.
Die Kirche und das Gemeindehaus sind für die meisten Konfirmandinnen und Konfirmanden „fremde" Räume, die in der Regel auch mit einer gewissen Schwellenangst verbunden sind. Jugendliche müssen sich diese Räume erst erschließen. Es empfiehlt sich deshalb, erlebnisorientiert vorzugehen und den Jugendlichen die Möglichkeit zu geben, die Kirche und das Gemeindehaus genauer zu erkunden und die Mitarbeiterinnen und Mitarbeiter der Gemeinde persönlich kennen zu lernen und zu befragen. Die Konfirmandinnen und Konfirmanden können so viele Informationen über die Gemeinde zusammentragen, so dass sie wissen, was dort alles geschieht und wer daran beteiligt ist. Vor allem aber können sie dadurch eine persönliche Beziehung zu „ihrer" Gemeinde aufbauen, zu der sie selbst gehören, in der sie aber auch zur Mitarbeit eingeladen sind.
Dabei sollte jedoch nicht in Vergessenheit geraten, dass die eigene Ortsgemeinde nur ein Teil der weltweiten Kirche Jesu Christi ist und dieses in der Arbeit einer Gemeinde zum Ausdruck kommen muss.

❷ ERLÄUTERUNGEN ZUM »KURSBUCH KONFIRMATION«, S. 11-14:

S. 11 Das *Titelbild* diente als Werbeplakat für die Wahlen zum Kirchenvorstand in der Evangelisch-lutherischen Kirche in Braunschweig.
Zunächst können die Konfirmandinnen und Konfirmanden in der Gruppe aufzählen, was sie alles auf dem Bild sehen: Kirche, Friedhof, Posaunenchor, Trauung, Taufe, Gemeindechor, Konfirmation, Telefonzelle – Telefonseelsorge usw. Was fehlt?
Auf einer Liste vorgegebener Stichwörter kreuzen sie an, welchen Eindruck das Bild auf sie macht: lebendig – übertrieben – lustig – chaotisch – festlich – bunt – unrealistisch – humorvoll – kitschig – fröhlich – provozierend – locker.
Schließlich können sie auch zu einigen Äußerungen Jugendlicher zu diesem Bild Stellung nehmen:

- „Alle reden von Kirche – wir sind es."
- „Es erinnert an Werbung für einen Bausparvertrag oder ähnliches. Lustig, aber ungewohnt."
- „Es wäre schön, wenn es in der Kirchengemeinde tatsächlich so locker und fröhlich zuginge und alle Altersgruppen vorkommen. Gut finde ich auch die Rolle des Pfarrers, wie sie hier dargestellt wird."
- „Mich stört, dass die Gruppen für sich alleine stehen und nichts gemeinschaftlich tun, jede Schicht allein. Punker reden mit Betrunkenen, Schüler gehen alleine. Die Geschichte erinnert mich an den verlorenen Sohn. Er wird ausgestoßen."
- „Auf einem Kirchenfest darf es nicht so lustig zugehen und das Fest darf nicht gleich neben dem Friedhof gefeiert werden."
- „Luther wird z. B. als Denkmal gezeigt und statt der 95 Thesen hält er eine Diskette in der Hand.
  Dies zeigt auch, dass Kirche nicht immer spießig und monoton sein muss."
- „Die Kirche steht über allem. Die Kirche ist für alle da."

S. 12 Gelungene *Grundrisse* können vergrößert kopiert und ausgestellt werden. Die Erkundung der eigenen Kirche sollte gut vorbereitet und auch inszeniert werden, damit sie für Konfirmandinnen und Konfirmanden zu einem Erlebnis werden kann.
In den letzten Jahren sind zahlreiche kirchenpädagogische Arbeitshilfen erschienen, die viele Vorschläge zu einer erlebnisorientierten Entdeckung von Kirchenräumen enthalten (s. **HINWEISE**).
Ein ausführliches Beispiel für die Erkundung der eigenen Kirche: **M 1**.

S. 13 Hinweis zur *Mitarbeiterbefragung*: Es ist wichtig, die Mitarbeiterinnen und Mitarbeiter vorher zu informieren und zu befragen, ob ihre Telefonnummer an die Konfirmandinnen und Konfirmanden weitergegeben werden kann. Die Konfirmandinnen und Konfirmanden können sich dann selbstständig mit den Mitarbeitern in Verbindung setzen und Besuchstermine vereinbaren. Mit Einverständnis der Mitarbeiter können die Interviews auch auf Kassettenrekorder aufgenommen werden.

❸ WEITERE IDEEN

- Mit einer Fahrradrallye erkunden die Konfirmandinnen und Konfirmanden die Gebäude, Einrichtungen und Grenzen der eigenen Gemeinde. Laufzettel und Fragebogen für eine Gemeinderallye: **M 2**.
- Nach der Besichtigung der Kirche und der Erkundung der Gemeinde stellen die Konfirmandinnen und Konfirmanden ein Kirchen-Quiz zur eigenen Kirche bzw. Gemeinde zusammen, das in anderen Gemeindegruppen oder beim Gemeindefest eingesetzt werden kann.

- Die Konfirmandinnen und Konfirmanden werten die letzten Gemeindebriefe aus und stellen in einem Wochenschema eine typische „Woche in der Gemeinde“ zusammen.
- Zur Information über die Aufgaben des Presbyteriums eignet sich ein Hearing „Konfirmanden fragen Presbyter“. Die Fragen werden vorher mit den Konfirmandinnen und Konfirmanden erarbeitet.
- Anlässlich einer Presbyterwahl führen die Konfirmandinnen und Konfirmanden eine Straßenbefragung zum „Presbyteramt“ durch. Die Fragen werden vorher im Unterricht überlegt.

❹ SPIRITUELLE FORMEN

Alle versammeln sich im Altarraum der Kirche. Die Konfirmandinnen und Konfirmanden sitzen im Kreis auf Stühlen oder besser noch auf Papphockern. In die Mitte wird eine Kerze gestellt und angezündet (s. zum Folgenden Arbeitsbuch, **S. 14**).

- L.: Wir sitzen im Chorraum unserer Kirche zusammen. Es riecht anders als zu Hause, anders als in jedem anderen Haus.
  Wir sehen das Kreuz, wir sehen den Altar.
  Wir sehen zur Decke hinauf. Es sieht anders aus als in jedem anderen Haus.
  Ihr könnt die Augen schließen ... (Zeit geben) ... und langsam wieder öffnen.
- L.: Ich hebe meine Augen auf zu den Bergen: Woher kommt mir Hilfe?
- Alle: Meine Hilfe kommt von dem Herrn, der Himmel und Erde gemacht hat.
- Lied: Ein Schiff, das sich Gemeinde nennt...
- L.: Kurze Nacherzählung von 1. Mose 28, 10-18 (Jakob und die Himmelsleiter)
- Alle: Vater unser
- L.: Segen (s. Arbeitsbuch, **S. 14**)

❺ GOTTESDIENST

Als Ergebnisse der Konfirmandenarbeit zum Thema „Unsere Gemeinde“ könnten in einen der nächsten Gottesdienste einfließen:

- Stellungnahmen und Kommentare der Konfirmandinnen und Konfirmanden zum Titelbild **S. 11**.
- Auswertungsergebnisse der Interviews von Mitarbeiterinnen und Mitarbeitern – z. B. „Was macht bei den Aufgaben am meisten Spaß?“ oder „Was ist dabei das Wichtigste?“

❻ ANREGUNGEN FÜR PROJEKTE UND AKTIONEN

- Spurensuche: Unsere Gemeinde (Bau der Kirche, Geschichte der Gemeinde, Unsere Gemeinde während des Dritten Reiches, Stellungnahme zur Judenverfolgung?, Gemeindeleben früher, Erstes Gemeindefest usw.) – mit Interviews, Erkundungen, Auswertung von Zeitungen usw.
- Mitarbeit der Konfirmandinnen und Konfirmanden bei den Jugendseiten im Gemeindebrief.
- Die Konfirmandinnen und Konfirmanden beteiligen sich mit einem eigenen Stand am Gemeindefest.
- Regelmäßige Betreuung und Gestaltung des Schaukastens durch die Konfirmandinnen und Konfirmanden.
- In Kleingruppen führen die Konfirmandinnen und Konfirmanden zeitlich begrenzte Gemeindepraktika durch. Sie nehmen an Treffen von Gemeindegruppen teil, erkunden gemeindliche Einrichtungen, interviewen Mitarbeiter und erledigen zuvor vereinbarte Aufgaben. Die einzelnen Gruppen berichten anschließend im Unterricht über ihre Besuche. Ihre Ergebnisse verarbeiten die Konfirmandinnen und Konfirmanden schließlich zu einem Begrüßungs-Heft für neu zugezogene Gemeindemitglieder.
- Die Konfirmandinnen und Konfirmanden drehen einen Videofilm über die eigene Gemeinde: Gebäude, Personen, Gruppen.

❼ HINWEISE

- KONFER normal 7 (7/96), Wir sind Gemeinde
- G. Donath/I. Kirchhoff, Eine Kirche erleben – Räume öffnen, Persen Verlag Hamburg, 2004
- Th. Klie (Hg.), Der Religion Raum geben. Eine kirchenpädagogische Arbeitshilfe, Loccum 1999

❽ WICHTIGE ERGEBNISSE

- Die Konfirmandinnen und Konfirmanden wissen, zu welcher Kirchengemeinde sie gehören. Sie erfahren, dass eine Gemeinde von der Mitwirkung und Beteiligung vieler Menschen lebt – und darum mehr ist als nur der Pastor oder die Pastorin. Einige dieser Mitarbeiterinnen und Mitarbeiter haben sie persönlich kennen gelernt.
- Sie kennen die wichtige Funktion des Presbyteriums bzw. Kirchenvorstands in der evangelischen Kirche. Sie haben einige Gruppen und Aktivitäten in ihrer Gemeinde kennen gelernt und können über deren Aufgaben und Intentionen Auskunft geben.
- Über die eigene Kirche, ihr Alter, ihre Ausstattung und ihre Lage wissen sie genauer Bescheid. Sie haben eine eigene Beziehung zu dieser Kirche gewonnen.

❾ MATERIAL AUF DER CD-ROM

Gemeinde/Kirche

1| Gemeindepraktika für Konfirmandinnen und Konfirmanden
2| Bericht über das Gemeindepraktikum
3| Gemeinsamkeiten und Unterschiede zwischen der evangelischen und der katholischen Kirche
4| Rollenspiel zur Kirchlichen Trauung
5| Vorlage Kirchenfenster
6| Zeichnung: Kirche für alle
7| Gottesdienstliche Gegenstände
8| Weltkarte der christlichen Konfessionen

❿ INTERNET-ADRESSEN

www.konfiweb.de
www.reliweb.de

M 1: DIE EIGENE KIRCHE ERKUNDEN

FRAGEBOGEN

Name der Kirche ______________________

____

Alter

____

Wie wirkt die Kirche auf dich: groß, klein, hell, dunkel, einladend, kalt schön, zweckmäßig...

____

(Unterstreiche den passenden Begriff!)

Gibt es in der Kirche „heilige" Orte? Wenn ja, welche?

____

Was gefällt dir in der Kirche nicht? Was würdest du ändern?

____

GRUNDRISS DER KIRCHE

Zeichne einen Grundriss des Kirchenraums in den Kasten. Markiere dabei die Position des Altars, der Orgel, der Kanzel, des Taufbeckens und auch deines Lieblingsplatzes in der Kirche. Erkunde auch die vier Himmelsrichtungen und trage sie ein!

ERKUNDUNGSAUFGABEN

1. Wie viele Säulen oder Pfeiler stehen in der Kirche?

   ____

   Messe ihren Umfang! Er beträgt:

   ____

2. Gibt es Bilder in der Kirche? Was stellen sie dar?

   ____

   ____

3. Gibt es in der Kirche Bibelverse oder Sprüche, die du entziffern kannst? Schreibe einen auf!

   ____

   ____

4. Wie oft und wo wird Jesus dargestellt?

   ____

5. Gibt es noch weitere Figuren oder Personen, die in der Kirche dargestellt sind? Wie heißen sie?

   ____

   ____

6. Schreite den Raum in der Kirche ab! Wie viele Schritte machst du? Länge = ____________

   Breite = ____________

7. Blindenführung: Suche dir eine(n) Partner(in), schließe die Augen und lass dich durch die Kirche führen. Ertaste die Gegenstände in der Kirche. Anschließend führst du deine(n) Partner(in).
8. Nimm dir ein kleines Glöckchen oder eine Triangel. Suche deinen Lieblingsplatz in der Kirche, schlage einen Ton an und achte auf den Klang. Probiere es auch an einer anderen Stelle!
9. Entzünde eine Kerze (oder ein Teelicht) und stelle sie an den Platz, an dem du in der Kirche am ehesten ein Gebet sprechen möchtest. Welcher Platz ist das?

   ____

10. Verteilt euch in zwei Gruppen an entgegengesetzten Stellen in der Kirche und sprecht einen Psalm (siehe Evang. Kirchengesangbuch) im Wechsel!
11. Zum Schluss: Alle versammeln sich im Altarraum. In die Mitte wird eine Kerze gestellt und angezündet. Eine(r) spricht einen Segenswunsch für alle: „Möge die Straße dir entgegeneilen, möge der Wind immer in deinem Rücken sein. Möge die Sonne warm auf dein Gesicht scheinen und der Regen sanft auf deine Felder fallen. Und bis wir uns wiedersehen, halte Gott dich im Frieden in seiner Hand."

Benötigte Materialien: Kerzen, Teelichter, Glöckchen, Triangel, Maßband, Gesangbücher, Stifte.

M 2: LAUFZETTEL UND FRAGEBOGEN FÜR DIE GEMEINDERALLYE

Alle Konfirmandinnen und Konfirmanden erhalten eine Karte, auf der die Straßen und Einrichtungen der Gemeinde verzeichnet sind. Der Besuch der einzelnen Stationen kann mit einem Stempel, Symbol oder einer Unterschrift bestätigt werden.

- **STATION: GEMEINDEHAUS**
  Wie viele Räume hat das Gemeindehaus?
  Welche Gemeindegruppen treffen sich dort?
  Beschreibe kurz die Räume für Jugendliche!

- **STATION: GEMEINDEBÜRO**
  Wer arbeitet dort?
  Aufgaben?
  Öffnungszeiten?

- **STATION: KIRCHE**
  Name der Kirche:
  Wie viele Schritte brauchst du, um kreuz und quer (Länge/Breite) durch die Kirche zu gehen?
  Wie hoch ist die Kirche?
  Wie viele Glocken hat sie?

- **STATION: PFARRHAUS/PFARRWOHNUNG**
  Wie viele Bücher hat die Pfarrerin/der Pfarrer schätzungsweise im Arbeitszimmer?
  Wie viele Kinder gehen in den Kindergarten?
  Wie viele Gruppen gibt es? Haben sie Namen?

- **STATION: FRIEDHOF**
  Wie heißt der Friedhof?
  Welche Gebäude stehen auf dem Friedhof?
  Wie viele Plätze hat die Friedhofskapelle?

- **STATION: SCHAUKASTEN**
  Welche Informationen stehen im Schaukasten?

- **STATION: JUGENDTREFFPUNKT**
  Wenn es eine Stelle oder einen Platz in eurem Ort gibt, an dem sich die Jugendlichen oft treffen, dann führt die Unterrichtenden dort hin und zeigt ihnen den Ort. Ihr könnt dann den Unterrichtenden (mit Unterschrift o. Ä.) bestätigen, dass sie dort gewesen sind.

❶ INTENTIONEN

Vielen Konfirmandinnen und Konfirmanden ist der Gottesdienst fremd. Das kann auch eine Chance sein. Die frischen und unverbrauchten Eindrücke der Konfirmandinnen und Konfirmanden sollten als Gelegenheit wahrgenommen und genutzt werden, die Gestalt des eigenen Gottesdienstes zu thematisieren und den Ablauf mit den Konfirmandinnen und Konfirmanden durchzugehen. Dabei darf die gegenwärtige Kritik am Gottesdienst nicht unterschlagen werden. Der Gottesdienst sollte in seiner gegenwärtigen Gestalt nicht als sinnvoll einfach vorausgesetzt werden. Gemeinsam mit den Konfirmandinnen und Konfirmanden sollten das Für und Wider des sonntäglichen Gottesdienstbesuchs diskutiert und Argumente für den Gottesdienst gefunden werden.
Auf keinen Fall sollte der Gottesdienstbesuch verordnet und die Teilnahme kontrolliert werden. Sehr oft wird der Gottesdienst dann als aufgezwungene Pflichtveranstaltung empfunden, der man sich erst nach vollzogener Konfirmation wieder entziehen kann. Sollen Konfirmandinnen und Konfirmanden eine eigene Beziehung zum Gottesdienst entwickeln, müssen schon im Unterricht jugendgemäße Formen von Spiritualität vorkommen und ganz selbstverständlich praktiziert werden.
Allerdings sollten sich die Unterrichtenden der Grenzen der unterrichtlichen Behandlung des Themas bewusst sein. Es wäre eine Überschätzung, den Konfirmandinnen und Konfirmanden den Gottesdienstverlauf formal und inhaltlich so einsichtig machen zu wollen, dass sie ihn verstehens- und gefühlsmäßig nachvollziehen können. Nicht durch die unterrichtliche Behandlung des Themas „Gottesdienst“, sondern durch die eigene Vorbereitung und Gestaltung von Gottesdiensten bekommen Konfirmandinnen und Konfirmanden am ehesten einen Bezug zum Ablauf und zum möglichen Sinn eines Gottesdienstes.
Eine Aufteilung des Themas im Unterricht kann darum sinnvoll sein:

- Zu Anfang: Auswertung eines Gottesdienstbesuchs der Konfirmandinnen und Konfirmanden – Behandlung des Themas „Gottesdienst“ mit dem Ziel, dass die Konfirmandinnen und Konfirmanden die liturgischen Teile kennen und mitsprechen können.
- Nach ca. 8 Monaten: Diskussion der bisherigen Gottesdiensterfahrungen – Vorbereitung und Gestaltung eines Gottesdienstes nach den Vorstellungen der Konfirmandinnen und Konfirmanden – Gottesdienstnachgespräch mit Eltern und Gemeindegliedern.

❷ ERLÄUTERUNGEN ZUM »KURSBUCH KONFIRMATION«, S. 15-18:

S. 15 Wie wirkt die auf dem *Titelbild* zu sehende Gottesdienstszene auf die Konfirmandinnen und Konfirmanden – im Vergleich zu einem normalen Sonntagsgottesdienst? Aus einer Reihe von Adjektiven kreuzen sie die an, die ihrer Meinung nach die beiden Gottesdienste charakterisieren: aktuell – andächtig – ernst – feierlich – fröhlich – interessant – jugendlich – langweilig – locker – spannend – steif – veraltet.
Zu dem Impuls „Ein Gottesdienst, an den ich mich gern erinnere“ erzählen die Jugendlichen, aber auch die Unterrichtenden von eindrücklichen Gottesdiensten, die sie erlebt haben. Sie versuchen auch zu beschreiben, was ihnen an dem Gottesdienst so gut gefallen hat.

S. 16 Die gottesdienstliche Gemeinde sollte über die jugendlichen „*Gottesdienst-Inspektoren*“ informiert werden, wenn diese mit Buch und Stift im Gottesdienst ihre Eindrücke notieren. Am besten erfolgt die Auswertung gleich nach dem Gottesdienst beim Kirchenkaffee, zu dem auch die Gemeinde eingeladen wird.
Eine genaue Gottesdienst-Checkliste zur Überprüfung des Gottesdienstes enthält **M 1**. Sie kann bei dem angesprochenen Kirchenkaffee an einzelne Gemeindeglieder und auch an einzelne Jugendliche verteilt und nach einem verabredeten Zeitraum ausgewertet werden.
Die von den Konfirmandinnen und Konfirmanden angekreuzten Mitwirkungsmöglichkeiten könnten zu Verabredungen für die nächsten Gottesdienste genutzt werden. Vielleicht könnten „Gottesdienst-Teams“ gebildet werden.

S. 17 Die *Szene* wird zunächst mit verteilten Rollen gelesen. In verschiedenen Gruppen wird dann überlegt, wie die Geschichte weitergehen könnte. Die unterschiedlichen Lösungen werden präsentiert und die Gesamtgruppe entscheidet sich entweder für eine der Lösungen oder entwickelt einen gemeinsamen Schluss. Die gesamte Szene kann dann als Anspiel in einem der nächsten Gottesdienste vorgestellt werden.

❸ WEITERE IDEEN

- Die einzelnen liturgischen Teile werden mit großer Schrift auf Kartonstreifen geschrieben und in falscher Reihenfolge zusammengelegt. Die Konfirmandinnen und Konfirmanden sollen mit Hilfe dieser Streifen die Gottesdienstordnung zusammenstellen. Dabei dürfen sie nicht gleich verbessert werden. Vielleicht enthält die von ihnen zusammengestellte Ordnung auch einen „dramaturgischen Sinn“ für den Gottesdienst.
  Eine jugendgemäße Erklärung der wichtigsten Teile des Gottesdienstes: **M 2**.
- Wenn es gelingt, zusätzlich zu den Unterrichtenden auch noch eine(n) Kirchenmusiker(in), den oder die Küster(in) und eine(n) Presbyter(in) bzw. Kirchenvorsteher(in) zur Mitwirkung zu gewinnen, kann man wesentliche Elemente des Gottesdienstes auch an wichtigen „Stationen lernen“: Altar, Kanzel, Taufbecken,

Gesangbücher, Orgel, Glocken. Jede Station wird von einem der Mitwirkenden betreut, der auch die einzelnen Gegenstände erklärt und das Gespräch mit den Jugendlichen führt. An jeder Station sollte es kleine Übungen für sie geben – z. B.: Sie schmücken den Altar für den Sonntagsgottesdienst mit Bibel, Kerzen, Blumen, Kreuz und Abendmahlsgeschirr.

- Ein Ideenwettbewerb „Der ideale Gottesdienstraum" wird ausgerufen: Konfirmandinnen und Konfirmanden stellen Plakate her, auf denen der Grundriss, Altar, Kreuz, Kanzel, Taufbecken usw. aufgezeichnet sind.
- Ablauf und Bedeutung des Kirchenjahres können den Konfirmandinnen und Konfirmanden mit Hilfe der gottesdienstlichen Paramente verdeutlicht werden. Eine Information zum Kirchenjahr und ein Angebot zur Gestaltung des Ablaufs eines Kirchenjahres unter **M 3-4**.

❹ SPIRITUELLE FORMEN

- Der Ablauf der kleinen gottesdienstlichen Feier auf **S. 18** ist bewusst einfach und allgemein gehalten. Sie könnte eine Grundform eines regelmäßigen spirituellen Elements in der Konfirmandenarbeit sein. Hinzu sollte auf jeden Fall aber noch das Vater unser kommen. Gebet und Psalm können im Wechsel gesprochen werden. Ein regelmäßig wiederkehrendes Element hat für die Konfirmandinnen und Konfirmanden einen hohen Wiedererkennungswert. Gebet, Lied, Psalm und Segen können sich deutlich einprägen. Zu einer solchen kleinen Form gehören wichtige Rahmenbedingungen: Die Konfirmandinnen und Konfirmanden sitzen im Kreis – ohne Tische. In der Mitte liegt eine Bibel und steht eine Kerze. Schön wäre es, wenn jede Konfirmandin und jeder Konfirmand eine eigene Kerze hätten, persönlich gestaltet und verziert. Sie würde zur Andacht hervorgenommen, an der Kerze in der Mitte entzündet und vor den eigenen Platz gestellt.

❺ GOTTESDIENST

Zusammen mit den Konfirmandinnen und Konfirmanden können im Unterricht geeignete thematische Elemente für den Gottesdienst vorbereitet und dort von den Konfirmanden präsentiert oder auch in die Predigt aufgenommen werden. Beispiel: Szene „Samstagabend vor der Tagesschau" **S. 17**.

Im Laufe der Konfirmandenzeit sollten aber vor allem mehrere Gottesdienste gemeinsam mit den Konfirmandinnen und Konfirmanden vorbereitet und gestaltet werden. So können Konfirmanden noch am ehesten eine eigene Beziehung zum Gottesdienst aufbauen und durch die Rückmeldungen der Gottesdienstteilnehmer eine Vorstellung von der Relevanz des Gottesdienstes gewinnen.

❻ ANREGUNGEN FÜR PROJEKTE UND AKTIONEN

- Die Konfirmandinnen und Konfirmanden gründen eine kleine „Werbeagentur" für den Gottesdienst der Gemeinde. Sie entwerfen ein Logo und gestalten Plakate und Handzettel für die nächsten Gottesdienste. Im Schaukasten und auf der Homepage der Gemeinde informieren sie regelmäßig über den Gottesdienst. In einem eigenen Flyer stellen sie die Kirche, die Gottesdienstzeiten und -themen sowie die für den Gottesdienst zuständigen Personen vor.
- Übernahme von Küsterdiensten im Gottesdienst: Glockenläuten, Verteilen der Gesangbücher, Einsammeln und Zählen der Kollekte, Anzünden der Kerzen, Schmücken des Altars, Kaffee kochen fürs Gottesdienstnachgespräch.
- Einen Kirchenführer für die eigene Kirche zusammenstellen.
- Einen multireligiösen Jahreskalender zusammenstellen.

❼ HINWEISE

- W. Teich/J. Stalmann, Gottesdienst – erklärt, Hannover 1992
- ku praxis 16: Gottesdienst, Gütersloh 1982
- Video: Sonntags (Evang. Medienzentralen)
- ku praxis 35, Gott gab uns Atem. Anregungen und Bausteine zu Liedern, Gütersloh 1996
- KONFER normal 18 (7/97), Gottesdienst und Kirchenjahr
- H.-M. Lübking, Gottesdienst für Jugendliche. Praxismaterial für alle Sonn- und Feiertage des Kirchenjahres 1-6. Düsseldorf 1995 ff.
- KONFER normal 65 (11/2001), Gottesdienst – eine Einführung
- Öffentlichkeitsdienst der NELK (Hg.), Zeichen, Zeiten, Ziele – Gottesdienst (o.J.)

❽ WICHTIGE ERGEBNISSE

- Die Konfirmandinnen und Konfirmanden kennen den liturgischen Ablauf eines Gottesdienstes in seinen wichtigsten Grundzügen und können sich während eines Gottesdienstes angemessen verhalten.
- Sie haben bei der konkreten Gestaltung von Gottesdiensten mehrfach mitgewirkt und sind mindestens zweimal in der Konfirmandenzeit wesentlich an der Vorbereitung und Durchführung von Gottesdiensten beteiligt.
- Sie haben sich mit der gegenwärtigen Kritik am Gottesdienst beschäftigt und eigene Ideen zur Gottesdienstgestaltung entwickelt.
- Sie kennen die wichtigsten Stationen des Kirchenjahres und können über den Anlass der wichtigsten christlichen Feste (Ostern, Pfingsten, Weihnachten) Auskunft geben.

M 1: GOTTESDIENST-CHECKLISTE: ZUR ÜBERPRÜFUNG DES GOTTESDIENSTES

1. Atmosphäre

negativ-positiv (1-4)

- Kann ich mich in dem Raum wohl fühlen? ○ ○ ○ ○
- Erlebe ich den Gottesdienst festlich? ○ ○ ○ ○
- Hat sich jemand gefreut, dass ich da war? ○ ○ ○ ○
- War der Gottesdienst lebendig? ○ ○ ○ ○
- War der Gottesdienst ein Treffpunkt? ○ ○ ○ ○

2. Spielregeln und Spielräume

- Ist mir der Ablauf bekannt gewesen? ○ ja ○ nein
- War der Gottesdienst wie immer? ○ ja ○ nein
- Oder gab es etwas Neues? ○ ja ○ nein

3. Beteiligung der Gemeinde

- Wie viele Personen gestalten den Gottesdienst mit? ______________
- Prozentuale Anteile:
  Pfarrer/Pfarrerin ______________
  Gemeinde ______________
- Hätte ich meine (auch abweichende) Meinung sagen können? ○ ja ○ nein
- Kam ich mit meiner Situation und meinen Fragen im Gottesdienst vor? ○ ja ○ nein

4. Rolle von Kindern und Jugendlichen

- Im Gottesdienst mitgewirkt ○ ja ○ nein
- Den Gottesdienst vorbereitet ○ ja ○ nein
- Bei der Gestaltung des Gottesdienstes wurde ihre Anwesenheit berücksichtigt ○ ja ○ nein
- Sie spielten im Gottesdienst keine Rolle ○ ja ○ nein
- Sie waren gar nicht da ○ ja ○ nein

5. Musik

- Orgel ○ ja ○ nein
- Andere Instrumente ○ ja ○ nein
- Solostücke ○ ja ○ nein
- Gesangbuchlieder ○ ja ○ nein
- neuere geistliche Lieder ○ ja ○ nein
- Lieder aus der Rock-Popkultur ○ ja ○ nein

6. Sprache

negativ-positiv (1-4)

- Kirchendeutsch ○ ○ ○ ○
- Alltagssprache ○ ○ ○ ○

7. Gebet

negativ-positiv (1-4)

- Zu kurz ○ ○ ○ ○
- Zu lang ○ ○ ○ ○
- Konkret ○ ○ ○ ○
- Fühlte ich mich angesprochen? ○ ○ ○ ○

8. Predigt

negativ-positiv (1-4)

- War sie aktuell? ○ ○ ○ ○
- Enthielt sie konkrete Beispiele? ○ ○ ○ ○
- Hörten die Gottesdienstbesucher etwas Neues? ○ ○ ○ ○
- Gab es etwas Interessantes zum Nachdenken? ○ ○ ○ ○
- Gab es Blickkontakt? ○ ○ ○ ○
- Gab es auch etwas zu sehen? ○ ○ ○ ○
- Länge/Kürze
  bis 15 Minuten ○
  über 15 Minuten ○
- Statt der Predigt gab es ______________
  ____
- Wurde die Predigt vermisst? ○ ja ○ nein

9. Aktualität

Die Aussagen im Gottesdienst bezogen sich auf:

- Die Gegenwart ○
- Die Vergangenheit ○
- Das, was immer gilt ○
- Allgemeine Selbstverständlichkeiten ○

M 2: DER GOTTESDIENST – ERKLÄRT

Wer zum ersten Mal an einem Gottesdienst teilnimmt, wird nicht gleich alles verstehen. Da wird ausländisch gesungen (Kyrie, Halleluja, Amen), manchmal stehen die Leute auch plötzlich auf oder holen mit einem Mal das Portemonnaie aus der Tasche. Das Drehbuch für einen Gottesdienst nennt man Liturgie. In vielen Teilen ist sie schon sehr alt, darum wirken viele Gottesdienste auch so feierlich. Manche Leute mögen das, andere wollen lieber mehr Veränderungen im Gottesdienst. Ob alte oder neue Gottesdienste – einige Teile kommen (fast) immer vor:

LIEDER: In jedem Gottesdienst wird gesungen: zur Orgel, zur Gitarre, zu Posaunen oder zur Flöte. Es müssen nicht immer Lieder aus dem Gesangbuch sein. Inzwischen gibt es viele neuere Liederbücher, aus denen im Gottesdienst gesungen werden kann.

„IM NAMEN DES VATERS UND DES SOHNES …“: mit diesem oder einem vergleichbaren Satz wird gleich zu Beginn gesagt, wer uns zu diesem Gottesdienst eingeladen hat und zu welchem Zweck die Gemeinde zusammengekommen ist.

KYRIE: Zum Gottesdienst gehört auch die Klage über das, was in unserem Leben nicht stimmt. Wir singen: Kyrie eleison! Das heißt auf Deutsch: „Herr, erbarme dich, sei gut zu uns, hilf uns, weil wir allein nicht klarkommen!“

LOBLIED (lat. = GLORIA): Das Loblied stammt aus der Weihnachtsgeschichte. Was dort die Engel den Hirten singen, wird jeden Sonntag im Gottesdienst wiederholt: „Ehre sei Gott in der Höhe und auf Erden Fried', den Menschen ein Wohlgefallen.“

SCHRIFTLESUNG: Ein- oder zweimal wird im Gottesdienst aus der Bibel vorgelesen: Aus den Briefen des Neuen Testaments oder aus den Evangelien. Auch Konfirmandinnen und Konfirmanden können dabei als Lektoren (= Vorleser) mitwirken!
Nach der Lesung singt die Gemeinde hebräisch: „Halleluja“ (= „Lobt Gott!“)

GLAUBENSBEKENNTNIS: „Ich glaube an Gott, den Vater, den Allmächtigen …“, so beginnt das Apostolische Glaubensbekenntnis aus dem 4. Jahrhundert, das nicht nur bei uns im Gottesdienst gesprochen wird, sondern – in der jeweiligen Sprache – überall dort, wo Christen leben.
Ab und zu sollten aber auch neuere Glaubensbekenntnisse im Gottesdienst vorkommen.

PREDIGT: Für die Konfirmandinnen und Konfirmanden ist die Predigt oft der langweiligste Teil des Gottesdienstes. Schade! Denn eigentlich soll die Predigt einen Bibeltext so auslegen, dass deutlich wird, wie aktuell und lebensnah die Bibel sein kann.
Übrigens: Länger als 15 Minuten muss eine Predigt nicht sein!

KOLLEKTE: In jedem Gottesdienst (meist zweimal: vor oder nach der Predigt und am Ausgang) wird Geld eingesammelt. Das Geld ist nicht für den Pastor oder für neue Gesangbücher bestimmt, sondern für Menschen in Deutschland und in der ganzen Welt, denen es schlecht geht.

ABKÜNDIGUNGEN: Wenn jemand verstorben ist, getauft wurde, heiraten will oder wenn auf eine Gemeindeversammlung hingewiesen werden soll, dann betrifft das alle Gemeindemitglieder. Darum wird es im Gottesdienst vorgelesen.

FÜRBITTENGEBET: Ein Gebet „für“ andere Menschen: Hungernde, Flüchtlinge, Kriegsopfer, Kranke, Trauernde … Die Gemeinde kann sich durch Bittrufe („Herr, erbarme dich“ oder „Christus, erhöre uns“) beteiligen.

Findet im Gottesdienst eine **ABENDMAHLSFEIER** statt, dann beginnt sie in der Regel nach dem Fürbittengebet.

VATERUNSER: Dieses Gebet stammt von Jesus selbst. Es fehlt in keinem Gottesdienst. Das Vaterunser wird immer gemeinsam gesprochen.

SEGEN: Zum Segen hat der Pastor oder die Pastorin meist die Hände erhoben. Das ist die Geste, mit der Gottes Schutz und Hilfe für den weiteren Lebensweg versprochen wird. Der Wortlaut des Segens stammt in der Regel aus 4. Mose 6,24-26 (Siehe an der Stelle in der Bibel nach!).

EIN TIPP:
Beten: Im Stehen!
(auch das Glaubensbekenntnis)
Singen: Meist im Sitzen
(obwohl es im Stehen besser geht)
Bei der Predigt dürft ihr aber sitzen!

M 3: INFORMATIONEN ZUM KIRCHENJAHR

Das Kirchenjahr stimmt nicht mit unserem Kalenderjahr überein. Es beginnt nicht mit dem 1. Januar, sondern mit dem 1. Advent und endet mit dem letzten Sonntag vor dem 1. Advent, dem Ewigkeits- oder Totensonntag.
Man kann das Kirchenjahr gut als Kreis mit den verschiedenen, jedes Jahr wiederkehrenden Festen darstellen. Fast alle Feste haben evangelische und katholische Christen gemeinsam, manchmal heißen sie jedoch anders: Die Evangelischen sagen z. B. „Epiphanias", die Katholiken „Erscheinung des Herrn". Manche Feste werden nur in der Evangelischen Kirche gefeiert, z. B. das Reformationsfest am 31. Oktober oder Buß- und Bettag am Mittwoch vor dem Totensonntag. Fronleichnam und Allerheiligen (1. November) sind katholische Feiertage.
Einige christliche Feste haben ein festes Datum:

- 6. Januar: Epiphanias bzw. Heilige Drei Könige
- 31. Oktober: Reformationstag
- 1. November: Allerheiligen
- 25. Dezember: Weihnachten

Dazu kommen noch besondere Tage, die in der christlichen Geschichte eine besondere Rolle gespielt haben, heute aber nicht mehr überall begangen werden:

- 24. Juni: Johannistag
- 29. Juni Peter und Paul
- 29. September: Michaelistag
- 2. November: Allerseelen
- 11. November: Martinstag
- 6. Dezember: Nikolaustag

Andere Feiertage sind beweglich. Ostern zum Beispiel ist immer am Sonntag nach dem ersten Frühlingsvollmond. Das kann Ende März, aber auch Mitte April sein. Nach dem Ostertermin richten sich Himmelfahrt (40 Tage später) und Pfingsten (50 Tage später). Das Erntedankfest findet in Deutschland am Sonntag nach dem Michaelistag statt, meist am ersten Sonntag im Oktober.
Jedes Fest hat eine besondere Farbe. Wenn man z. B. Ostern in den Gottesdienst geht, sieht man am Altar und an der Kanzel weiße Tücher („Antependien" oder „Paramente"). Jede „liturgische Farbe" hat eine Bedeutung:

Weiß:	Weiß ist die Farbe der Vollkommenheit und der Freude. Alle Feste, die mit Jesus Christus zu tun haben (Weihnachten, Ostern, Himmelfahrt), tragen die Farbe Weiß.
Rot:	Rot ist die Farbe des Feuers, sie steht für den Heiligen Geist. Alle Feste der Kirche (Pfingsten, Reformationstag – aber auch Konfirmation) tragen die Farbe Rot.
Grün:	Grün ist die Farbe der Hoffnung, sie steht auch für Saat und Ernte. Grün ist die Farbe der Epiphanias- und Trintatiszeit.
Violett:	Violett steht für Buße und Besinnung, Stille und Nachdenken. Violett ist die Farbe der Advents- und Passionszeit, aber auch des Buß- und Bettages.
Schwarz:	Schwarz ist die Farbe der Trauer. An Karfreitag und Karsamstag hängen schwarze Tücher von Altar und Kanzel.

M 4: KIRCHLICHE ZEITEN UND FESTE IM JAHR

Erntedankfest
Passion (Fastenzeit)
Pfingsten
Advent
Himmelfahrt

Weihnachten
Reformationstag
Trinitatis (Dreieinigkeit)
Buß- und Bettag
Karfreitag

Epiphanias (Erscheinungsfest)
Silvester/Neujahr
Ostern
Totensonntag

» Wie sieht der Ablauf des Kirchenjahres aus? Schreibt die Namen der Kirchenjahreszeiten und Kirchenfeste in die spitzen Felder zu den entsprechenden Symbolen. Versucht mit Hilfe eines Kalenders die entsprechenden Daten für das laufende oder das nächste Jahr herauszufinden. Zu jeder Kirchenzeit und zu jedem Kirchenfest gehört eine liturgische Farbe. Erkundigt euch nach diesen Farben und malt die Symbolfelder entsprechend aus.

❶ INTENTIONEN

Für die meisten Konfirmandinnen und Konfirmanden ist die Bibel eine Art Museumsstück: Ein altes, zwar fast heiliges, meist jedoch unverständliches, eher langweiliges, dazu noch sehr dickes Buch, das keinen Bezug zum Alltag von Jugendlichen zu haben scheint. Ein Buch, das man zwar haben sollte, mit dem man, im Normalfall aber nicht viel anfangen kann.
Diese Distanz zur Bibel wird manchmal noch durch eine gewisse Berührungsangst verstärkt: Ein Interesse an der Bibel könnte peinlich wirken und die Jugendlichen in den Augen ihrer Freunde als weltfremd und rückständig disqualifizieren. Erzählt die Bibel doch von einer Wahrheit, die sich nicht beweisen lässt.
Zugleich machen Unterrichtende im Konfirmandenunterricht aber auch die Erfahrung, dass Jugendliche neu gefesselt werden, wenn biblische Texte methodisch so erschlossen werden, dass ihre meist unbekannten sozialen und historischen Dimensionen neu deutlich werden. Gelingt es den Unterrichtenden auch, biblische Erzählungen so zu vermitteln, dass die Konfirmandinnen und Konfirmanden sich mit Personen und Erlebnissen identifizieren können, dann kann den Jugendlichen auch aufgehen, dass hier ihre Sache verhandelt wird. So können sie auch spüren, dass die Bibel für die persönliche Lebensgeschichte aktuell werden kann und auch einen Bezug zu den öffentlichen Kontroversen der Gegenwart hat.
Dies alles setzt jedoch voraus, dass die Konfirmandinnen und Konfirmanden zumindest ansatzweise auch gelernt haben, mit der Bibel umzugehen und sich in ihr zurechtzufinden. Gerade in einer zunehmend multireligiösen Gesellschaft ist es unverzichtbar, im Konfirmandenunterricht auch Informationen und Grundkenntnisse über die Bibel zu vermitteln.

❷ ERLÄUTERUNGEN ZUM »KURSBUCH KONFIRMATION«, S. 19-26:

S. 19 Die erste Seite der *Gutenberg-Bibel* (zwischen 1452-1455 in Mainz entstanden und noch in 48 Exemplaren erhalten) ist berühmt wegen der wunderschönen Initiale. Unten ist wie ein Sinnbild für den siebten Tag, an dem Gott von seinen Werken ruhte, ein Lob der Schöpfung dargestellt: Ranken, Rosen und Fantasieblüten mit Vögeln, darunter ein prächtiger Pfau, der das Rad schlägt, dazu ein Storch, der sich am Kopf kratzt.

S. 20 Der beliebte Taufspruch in 1. Samuel 16,7 heißt: „Ein Mensch sieht, was vor Augen ist, der Herr aber sieht das Herz an."
Die Auflösung des *Bibel-Kreuzworträtsels* sowie des Bibelquiz steht in den Erläuterungen des **„Kursbuches Konfirmation-Arbeitsbuch", S. 159**.

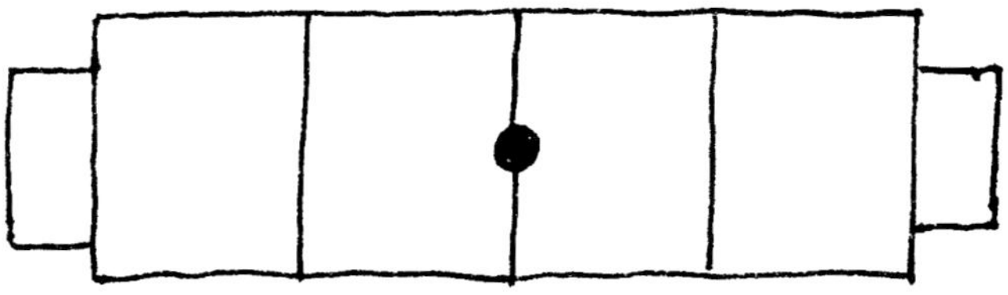

Die Lösung des Bibelquiz kann auch mit einem „Bibelfußballspiel" verbunden werden: An die Tafel wird ein Fußballfeld gemalt. Der Ball liegt in der Mitte. Nun wird die Gruppe aufgeteilt. Wer auf eine Frage zuerst die richtige Antwort sagen kann, befördert den Ball ein Feld weiter in Richtung gegnerisches Tor.

S. 21 Vgl. zur *Bibel-Bibliothek* die Erläuterungen im **„Kursbuch Konfirmation-Arbeitsbuch", S. 159**. Vgl. auch die nachfolgenden „Anregungen für Projekte und Aktionen".
Eine Übersicht der wichtigsten Teile der Bibel bietet **M 1**. „Die Bibel – ein spannendes Buch. Was alles in der Bibel steht" (**M 2**) kann Konfirmandinnen und Konfirmanden auf ungewohnte, aber interessante Themen und Texte in der Bibel neugierig machen.
Ein Vorschlag: Die Konfirmandinnen und Konfirmanden erhalten die Kopien von **M 2** und dürfen drei Themen auswählen, zu denen die biblischen Texte gelesen und von den Unterrichtenden kurz erläutert werden. Als Hausaufgabe bekommt jede(r) ein neues Thema, zu dem er oder sie zuhause den biblischen Text liest und diesen beim nächsten Treffen kurz vorstellt.

S. 22 *Eine Zeitreise*: Vgl. dazu den Vorschlag bei den „Projekten und Aktionen".

S. 23 *Aus der Geschichte einer Bibel*: Der oder die Unterrichtende kann auch die eigene Bibel mitbringen und – möglichst witzig – aus der Geschichte dieser Bibel erzählen. Die Arbeitsaufgabe für Konfirmandinnen und Konfirmanden könnte daran gut anschließen.
Vermutlich werden unterschiedliche Bibelverse von den

Konfirmandinnen und Konfirmanden als z. Zt. besonders aktuell eingeschätzt. Für diese Wertung sollten jeweils aber auch Gründe angegeben werden. Die Gesamtgruppe entscheidet dann, welcher Vers der aktuellste ist.
Zum Thema vgl. auch den Gottesdienstentwurf „Eine Bibel erzählt aus ihrem Leben“ (**M 4**).
Lieblingsverse: Für die Befragung der Eltern und der Religionslehrer brauchen die Konfirmandinnen und Konfirmanden Zeit. Aus den Ergebnissen kann eine kleine Hit-Liste der Bibelverse erstellt werden. Unterscheidet sie sich von den TOP TWENTY auf **S. 26** im Arbeitsbuch?

S. 24/25 Wenn irgend möglich sollte im Konfirmandenunterricht (abends, auf einer Freizeit oder ...) der *Film* „Luther“ von Eric Till gezeigt werden. „Luther“ ist ein historischer Abenteuerfilm, der im Großen und Ganzen historisch zutreffend die Geschichte Martin Luthers (v.a. zwischen 1505 und 1530) und die Anfänge der Reformation auch für Jugendliche spannend und eindrücklich erzählt.
Zu dem Film gibt es von der „Stiftung lesen“ gute „Ideen für den Unterricht“, die in allen kirchlichen Medienstellen zur Verfügung stehen. Sie enthalten zahlreiche zusätzliche Informationen, Bilder und praktische Arbeitsvorschläge für den Unterricht.
Die Konfirmandinnen und Konfirmanden können in Gruppen einen Abschnitt (etwa Markus 10,13-16) aus der Luther-Bibel von 1912 (oder älter) in die heutige Umgangssprache übertragen – um eine Vorstellung von der Notwendigkeit einer immer erneuten Übersetzung des biblischen Textes in die Gegenwart zu bekommen. Anschließend können die Ergebnisse mit dem entsprechenden Abschnitt aus der Gute Nachricht Bibel verglichen werden.
Die Verteilschrift „30 Bibelsprachen von A-Z“ verdeutlicht die weltweite Verbreitung der Bibel. Sie kann im Klassensatz bei der „Deutschen Bibelgesellschaft“ in Stuttgart bestellt werden.
Eine spielerische Überprüfung des „Luther-Wissens“ der Konfirmandinnen und Konfirmanden ermöglicht das „Luther-Quiz“ in **M 3**.

❸ WEITERE IDEEN

- Einen biblischen Text in einzelnen Abschnitten ganz lesen: z. B. das Markusevangelium als fortlaufende Jesusgeschichte (H.-M. Lübking, Die Jesus-Geschichte, Düsseldorf 2005). Dafür sollte eine konzentrierte Atmosphäre gewählt werden: im Altarraum der Kirche, Kreisform, Kerze, verdunkelter Raum...
- Der oder die Unterrichtende bringt hebräische und griechische Bibeln mit in den Unterricht (wenn vorhanden: auch latein., engl. oder französ. Ausgaben, Blindenbibel, Bilderbibel ...).
- Vergleich von Bibelstellen in verschiedenen Sprachen und Übersetzungen.
- Einen Einband für die Bibel der Konfirmandinnen und Konfirmanden herstellen. Auf den Rückseiten können die Unterschriften und Fingerabdrücke aus der Gruppe stehen.
- Ein Lesezeichen für die eigene Bibel herstellen – und darauf ein Bild der Lieblingsgeschichte aus der Bibel malen.
- Umfrage: „Wann haben Sie das letzte Mal in der Bibel gelesen?“
- Streichholzschachtel-Bilder: Die Konfirmandinnen und Konfirmanden malen Szenen zu einzelnen biblischen Personen auf kleine Bilder, die in das innere Kästchen einer Streichholzschachtel geklebt werden. Mit den Bildern wird eine Ausstellung veranstaltet.
- Zusammenstellung eines Bibel-Quartetts (Material: Bilderbibeln)
- Rollenspiel: Diskussion nach einem Gottesdienst. Ein junger Mann fragt: „Warum muss man in jedem Gottesdienst aus der Bibel vorlesen? Meist ist es langweilig, oft verstehe ich nichts und aktuell ist das überhaupt nicht. Die Bibel ist doch schon 2000 Jahre alt, es gibt schließlich aktuellere Informationsquellen.“ Eine ältere Presbyterin widerspricht entschieden: „Die Bibel ist schließlich Gottes Wort. Das kann man vom Internet nicht behaupten. Die Bibel aus dem Gottesdienst verbannen – das wäre ja noch schöner.“ Auch andere Gottesdienstbesucher schalten sich ein ...
- Der Arbeitsraum wird durch ein Kreppband in zwei Hälften unterteilt. Die eine Seite steht für „Zustimmung“, die andere für „Ablehnung“. Zu den folgenden Behauptungen nehmen die Konfirmandinnen und Konfirmanden einen „Standpunkt“ ein, den sie dann auch begründen:
  - Die Bibel ist langweilig.
  - Die meisten Geschichten de Bibel haben uns heute nichts mehr zu sagen.
  - Alles, was in der Bibel steht, ist auch wirklich so passiert.
  - Die Geschichten der Bibel sind wahr, auch wenn sie schon so alt sind.
  - Die Bibel ist ein Buch für alte Leute.

❹ SPIRITUELLE FORMEN

Die folgende kleine Andacht in der Konfirmandengruppe nimmt die Texte und das Bild von **S. 26** auf:

- Lied: Wir haben Gottes Spuren festgestellt
- Lesefigur: TOP-TWENTY der Konfirmationssprüche
- Bild (Q. Buchholz, Der Gruß):

Ein Mann zieht den Hut vor einem Buch. Er grüßt das Buch, ja er hat großen Respekt vor dem Buch.
Es gibt viele gute Bücher, die Respekt verdienen; vor denen man den Hut ziehen kann. Jede und jeder von uns hat Lieblingsbücher, die er oder sie nie verschenken und nie wegwerfen würde – auch wenn sie schon alt sind.

Die Bibel ist alt, sie ist das Buch der Bücher. Das Buch, das wohl von allen Büchern den meisten Respekt verdient.
Kein Buch enthält so viel Erfahrungen über Gott und die Welt wie die Bibel. Es sind Erfahrungen, die ein einzelner Mensch in seinem Leben allein gar nicht machen kann. Vielmehr sind es die Erfahrungen vieler Generationen von Menschen, von Frauen und Männern, von Jungen und Alten, die aufgeschrieben worden sind, weil wir daran erkennen können, wer wir sind, woher wir kommen, wohin wir gehen.
Ein Buch, vor dem man den Hut ziehen kann. Noch besser – ein Buch, das man auch aufschlagen und in dem man immer wieder lesen sollte.

- Lied: Wir haben Gottes Spuren festgestellt
- Vater unser
- Segen

❺ GOTTESDIENST

Elemente und Ergebnisse der unterrichtlichen Bearbeitung des Themas fließen in den Gottesdienst „Eine Bibel erzählt aus ihrem Leben" (**M 4**) ein.

❻ ANREGUNGEN FÜR PROJEKTE UNS AKTIONEN

- Erstellung einer großen Zeitleiste zur Entstehung und Geschichte der Bibel.
- Die Konfirmandinnen und Konfirmanden organisieren eine Bibel-Ausstellung (Alte Bibeln von Gemeindegliedern, verschiedene Bibelausgaben, Bibel-Briefmarken, Materialien der Deutschen Bibelgesellschaft, Produkte aus dem Konfirmandenunterricht ...).
- Präparation von Bibelhandschriften: Ein Text wird mit Bleistift auf Pergament geschrieben – die Pergamentblätter werden mit Fett eingerieben – sie werden mit Wasser angefeuchtet – die feuchten Blätter werden mit Feuer „angekokelt" – sie werden mit einem Föhn getrocknet – schließlich werden sie mit einem Bügeleisen geglättet (Simulation des Schicksals von Bibel-Papyri). Die so behandelten Handschriften werden mit den „Original-Seiten" aus der Bibel verglichen.
- Aus einer Auswahl biblischer Geschichten suchen sich die Konfirmandinnen und Konfirmanden jeweils „ihre" Geschichte oder „ihren" Text aus. Aus diesen Texten, die von den jeweiligen Konfirmandinnen und Konfirmanden besonders schön geschrieben werden, wird eine eigene (Kurz-) Bibel der Konfirmandengruppe zusammengestellt. Sie kann graphisch gestaltet, vervielfältigt oder gedruckt und bei einer Bibel-Ausstellung der Gemeinde zum Kauf angeboten werden.
- Bibel-Bibliothek aus Streichholzschachteln: Der Reihe nach bearbeiten die Konfirmandinnen und Konfirmanden je ein biblisches Buch: Auf die Vorderseite der Schachtel schreiben sie den Namen des Buches. In das innere Kästchen kleben sie ein kleines Leporello, auf das sie interessante Überschriften, Personennamen und Inhalte des jeweiligen Buches geschrieben haben. Werden die Schachteln mit der äußeren Hülle zusammengeklebt und oben und unten mit einem Kartonstreifen gestützt, dann entsteht eine kleine Bibel-Bibliothek, die im Unterricht auch benutzt werden kann.
- Eine Bibel-Zeitreise veranstalten! Die Konfirmandinnen und Konfirmanden bilden etwa 5 verschiedene Gruppen. Jede Gruppe versucht, eine Station in der Geschichte der Bibel darzustellen (z.B.: heute, 1500 n. Chr., 70 n. Chr., 600 v. Chr., 1200 v. Chr.). Zu der jeweiligen Zeit-Station erhalten sie einige Grundinformationen. Die Darstellungen sollen möglichst spielerische und zum Mitmachen einladende Elemente haben, damit die Bibel-Zeitreise bei Bibelausstellungen, Gemeindefesten oder auch an Bibelsonntagen als Mitmach-Aktion für Gemeindeglieder veranstaltet werden kann (Beispiele: 1500 n. Chr. = Werkstatt des Johannes Gutenberg, Druck eines Bibeltextes mit einem einfachen Druckkasten. / 70 n. Chr. = Schreibtisch des Evangelisten Markus, zerrissenes Blatt mit einem Evangelientext, der als Puzzle wieder zusammengesetzt werden muss.)

❼ HINWEISE

- W. Neidhart/H. Eggenberger (Hg.), Erzählbuch zur Bibel 1, Düsseldorf 1987
- W. Neidhart, Erzählbuch zur Bibel 2, Düsseldorf 1993
- W. Laubi, Geschichten zur Bibel 1-6, Düsseldorf 1981 ff
- D. Haas/G. Vicktor, Spielideen zur Bibel, Lahr 1989
- D. Haas, Der Bibel anders begegnen, Lahr 1994
- Die Bibel - überliefert und ausgelegt. Ein Medienpaket (Hg.: Katechet. Institut der Ev. Reformierten Landeskirche Zürich), Zürich 1987
- Film: Es waren ihrer zehn (Evang. Medienzentralen)
- Videos: Begegnung mit der Bibel 1-21. Geschichten und Gestalten des Alten und des Neuen Testaments (Evang. Medienzentralen)
- ku praxis 33: Für das Leben lernen mit Geschichten aus dem Alten Testament, Gütersloh 1995
- Deutsche Bibelgesellschaft (Hg.); Luther Gedenken '96, Stuttgart 1995
- KONFER normal 38 (5/99), Bibel. (K)ein Buch mit sieben Siegeln
- Martin Luther, hänssler Multimedia-CD-ROM 1999
- S. Berg, Biblische Bilder und Symbole erfahren. Calw 2000
- H. Hanisch/A. Bucher, Da waren die Netze randvoll. Was Kinder von der Bibel wissen, Göttingen 2002
- A. Wuckelt/R. Dillmann, Neue Jugendbibel, Stuttgart 2002
- W. Zwickel, Calwer Bibelatlas. 8 Farbfolien, Calw 2005
- Deutsche Bibelgesellschaft, Leuchtfeuer. Gute Nachricht Themenbibel
- Stiftung lesen (Hg.), Luther. Ideen für den Unterricht

❽ WICHTIGE ERGEBNISSE

- Die Konfirmandinnen und Konfirmanden können Bibelstellen ohne fremde Hilfe finden, aufschlagen und vorlesen.
- Sie kennen die wichtigsten Grundinformationen zur Bibel: eine Bibliothek von 66 Schriften, die Entstehungszeit von gut 1000 Jahren, den Weg von mündlicher zu schriftlicher Überlieferung. Sie wissen, wie die Evangelisten heißen und was in den Evangelien steht, sie wissen, wer Paulus, wer Maria, wer Mose und wer David war und was in den Psalmen steht.
- Sie haben verstanden, dass die Bibel auch heute noch eine große Bedeutung für die Lebensgeschichte eines Menschen haben kann.
- Sie wissen über das Anliegen Martin Luthers und der Reformation Bescheid, kennen die wichtigsten Stationen der Geschichte Luthers und können selbständig darüber berichten.

❾ MATERIAL AUF DER CD-ROM

Bibel
1| Bibel-Pässe
2| Bibel-Zeitreise
3| Bibel-Domino

❿ INTERNET-ADRESSEN

www.bibelserver.de
www.bibellesebund.de
www.dbg.de
www.bibel-quiz.de
www.gutenbergdigital.de
www.werkstatt-bibel.de

M 1: DIE WICHTIGSTEN TEILE DER BIBEL

Am Anfang der Bibel werden Urgeschichten erzählt: Geschichten, die zeitlos wahr und gültig bleiben. Die beiden Erzählungen von der Erschaffung der Welt durch Gott, der Brudermord Kains an Abel, die Geschichte von der Sintflut und der Errettung Noahs, die Erzählung vom Turmbau zu Babel: 1. Mose 1-11. Dann fängt etwas Neues an: Gott beruft Abraham und macht ihn zum Stammvater eines großen Volkes. Abraham, Isaak und Jakob nennt man die Erzväter: 1. Mose 12-35.
Eine der schönsten Erzählungen der Bibel handelt von Josef: 1. Mose 37-50.
Von Mose und von der Befreiung der Israeliten aus Ägypten handelt das zweite Buch Mose. Darin wird auch von der Einsetzung der Zehn Gebote berichtet: 2. Mose 20,2-17.
Die Bücher Josua und Richter erzählen von der Einwanderung der Israeliten ins „Gelobte Land“. In dieser Zeit spielt auch die Geschichte von Ruth: Ruth 1-4.
Höhepunkte der Erzählungen von den Königen Israels sind die spannenden Geschichten vom König David: 1. Samuel 16-2; Könige 2.
Gegen die Könige traten oft Propheten auf, die an die Gebote Gottes erinnerten und König und Volk zur Umkehr aufforderten.
Wichtige Propheten waren Elia (1. Könige 17-21), Jesaja und Jeremia (Jeremia 1.26-28.36-43).
Das Buch Jona erzählt von der Flucht, dem Schiffbruch, der Rettung und der Predigt des Propheten in der großen Stadt Ninive: Jona 1-4.
Zu den schönsten Texten der Bibel gehören die 150 Psalmen (vor allem Psalm 8, 23, 90, 104, 139) und das Buch Hiob, in dem von einer Wette zwischen Gott und Satan erzählt wird (Hiob 1-3.42).

Das Neue Testament beginnt mit den vier Evangelien: Matthäus, Markus, Lukas und Johannes. Sie berichten von Jesus, seinen Worten und Taten, von seinem Leiden, seinem Tod und seiner Auferstehung. Die Evangelien gehen auf mündliche Überlieferung zurück und wurden in den Jahren zwischen 70 und 100 aufgeschrieben. Das älteste Evangelium ist das des Markus (Markus 1-16).
Im Matthäusevangelium steht die berühmteste Rede Jesu, die Bergpredigt: Matthäus 5-7.
Die Apostelgeschichte ist die Fortsetzung des Lukasevangeliums. Sie berichtet von der Ausbreitung des christlichen Glaubens bis nach Rom. Einen großen Platz nehmen darin die Erzählungen von den Missionsreisen des Paulus ein: Apostelgeschichte 13-28.
Von Paulus stammen auch die meisten Briefe des Neuen Testaments. Sie wurden an christliche Gemeinden oder an Einzelpersonen geschrieben, wie der Philemonbrief, in dem es um einen entlaufenen Sklaven geht: Philemonbrief.
Das letzte Buch der Bibel ist die Offenbarung des Johannes, die in einer Zeit geschrieben wurde, in der die christlichen Gemeinden vom römischen Staat verfolgt wurden.

M 2: DIE BIBEL – EIN SPANNENDES BUCH. WAS ALLES IN DER BIBEL STEHT

- Aufruhr und Revolution (2. Samuel 15.20; 2. Könige 9-11)
- Berühmte Reden (Matthäus 5-7)
- Ehebruch (2. Samuel 11)
- Feiglinge (Jona; Matthäus 26,69-75)
- Freundschaft (1. Samuel 18-20)
- Gruselgeschichten (Daniel 5)
- Gute und böse Frauen (Jesus Sirach 26)
- Heldengeschichten (Gideon, Simson, Judit)
- Himmlische Wetten (Hiob 1)
- Klagen (Psalm 22)
- Kluge Frauen (Ruth, Abigail, Esther)
- Kriegsdienstverweigerung (5. Mose 20,5-9)
- Krimis (1. Könige 21)
- Liebe auf den ersten Blick (1. Mose 24.29,9-19)
- Liebesgedichte (Hohes Lied 3-4)
- Lob der Hausfrau (Sprüche Salomos 31,10-30)
- Macht der Predigt (Jona)
- Organisationsberatung (2. Mose 18)
- PR-Auftritte (Jeremia 19.27; Ezechiel 4.12; Hosea 1)
- Schiffsbruch (Apostelgeschichte 27,13-44)
- Schutzgelderpressung (1. Samuel 25)
- Spionagegeschichten (Josua 2)
- Tanzgeschichten (1. Samuel 6,14 ff.; Matthäus 14)
- Tischreden (Jesus Sirach 31,12-32,17)
- Totenbeschwörung (1. Samuel 28)
- Träume (1. Mose 41)
- Vater-Sohn-Konflikte (1. Samuel 20,24 ff.; 2. Samuel 15-18; Lukas 15,11-32)
- Verrat (Richter 16; Matthäus 26,14-16.47-50)
- Wunder (2. Mose 7-11; 2. Könige 4-6; Markus 4,35-41; 6,30-44; 9,14-27)

M 3: EIN LUTHER-QUIZ

1. In welcher Stadt wurde Martin Luther 1483 geboren?
(B) Wittenberg
(N) Eisleben
(O) Berlin

2. Was sollte Luther nach dem Willen seines Vaters eigentlich werden?
(M) Bergwerksdirektor
(Z) Schauspieler
(E) Jurist

3. Wodurch glaubte Luther im Kloster, die Gnade Gottes verdienen zu können?
(U) Durch vorbildliche Frömmigkeit
(C) Durch lautes Singen
(H) Durch das Auswendiglernen der Bibel

4. In welcher Stadt wurde Luther Professor für Bibelauslegung? Sie wurde bis zuletzt sein Wohnort.
(S) New York
(A) Münster
(E) Wittenberg

5. Wogegen richteten sich die 95 Thesen Martin Luthers?
(T) Gegen den schlechten Gottesdienstbesuch
(L) Gegen den Papst
(S) Gegen den Ablasshandel

6. Was verbrannte Luther im Jahr 1520 in Wittenberg öffentlich?
(F) Alte Akten
(T) Die Bannandrohungsbulle des Papstes
(D) Mahnschreiben der Universität

7. Wo weigerte sich Luther, seine Schriften zu widerrufen?
(G) Vor dem Untersuchungsausschuss des Bundestags
(E) Auf dem Reichstag in Worms
(Y) Bei einer Talk-Show bei RTL

8. Was tat Luther, als er von Kurfürst Friedrich dem Weisen auf die Wartburg in Sicherheit gebracht worden war?
(S) Er übersetzte das Neue Testament
(N) Er erfand die Taschenuhr
(O) Er machte Urlaub

9. Luther dichtete insgesamt 37 Kirchenlieder. Eines davon ist:
(I) Ein Schiff, das sich Gemeinde nennt
(T) Vom Himmel hoch, da komm ich her
(P) So ein Tag, so wunderschön wie heute

10. Luther heiratete 1525 Katharina von Bora. Sie war ...
(W) eine Gräfin
(R) eine Sängerin
(A) eine entlaufene Nonne

11. Luthers Freund und engster Mitarbeiter hieß
(U) Albrecht Dürer
(M) Philipp Melanchthon
(V) Nikolaus Kopernikus

12. Aus welchen Sprachen hat Luther die Bibel ins Deutsche übersetzt?
(E) Hebräisch und Griechisch
(K) Englisch und Französisch
(O) Arabisch und Latein

13. Wo liegt Martin Luther begraben?
(B) Auf dem Heldenfriedhof in Washington
(I) Im Kölner Dom
(N) In der Schlosskirche in Wittenberg

14. Luthers Auftreten und seine Schriften lösten eine große Bewegung aus. Es begann eine neue Zeit, sie heißt:
(R) Das Zeitalter der Entdeckungen
(T) Die Reformation
(G) Das Medienzeitalter

» Die richtigen Buchstaben ergeben einen Begriff aus der Bibel

M 4: GOTTESDIENST – BIBEL

Pfarrer/Pfarrerin:	Begrüßung – und Einladung zu einer Bibel-Ausstellung im Anschluss an den Gottesdienst (Die Bibel-Ausstellung ist zum Teil im Konfirmandenunterricht vorbereitet worden – Vgl. S.34)
Konfirmanden/Konfirmandinnen:	Bibel-Prozession zum Altar: Konfirmandinnen und Konfirmanden tragen die große Bibel in einer Prozession durch die Kirche zum Altar. Zur Prozession gehören auch einige Verfasser biblischer Bücher, in einfacher Verkleidung von Konfirmandinnen und Konfirmanden gespielt, die vom Altar aus sagen, wer sie sind (etwa: Jesaja, Unbekannter Verfasser der atl. Geschichtsbücher, Markus, Paulus) und was sie geschrieben haben. Die Pfarrerin oder der Pfarrer nimmt das Gesagte auf und weist darauf hin, dass die Bibel eine ganze Bibliothek darstellt, dass es in ihr Krimis und Liebesgedichte gibt usw.
Lied:	Gott liebt diese Welt (EG 409)
Pfarrer/Pfarrerin:	Gruß (Eingangsvotum)
Alle:	Lesefigur zu Psalm 103,1-13
Konfirmanden/Konfirmandinnen:	„Eine Zeitreise in die Geschichte der Bibel“: Die im Unterricht vorbereiteten Stationen (Vgl. Kursbuch Konfirmation, S. 22 und Praxisbuch, S.34) werden aufgebaut und kurz erläutert (Moderation: Pfarrer/Pfarrerin).
Konfirmanden/Konfirmandinnen:	Vorstellung der Umfrage (Kassettenrekorder): „Wann haben Sie das letzte Mal in der Bibel gelesen?“
Gebet:	„Heute, Gott, willst du mit mir reden …“ (H.M. Lübking, Jugendgottesdienst plus, 84)
Lied:	Kommt herbei, singt dem Herrn (EG 577)
Pfarrer/Pfarrerin:	Predigt „Eine Bibel erzählt aus ihrem Leben“
Lied:	Gottes Wort ist wie Licht in der Nacht (EG 591)
Alle:	Gottesdienstbesucher lesen von ihren Plätzen aus Äußerungen bekannter Leute zur Bibel vor. (Quelle: Suchen. Und Finden. Das Magazin zur Bibel, 2003 oder: H. Gerwin, Was Deutschlands Prominente glauben, Gütersloh 2005.) Anschließend fragen Konfirmandinnen und Konfirmanden andere Gottesdienstbesucher, welche Äußerungen sie eindrucksvoll fanden (Mikrophon!). (Etwa 10-15 Gottesdienstbesucher haben beim Betreten der Kirche Briefumschläge mit solchen Äußerungen bekommen und sind gebeten worden, sie vorzulesen.)
Alle:	Glaubensbekenntnis
Lied:	Wir haben Gottes Spuren festgestellt (EG 648)
Fürbittengebet:	„Gott, wir reden viel …“ (H.M. Lübking, Jugendgottesdienst plus, 43)
Alle:	Vaterunser
Pfarrer/Pfarrerin:	Segen

PREDIGT: EINE BIBEL ERZÄHLT AUS IHREM LEBEN

Ich habe hier eine alte Bibel in der Hand. Nehmen wir einmal an, diese Bibel könnte sprechen. Was sie wohl aus ihrem Leben erzählen könnte? Ich habe länger in dieser Bibel geblättert und dabei versucht, mir ihre Geschichte vorzustellen.
Es ist die Bibel meiner Urgroßeltern. Sie ist 1888 in Berlin gedruckt worden. Wann meine Urgroßeltern diese Bibel gekauft haben, habe ich nicht mehr feststellen können. Eine Bibel dieser Aufmachung und dieser Größe kostete vor der Jahrhundertwende etwa 15 Reichsmark. Dafür musste ein einfacher Arbeiter damals – mein Urgroßvater war Schneider – fast eine Woche arbeiten. Trotzdem war es damals für jede evangelische Familie – zumindest in Ostwestfalen, im Ravensberger Land – fast eine Selbstverständlichkeit, eine Bibel zu Hause zu haben. Eine Bibel, in der auch gelesen wurde. Das zeigen die vielen Gebrauchsspuren in dieser Bibel. Da gibt es lose Blätter und verknickte Seiten, Bleistiftstriche und Eselsohren. Aus dieser Bibel wurde den Kindern vorgelesen: von Josef und seinen Brüdern, von David und Goliat, von Jesus und den Frauen am Grabe. Mit diesen Geschichten der Bibel sind die Kinder aufgewachsen; sie haben ihnen geholfen, Gott und die Welt zu verstehen.
Aber auch die Erwachsenen haben die Bibel immer wieder aufgeschlagen, um bei wichtigen Lebensereignissen Rat und Orientierung zu suchen. So steht in dieser alten Bibel auf der ersten Seite mit Bleistift geschrieben: „Vaters Leichentext: Hiob 19, 25-27". Das hat mein Vater hineingeschrieben, als sein Vater gestorben war. Hiob 19 – da heißt es: „Aber ich weiß, dass mein Erlöser lebt; und er wird mich hernach aus der Erde auferwecken." Diese Verse sind in der Bibel mit Bleistift angestrichen, wahrscheinlich waren sie meinem Vater wichtig.
Ich vermute, dass mein Vater diesen Vers nach der Beerdigung meines Großvaters in die Bibel geschrieben hat. Er war damals 22 Jahre alt. Mit einem Male hatte er damals die Hauptverantwortung für die Familie, für seine Mutter und die Schwester. Er musste nun für sie sorgen, das Geld „reinbringen", die Familie über Wasser halten. Seine Jugend, wenn es das damals schon gegeben hat, war endgültig vorbei. Solche Situationen gibt es im Leben. Wahrscheinlich kennen Sie das auch: ein Unfall, eine plötzliche Krankheit, eine schlimme Nachricht – und mit einem Mal ist alles anders. Die Selbstverständlichkeiten des Alltags sind zerbrochen. Da braucht man etwas, woran man sich halten kann: gute Freunde etwa oder auch einen Glauben, eine Gewissheit – wie sie entstehen kann, wenn man öfter in der Bibel liest und einem die guten Geschichten Gottes nicht mehr aus dem Kopf gehen.
Ich blättere weiter in der alten Bibel. Zwischen zwei Seiten liegt ein altes Kalenderblatt. Es trägt das Datum des 28. April 1931 und handelt vom Sinn des Betens. 1931 – da war mein Großvater drei Jahre tot. Vielleicht hat meine Großmutter damals viel in der Bibel gelesen und gebetet und sich dabei dieses Kalenderblatt als Merkzeichen in die Bibel gelegt.
Ich bin überzeugt, auch heute noch kann sich jeder in der Bibel wiederfinden. Wer stumm geworden ist in seinem Schmerz, findet in der Bibel Worte, mit denen er klagen kann: „Mein Gott, mein Gott, warum hast du mich verlassen?" Wer vor Sorgen nicht mehr aus noch ein weiß, der hört in der Bibel Zusagen, an denen er sich wieder aufrichten kann: „Der Herr ist mein Hirte, mir wird nichts mangeln." Wer nicht weiß, was er mit seinem Leben anfangen soll, der hört wie der reiche Jüngling die Stimme Jesu: „Geh hin, verkauf deinen Besitz, gib ihn den Armen und folge mir nach!" Die Bibel ist unausschöpflich. Schwerlich wird die Menschheit noch Worte finden, die an Tiefe und Kraft über das hinausgehen, was in manchen Psalmen über und zu Gott gesagt wurde. Aber diesen Worten stehen in derselben Bibel ganz andere Äußerungen von Gott gegenüber, in denen so ziemlich alles souverän vorweggenommen ist, was spätere Gottesleugner und Gottesfeinde zu sagen wussten. Nirgendwo finden sich aber auch revolutionärere Worte als in der Bergpredigt, die über lange Zeit hinweg als naiv und unrealistisch abgetan wurde, bis wir in den letzten Jahren immer mehr spürten, dass wir diese Rede wohl wieder wörtlich nehmen müssen, wenn wir auf dieser Erde menschlich überleben wollen.
Kein Buch enthält so viel Erfahrungen über Gott und die Welt wie die Bibel. Es sind Erfahrungen, die ein Einzelner in seinem Leben allein nicht zu machen vermag, vielmehr die Erfahrungen von Generationen, die der Erinnerung für wert befunden wurden, weil wir Menschen uns in ihnen selbst begreifen können.
Ich möchte das noch einmal unterstreichen: Das meiste von dem, was wir lesen, und erst recht fast alles von dem, was wir schreiben, ist bestenfalls wichtig für diesen Tag, dieses Jahr, dieses Jahrzehnt. Es gibt wenig Worte und wenig Geschichten, die es wert sind, für alle Zeiten, für alle Menschen aufgeschrieben zu sein. Die Bibel ist eine Sammlung von Reden, Gleichnissen, Liedern und Geschichten, von denen sehr viele es wert sind, dass sie nie mehr vergessen werden.
Denn solange ich in dieser Welt lebe, brauche ich nicht nur Brot, Kleider und ein Dach über dem Kopf, sondern auch Geschichten, an die ich mich erinnern kann und die mir zeigen, woher ich komme und wohin ich gehe. Menschheitsgeschichten, die schon meinen Vorvätern und Vormüttern weitergeholfen haben. Ge-

schichten, wie sie die Bibel in Hülle und Fülle bietet. Diese alte Bibel ist über hundert Jahre alt. Sie hat zwei Weltkriege erlebt, mehrere Umzüge überstanden und ist durch viele Hände gegangen. Die Konfirmandinnen und Konfirmanden fragten mich neulich, was sie denn jetzt wert sei und ob ich sie nicht verkaufen wolle. Mir ist sie viel wert, aber wenn ich sie verkaufen wollte, bekäme ich nicht so viel Geld dafür, um mir davon ein gutes Computer-Spiel zu kaufen. Das wollten mir die Konfirmandinnen und Konfirmanden nicht glauben.
Man muss heute nicht mehr wie mein Urgroßvater eine Woche arbeiten, um sich eine Bibel kaufen zu können. Eine Bibel, eine neue Bibel bekommt man schon für einen halben Stundenlohn. Für ein Computerspiel muss man dagegen länger arbeiten (Konfirmanden nicht – die brauchen gar nicht arbeiten und kriegen es trotzdem ...). Es kostet mehr – aber es wird auch schneller langweilig. Die ersten Computerspiele, die meine Kinder bekommen haben, liegen heute in der Ecke. Die alte Bibel jedoch befindet sich jetzt in der vierten Generation. Wenn ich sie aufschlage, entdecke ich an manchen Stellen die Gebrauchsspuren meines Vaters oder meiner Großmutter. Ein Buch fürs Leben, ja, für mehrere Leben. Amen.

❶ INTENTIONEN

Für die Konfirmandinnen und Konfirmanden ist Weihnachten in der Regel das wichtigste Fest im Jahr. Es ist zugleich das Fest, das sie auf Anhieb noch am ehesten mit dem Christentum in Verbindung bringen. Darum ist es nicht einzusehen, dass Weihnachten als eigenes Thema im Konfirmandenunterricht nur selten behandelt wird. Wenn das Thema aufgenommen wird, dann geschieht das häufig eher in Form von Krippenspielen der Katechumenen oder durch eine Weihnachtsfeier in der letzten Stunde vor den Ferien. Über diese durchaus wünschenswerten Formen hinaus sollte den Konfirmandinnen und Konfirmanden aber auch vermittelt werden, dass Weihnachten für Christen mehr ist als die in dieser Jahreszeit überall im Vordergrund stehende Kommerzialisierung des Festes. Obwohl die Möglichkeiten einer kritischen Aufarbeitung des Themas im Konfirmandenunterricht sicher begrenzt sind, sollten die Vermarktung und Verniedlichung des Weihnachtsfestes in der Gesellschaft angesprochen und Alternativen diskutiert werden. Dabei ist vor allem auch der kritische Sinn der den Jugendlichen meist gut bekannten lukanischen Weihnachtsgeschichte herauszuarbeiten.
Feier und Gemütlichkeit müssen dabei nicht zu kurz kommen. Eine von der Gruppe gemeinsam vorbereitete Adventsfeier kann im Erleben der Konfirmandinnen und Konfirmanden durchaus als sinnvoller Kontrapunkt zur Hohlheit des üblichen Weihnachtsgetriebes empfunden werden.

❷ ERLÄUTERUNGEN ZUM »KURSBUCH KONFIRMATION«, S. 27-30:

S. 27 Das Bild stammt von der Künstlerin Beate Heinen und trägt den Titel „Kreuz und Krippe“. Bei der Bildbetrachtung mit den Konfirmandinnen und Konfirmanden halte ich es für wichtig, sich an die Reihenfolge folgender Fragen zu halten:

1) Was siehst du? (Beschreibe zunächst nur, was du siehst!)
2) Wo bleibt dein Blick hängen? Welche Einzelheit ist dir besonders wichtig?
3) Was löst das Bild in dir aus? (Gefühle äußern, einen Gesamteindruck benennen ...)
4) Wie interpretierst du das Bild, wie verstehst du es? (Einen Titel geben ...)

S. 28 Zur Weihnachtsgeschichte des Lukas vgl. W. Laubi, Geschichten zur Bibel 5, Düsseldorf 1989. Laubi erklärt die zeitgeschichtlichen Hintergründe der lukanischen Geburtsgeschichte und bezieht diese in seine Nacherzählung ein.
Was berichten die anderen neutestamentlichen Schriften von der Geburt Jesu? In Partnerarbeit sehen die Konfirmandinnen und Konfirmanden bei Matthäus 1,18-25; Markus 1,9: Johannes 1,14 und Galater 4,4 nach und präsentieren ihre Ergebnisse.
Was steht in der Weihnachtsgeschichte? Vom Esel, vom hartherzigen Wirt, von Winter und Schnee, von den Glocken Bethlehems, von Ochs und Esel, von den Geschenken der flötespielenden Hirten, vom segnenden Jesuskind, von Weihnachtsliedern und vom Stall und den hohen Tannen ist bei Lukas nicht die Rede. Woher stammen diese Vorstellungen dann? Was vermuten die Konfirmandinnen und Konfirmanden?
S. 29 Fragebogen: Bei krass auffallenden Ergebnissen (z. B. Frage 3: Angst) sollten die Unterrichtenden das Gespräch mit den betreffenden Konfirmanden suchen. Die Konfirmandinnen und Konfirmanden können ein weiteres Exemplar des Fragebogens auch ihren Eltern mitnehmen und von ihnen ausfüllen lassen. Die Ergebnisse der Jugendlichen und die der Erwachsenen können dann im Unterricht verglichen werden. Interessant wäre es auch, die Ergebnisse der Konfirmandengruppe mit denen einer anderen Gemeindegruppe (z. B. Frauenhilfe oder Chor) zu vergleichen.
„Weihnachtswünsche – nicht zum Kaufen“ können die Konfirmandinnen und Konfirmanden auch zu den Kerzen eines Weihnachtsbaumes schreiben: **M 1**.

❸ WEITERE IDEEN

- Weihnachts-ABC: Die Konfirmandinnen und Konfirmanden stellen ein Weihnachts-ABC auf, indem sie zu jedem Buchstaben des ABC Worte assoziieren, die mit Weihnachten zu tun haben.
- Wortwechsel „Weihnachten zu Hause ist doof?“: Befürworter und Gegner des Verreisens zu Weihnachten tauschen in einem Wortwechsel (Redezeit pro Redner maximal 20 Sekunden) ihre Argumente aus.
- „Moment mal!“ In Gruppen erarbeiten Konfirmandinnen und Konfirmanden einen kurzen Kommentar zu dem, was ihnen in der Weihnachtszeit störend auffällt. Dieser Kommentar kann im Gemeindebrief abgedruckt werden.
- Die Unterrichtenden sowie die Konfirmandinnen und Konfirmanden sammeln Grußkarten mit Weihnachtsmotiven und bringen sie mit in den Unterricht. „Welches ist die blödeste Weihnachtskarte?“ Jede(r) greift aus dem Stapel die Karte, die er oder sie völlig ablehnt und begründet diese Wahl. Ebenso wird bei der Frage „Welches ist die Weihnachtskarte, die mir am besten gefällt?“ verfahren.
- In einem „Ja-Nein-Spiel“ (**M 2**) äußern sich die Konfirmandinnen und Konfirmanden zu unterschiedlichen Statements und Behauptungen zu Weihnachten. Dazu bilden sie mehrere Gruppen. Die Karten mit den Statements werden verdeckt auf den Tisch gelegt, einzeln aufgedeckt, vorgelesen und in der Gruppe disku-

tiert. Was die Zustimmung der Gruppe findet, landet auf dem einen Stapel, was abgelehnt wird, auf einem anderen. In einem weiteren Durchgang können dann noch die Statements mit der größten Zustimmung oder Ablehnung ermittelt werden.

❹ SPIRITUELLE FORMEN

Auf S. 30 wird ein Beispiel für eine kleine Adventsfeier in der Konfirmandengruppe beschrieben! Für diese Adventsfeier werden gebraucht: ein Adventskranz mit Kerzen, Liederzettel mit den Wunschliedern der Konfirmandinnen und Konfirmanden, Grabbelsack mit kleinen Geschenken sowie Adventsgebäck, das die Konfirmanden und die Unterrichtenden in den Tagen zuvor gebacken haben.
Zusätzlich zu dem Text von H. D. Hüsch kann auch noch eine weitere kurze Adventsgeschichte ausgewählt werden.

❺ GOTTESDIENST

Verschiedene Elemente und Ergebnisse aus der Konfirmandenarbeit fließen ein in einen Gottesdienst „Alle Jahre wieder" (**M 3**), der mit den Konfirmandinnen und Konfirmanden für einen der Adventssonntage vorbereitet und gefeiert wird.

❻ ANREGUNGEN FÜR PROJEKTE UNS AKTIONEN

- Unter dem Motto „Die Ware Weihnacht ist nicht die wahre Weihnacht" (K. Marti) erstellen die Konfirmandinnen und Konfirmanden eine Dokumentation zu „Weihnachten heute", indem sie Werbeanzeigen, Zeitungsbeilagen, Weihnachtsanzeigen, Illustrierte, Fernsehzeitschriften und Weihnachtskarten auswerten. Mit dem Sammeln des Materials sollten die Unterrichtenden schon im Vorjahr beginnen.
- Aus biblischen Geschichten, Texten, Zeitungsmeldungen, Liedern und Fotos stellen die Konfirmandinnen und Konfirmanden einen eigenen Adventskalender zusammen, der gedruckt und im nächsten Jahr beim Basar verkauft werden kann.
  Es sollte darauf geachtet werden, dass die wichtigen Gedenktage in dieser Zeit (1.12. = Welt-Aids-Tag; 4.12. = Barbaratag; 6.12. = Nikolaustag; 10.12. = Tag der Menschenrechte) in dem Kalender berücksichtigt werden.
- „Wie halten Sie es mit Weihnachten?" Dazu führen die Konfirmandinnen und Konfirmanden eine Straßenbefragung durch. Die Fragen werden zuvor im Unterricht vorbereitet.
- Die Konfirmandinnen und Konfirmanden bringen kleine Weihnachtstransparente, -gestecke oder -präsente, die sie im Unterricht gebastelt haben, allein stehenden älteren Gemeindegliedern. Die Adressen bekommen sie vom Pfarrer oder von der Pfarrerin.

❼ HINWEISE

- S. Berg, Arbeitsbuch Weihnachten für Schule und Gemeinde, Stuttgart 1988
- Mehrere Spieltexte zu Weihnachten bei der Beratungsstelle für Gestaltung von Gottesdiensten, Eschersheimer Landstraße 565, 60431 Frankfurt/M.
- Poster: Zahlreiche Poster beim Evang. Werbedienst, Stuttgart
- Dias: D. Steinwede, Weihnachten (Sachbilderbücher zur Bibel), Düsseldorf 1979
  H. May/D. Steinwede (Hg.), Weihnachten (Vorlesebücher Religion), Lahr 1978
- Video: Ein Weihnachtsfest (Evang. Medienzentralen)
- KONFER normal 42 (10/99), Weihnachtsspiele für 13-/ 14-Jährige
- Dias und Arbeitsheft: So nahe ist Gott (Evang. Werbedienst: Komm-Katalog)
  Alles hat seine Zeit. Advent ist im Dezember (Evang. Werbedienst: Komm-Katalog)

❽ WICHTIGE ERGEBNISSE

- Die Konfirmandinnen und Konfirmanden wissen, dass die Geburt Jesu der Anlass und Grund des Weihnachtsfestes ist.
- Sie erkennen deutliche Unterschiede zwischen dem christlichen Hintergrund und der gegenwärtigen Kommerzialisierung des Festes.
- Sie haben in der Konfirmandengruppe sinnvolle spirituelle Formen der Gestaltung von Adventszeit und Weihnachtsfest kennen gelernt.

❾ INTERNET-ADRESSEN

www.weihnachtsgottesdienst.de
www.krippen.de
www.wikipedia.org/wiki/weihnachten
www.krippenspiele.de

M 1: WEIHNACHTSWÜNSCHE – NICHT ZUM KAUFEN

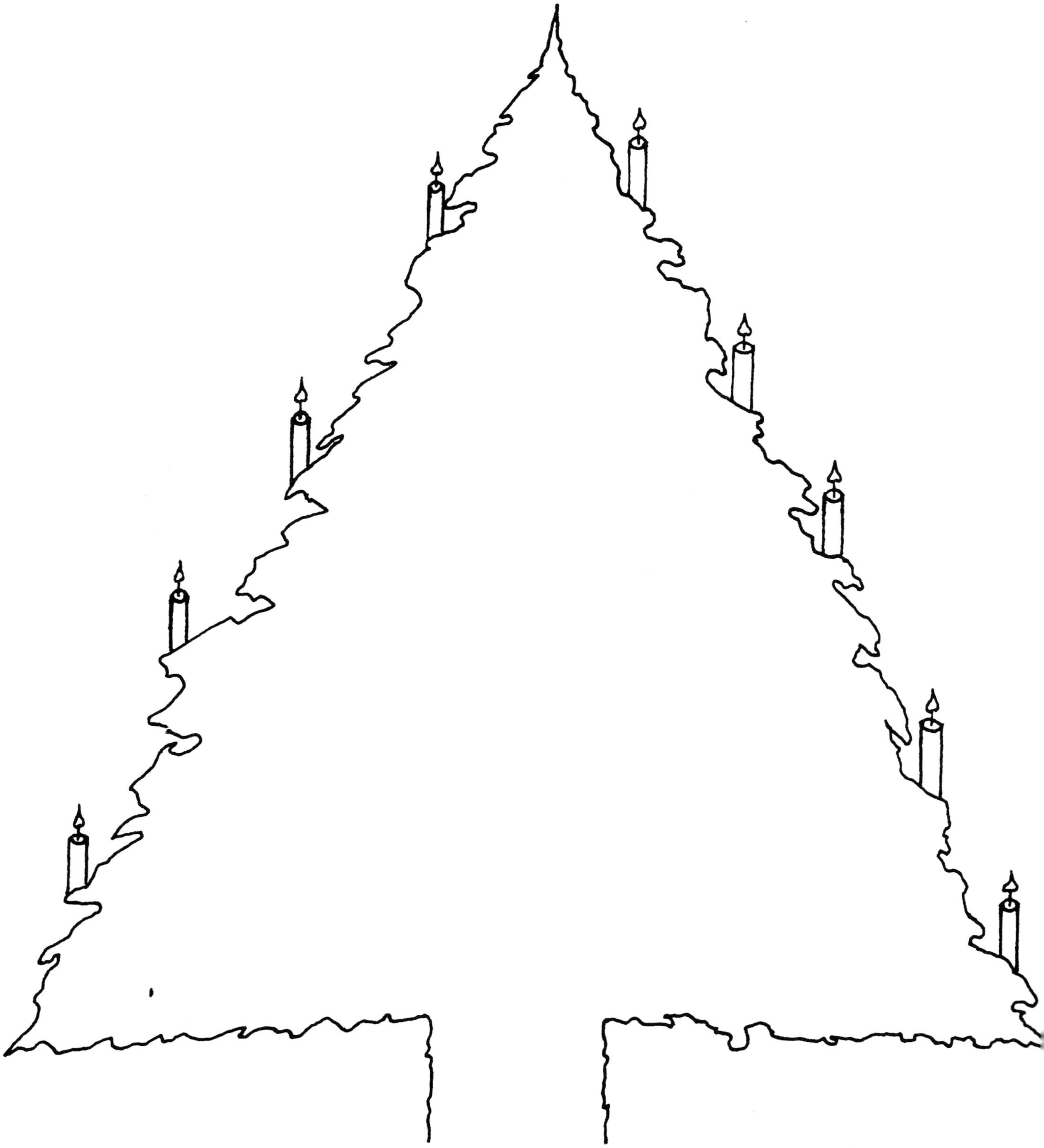

Es gibt Wünsche, die man sich nicht kaufen kann. Schreibe oder male solche Weihnachtswünsche zu den Kerzen am Tannenbaum!

Ein Bastelvorschlag: Eine ca. 1,5 m lange Latte wird auf die Fensterbank gelegt. 24 Schraubdeckel von Sprudelflaschen werden aufgenagelt. In die Deckel klebt ihr 24 Kerzen. Jeden Tag wird eine Kerze mehr entzündet. Euer Licht-Kalender ist fertig.

M 2: JA-NEIN-SPIEL

Die meisten Menschen wissen gar nicht mehr, warum Weihnachten gefeiert wird.	Weihnachten dauert zu lange. Ein einziger Feiertag würde auch reichen.
Ich würde gern Weihnachten modernisieren: Tannenbäume abschaffen, keine Geschenke mehr und abends mit Freunden feiern.	Weihnachten ist für mich das schönste Fest im Jahr.
Das Weihnachtsfest ist für mich deshalb wichtig, weil da die Geburt Jesu gefeiert wird. Sonst gäb's ja kein Weihnachtsfest.	Weihnachten wird in den Familien für kurze Zeit eine „heile Welt“ inszeniert. Dabei sieht es hinter den Fassaden doch meist anders aus.
Das Beste an Weihnachten sind die Geschenke und die Ferien.	Weihnachten ist eine einzige Geschäftemacherei. An diesem Fest verdienen doch nur die Geschäftsleute.
Die Leute, die nur zu Weihnachten in die Kirche gehen, sind doch scheinheilig. Das ganze Jahr sonst sieht man sie nicht in der Kirche.	Ich würde am liebsten über Weihnachten verreisen, damit man den ganzen Weihnachtstrubel in Deutschland gar nicht mitbekommt.
Gerade an den Weihnachtstagen müsste eigentlich auf der ganzen Welt Friede herrschen.	Ich verstehe nicht, warum auch die Leute Weihnachten feiern, die nicht an Gott und Jesus glauben. Sie haben doch gar kein Recht dazu.
Wenn Jesus heute geboren würde, würde es ihm nicht besser ergehen als vor 2000 Jahren. Deswegen sollte man Weihnachten eigentlich abschaffen.	Weihnachten ohne in die Kirche zu gehen ist für mich kein richtiges Weihnachten.
Das Beste an Weihnachten ist für mich: wenn die ganze Familie zusammenkommt und alle zusammen essen.	Es regt mich auf, dass es in den Geschäften schon ab September Weihnachtssachen zu kaufen gibt.

» Das Ja-Nein-Spiel eignet sich für eine Gruppenarbeit. Die einzelnen Meinungen werden (evtl. vergrößert) kopiert und dann ausgeschnitten. Die Karten werden mit dem Text nach unten in die Mitte gelegt, einzeln aufgedeckt und vorgelesen. In der Gruppe wird diskutiert, ob eine Mehrheit der Meinung zustimmen kann oder nicht.

M 3: GOTTESDIENST – ADVENT UND WEIHNACHTEN: ALLE JAHRE WIEDER

Pfarrer/Pfarrerin: Begrüßung

Konfirmanden/Konfirmandinnen: Sprechmotette „Alle Jahre wieder …“ (H.M. Lübking, Jugendgottesdienst plus, 14f)

Lied: Wir sagen euch an den lieben Advent (EG 17)

Pfarrer/Pfarrerin: Gruß (Eingangsvotum)

Alle: Lukas 1,46-55 (Magnificat) – i.W.

Konfirmanden/Konfirmandinnen: Szene: „Weihnachten im Oktober“

Gebet: „Ich kann nicht warten …“ (H.M. Lübking, Jugendgottesdienst plus, 8)

Alle: Glaubensbekenntnis

Lied: Seht, die gute Zeit ist nah (EG 18)

Konfirmanden/Konfirmandinnen: Die Konfirmandinnen und Konfirmanden stellen die Karikatur „Maria und Josef vor dem Zebrastreifen“ nach.

Pfarrer/Pfarrerin: Predigt „Alle Jahre wieder“

Lied: Macht hoch die Tür (EG 1)

Konfirmanden/Konfirmandinnen: Alle Gottesdienstbesucher haben am Eingang ein Bild mit einem kerzengeschmückten Tannenbaum bekommen und der Bitte, zu den Kerzen hinzu zu schreiben, was man sich wünscht, aber nicht mit Geld kaufen kann. Die Konfirmandinnen und Konfirmanden lesen zunächst einige solcher Wünsche vor, die sie selbst aufgeschrieben haben. Dann gehen zwei von ihnen durch die Reihen und fragen die Gottesdienstbesucher nach ihren Wünschen.

Lied: Es kommt ein Schiff geladen (EG 8)

Gebet: „Die Wunschzettel sind geschrieben …“ (H.M. Lübking, Jugendgottesdienst plus, 12)

Alle: Vater unser

Pfarrer/Pfarrerin: Segen

SZENE: WEIHNACHTEN IM OKTOBER

Montag, 5. Oktober

Ein verspäteter Sommertag, es ist 23° warm, die Menschen sitzen in T-Shirts und Sandalen in den Straßencafés. Für die ganze Woche ist schönes Wetter angesagt. Keine besonderen Vorkommnisse.
Doch dann sickert die Nachricht durch: Bei Aldi stehen die ersten Paletten und Spekulatius, es wurden auch Dominosteine und Printen in den Regalen gesichtet.

15.30 Uhr

Edeka hat von der Aldi-Aktion Kenntnis bekommen. Filialleiter Manfred W. hat die Mittagspause genutzt, in der Gärtnerei Tannenzweige geordert und den Eingangsbereich seines Geschäftes mit frischem Tannengrün und Lametta vom letzten Jahr geschmückt.

Dienstag, 6. Oktober

Im Eingangsbereich von Karstadt begrüßen zwei Rentiere mit Schlitten die Besucher, aus dem Lautsprecher erklingt der Evergreen „White Christmas" von Bing Crosby.

12.00 Uhr

Auch Kaufhof, Spar, Rewe und Penny-Markt haben jetzt den Ernst der Lage erkannt.

13.00 Uhr

Rewe setzt Krippenfiguren ins Gemüse. Im Penny-Markt wird ein großer Weihnachtsbaum aufgestellt. In der Wurstabteilung von Spar wird allen Käufern ein „Frohes Fest" gewünscht.

Mittwoch, 7. Oktober

Kaufhof hat die Schaufenster neu dekoriert: Hänsel und Gretel fahren im Rentierschlitten durch den Schnee. Weihnachtsmänner stehen vor den Türen und verteilen Luftballons an die Kleinen.

10.30 Uhr

Auf dem Parkplatz vom Baumarkt hat der Bratwurststand neue Nachbarn: Zur Linken ein Glühweinstand, zur Rechten eine Bude mit Holzspielzeug aus dem Erzgebirge.

Donnerstag, 8. Oktober

Eine Delegation des Schaustellerverbandes bittet den Bürgermeister in einem Gespräch dringend um eine Vorverlegung des Weihnachtsmarktes. Er soll im Oktober beginnen und bis Ende Januar dauern. Andernfalls seien viele Arbeitsplätze massiv bedroht. Der Bürgermeister hat eine Prüfung des Anliegens zugesagt.

10.00 Uhr

Bei Karstadt wird die Musik gewechselt. Aus den Deckenlautsprechern erklingt jetzt die CD „Weihnachten mit Heino".

Freitag, 9. Oktober

In der Volkshochschule beginnt der Kurs: „Weihnachtsglocken aus Blumentöpfen". Wegen des großen Andrangs wird der Kurs an einem anderen Wochentag wiederholt.
Die örtliche Tageszeitung erscheint mit der Beilage „Weihnachten in aller Welt".

14.00 Uhr

In der Fußgängerzone steht ein leibhaftiges Kamel. Eine Tierpflegerin sammelt Spenden für die Aktion „Arme Tiere im Winter".

18.30 Uhr

In der Lindenstraße erstrahlen die ersten Häuser in festlicher Weihnachtsbeleuchtung: Lichterketten in den Vorgärten, blinkende Lichtersterne in den Fenstern.

Samstag, 10. Oktober

An diesem Tag beginnen die Herbstferien. Der Sommer ist zurückgekehrt. Die Temperaturen sind auf 25° geklettert. Es gibt kilometerlange Staus auf den Autobahnen. Viele Deutsche fahren zum Urlaub an die See oder in die Berge, andere fliegen in den Süden. Es sind noch 76 Tage bis Weihnachten.

PREDIGT: ALLE JAHRE WIEDER

Ich weiß nicht, ob die Karikatur einen Titel hat: vielleicht „Maria und Josef vom Weihnachtsverkehr aufgehalten“ oder: „Keiner nimmt von Maria und Josef Notiz“ oder „Weihnachten läuft an Maria und Josef vorbei“. Was die Karikatur zeigt, ist, glaube ich, deutlich. Alle Jahre wieder – das große Laufen und Rennen, das Besorgen und Einkaufen – für Weihnachten, doch möglicherweise genau an Weihnachten vorbei. Alle Jahre wieder – das große Schenken.

Die Adventszeit ist zu einer hektischen Zeit geworden. Von Ruhe und Besinnlichkeit, die wir auf den Weihnachtsgrüßen so gern beschwören, keine Spur. Karten müssen geschrieben, Päckchen müssen zur Post gebracht werden, Weihnachtsfeiern im Betrieb vorbereitet, der Christbaumschmuck ausgewechselt werden, ein Weihnachtsbaum besorgt, für die Festtage eingekauft – vor allem aber müssen die Geschenke besorgt werden. Ich war am Samstag auch in der Stadt. Was für ein Geschiebe und Gedränge, wie viele Leute mit Tüten und Päckchen, wie viele gehetzte Gesichter, genervte Eltern, gereizte Verkäufer und Verkäuferinnen!

Kein Wunder, dass es da immer mehr Menschen gibt, denen dieser Weihnachtsrummel zum Hals heraushängt. Ich kenne einige, die dazu übergegangen sind, Weihnachten auf Geschenke zu verzichten.

Wie hat es denn mit dem Schenken angefangen? Am Anfang stand Nikolaus, ein griechischer Bischof aus den ersten nachchristlichen Jahrhunderten. Von ihm erzählt die Sage, dass er unerkannt durch die Straßen zog und Geld und Lebensmittel an die Armen verteilte. Im frühen Mittelalter entstand dann der Brauch, den Nikolaustag, den 6. Dezember, zu feiern. Ein verkleideter Nikolaus zog an diesem Tag umher und hielt Einzug in den Häusern, um die fleißigen oder faulen Schüler zu belohnen oder zu bestrafen. Mit der Zeit hatten sich um diesen Umzug jedoch allerhand Spuk und heidnische Bräuche gesammelt. Daher wurde dieser Brauch von den Reformatoren heftig kritisiert und die Bescherung der Kinder auf den Weihnachtstag übertragen. Man dachte dabei an die Geschenke, die das neugeborene Jesuskind von den 3 Weisen aus dem Morgenland bekommen hatte: Gold, Weihrauch und Myrrhe. Diese Geschenke haben wohl Pate gestanden bei der Sitte, am Weihnachtstag die Kinder zu beschenken.

Aus dem Nikolaus wurde damit zugleich das Christkind. So waren es zuerst die Kinder und die Mägde und Knechte, die am Weihnachtstag beschenkt wurden. Denn das Dienstpersonal erhielt am Weihnachtstag seinen Lohn ausgezahlt – meist in Form von Lebensmitteln.

Heute werden zu Weihnachten alle beschenkt: Kinder, Erwachsene, Großeltern, Mitarbeiter und Mitarbeiterinnen, Geschäftsfreunde, Kunden, Kollegen. Man kann es drehen und wenden wie man will: das Schenken steht bei uns im Mittelpunkt von Weihnachten.

Doch wenn man genauer hinsieht, ist es eigentlich gar kein Schenken. Es ist eher ein richtiges Tauschgeschäft, das wir zu Weihnachten veranstalten. Ich ertappe mich dabei, dass ich denke: „Was hat der mir noch das letzte Mal geschenkt? Und was wird er mir voraussichtlich dieses Mal schenken? – Da kann ich mich nicht lumpen lassen, da bin ich verpflichtet, da bleibt mir gar keine andere Wahl. – Also muss ich etwas finden, das etwa den gleichen Wert hat.“

Das führt dazu, dass wir uns manchmal über Geschenke nicht mehr richtig freuen können. Wir verraten uns durch charakteristische Wendungen: „Das wäre doch nicht nötig gewesen!“ Oder: „Womit habe ich das verdient?“ Oder: „Wie kann ich das wieder gutmachen?“ Ein wirkliches Geschenk ist nie nötig, ich habe es auch nicht verdient, und schon gar nicht kann oder soll ich es wieder gutmachen. Andernfalls wäre es kein Geschenk, sondern eine Bezahlung oder ein Tauschobjekt.

Das Unbehagen gegenüber Weihnachten hat mehrere Gründe. Einer davon ist, dass aus einem sinnvollen Schenken eine Geschenkorgie und ein Tauschgeschäft geworden ist. Der Sinn des Schenkens ist doch: aus eigener Freude einem anderen eine Freude machen. Das sieht man am Geburtstagsgeschenk. Der Geburtstag eines Menschen ist für seine Freunde ein Anlass, ihm zu zeigen, dass man sich freut, dass er da ist. Deshalb bekommt er ein Geschenk.

So war es ursprünglich auch zu Weihnachten: aus Freude über die Geburt Jesu selber Freude weiterschenken. Das Geschenk selbst war nicht so wichtig wie die Freude, die dahinter steht.

Das gestehen wir heute nur noch den kleinen Kindern zu. Wenn sie mit einem selbst gemalten Bild ankommen, dann freuen wir uns und akzeptieren es selbstverständlich als Geschenk. Sollte aber ein Erwachsener auf die Idee kommen, dem Partner oder der Arbeitskollegin ein selbst gemaltes Bild zu Weihnachten zu schenken, dann wird er/sie insgeheim für verrückt erklärt. Warum eigentlich? Weil es heißt, dass Geschenke einen Wert haben müssen. Und weil ich am Preis des Geschenkes ablesen soll, ob ich dem anderen etwas wert bin oder nicht.

Welch ein Unsinn! Bin ich denn käuflich, bestechlich? Schenken als Tauschgeschäft – dahinter steckt eigentlich eine niedrige Meinung vom Menschen.

Ich finde, wir sollten aufs Schenken nicht verzichten – aber Geschenke ohne Gegenverpflichtung. Nur so, um eine Freude zu machen, für 5,50 Euro oder auch für 50 Euro. Das ist egal! So würde die Advents- oder Vorweihnachtszeit viel von ihrer Hektik verlieren.

❶ INTENTIONEN

Spätestens seit dem Religionsunterricht haben fast alle Konfirmandinnen und Konfirmanden von Jesus gehört und auch bereits Jesus-Geschichten kennen gelernt, auch wenn diese in ihrer Erinnerung oft verblasst sind. Sie bringen bereits Vorstellungen über Jesus in den Konfirmandenunterricht mit. Diese sind aber oft sehr uneinheitlich. Für die einen ist Jesus in erster Linie ein Wundertäter, für andere ist er eher eine Märchengestalt, von der man nicht genau weiß, ob sie gelebt hat. Nicht wenige sehen in ihm den „Sohn Gottes", ohne näher sagen zu können, was sie damit meinen. Für andere ist Jesus eine interessante Gestalt, weil er den „gerechten und guten Menschen" symbolisiert und seine Person auch noch nach 2000 Jahren faszinieren kann.
Gleichwohl ist die historische Gestalt Jesu für die meisten Jugendlichen eher konturenlos. Genauere Kenntnisse über geschichtliche Zusammenhänge sind meist nicht vorhanden. Bei der Behandlung des Themas im Konfirmandenunterricht sollte darum die historische Dimension nicht außer Acht gelassen werden. Je genauer und historisch-kritischer die Informationen sind, die hier vermittelt werden, umso interessanter werden sie für die Jugendlichen. Wichtiger noch ist, dass Jugendliche die Geschichte Jesu einmal im Zusammenhang kennen lernen. Kaum einer von ihnen wird bisher ein Evangelium gelesen haben. Die Kenntnis einzelner Geschichten ist nicht dauerhaft, weil sie in keinen Zusammenhang des Lebens und Wirkens Jesu eingeordnet werden können. In der Konfirmandenarbeit sollte darum die Chance genutzt werden, über die bekannten Jesuserzählungen hinaus mit den Konfirmanden einmal ein Evangelium (etwa eine etwas gekürzte Fassung des Markusevangeliums) zu lesen, damit die Jesus-Texte, denen sie immer wieder begegnen, in einen nachvollziehbaren Verständnishintergrund eingeordnet werden können.
Zugleich darf aber nicht darauf verzichtet werden, beim Thema „Jesus" die Lebenssituation der Jugendlichen einzubeziehen. Dafür sollten exemplarische Inhalte ausgewählt werden, bei denen das, was in der Bibel von Jesus erzählt wird, für die Altersphase der Jugendlichen eine klärende Bedeutung gewinnen kann (Reicher Jüngling, Arbeiter im Weinberg, Große Sünderin, Seligpreisungen, Heilungsgeschichten, Zachäus usw.). Darüber hinaus sollte den Jugendlichen aber auch nicht vorenthalten werden, dass Leben und Wirken Jesu nach christlicher Auffassung einen für alle Menschen verbindlichen Wahrheitsanspruch erheben. Jesu Kreuz und Auferstehung sowie sein Ruf in die Nachfolge sollten den Konfirmandinnen und Konfirmanden über ihre historische Dimension hinaus in ihrer Bedeutung in Form persönlicher Stellungnahme vermittelt werden.

❷ ERLÄUTERUNGEN ZUM »KURSBUCH KONFIRMATION«, S. 31-40:

S. 31 Das *Titelbild* stammt aus dem Film „Jesus von Montreal" von Denys Arcand (1989). Zu diesem Film vgl. die Erläuterungen zum **„Arbeitsbuch" S. 159**. Der oder die Unterrichtende könnte auch einen Ausschnitt aus diesem oder einem anderen Jesus-Film (s. Hinweise!) vorspielen und anhand der Ausschnitte mit den Konfirmandinnen und Konfirmanden darüber reden, was sie von Jesus wissen, ob er so oder anders ausgesehen hat. Dazu könnten weitere Jesus-Bilder zum Vergleich ausgelegt werden.

S. 32 *Personenbeschreibung*: Es ist darauf zu achten, dass sich keine antijudaistischen Tendenzen einschleichen.
Mit den Ergebnissen der Personenbeschreibung sowie den Fragen, die die Konfirmandinnen und Konfirmanden Jesus stellen würden, können sie ein Plakat (oben: Jesusbild – in der Mitte: Angaben zur Person – unten: Fragen) gestalten, das im Gemeindehaus oder in der Kirche aufgehängt werden könnte.
Eine spielerische Überprüfung dessen, was die Konfirmandinnen und Konfirmanden von Jesus wissen, ist mit dem Jesus-Domino (**M 1**) möglich.
Spuren Jesu in der Kirche oder im Gemeindehaus können sein: Kreuz, Plakate, Bilder, Name der Kirche, Taufbecken, Abendmahlsgerät ...

S. 33 Bild vom See Genezareth.
Fragebogen: Die Auswertung des Fragebogens könnte in drei Schritten erfolgen:

1) Die Konfirmandinnen und Konfirmanden lesen einzeln ihre Antworten vor.
2) Es wird ein Gruppenergebnis erstellt.
3) Dieses Gruppenergebnis wird beim nächsten Treffen mit den Ergebnissen einer Befragung von Gottesdienstbesuchern verglichen.

Im **M 2** sind verschiedene Äußerungen von Schülern zu Jesus zusammengestellt. Welchen Äußerungen stimmen die Konfirmandinnen und Konfirmanden am ehesten zu?

S. 34 Bild von einem alten Ölbaum in Galiläa.
Die nachgestellte Szene der Rembrandt-Radierung kann auch mit einer Sofortbild-Kamera oder mit Camcorder festgehalten, sie kann aber auch am nächsten Sonntag im Gottesdienst vorgestellt werden.

S. 35 Das in den leeren Kreis geschriebene Jesus-Wort können die Konfirmandinnen und Konfirmanden anschließend jeweils grafisch gestalten. Dazu brauchen sie einen DIN-A-3-Bogen und Wachsmalkreide. Bei der grafischen Gestaltung können sie durch die Wahl der Farben, Groß- oder Kleinschreibung, Symbole und kleine Bilder oder sonstige grafische Formen zum Ausdruck bringen, was ihnen an diesem Wort besonders wichtig ist.
Seligpreisungen/Bergpredigt: Die Bergpredigt als „zentraler Text der Bibel" kann auch als kleines Heft bei der

Deutschen Bibelgesellschaft bestellt und den Jugendlichen zur persönlichen Lektüre geschenkt werden.

S. 36 Die *Heilungsgeschichte* wird in Markus 1, 40-45 erzählt. Sie sollte auch zur Überprüfung der richtigen Antworten der Jugendlichen von allen gelesen werden. Anschließend können die Konfirmandinnen und Konfirmanden in kleinen Gruppen unter der Überschrift „Da kann ja jeder kommen“ eine „Anti-Geschichte“ zu Markus 1, 40-45 schreiben.
Den Unterschied zwischen Jesus und anderen zeitgenössischen Wundertätern (hier Eleazar) zeigt ein Abschnitt bei Josephus: „Ich habe zum Beispiel gesehen, wie einer der Unseren, Eleazar mit Namen, in Gegenwart des Vespasian, seiner Söhne, der Obersten und der übrigen Krieger die von bösen Geistern Besessenen davon befreite. Die Heilung geschah in folgender Weise. Er hielt unter die Nase des Besessenen einen Ring, in dem eine von den Wurzeln eingeschlossen war, welche Salomo angegeben hatte, ließ den Kranken daran riechen und zog so den bösen Geist durch die Nase heraus. Der Besessene fiel sogleich zusammen, und Eleazar beschwor dann den Geist, indem er den Namen Salomos und die von ihm verfassten Sprüche dahersagte, nie mehr in den Menschen zurückzukehren. Um aber den Anwesenden zu beweisen, dass er wirklich solche Gewalt besitze, stellte Eleazar nicht weit davon einen mit Wasser gefüllten Becher oder ein Becken auf und befahl dem bösen Geiste, beim Ausfahren aus dem Menschen dieses umzustoßen und so die Zuschauer davon zu überzeugen, dass er den Menschen verlassen habe. Das geschah auch in der Tat, und so wurde Salomos Weisheit und Einsicht kund.“

S. 37 Lukas 7, 36-50: Für das *Filmplakat* benötigen die Konfirmandinnen und Konfirmanden einen DIN-A-3-Bogen und Wachsmalkreide.
Aus der Praxis:

Filmtitel =	Der Heilige und die Hure, Liebe ohne Grenzen, Der Jesus-Skandal
Regie =	Gott, Steven Spielberg, Jesus, Lukas, Clint Eastwood
Drehbuch =	Lukas, Bibel, Heiliger Geist, Harald Schmidt
Schauspieler =	Richard Gere, Brad Pitt, Daniel Brühl, George Clooney, Jennifer Lopez, Julia Roberts, Nora Tschirner, Franca Potente

Zu Lukas 7, 36-50 führen die Konfirmandinnen und Konfirmanden einen „Rollendialog“:
Es werden Zettel mit der Aufschrift „Jesus“, „Sünderin“, „Simon“, „Gäste“ und „Jünger“ auf den Boden gelegt. Die Jugendlichen stellen sich zu der Rolle, zu der sie eine Nähe empfinden oder auf die sie neugierig sind. Jede(r) erzählt aus der eigenen Rolle heraus, wie er oder sie die Geschichte erlebt hat und was ihm oder ihr aufgefallen ist (Es können mehrere zu einer Rolle sprechen). Aus jeder Rolle heraus wird eine Frage an eine andere Rolle gestellt. Es entwickelt sich ein kurzer Dialog. Schließlich wird aus jeder Rolle heraus einer anderen etwas mitgeteilt: ein guter Rat, eine Beobachtung, ein gutes Wort. Das kann schweigend aufgenommen oder kurz beantwortet werden.
Nicole geht auf dem Strich: In den vergangenen zehn Jahren hat sich die Zahl der minderjährigen Mädchen zwischen 14 und 18 Jahren, die der Straßenprostitution nachgehen, in einer Stadt wie Dortmund vervierfacht. Mit den Konfirmandinnen und Konfirmanden sollte darüber gesprochen werden, worin die Gründe für diesen Anstieg liegen und welche Hilfen diesen Mädchen angeboten werden können.
Nach den Ergebnissen eines Modellprojekts „Minderjährigen-Prostitution“ (2001-2003) sind v. a. zwei Gründe häufig anzutreffen:
1) Das Gerücht vom schnell verdienten Geld, um sich die Markenartikel kaufen zu können, für die das eigene Geld nicht reicht.
2) Vom eigenen „Freund“ zur Prostitution gezwungen – und nicht selten durch vorherige Missbrauchserfahrungen dafür „vorbereitet“.

S. 38 Mit den Konfirmandinnen und Konfirmanden sollte die Passionserzählung im Ganzen gelesen werden (vgl. H.-M. Lübking, Die Jesus-Geschichte, 30 ff oder 37 ff.). Die Lektüre sollte durch Sacherklärungen und Verstehenshilfen (vgl. Lübking, ebd.) und kann durch ausgewählte Bilder oder Dias unterstützt werden.
Einzelne Stationen des Leidensweges Jesu können von kleinen Konfirmandengruppen auch durch Geräusche dargestellt werden: Verspottung/Verhöhnung; Folter/Schmerz; Kreuztragen/erdrückende Last; Kreuzigung; Todesangst; Schreie; Todesstille. Für die Geräusche können die Jugendlichen die unterschiedlichsten Materialien oder auch, falls vorhanden, Orff'sche Instrumente benutzen.
Zu dem *Bild von Salvador Dalí, Der Christus des heiligen Johannes vom Kreuz* (1951):
„Die Komposition des Christus ist von einer Zeichnung inspiriert, die der heilige Johannes vom Kreuz während einer Ekstase anfertigte“ (S. Dalí). Zugleich liegt dem Bild ein geometrischer Aufbau zugrunde. Dalí konstruierte ein Dreieck und einen Kreis und setzte Christus in dieses Dreieck ein. Auf alle sonstigen Attribute von Kreuzigungsbildern – Dornenkrone, Nägel, blutende Wunden, trauernde Frauen – verzichtete er. „Mir ging es vor allem darum, Christus so schön wie Gott zu malen, denn er ist Gott“ (S. Dalí).
Gerade weil das Bild keine einfache Interpretation zulässt, sondern zugleich rätselhaft und „mystisch“ erscheint, wirkt es erfahrungsgemäß gerade auch auf Jugendliche.

Bildbetrachtung von Marc Chagall, Die weiße Kreuzigung:
1) Was sehe ich? Beschreiben, ohne zu werten!
2) Woran bleibe ich hängen? Wohin sehe ich intensiver?
3) Wie wirkt das Bild auf mich? Stößt mich etwas ab, stört mich etwas, was zieht mich an?
4) Wie interpretiere, wie verstehe ich das Bild?

Zum Bild: Von links brechen, die rote Fahne schwenkend (Chagall denkt an Pogrome durch die Rote Armee in Russland), Kriegshorden in ein völlig zerstörtes, brennendes Dorf. Häuser sind umgestürzt, aus den Fenstern schlagen Flammen, Menschen und Möbel liegen auf der Straße. Erschöpfte Menschen versuchen, sich auf ein Schiff zu retten. Ein frommer Jude hat die Thora-Rolle im Arm und flieht, vor ihm ein Greis mit einem Brusttuch, auf dem ursprünglich die Worte standen „Ich bin ein Jude" (Chagall hat sie später gelöscht). Die Synagoge brennt lichterloh, Bücher und Leuchter sind auf die Straße geworfen. Ein SA-Mann zerrt die Thora-Rolle in den Straßenschmutz. Über allem schweben wehklagend Gestalten des jüdischen Glaubens. Inmitten des Infernos steht ein großes Kreuz. Am Kreuz hängt Jesus, dargestellt als Jude, bekleidet mit dem jüdischen Gebetsmantel. Über seinem Kopf steht in hebräischen Buchstaben: Jesus Christus, König der Juden. Am Fuß des Kreuzes steht die Menora, der siebenarmige Leuchter. Sein Schein wiederholt sich im Lichtschein um den Kopf Jesu. Am Kreuz lehnt eine Leiter, ein Hinweis auf die Himmelsleiter des Jakob?
Der Gekreuzigte strahlt nicht nur Licht aus, sondern ist von einem Lichtstrahl geradezu übergossen. Licht von oben, Zeichen einer großen Hoffnung. Das Kreuz ist hier Mittelpunkt des Leidens jedes einzelnen jüdischen Menschen und der ganzen Welt. Und es ist ein Zeichen, dass Gott gerade im Leiden erkennbar ist, gegenwärtig bei den Opfern, den Leidenden und Gequälten.

„Warum tragen viele Menschen ein Kreuz als Schmuck?"
Als Einleitung für die Beantwortung der drei Fragen ein kurzer Artikel aus epd 2004:

Das Kreuz ist modisch wieder „in"
Dortmund (epd). Am Kreuz als Schmuckstück scheiden sich die Geister: Die einen lieben es als klassisches Mode-Accessoire, die anderen verbinden damit tiefe, persönliche Gefühle und religiöse Glaubenserfahrungen. Schmuckhändler und -hersteller bringen das uralte christliche Symbol immer wieder gern als modernen Kettenanhänger passend zum Trend auf den Markt. Und auch zu bestimmten Jahreszeiten wie jetzt zu Ostern oder zur Konfirmation und Kommunion ist das Kreuz ein beliebtes Geschenk von Eltern und Paten – als eine Art Talisman oder als ein Zeichen des Schutzes und der Verbundenheit zu Kirche und Glaube.
Ob im Geschäft, bei fliegenden Händlern oder im Katalog großer Versandhäuser: das Kreuz ist wieder „in", wie eine Sprecherin des Zentralverbandes der Deutschen Goldschmiede in Pforzheim bestätigt. Meist sind es modebewusste Frauen und Männer, die es eine Zeit lang am Körper tragen. Pop-Stars wie Madonna machten einst den Anfang und trugen das Kreuz-Symbol als teuren Schmuck.

S. 39 *Matthias Grünewald, Auferstehung Christi*: Auch für die Betrachtung des Grünewald-Bildes empfehlen sich die oben (zu **S. 38**) genannten 4 Fragen.
Zum Bild: Der riesige Felsdeckel des Grabes ist zur Seite geschleudert worden, die bewaffneten und gepanzerten Grabeswächter sind durcheinander gewirbelt worden: Grünewalds Bild deutet die Auferstehung Jesu als Explosion einer Urgewalt. Bewusstlos liegt ein Soldat im Vordergrund, der zweite sitzt völlig betäubt, ein dritter ist nach hinten geschleudert worden. Jesus selbst fährt unmittelbar aus dem Grabe auf, die Handflächen mit den Wundmalen sichtbar vorweisend, schwerelos in den bestirnten Nachthimmel emporschwebend. Vom Auferstandenen geht alles Licht dieses Bildes aus. Der Oberkörper mit der blutroten Brustwunde und die Arme sind von einem überirdischen Licht verklärt, so dass im Umkreis die Sterne verblassen. Kopf und Gesicht sind gänzlich in ein unwirkliches Licht getaucht, umgeben von einer strahlenden und am Rande grün-blauen Aura.
Grünewald hat in seinem Auferstehungsbild drei Motive miteinander verbunden: Auferstehung, Verklärung und Himmelfahrt. Der Mensch gewordene Gott kehrt in das Licht Gottes zurück.
Zum „Pro- und Contra-Spiel": Zunächst wird in der Konfirmandengruppe ermittelt, wer insgesamt mehr zu der Pro- und wer mehr zur Contra-Meinung neigt. Die „Unentschiedenen" bilden die Gruppe der Zuschauer. Die Pro- und die Contra-Gruppe setzen sich jeweils zusammen und tragen Argumente für ihre Meinung zusammen. Sie bestimmen einen Anwalt ihrer Sache. Durch Los wird entschieden, welche Seite beginnt. Beide Anwälte halten ein kurzes (max. 5 Minuten) Plädoyer. Danach können von der anderen Seite und von den Zuschauern Fragen an die Anwälte gestellt werden, die aber auch von anderen Mitgliedern der jeweiligen Gruppe beantwortet werden können. Schließlich folgen die kurzen Schlussplädoyers (1 Min.). Am Schluss entscheiden die Zuschauer, welche Argumente ihnen mehr eingeleuchtet haben.
Häufig fällt das Thema „Ostern" wegen der Osterferien im Konfirmandenunterricht aus. Das ist schade, da Ostern zwar das wichtigste christliche Fest ist, für viele Konfirmandinnen und Konfirmanden aber zu einem unbekannten Fest zu werden droht. Impuls zur Beschäftigung mit Ostern bietet **M 3**.

❸ WEITERE IDEEN

- Als Einstieg ins Thema eignen sich auch Assoziationsposter: „Was wir von Jesus wissen – Was wir von Jesus gern wüssten!"
- Die Konfirmandinnen und Konfirmanden bekommen (zu zweit) eine Karte von Palästina mit den wichtigsten Orten und Gegenden, die im Leben Jesu eine Rolle gespielt haben: Nazaret(h), Kapernaum (Kafarnaum), See Genezaret usw. Dazu erhalten sie eine Liste mit Bibelstellen. Sie sollen herausfinden, welche Bibelstellen zu welchen Orten passen, und diese an den entsprechenden Stellen eintragen.
- Die Konfirmandinnen und Konfirmanden entwerfen in Gruppen mit Fotos, Zeitungsausschnitten u.a. eine Plakatserie zu den Seligpreisungen. Sie können auch – mit einem Druckkasten – die Seligpreisungen drucken oder „ihre" Seligpreisung graphisch gestalten.
- Die Ostererzählung Markus 16,1-8 kopieren, in einzelne Textabschnitte zerschneiden und als Textpuzzle wieder zusammensetzen.
- Zum Thema „Nachfolge Jesu" setzen sich die Konfirmandinnen und Konfirmanden mit der Lebensgeschichte des Petrus auseinander (Anregungen bei D. Steinwede, Petrus. Ein Sachbilderbuch, Düsseldorf 1982). Sie erstellen dazu eine selbst gemalte Diaserie oder ein großes Wandbild.
- „Wenn Jesus noch einmal kommen würde ...": Ein Schweigegespräch (Vgl. zur Methode: S.196).
- „Jesus – und die Vorbilder": Der oder die Unterrichtende stellt am OHP die Bilder mehrerer Vorbilder heutiger Jugendlicher (etwa: Albert Einstein, Harald Schmidt – und ein Bild Jesu nebeneinander: „Was unterscheidet sie, woher haben sie ihre Autorität, wer von ihnen wird in 100 Jahren noch eine Rolle spielen?" usw.
- „Mein Jesus-Heft": Der oder die Unterrichtende hat für alle Konfirmandinnen und Konfirmanden ein zunächst leeres kleines Jesus-Heft (etwa 12 Seiten, Fotokarton o.Ä.) vorbereitet, dessen Seiten sich in jeder Stunde etwas mehr mit Jesus-Worten, -Bildern, Geschichten, einer Personenbeschreibung, kurzen Texten, Karikaturen und anderem füllen. Dabei können die Konfirmandinnen und Konfirmanden ihre Seiten aus den zur Verfügung gestellten Materialien selbst zusammenstellen.

❹ SPIRITUELLE FORMEN

Die folgende kleine Andacht nimmt die Texte und das Bild von **S. 40** auf:

- Die Konfirmandinnen und Konfirmanden sitzen im Kreis, in der Mitte brennt eine Kerze.
- Lied: Hört, wen Jesus glücklich preist
- Text: „Jesus, du bist anders" – im Wechsel zwischen Unterrichtenden und Konfirmanden gesprochen:

  Jesus, du bist anders.
  Du stelltest dich zur Ehebrecherin,
  als sich alle von ihr distanzierten.
  Du kehrtest bei dem Zöllner ein,
  als sich alle über ihn empörten.
  Du riefst die Kinder zu dir,
  als alle sie wegschicken wollten.
  Du lobtest die opfernde Witwe,
  als sie von allen übersehen wurde.
  Du liebtest die Armen,
  als nur die Reichen etwas galten.
  Du heiltest Kranke,
  als sie von allen aufgegeben waren.
  Du nahmst die Schuld auf dich,
  als alle ihre Hände in Unschuld wuschen.
  Jesus, du bist anders.
- *Bild: Max Beckmann, Christus und die Ehebrecherin – und Lesung: Johannes 8, 2-11*

  (Zum Bild: Auf den ersten Blick eine Versammlung komischer Figuren. Groteske Gesichter, verdrehte Bewegungen, merkwürdige Grimassen. Doch die erhobenen Lanzen zeigen: Es geht um Leben oder Tod!

  Eine Frau ist beim Ehebruch ertappt worden. Pharisäer und Schriftgelehrte schleppen sie vor Jesus. Ihre Hände sprechen Bände. Da werden Fäuste geschüttelt und Arme gereckt. Ein Zeigefinger weist in die Luft und der lang ausgestreckte spitze Finger des Spötters auf die Frau. Da sind die Ankläger – und alle sind verbunden durch das Signalrot an den Händen, im Gesicht oder an der Kopfbedeckung, wie die Sünderin.

  Die Frau hält die Augen geschlossen, die Hände vertrauensvoll gefaltet. Sie kniet vor Jesus.

  Auch Jesu Hände sprechen: Mit der Linken wehrt er alle Angriffe ab, mit der Rechten formt er eine Höhle, als wollte er einem angegriffenen Menschen Zuflucht bieten. Schützend steht er da vor der Frau, die Ankläger hält er in Schach. Aber sein Gesicht ist ernst, die Augen sind geschlossen: „Gehe hin und sündige nicht mehr", sagt er auch zu uns.)
- Text: „Ich habe Jesus nicht mit meinen eigenen Augen gesehen." (**S. 40**)
  (Die Strophen des Textes werden reihum von den Konfirmanden gesprochen.)
- Lied: Hört, wen Jesus glücklich preist
- Text: „Vergleiche ihn ruhig mit anderen Größen: Nelson Mandela, Anne Frank ..."
  Die Unterrichtenden lesen die Namen auf **S. 40**.

Die Konfirmandinnen und Konfirmanden können diese Liste ergänzen. „Er hält das aus. Besser allerdings: Du vergleichst ihn mit dir."

❺ GOTTESDIENST

Einige Ergebnisse und Elemente der Arbeit mit den Jugendlichen zum Thema Jesus, vor allem zum Gleichnis von den Arbeitern im Weinberg, fließen in einen gemeinsam vorbereiteten und gestalteten Gottesdienst ein: **M 4**.

❻ ANREGUNGEN FÜR PROJEKTE UND AKTIONEN

- Eine große Zeit-Leiste zum Leben Jesu bauen (Vgl. ku praxis 20,33 f.)!
- Aufführung eines Schattenspiels: Die Arbeiter im Weinberg.
- Ein Krippenspiel mal anders: Johannes der Täufer fragt aus dem Gefängnis ...
- Ein Hungertuch malen: Jesus und Petrus – die Geschichte einer Freundschaft (Vgl. Mit Konfirmanden: Jesus begegnen. Beten, Beratungsstelle für Gestaltung 46/47, Frankfurt 1986, 101 ff).
- Einen Altar zur Emmaus-Erzählung gestalten.
- Aus Bildern der „Elementarbibel" (A. Pokrandt/R. Herrmann, Elementarbibel 1-8, Lahr 1974 ff.) ein Jesus-Quartett zusammenstellen.
- „Jesus in den Texten heutiger Rock-Musik": Eine Erkundung (vgl. R. Bubmann/R. Tischer, Pop & Religion, Stuttgart 1992).
- Die Konfirmandinnen und Konfirmanden bringen von zuhause Kreuze oder Bilder mit Kreuzen mit in den Unterricht (Auch die Unterrichtenden bringen Kreuze mit). Zuhause haben sie sich nach der Herkunft oder Geschichte der Kreuze erkundigt, so dass sie im Unterricht davon erzählen können.
  Alle Kreuze und alle Bilder werden zunächst auf den Tisch gelegt. Es folgt eine Erzählrunde, in der jeder und jede das ihn oder sie interessierende Kreuz in die Hand nimmt und die jeweiligen Eigentümer dazu Auskunft geben.
  Aus dieser „Kreuzaktion" in der Konfirmandengruppe kann eine kleine „Kreuzausstellung" in der Gemeinde erwachsen.

❼ HINWEISE

- W. Laubi, Geschichten zur Bibel 4+5 (Jesus von Nazareth 1 u. 2), Düsseldorf 1991 ff.
- Bildsätze: „Seht, welch ein Mensch": Beratungsstelle für Gestaltung, Frankfurt o.J.
  „Leben und Leiden Jesu", Beratungsstelle für Gestaltung, Frankfurt o.J. (auch als Dias)
  ku praxis 20, An Jesus Christus glauben, Gütersloh 1985
- Tonbilder: Der Fremde (Evang. Medienzentralen)
  Er war einer von uns (Evang. Medienzentralen)
- Filme: Mr. Pascal (Evang. Medienzentralen)
  Parabel (Evang. Medienzentralen)
- Videos: W. R. Schmidt, Jesus von Nazareth. Auf der Suche nach einem Unbekannten I u. II, Calwer 1990
  P. P. Pasolini, Das erste Evangelium Matthäus (Evang. Medienzentralen)
  D. Arcand, Jesus von Montreal (Evang. Medienzentralen)
- ku praxis 32, Modelle, 4-18
- KONFER normal 16 (5/97), Jesus Christus
- J. Quadflieg, Jesus. Geschichte eines Lebenden, Düsseldorf 2000
- H. Geißler, Was würde Jesus heute sagen? Hamburg 2004
- H.-M. Lübking, Die Jesus-Geschichte, Düsseldorf 2005

❽ WICHTIGE ERGEBNISSE

- Die Konfirmandinnen und Konfirmanden kennen die wichtigsten Ereignisse aus der Geschichte Jesu und können mit eigenen Worten davon erzählen. Sie wissen auch, dass Jesus als Jude geboren wurde und gelebt hat.
- Sie kennen einige zentrale Texte und Erzählungen aus den Evangelien, wissen, was in der Bergpredigt steht und kennen einige zentrale Jesus-Worte.
- Sie wissen, dass Leben, Wirken, Tod und Auferstehung Jesu für den christlichen Glauben eine zentrale Bedeutung haben. Sie haben sich damit auseinandergesetzt, dass Jesus eine große bleibende Wirkung auf viele Menschen in der Gegenwart hat.
- Sie können mit eigenen Worten sagen, welche Bedeutung Jesus für ihr eigenes Leben hat.

❾ MATERIAL AUF DER CD-ROM

Jesus
1| Ein Kreuz zum Leben Jesu
2| Projekt „Den Prozess gegen Jesus neu aufrollen"
3| Sonderseite zum Tode Jesu
4| Fragen zu Jesus – Lückentext
5| Steckbrief: Jesus von Nazaret heute
6| Karte: Palästina

❿ INTERNET-ADRESSEN

www.ekd.de
www.planet-wissen.de/jesus

M 1: JESUS-DOMINO

See Genezareth	- Vater Jesu - vom Beruf Zimmermann	**Zeloten**	- ist römischer Statthalter im Land - verurteilt Jesus zum Kreuzestod	**Bethlehem**	- Stadt am See Genezareth - Jesus nennt sie »seine Stadt«
Bergpredigt	- Jünger Jesu - verrät Jesus an dessen Gegner	**Pilatus**	- stammt aus Magdala - begegnet dem auferstandenen Jesus	**Tempel**	- Jünger Jesu - von Beruf Fischer - eigentlicher Name »Simon«
Maria	- bildet eine religiöse Volksbewegung - achtet streng auf die Einhaltung der Gebote	**Herodes**	- schädelförmiger Hügel vor den Toren Jerusalems - hier wurde Jesus gekreuzigt	**Pharisäer**	- ältestes Evangelium - entstand etwa 70 nach Chr.
Maria Magdalena	- ist Oberzöllner - sucht sich einen seltsamen Platz, um Jesus zu sehen	**Golgatha**	- Stadt südlich von Jerusalem - spielt eine große Rolle in der Weihnachtsgeschichte	**Hauptmann von Kapernaum**	- berühmte Rede Jesu - enthält u.a. die Seligpreisungen und das Gebot der Feindesliebe
Zachäus	- zentrale Gottesdienststätte der Juden in Jerusalem - Jesus vertrieb hier Händler und Kaufleute	**Jordan**	- Stadt in Galiläa - Jesus wächst in dieser Stadt auf	**Markusevangelium**	- fischreicher See in Galiläa - Mittelpunkt des Wirkens Jesu
Petrus	- Anhänger Jesu - stellte sein Grab nach der Kreuzigung Jesu zur Verfügung	**Vaterunser**	- König in Israel zur Zeit der Geburt Jesu - ließ in der Umgebung Bethlehems viele Kinder töten	**Josef**	- römischer Offizier - sein Glaube an Jesus hilft seinem Knecht
Kapernaum	- Mutter Jesu - hebräischer Name »Mirjam«	**Judas**	- Fluss in Israel - in ihm wird Jesus getauft	**Nazareth**	- lebt in der Wüste und predigt Umkehr - tauft Jesus im Fluss Jordan
Josef von Arimathia	- Gebet Jesu - steht in der Bergpredigt	**Johannes**	- kämpfen gegen die Römer - erwarten den Messias		

M 2: SCHÜLERINNEN UND SCHÜLER ÜBER JESUS

Jesus ist für mich ein Wort mit fünf Buchstaben, das vor ca. 2.000 Jahren in die Welt geworfen wurde. Wahrscheinlich hat ein Mann diesen Begriff in die Welt gesetzt und in „Jesus“ all seine Wünsche und Hoffnungen gelegt. So ist vielleicht die Geschichte um Jesus entstanden. Aber niemand kann exakt sagen, was es mit Jesus wirklich auf sich hat. Mir ist Jesus egal, weil ich ihm auch egal bin. Oder ich bin zu unsensibel, um seine Bemühungen zu spüren ...
(Schülerin, 14 J.)

Von Jesus weiß ich, dass er sich besonders um kranke, einsame und traurige Menschen kümmerte. Wenn jemand etwas von ihm wollte, so ging Jesus mit. Er war jemand, der kein Leid sehen konnte, ohne etwas dagegen zu tun. Wenn ich traurig bin, lese ich die Geschichten aus der Kinderbibel, wo Jesus traurigen Menschen hilft. Danach bin ich gleich wieder viel fröhlicher und kann mich anderen Dingen zuwenden. Und weil mich das Lesen dieser Geschichten wieder fröhlich macht, glaube ich besonders an Jesus und seine Wunder.
(Schüler, 13 J.)

Jesus hat mich besonders beeindruckt, weil er auf den Rang eines Menschen nie geachtet hat, dem er geholfen hat; er hatte keine Angst zu sterben, weil er wusste, dass er den Menschen geholfen hat.
(Schülerin, 13 J.)

Für mich persönlich hat er keine Bedeutung mehr, da ich nicht an ihn glaube. Viele ältere Menschen sehen in der Kirche ihre einzige Hoffnung, dementsprechend spielt Jesus bei ihnen auch eine wichtige Rolle. Trotzdem ist es schwer, ihm eine Bedeutung für unsere Zeit zukommen zu lassen, da man heute mit Medizin geheilt werden kann. Wenn man persönliche Probleme etc. hat, geht man zum Psychiater. Ich denke auch, dass die Bedeutung Jesu sich immer mehr abschwächen wird, da er außer in der Kirche und im Religionsunterricht nicht mehr erwähnt wird.
(Schülerin, 17 J.)

Ich persönlich finde an Jesus gut, dass man mit ihm über alles reden kann und er immer für einen da ist. Ich kenne keinen Menschen, bei dem das zutreffen würde. Mit der Mutter möchte man nicht unbedingt über Jungs reden. Die Freundin hat gerade keine Zeit, weil sie so viel lernen muss oder weil sie verabredet ist. Man hat für jedes Problem eine Person, die am geeignetsten ist, um mit ihr darüber zu reden. Und wenn je eine Freundin da ist, zu der man großes Vertrauen hat (kann auch die Mutter sein), dann ist sie nicht da. Jesus ist immer für einen da und man kann alles mit ihm bereden, vorausgesetzt man glaubt daran.
(Schülerin, 16 J.)

Ich glaube Jesus ist eine unsichtbare Person, an die viele Menschen in „schweren“ Stunden glauben, hoffen, um Hilfe bitten. In guten Zeiten glauben viele nicht an Jesus. Sie sind zufrieden, brauchen nichts und niemanden, dem sie ihren Kummer erzählen wollen.
(Schülerin, 17 J.)

Jesus verkörpert die alten, aber auch noch heutigen Moralvorstellungen, wie z.B. Nächstenliebe etc. Er dient als Halt für die Menschen, die ohne ihren Glauben vor Einsamkeit, Angst etc. lebensmüde werden würden. Er ist die Hoffnung für eine bessere Welt, für Gerechtigkeit und ebenso eine Art Seelsorger, dem man die Schuld geben kann oder sich mit dem Glauben an ihn aus der Affäre ziehen kann.
(Schülerin, 17 J.)

Er hat dem Menschen einen neuen Lebensinhalt gegeben. Etwas, was innerlich fehlte, hat er aufgefüllt und den Menschen die Angst vorm Leben und Tod genommen, indem er uns klar gemacht hat, dass wir nicht alleine sind und dass sich jemand um uns kümmert. Auch nach dem Tod geht es weiter.
(Schüler, 18 J.)

M 3: OSTERN – MEHR ALS OSTERHASE UND OSTERFERIEN

Rembrandt, Christus in Emmaus, 1654

Drei Tage, nachdem Jesus am Kreuz gestorben war, gingen zwei Jünger von Jerusalem in den kleinen Ort Emmaus. Sie waren niedergeschlagen und redeten von den Ereignissen der letzten Tage. Da schloss sich ihnen ein fremder Mann an und ging mit ihnen. Er spürte ihre Traurigkeit und fragte sie. Sie erzählten ihm von den Hoffnungen, die Jesus in ihnen ausgelöst hatte. Doch nun mit seinem Tod sei alles vorbei. Der fremde Mann aber sprach von dem, was in der Bibel steht, und dass Gott einen Plan habe. Sie wurden hellhörig, vergaßen ihre Traurigkeit und baten ihn, mit ihnen zu essen. Und als sie am Tisch saßen, nahm der Fremde das Brot, danke, brach's und gab's ihnen weiter – so wie Jesus es immer getan hatte. Da erkannten sie ihn – Jesus. Aber er verschwand vor ihren Augen.

» Stelle den Ablauf der Geschichte nur mit Symbolen und Farben dar. Benutze dazu die vier Kästen.

OSTER-ABC

A	=	Auferstehung
B	=	Bibel, Bräuche
C	=	
D	=	Datum
E	=	
F	=	Frühling
G	=	Gottesdienst
H	=	
I	=	
J	=	
K	=	Kerze
L	=	Leeres Grab, Lämmer
M	=	
N	=	Nacht
O	=	
P Q	=	
R	=	
S	=	Sonntag, Schokoladeneier
T	=	
U	=	Urlaub
V	=	
W	=	
X Y Z	=	Zweige

» Ergänze das Oster-ABC!

Ostern, das Fest der Auferstehung Jesu, ist zugleich das älteste und wichtigste Fest der christlichen Kirche. Es war ursprünglich mit dem jüdischen Passahfest verbunden. Da Jesus zur Zeit des Passahfestes gekreuzigt wurde, erinnerten sich die frühen Christen in dieser Zeit an den Tod Jesu und feierten seine Auferstehung.
Später wurde der Termin für das Osterfest auf einem Konzil festgelegt: der erste Sonntag nach dem ersten Vollmond nach Frühlingsanfang.

Ostern – mehr als Osterhase und Osterferien

Ostern –

Ostern –

» Entwerft weitere Slogans!

M 4: GOTTESDIENST – JESUS: DER GÜTIGE GOTT

Pfarrer/Pfarrerin: Begrüßung

Konfirmanden/Konfirmandinnen: Die Konfirmandinnen und Konfirmanden zeigen einige alte und neue Jesusbilder (OHP + Folien), als letztes das Standbild aus dem Film „Jesus von Montreal" (Kursbuch Konfirmation, 31).
„Es sind schon 2000 Jahre her, dass Jesus lebte, dass Jesus Menschen heilte, dass er Geschichten von Gott erzählte, dass er sich der verachteten und verlorenen Menschen annahm, dass er am Kreuz starb und von Gott zu neuem Leben auferweckt wurde. 2000 Jahre!
Hat er uns noch etwas zu sagen?"

Lied: Herr, wir bitten: Komm und segne uns (EG West 607)

Pfarrer/Pfarrerin: Gruß (Eingangsvotum)

Alle: Seligpreisungen – im Wechsel (EG 767)

Gebet: „Jesus, 2000 Jahre ist es her …"
(H.M. Lübking, Jugendgottesdienst plus, 20)

Konfirmanden/Konfirmandinnen: Lesung: Matthäus 20,1-15
Standbild zur Rembrandt-Radierung (Kursbuch Konfirmation, 34)
Haben die Konfirmandinnen und Konfirmanden das Standbild aufgebaut, fangen die beteiligten Akteure an zu sprechen und kommentieren die Situation.
Lesung: Matthäus 20,16-20

Lied: Hört, wen Jesus glücklich preist (EG West 670)

Pfarrer/Pfarrerin: Predigt zu Matthäus 20,1-20

Lied: Wir haben Gottes Spuren festgestellt (EG West 648)

Konfirmanden/Konfirmandinnen: Sprechmotette: Lernst du was – dann kannst du was
„Lernst du was – dann kannst du was
Kannst du was – dann schaffst du was
Schaffst du was – dann hast du was
Hast du was – dann bist du was
Bist du was – dann kannst du dir was leisten
Kannst du dir was leisten – dann kannst du es allen zeigen
Kannst du es allen zeigen – dann hast du lauter Freunde
Hast du lauter Freunde – dann bist du was
Bist du was – dann hast du was
Hast du nichts – dann bist du arm dran."

Gebet: „Gnädiger Gott, was von uns verlangt wird …"
(H.M. Lübking, Jugendgottesdienst plus, 40)

Alle: Glaubensbekenntnis

Lied: Herr, deine Liebe ist wie Gras und Ufer (EG West 663)

Fürbittengebet: „Gott, wir sind hier als Christinnen und Christen …"
(H.M. Lübking, Jugendgottesdienst plus, 67)

Alle: Vater unser

Pfarrer/Pfarrerin: Segen

MATTHÄUS 20, 1-16

Eine ärgerliche Geschichte! Da arbeiten die einen nur eine Stunde lang – und erhalten doch genauso viel wie diejenigen, die den ganzen Tag geschuftet haben. Ist das gerecht? Kein Arbeitgeber auf der Welt könnte so handeln. Kein Arbeitnehmer würde auf diesen Weinbergbesitzer anders reagieren als mit Streik oder Boykott. Unser Arbeitsleben ist aufgebaut auf errechneter Leistung: Jeder bekommt, was er verdient, wer zu spät kommt, muss die Folgen tragen. So ist das System. Viele sind unten, wenige oben. Aber alle, die Kleinen und die Großen, sind peinlich darauf bedacht, dass ihr Lohn nach ihrer Leistung bis aufs Komma genau ausgerechnet wird.
Der Protest der Langzeitarbeiter spricht aus, was jeder von Haus aus denkt. Doch was jeder von Haus aus denkt, ist nicht das, was das Evangelium sagt.
Handelt der Weinbergbesitzer wirklich so ungerecht, wie es auf den ersten Blick scheint? Auch mit den ersten hat er den Lohn von einem Denar am Tag vereinbart. Das war für damalige Verhältnisse mehr als das Übliche, genug um die Familie zu ernähren. Wenn die Kurzarbeiter nun genauso viel bekamen, dann ging das nicht zu Lasten der anderen. Der Besitzer war einfach so vermögend, dass er sich seine Großzügigkeit leisten konnte. War das ungerecht?
Versetzen wir uns einen Moment in die Situation derer, die erst am späten Nachmittag ihre Arbeit aufnahmen. Waren sie glücklich, den ganzen Tag müßig auf dem Marktplatz herumzustehen? Vermutlich nagte der Selbstzweifel an ihnen. Würden sie wieder ohne Verdienst nach Hause kommen? Wovon sollten sie und ihre Familie leben? Ob die, die schon früh mit der Arbeit im Weinberg angefangen hatten, so gern mit ihnen getauscht hätten? Ich habe meine Zweifel. Der Weinbergbesitzer zahlt uneingeschränkt allen, was sie zur Sicherung ihrer Existenz brauchen. Natürlich lässt sich das nicht einfach auf die komplizierten Verhältnisse unserer Wirtschaftswelt übertragen. Das Gleichnis bietet kein Rezept, aber es weist eine Spur: Niemand darf herausfallen am Zahltag, die Arbeitslosen nicht, die Flüchtlinge nicht und auch die Behinderten nicht, sie alle sollen bekommen, was sie zum Leben brauchen: Arbeit und Bildung, Nahrung und Kleidung, Wohnung und medizinische Betreuung.

Das Gleichnis von den Arbeitern im Weinberg erinnert daran, dass Arbeit nicht alles ist. Das „Prinzip Leistung“ wird dem Menschen nicht wirklich gerecht. Wie sähe es dann mit denen aus, die nichts leisten? Sind Behinderte, Kranke und Kinder Menschen zweiter Klasse? Und wer heute fit und leistungsstark ist – ein Unfall, eine Krankheit und alles sieht ganz anders aus. Keiner lebt allein von seiner Arbeit, weil sein Leben selbst Geschenk ist, umgriffen und getragen von der Güte Gottes. „Siehst du so neidisch, weil ich so gütig bin?“ An der Güte Gottes entlarvt sich der Mensch. Gegen Güte kann man nicht protestieren, man macht sich lächerlich. Die Schönheit der Natur, das Lachen von Kindern, die Ruhe der Nacht, der Trost der Bäume – machte Gott all das von unseren Gegenleistungen abhängig, wie armselig ständen wir da. Güte kennt keine Vergeltung. Gott ist das Ende allen Rechnens und Berechnens, das Ende aller Rang- und Kleiderordnungen.

❶ INTENTIONEN

In der Taufe erfahren wir die unverbrüchliche Zusage Gottes, als ein von ihm geliebter und bejahter Mensch leben zu können. Zugleich werden wir durch die Taufe zu Gliedern der Kirche, die sich zu Jesus Christus bekennt. Der Konfirmandenunterricht soll dazu beitragen, dass die Jugendlichen die Gabe der Taufe verstehen und deren Bedeutung für ihr eigenes Leben erfahren. Zu diesem Anspruch steht die Ausgangssituation der Konfirmandinnen und Konfirmanden in einer erheblichen Spannung. Die Mehrzahl von ihnen dürfte im Säuglingsalter getauft worden sein. Nur selten hat dieses Datum für sie eine lebensgeschichtliche und emotionale Bedeutung. Sie wissen vielleicht, dass sie getauft sind, haben aber keine Tauferinnerung, kennen ihren Taufspruch nicht und haben selbst noch nicht erlebt, dass ihre Taufe eine lebenspraktische Bedeutung gehabt hätte. Entsprechend haben auch diejenigen, die noch nicht getauft worden sind, in der Regel nicht das Gefühl, dass ihnen bisher etwas gefehlt hätte. Zugleich äußern fast alle Jugendlichen, dass sie später ihre eigenen Kinder auf jeden Fall taufen lassen würden. Daraus ist zu ersehen, dass die Konfirmandinnen und Konfirmanden dem Thema nicht grundsätzlich kritisch gegenüberstehen – ihr Interesse muss aber erst geweckt werden. Dies kann geschehen, wenn im Konfirmandenunterricht aktuelle Lebenseinstellungen thematisiert werden, die mit der Frage der Taufe verbunden sind: Leben als Geschenk? Planung eines Kindes? Nottaufe noch für sterbende Säuglinge? ... Die Taufe gibt dem Leben eine grundsätzliche Bedeutung. Es ist Leben unter der Zusage Gottes. Dies kann Jugendliche bei ihrer Suche nach ihrer eigenen Rolle und Identität unmittelbar ansprechen.
Die Zahl der Jugendlichen nimmt zu, die bei Beginn der Konfirmandenzeit noch nicht getauft sind. Ihr Taufgottesdienst sollte möglichst von der ganzen Gruppe vorbereitet und gestaltet werden, ihre Taufe von den Unterrichtenden seelsorgerlich begleitet werden.

❷ ERLÄUTERUNGEN ZUM »KURSBUCH KONFIRMATION«, S. 41-46:

S. 41 Das *Titelbild* zeigt vier verschiedene Taufbilder. Die Taufe eines Erwachsenen in einem Fluss in Afrika, das Untertauchen eines nackten Säuglings in einer orthodoxen Kirche in Russland, eine Säuglingstaufe in einem evangelischen Gottesdienst in Deutschland sowie die Taufe Jesu durch Johannes auf einem Bild nicaraguanischer Bauernmalerei. Die verschiedenen Bilder sollen einen Impuls geben für das Gespräch über unterschiedliche Taufformen in der Konfirmandengruppe. Die entstehende Diskussion könnte überleiten zu der allgemeinen Frage: „Was ich schon immer mal zur Taufe fragen wollte!"

S. 42 *Erkundung der eigenen Taufe*: Die noch nicht getauften Konfirmandinnen und Konfirmanden tragen ihre Daten ein, wenn sie getauft worden sind (Aus unterschiedlichen Gründen ist es ratsam, diese Konfirmandinnen und Konfirmanden im Zusammenhang der Behandlung des Themas Taufe im Unterricht zu taufen.). Dabei ist es wichtig, dass ihre Eintragungen nicht untergehen, sondern genauso intensiv gewürdigt werden.

Fragebogen für die Eltern: Auf eine Einzelauswertung sollte hier verzichtet werden, sondern im Zuge einer Gesamtauswertung kann gleich gefragt werden, wie oft die jeweiligen Meinungen insgesamt angekreuzt worden sind. Zusätzlich kann das Gesamtergebnis mit dem Ergebnis der letzten repräsentativen Kirchenmitgliedschaftsbefragung („Kirche – Horizont und Lebensrahmen" von 2002) verglichen werden:

Das Kind wird mit der Taufe in die Gemeinschaft der Gläubigen aufgenommen.	= 92 %
Ein Kind wird getauft, damit es zur Kirche gehört.	= 86 %
Die Taufe ist vor allem eine Familienfeier.	= 64 %
Mit der Taufe wird ein Kind unter den Schutz Gottes gestellt.	= 81 %
Ein Kind wird getauft, weil es christlich erzogen werden soll.	= 78 %
Ein Kind wird getauft, damit es später kirchlich getraut werden kann.	= 65 %
Ein Kind wird getauft, weil das einfach dazugehört.	= 63 %
Die Taufe ist ein Fest, bei dem die Namensgebung öffentlich bekräftigt wird.	= 64 %
Ein Kind wird getauft, damit ihm für die Zukunft nichts verbaut wird.	= 44 %
Mit der Taufe wird der Beginn eines Lebensweges gefeiert.	= 69 %
Ein Kind wird getauft, um Schaden von ihm abzuhalten.	= 41 %

Zu den Motiven für die Taufe vgl. auch die Erzählung „Dazugehören" **M 1**.

S. 43 Die von den Konfirmandinnen und Konfirmanden nachgestellte Szene kann auch, falls vorhanden, mit einer Sofortbildkamera fotografiert werden. Die so entstandenen Fotos können zusammen mit dem Text Apostelgeschichte 8, 26-39 zum Thema „Taufe" im Schaukasten der Gemeinde gezeigt werden. Vgl. zu diesem Text auch das Beispiel eines Taufgottesdienstes in **M 3**.

S. 44 Der Text mit Jörg, Nicolas und Tobias kann als Szene mit verteilten Rollen gelesen werden. Sie wird dann mit einem Rollenplanspiel fortgesetzt: Die Konfirmandinnen und Konfirmanden teilen sich in drei Gruppen (Jörg, Nicolas, Tobias) auf und sammeln Argumente für die jeweilige Position. Eine oder einer aus jeder Gruppe geht dann in die Rollendiskussion, kann aber bei Bedarf von einem anderen Gruppenmitglied unterstützt oder ersetzt werden.

Pro und Contra Kindertaufe: Werden noch andere Argumente genannt, so sollten sie auch im Buch oder an der Tafel festgehalten werden. Erst dann entscheiden sich die Konfirmandinnen und Konfirmanden, welchem Argument sie am ehesten oder am wenigsten zustimmen können. Darüber kann dann diskutiert werden.
Alternative: Es wird ein Meinungsbild in der Gruppe erstellt: Pro oder Contra Kindertaufe. Befürworter und Gegner treten dann in einen Wortwechsel ein.
Das Ja-Nein-Spiel zur Taufe (**M 2**) bündelt die bisherigen Impulse und Informationen zum Thema Taufe und fordert die Konfirmandinnen und Konfirmanden zur Stellungnahme auf. Zu den Regeln des Spiels vgl. oben S.45.

S. 45 *Taufe – wie mache ich das?* Eine Anleitung zur Nottaufe findet sich auch im Evangelischen Gesangbuch: z. B. EG West 839.
Damit die Konfirmandinnen und Konfirmanden anschaulich erleben und ausprobieren können, wie „taufen geht", sollte es in der Kirche einmal mit ihnen geübt werden. Gewiss wird eine oder einer von ihnen dazu eine Puppe mitbringen können.
Die *Erzählung von Paula* kann mit verteilten Rollen gelesen werden. Wie kann das Gespräch weitergehen? Vielleicht kann es in der Konfirmandengruppe zu einer Diskussion kommen zwischen denen, die Paulas Haltung verstehen, und denen, die sie kritisieren.
Aufgaben von Paten: Welche Meinung findet die größte Zustimmung, welche die stärkste Ablehnung?
Weiterer Gesprächsimpuls: „Stellt euch vor, ihr seid 30 Jahre alt und Patenonkel oder Patentante. Euer Patenkind wird sechs Jahre alt. Was würdet ihr gern diesem Kind schenken und wozu würdet ihr es einladen oder was würdet ihr gern für das Kind oder mit dem Kind tun?"
Zu dem Gespräch über die Aufgabe von Patinnen und Paten sollten auch die in der Gemeinde gebräuchlichen Patenurkunden oder -briefe vorgestellt werden. Wie werden sie von den Konfirmandinnen und Konfirmanden beurteilt?

❸ WEITERE IDEEN

- In Gruppen stellen die Konfirmandinnen und Konfirmanden ein Standbild zum Text Markus 10, 13-16.
- Die Konfirmandinnen und Konfirmanden schreiben Postkarten mit dem eigenen Vornamen. Sie können diese Postkarten einrahmen, umrahmen oder schön verzieren. Zugleich können sie sich nach der Herkunft und Bedeutung des eigenen Vornamens erkunden („Wer heißt noch so?").
- Den Konfirmandinnen und Konfirmanden werden verschiedene Taufsymbole vorgestellt und erklärt. Sie suchen sich welche daraus aus und verzieren damit Kerzen zu Taufkerzen.
- Zu dem Text Matthäus 28,18-20 stellen die Konfirmandinnen und Konfirmanden eine selbst gemalte Dia-Serie her.
- Pro und Contra: Taufe ersetzen durch schriftliche Anmeldung? Die Konfirmandinnen und Konfirmanden zählen zunächst Vor- und Nachteile auf, bevor sie in eine Pro-und-contra-Diskussion einsteigen.
- Umrissfiguren: Ideale Paten (Die Umrissfiguren können im Taufgottesdienst für die bisher noch nicht getauften Konfirmandinnen und Konfirmanden gezeigt werden.).

❹ SPIRITUELLE FORMEN

Ein Beispiel für eine kleine Feier zur Tauferinnerung der Konfirmandinnen und Konfirmanden bietet **S. 46**.

❺ GOTTESDIENST

Immer öfter gehören zur Konfirmandengruppe auch Jugendliche, die bisher noch nicht getauft sind. Ihre Taufe sollte von der Gruppe mit vorbereitet und gestaltet werden. Ein Taufgottesdienst, in den Ergebnisse des Unterrichts einfließen und der von der Konfirmandinnen und Konfirmanden mit vorbereitet wird, findet sich in **M 3**.
Weitere Beispiele für Taufgottesdienste in der Konfirmandenzeit in: Konfirmation: Agende, S. 36 ff.

❻ ANREGUNGEN FÜR PROJEKTE UND AKTIONEN

- „Taufe bei uns und bei anderen" (Katholiken, Orthodoxe, Baptisten, Taufe in Afrika, in Indonesien usw.): Dokumentation, Wandzeitung oder Zusammenstellung einer Dia-Serie.
- Gestaltung eines kleinen Taufheftes für die Konfirmandinnen und Konfirmanden, die während der Unterrichtszeit getauft werden: Persönliche Daten, Symbole, Texte, Lieder, Platz für Taufspruch und Eintragungen der Paten usw.
- Vorschläge für die Verbesserung der Taufpraxis der eigenen Gemeinde entwickeln! Die Konfirmandinnen und Konfirmanden erstellen aufgrund des Besuchs eines Taufgottesdienstes ein Gutachten, in dem sie ihre Beobachtungen mitteilen und Vorschläge zur Veränderung der Taufpraxis unterbreiten (Stellung im Gottesdienst, Dauer der Taufhandlung, Feierlichkeit, Fotografieren, Beteiligung der Gemeinde usw.). Die Vorschläge werden dem Presbyterium/Kirchenvorstand oder dem Gemeindebeirat übermittelt.

❼ HINWEISE

- R. Stark, ... bei deinem Namen gerufen, Offenbach 1992
- E. Conrad u.a. (Hg.), Erzählbuch zum Glauben 4. Die Sakramente, Düsseldorf 1989
- ku praxis 24: Taufendes Handeln in der Gemeinde, Gütersloh 1988
- KONFER normal 1 (1/96), Taufe
- KONFER normal 43 (11/99), Taufe (Bausteine)
- ku praxis 39: Modelle 8, 18-38
- Evang. Werbedienst, Du bist mein (Broschüre und Video)

❽ WICHTIGE ERGEBNISSE

- Die Konfirmandinnen und Konfirmanden haben ihre eigene Taufe erkundet und kennen ihren eigenen Taufspruch. Sie wissen, dass sie durch die Taufe Mitglieder der evangelischen Kirche geworden sind.
- Sie haben gelernt, dass die Taufe ein Zeichen für Gottes Ja zu diesem Menschen ist und ihn zugleich mit Jesus Christus verbindet.
- Sie wissen, dass sie in Notsituationen selbst taufen können und mit der Konfirmation Paten werden können. Über die Aufgabe des Patenamtes können sie Auskunft geben.

❾ MATERIAL AUF DER CD-ROM

Taufe
1| Taufe – ein Würfelspiel
2| Geburtsanzeigen
3| Lernstationen zur Taufe

❿ INTERNET-ADRESSEN

www.taufspruch.de
www.ekir.de/ekir-taufe.asp

M 1: DAZUGEHÖREN

Er war vierzehn Jahre alt. Vielleicht auch schon fünfzehn. Genau wusste er es selber nicht. Sein Name: Alfredo.
Alfredo gehörte zu niemand. Er lief umher, war mal hier, mal dort und schlug sich so durch. Irgendwo im Hochland von Mexiko. Keine Familie mehr. Keine Schule. Kein Dach über dem Kopf. Wenn er Hunger hatte, klopfte er an eine Tür. Und nicht immer bekam er etwas. Die Campesinos, bei denen er bettelte, waren arme Leute. Das Land gab nicht viel her. Und oft war es wochenlang trocken. Da konnte nicht viel wachsen. Manche schauten ihn nur traurig an, wenn er vor ihnen stand. Sie schüttelten den Kopf und schlossen wieder die Tür. Am liebsten übernachtete er in Kirchen. Sie standen Tag und Nacht offen. Und niemand wies ihn dort ab. Er schlief auf dem Boden. Der Stein war meist noch warm von der Hitze des Tages. Und die Wärme hielt sich einige Stunden.
Wer ihn am hellichten Tag sah, konnte leicht erschrecken. Die Hosen ausgefranst und zerrissen. Am Hemd keine Knöpfe mehr. Die Haare verfilzt. Seine Wunden waren zwar längst verheilt. Aber die Narben hatten sein Gesicht entstellt. Ein brennender Balken wohl. Alfredo muss einige Zeit in den Trümmern gelegen haben. Bewusstlos. Jemand hatte ihn schließlich noch rausgeholt.
Von da an war er auf sich gestellt. Seit wann er schon so unterwegs war – er wusste es nicht mehr. Er hatte aufgehört, nach Tagen, Wochen oder Monaten zu rechnen. Wie lange ein Mensch so leben konnte – er hatte keine Ahnung. Ein Jahr vielleicht? Oder länger? Einmal, als sie ihn wieder abgewiesen hatten, stolperte er über einen Strick. Er zögerte einen Moment. Aber dann ließ er ihn liegen. Und schlug sich weiter durch.
Bis er eines Tages dieses Gebäude vor sich liegen sah. Er war über einen Hügel gekommen und direkt darauf zu gelaufen. Ein großes Haus. Daneben einige kleinere, eines davon mit einem Glockenturm. Wie schützend umgeben von einer Mauer. Eine Fensteröffnung gab den Blick frei in einen Innenhof: Eine Gruppe von Jungen spielte Fußball. Die meisten ungefähr so alt wie er. Dazwischen ein Mann in der Kleidung eines Priesters. Don Miguel, riefen die Jungen. Oder: Padre. Vater. Als wären sie seine Kinder. Alfredo hielt sich an den Gitterstäben fest und schaute ihnen zu. Er kam sich vor wie ausgesperrt.
Als das Spiel zu Ende war, öffnete sich eine Tür: Don Miguel. Alfredo zögerte, wollte weglaufen. Aber der Priester kam bereits auf ihn zu. Mag sein, dass Don Miguel ihn am Fenster hatte stehen sehen. Vielleicht war er deshalb herausgekommen. Auch er erschrak, als er Alfredos Gesicht zum ersten Mal aus der Nähe sah. Er schaute ihn lange an. Dann nahm er ihn in die Arme.
Sie gingen einige Schritte zusammen. Don Miguel erzählte vom Waisenhaus, das er leitete. Von der Schule, die es da gab. Und von den Jungen, die dort lebten. Sie hatten alle keine Familie mehr. Aber sie lebten wie eine große Familie zusammen. Wenn du willst, meinte er, kannst du bei uns bleiben.
Vor dem Tor sagt Don Miguel dann: Warte hier. Ich will zuerst mit den anderen sprechen. Drinnen rief der Priester die Jungen zusammen und redete mit ihnen. Alfredo konnte nichts verstehen. Aber er wusste: Sie sprachen von ihm. Es dauerte einige Minuten. Dann holte Don Miguel ihn hinein. Als Alfredo eintrat, wurde es still. Eine Zeit lang standen sie sich schweigend gegenüber. Schließlich trat einer der Jungen vor und nahm ihn beim Arm: Du bist mein Bruder!
Für den Abend lud Don Miguel alle zu einem Fest ein. Mit Lampions und Feuerwerk. Und ausgelassener Musik. Alfredo bekam neue Kleider und einen Poncho. Er kam sich vor wie neugeboren.

M 2: TAUFE: JA-NEIN-SPIEL

Mit der Taufe wird ein Kind unter Gottes Schutz gestellt.	Wer nicht getauft ist, kann später auch nicht konfirmiert werden oder kirchlich heiraten.	Die Taufe ist die Aufnahme in die christliche Gemeinde.
Ob jemand getauft ist oder nicht, macht im normalen Leben keinen Unterschied.	Bei der Taufe wird deutlich gemacht, dass Gott einen Menschen liebt, schon bevor er sich selbst entscheiden kann.	Die Taufe kann nicht schaden.
Wenn ein Kind nicht getauft ist, kann es nicht am Religionsunterricht teilnehmen.	In Notzeiten darf jeder getaufte Christ eine Taufe vornehmen.	Man sollte d e Taufe nicht überschätzen. Auch wer nicht getauft ist, kann in den Himmel kommen.
Taufen dürfen nur Pastorinnen und Pastoren oder Priester.	Auch ohne Taufe bleibt ein Mensch ein Kind Gottes.	Wer getauft ist, gehört zu Jesus Christus.
Man sollte mit der Taufe eines Kindes warten, bis das Kind so alt ist, dass es sich selbst für die Taufe entscheiden kann.	Die Taufe ist für die Kinder ein Schutz. Man soll mit Kindern nicht ins Freie gehen, ehe sie getauft sind.	Wenn ein Kind nicht getauft ist, kann es nicht zum Konfirmandenunterricht gehen.
Die Taufe ist in allen Kirchen und Konfessionen (evangelisch, katholisch, orthodox usw.) gültig.	Wenn ein Kind getauft ist, hat es später keine Nachteile.	Die Taufe gibt dem Leben eine zusätzliche Bedeutung.

M 3: TAUFGOTTESDIENST FÜR DIE BISHER NOCH NICHT GETAUFTEN KONFIRMANDINNEN UND KONFIRMANDEN

Pfarrer/Pfarrerin:	Begrüßung – besonders der Konfirmandinnen und Konfirmanden, die getauft werden sollen, und ihrer Familien.
Lied:	Lobe den Herren, den mächtigen König der Ehren (EG 316)
Pfarrer/Pfarrerin:	Gruß (Eingangsworte)
Alle:	Psalm 8 – im Wechsel (EG 705)
Gebet:	„Gott, gleich am Anfang meines Lebens ..." (H.M. Lübking, Jugendgottesdienst plus, 92)
Lied	Der Himmel geht über allen auf (EG West 656)
Pfarrerin/Pfarrer:	Taufe Die Konfirmandinnen und Konfirmanden könnten etwa an der Taufhandlung beteiligt sein, indem sie das Taufwasser hereinbringen und eingießen, die Taufkerzen entzünden, vorher das Glaubensbekenntnis ausgesucht haben oder die im Unterricht hergestellten Taufhefte (Vgl. S.60) überreichen. (Zur Gestaltung der Taufhandlung vgl. die Anregungen in der Agende: Konfirmation, 45ff.)
Lied:	Kind, du bist uns anvertraut (EG 596)
Pfarrer/Pfarrerin:	Predigt zu Apostelgeschichte 8,26-39
Lied:	Ich möcht, dass einer mit mir geht (EG 209)
Konfirmanden/Konfirmandinnen:	„Wenn ich einmal Patentante/Patenonkel bin ...": Konfirmandinnen und Konfirmanden beschreiben „ideale" Paten.
Fürbittengebet:	„Jesus, wir tragen deinen Namen ..." (H.M. Lübking, Jugendgottesdienst plus 93)
Alle:	Vaterunser
Pfarrer/Pfarrerin:	Segen

PREDIGT ZU APOSTELGESCHICHTE 8,26-39

Ich möchte heute in der Predigt eine Geschichte erzählen – eine Geschichte aus der Bibel. Sie handelt von einem Mann, der auch einmal so jung gewesen war wie Alexander oder Cornelius oder Lasse, die wir heute getauft haben. Und so wie heute bei Melanie und Sophia oder Marie, so fragten sich auch damals die Eltern des jungen Mannes: „Na, was aus dem wohl noch einmal werden wird?" Die Mutter mag dann geantwortet haben: „Er muss nichts Besonderes werden, nur seinen eigenen Lebensweg finden und glücklich sein." Der Vater dagegen hatte vielleicht schon genaue Vorstellungen: „Ich wünsche ihm, dass er ein Beamter wird, dann hat er keine Sorgen mehr."

Als der Junge dann größer geworden und erwachsen war, wurde er tatsächlich Beamter, und zwar arbeitete er in einem großen und prächtigen Gebäude: dem Finanzministerium (Bild).

Im Finanzministerium fiel der junge Mann bald auf. Er war fleißig, intelligent und hilfsbereit, alle mochten ihn. So rückte er immer höher – und eines Tages war er der Finanzminister seines Landes, des Landes Äthiopien. Er hatte viel Macht, regierte aus einem großen Büro, konnte anderen Leuten Befehle geben und besaß auch selbst genügend Geld, um sich seine Wünsche zu erfüllen und bequem leben zu können.

Aber nach vielen Jahren wurde er unruhiger, stand öfter an seinem Fenster im Büro und schaute in die Ferne. Macht, Geld, Einfluss, war das alles, was das Leben zu bieten hat? Unser Finanzminister hatte alles, er konnte sich alles kaufen, aber einen Sinn für dieses Leben hatte er noch nicht gefunden.

Darum entschloss er sich zu einer längeren Reise. Seine Chefin, die Königin des Landes, bewilligte ihm einen Urlaub – und er fuhr los.

So kam er auch nach Jerusalem, der Hauptstadt Palästinas. Schon in seiner Heimat hatte er von der Religion der Juden gehört, von ihren uralten religiösen Schriften und von dem berühmten Tempel. Dorthin zog es ihn. Würde er dort eine Antwort auf seine Lebensfragen finden? (Bild: Tempel, siebenarmiger Leuchter, Gebotstafeln ...)

Doch als der Finanzminister in Jerusalem in den Tempel gehen wollte, stellte sich ihm die Tempelwache in den Weg: „Du darfst hier nicht hinein, du bist kein Jude!" Welch eine Enttäuschung! Doch alle Diskussionen, auch sein Hinweis, er sei schließlich der Finanzminister von Äthiopien, halfen nichts. Als Nicht-Juden war ihm der Zugang zum Tempel verwehrt. Schade, dabei hatte er die Religion der Juden doch so interessant gefunden: den Glauben an den einen Gott, von dem man sich kein Bild machen darf, und die Zehn Gebote, die er gern noch etwas mehr erklärt haben wollte.

Entmutigt beschloss er, so schnell wie möglich wieder abzureisen. Vorher kaufte er aber noch eine Schriftrolle, die er unterwegs studieren wollte. Es war eine Buchrolle des Propheten Jesaja – und unser Finanzminister hoffte, vielleicht darin etwas zu finden, was ihm weiterhelfen konnte.

Er ließ seinen Reisewagen fertig machen und fuhr von Jerusalem in seine ostafrikanische Heimat zurück. Soweit es die holprige Straße zuließ, versuchte er in der Buchrolle zu lesen, und um es selbst besser zu verstehen, las er laut. So merkte er nicht, dass schon eine Zeit lang neben dem Wagen ein Mann herging, der ihn genau beobachtete. „Verstehst du auch, was du da liest?"

Der Finanzminister schreckte auf und sah diesen Mann. „Nein", antwortete er, „wo kommst du denn her? Aber ich verstehe das wirklich nicht. Warte mal, ich lese dir das hier mal vor: ‚Er ist wie ein Schaf, das zur Schlachtbank geführt wird, und wie ein Lamm still vor seinem Scherer'. Kann das ein Mensch sein? Oder ist das der Gott, der in Jerusalem verehrt wird? Kannst du mir das erklären?" Sein Begleiter neben dem Wagen nickte mit dem Kopf. „Warte, ich setze mich zu dir." Und er stieg zu dem Minister auf den Wagen (Bild).

„Übrigens, ich heiße Philippus", sagte der Fremde, und als der Finanzminister ihm von seinen Gedanken und Fragen erzählt hatte, antwortete Philippus ihm: „Du hast den langen Weg nach Jerusalem gemacht und nun bist du enttäuscht; das kann ich gut verstehen. Aber deshalb zweifle nicht an dem Gott, den du gesucht hast. Du brauchst nicht nach Jerusalem in den Tempel zu gehen, um ihn zu finden. Denn Gott ist geworden wie einer von uns. Wenn ich die Worte des Propheten Jesaja höre, die du eben vorgelesen hast, habe ich ihn ganz klar vor Augen: Jesus von Nazaret. Er hat so gelebt und ist so gestorben, wie es in dem alten Buch beschrieben ist. Und wir, seine Freunde, glauben, dass er der Mensch Gottes ist, gekommen, um alle zu erlösen."

„Schade, dass Jesus schon tot ist, sonst wäre er vielleicht auch zu mir gekommen", – sagte leise der Minister. – „Er ist ja zu dir gekommen!" – „Wie meinst du das, Philippus?" – „Ich hatte heute Morgen das Gefühl, dass ich hier auf der einsamen Landstraße nach Süden wandern sollte. Da würde irgendein Mensch mich brauchen."

Der afrikanische Minister sagte lange nichts. Er war tief berührt von alledem. „Jetzt bin ich dem ganz nahe, was ich so lange gesucht habe. Das ist es", dachte er. Sie sprachen noch lange über Jesus und wie man in seinem Sinne leben kann. Dann fragte der Minister, ob und wie er in die Gemeinde der Freunde Jesu aufgenommen werden könnte. Philippus erklärte ihm die

Taufe als ein Zeichen dafür, dass ein Mensch dies neue Leben anfangen und das alte hinter sich lassen wolle.
Nach kurzer Zeit kamen sie an einem kleinen See vorbei. Da ließ der Minister anhalten. „Willst du und kannst du mich hier taufen, Philippus?" – „Ja, ich weiß, dass es dir ernst damit ist. Komm!"
So stiegen sie beide aus und gingen zum See (Bild). – Philippus tauchte den Minister unter, half ihm wieder auf und sagte zu ihm: „Du gehörst nun auch zu den Freunden Jesu." Dann umarmten sie sich wie gute Freunde.
Als der Minister seine abgelegten Sachen wieder übergezogen und sich etwas abgetrocknet hatte, sah er sich nach Philippus um, aber der war nicht mehr zu sehen: „Sicher wird er schon wieder von anderen Menschen gebraucht", dachte er und stieg wieder in seinen Wagen. Er fühlte sich wie ein neuer Mensch. Jetzt wusste er, wozu er gehörte. Sein Leben hatte endlich einen guten Sinn. Amen.

(Die Bilder zu der Predigt sind im Konfirmandenunterricht entstanden. Sie wurden von Konfirmandinnen und Konfirmanden auf Folien gemalt und im Gottesdienst auf dem OHP gezeigt.)

❶ INTENTIONEN

Der größte Teil der Konfirmandinnen und Konfirmanden wird das Abendmahl vor dem Konfirmandenunterricht noch gar nicht erlebt haben. In der Konfirmandenzeit erleben sie es zunächst als bloße Zuschauer beim sonntäglichen Gottesdienst. Dies verstärkt aber das Gefühl der Fremdheit: Hier geschieht etwas Geheimnisvolles, das mit Jesus sowie mit Brot und Wein zu tun hat und eine ernste Angelegenheit zu sein scheint.
Genauere Vorstellungen vom Abendmahl haben aber Konfirmandinnen und Konfirmanden in der Regel nicht. Ihre Kenntnisse von Herkunft, Bedeutung und Praxis des Abendmahls sind gering. Diese Ausgangssituation kann allerdings in Gemeinden, in denen Kinder zum Abendmahl eingeladen werden, anders sein. Konkretere Vorstellungen über das Abendmahl können auch dort vorliegen, wo die Eltern der Jugendlichen in konfessionsverschiedenen Ehen leben und schmerzliche Erfahrungen mit der Trennung beim Abendmahl gemacht haben.
Kirchenrechtlich setzt die Teilnahme am Abendmahl in der Regel die Taufe voraus. Auch deshalb empfiehlt es sich, die bisher nicht getauften Konfirmandinnen und Konfirmanden schon einige Zeit vor der Konfirmation zu taufen, damit sie ohne Probleme während ihrer Konfirmandenzeit an unterrichtlichen und gottesdienstlichen Mahlfeiern teilnehmen können.
Erfahrungsgemäß sind Konfirmandinnen und Konfirmanden aber dennoch für das Abendmahlgeschehen aufgeschlossen – nicht zuletzt deswegen, weil hier der Glaube ausnahmsweise einmal mit einem sinnlichen Erleben, Essen und Trinken, und zugleich mit einem Geheimnis verbunden ist. Durch langes Zuschauen neugierig geworden, wollen sie nun auch wissen, was beim Abendmahl geschieht, wie Wein und Oblaten schmecken, ob das Essen und Trinken eine besondere Wirkung hat und was das Geheimnisvolle des Abendmahls ausmacht.
Sie sollten darum zunächst möglichst genau, sachlich und anschaulich über das Abendmahl, seine Praxis und Herkunft informiert werden. Die Bedeutung des Abendmahls kann sich jedoch ansatzweise erst im Vollzug erschließen. Deshalb ist es sinnvoll, mit der Unterweisung auch Mahlzeiten im Unterricht und Mahlfeiern bei Freizeiten und gottesdienstlichen Anlässen zu verbinden. Erleben die Jugendlichen dabei Gemeinschaft und Miteinander-Teilen, Angenommen-Sein und Sich-zugehörig-Fühlen, dann kann sich von diesen Erfahrungen her auch ein verstehender Zugang zur Symbolik des Abendmahles anbahnen. Damit wäre für eine Beschäftigung mit dem Thema „Abendmahl" im Konfirmandenunterricht schon viel erreicht. Die Bedeutungsvielfalt des Abendmahls kann sich ohnehin erst dann erschließen, wenn Lebenserfahrungen vorliegen, die Konfirmandinnen und Konfirmanden in der Regel noch nicht gemacht haben.

❷ ERLÄUTERUNGEN ZUM »KURSBUCH KONFIRMATION«, S. 47-52:

S. 47 *Titelbild*: Die von den Konfirmandinnen und Konfirmanden nachgestellte Abendmahls-Szene (Leonardo) kann auch mit einer Sofortbildkamera fotografiert werden.
Die Konfirmandinnen und Konfirmanden können auch (wie auf dem Leonardo-Bild) Dreiergruppen bilden, die in Sprechblasen festhalten, was die Jünger erregt diskutieren. Nach traditioneller Anschauung sind auf dem Bild von links dargestellt: Bartholomäus, Jakobus (Sohn des Alphäus), Andreas, Judas Ischarioth, Petrus, Johannes, Thomas, Jakobus, Philippus, Matthäus, Thaddäus und Simon Kanaanäus.

S. 48 Bericht: Zu Beginn des Gottesdienstes sollte die Gemeinde über die mitschreibenden jugendlichen „Abendmahlsinspektoren" informiert werden.
Aus den Eintragungen in den Spalten „Nicht gefallen ..." und „Nicht verstanden ..." lassen sich Fragen an die Pfarrerin oder den Pfarrer zur Abendmahlsgestaltung entwickeln.
Das Interview zum Abendmahl kann auch durch ein Assoziationsposter vorbereitet werden, auf dem die Konfirmandinnen und Konfirmanden in Gruppen ihre Fragen, Eindrücke und Bemerkungen zum Abendmahl notieren.

S. 49 Die *Abendmahlserzählung* kann mit verteilten Rollen gelesen werden. Die Einsetzungsworte können in der konzentrierten Fassung „Das Brot – das ist mein Leib, für euch gegeben" und „Der Wein – der neue Bund in meinem Blut, das für euch vergossen wird zur Vergebung der Sünden" mit Wachsmalkreiden graphisch gestaltet werden (Format: mindestens DIN A 3).
Die Abendmahlsszene aus dem Zeffirelli-Film kann zusätzlich auch mit klassischen Abendmahlsdarstellungen (z. B. Leonardo, **S. 47** und **M 2**) verglichen werden.
Jesus feierte das Mahl mit seinen Jüngern anlässlich des Passafestes. Zum Passafest und zum Passamahl vgl. **M 1**.

S. 50 Bild: 1) Die Konfirmandinnen und Konfirmanden beschreiben, was sie alles auf dem Bild sehen. 2) Sie vergleichen die Gegenstände auf dem Bild mit den Gegenständen, die sie beim Besuch des evangelischen Abendmahlsgottesdienstes (**S. 48**) auf dem Altar gesehen haben. 3) Zusammen mit der Küsterin oder dem Küster (oder auch Pfarrerin und Pfarrer) schmücken sie den Altar für ein Abendmahl. Dabei erkundigen sie sich, woher Brot bzw. Oblaten und Wein bzw. Traubensaft kommen, was es für Kerzen sind, welche Reinigungstücher benutzt werden usw.

S. 51 *Wie soll man das Abendmahl feiern?*
Die drei genannten Formen sollten zunächst von den Unterrichtenden kurz in ihrem Für und Wider erläutert werden (optimal wären zwei Unterrichtende jeweils mit pro und contra), bevor die Konfirmandinnen und Konfirmanden ihre Stellungnahme festhalten.
Wenn die Pro- und Contra-Stimmen einigermaßen gleich verteilt sind, könnte sich eine Pro- und Contra-Diskussion anschließen (Die Regeln auf S. 196).

❸ WEITERE IDEEN

- Die Konfirmandinnen und Konfirmanden schreiben in Gruppen „Assoziationsposter" zum Abendmahl, auf denen sie ihre Fragen, Vermutungen, Eindrücke und Kommentare zum Abendmahl notieren.
- Mit eigenen Worten zu einigen ausgesuchten Dias vom letzten Mahl Jesu erzählen. Eine gute Nacherzählung bietet auch W. Laubi, Geschichten zur Bibel 5, Düsseldorf 1993, 94 ff.
- Vergleich einiger Abendmahlsdarstellungen aus der Kunstgeschichte und aus neueren Kinder- und Bilderbibeln.
- Die Einsetzungsworte zum Abendmahl als Textpuzzle zusammenstellen.
- Der oder die Unterrichtende zeigt und erklärt den Konfirmandinnen und Konfirmanden die Abendmahlsgeräte der Gemeinde (auch den eigenen Krankenabendmahlskoffer).
- Im Altarraum der Kirche wird die Abendmahlsliturgie der Gemeinde vorgestellt, erklärt und eingeübt.
- Test von Abendmahlsliedern: Zum Thema „Abendmahl" gibt es eine Vielzahl neuerer Kirchenlieder. Einige von ihnen werden ausgewählt und zusammen mit zwei älteren Liedern (etwa: „Das sollt ihr, Jesu Jünger, nie vergessen" und „Kommt her, ihr seid geladen") getestet. Kriterien können sein: Singbarkeit der Melodie, Verständlichkeit des Textes, Rhythmus, Aussagekraft für heute usw. Zu diesen Kriterien vergeben die Konfirmandinnen und Konfirmanden jeweils Punkte. Anschließend wird eine Hit-Liste erstellt.
- Das Gleichnis vom großen Gastmahl (Lukas 14, 15-23) als Hörspiel aufnehmen: Aufteilung des Gleichnisses in verschiedene Szenen, Entwurf eines „Drehbuches" mit auftretenden Personen und verschiedenen Geräuschen, Probeaufnahme, Aufnahme.
- Phantasiereise mit den Konfirmandinnen und Konfirmanden: „Ein Essen, an das ich mich gern erinnere." Vgl. hierzu auch den „Fragebogen zum Essen" **M 3**.

❹ SPIRITUELLE FORMEN

Durch gemeinsame Mahlfeiern in der Konfirmandengruppe kann ein verstehender Zugang zum Abendmahl angebahnt werden. Im Arbeitsbuch wird auf **S. 52** eine solche Mahlfeier vorgestellt.
Weitere Anregungen und Beispiele für eigene Abendmahls- oder Mahlfeiern in der Konfirmandengruppe (auch für Freizeiten) bieten: Mit Konfirmanden: Jesus begegnen. Beten. Materialhefte der Beratungsstelle 46/47, Frankfurt 1986, 181 ff; ku praxis 27, 25 ff; Konfirmation: Agende, 88 ff.

❺ GOTTESDIENST

Die Situation der ersten Abendmahlsteilnahme von Konfirmandinnen und Konfirmanden im Gemeindegottesdienst reflektieren die Beispiele in der Agende „Konfirmation".

❻ ANREGUNGEN FÜR PROJEKTE UND AKTIONEN

- Die Konfirmandinnen und Konfirmanden beteiligen sich am Feierabendmahl der Gemeinde, indem sie Brot backen, eine Tischdecke gestalten, die Lieder aussuchen und fürs Feierabendmahl einkaufen. Zum Feierabendmahl sind sie mit ihren Eltern eingeladen.
- Der Schaukasten der Gemeinde wird von den Konfirmandinnen und Konfirmanden zum Thema ,,Abendmahl" gestaltet. Die Konfirmandinnen und Konfirmanden veranstalten ein Essen, zu dem sie ihre ausländischen Freundinnen und Freunde einladen. Sind noch Plätze frei, werden „die von den Hecken und Zäunen" dazugeholt (Passanten aus der Umgebung).
- „Abendmahl – was ist das eigentlich?": Die Konfirmandinnen und Konfirmanden backen Brot, pressen Saft oder kaufen Wein, putzen die Abendmahlsgeräte, schmücken den Altar und richten ihn für das Abendmahl. Alle Stationen werden fotografiert oder auf Video aufgenommen – auch der Abendmahlsteil des Gottesdienstes selbst.

❼ HINWEISE

- Löwensteiner Materialdienst, Thema Abendmahl, Evang. Tagungsstätte Löwenstein-Altenau, 1989
- E. Conrad u.a. (Hg.), Erzählbuch zum Glauben 4. Wort und Sakrament, Düsseldorf 1989
- ku praxis 27: Zum Abendmahl geladen, Gütersloh 1990
- Tonbilder: Chr. Keller, Abendmahl (Evang. Medienzentralen) Brot und Wein (Evang. Medienzentralen)
- Video: W. R. Schmidt, Pessach, Calwer 1994
- KONFER normal 3 (3/96), Abendmahl
- KONFER normal 35 (2/99), Abendmahl

❽ WICHTIGE ERGEBNISSE

- Die Konfirmandinnen und Konfirmanden haben einen Abendmahlsgottesdienst in der Gemeinde besucht und erkundet. Sie wissen, dass das Abendmahl auf das letzte Mahl Jesu mit seinen Jüngern vor seinem Tod zurückgeht, und haben begriffen, dass es beim Abendmahl um eine bleibende Verbundenheit der Christen mit Jesus geht.
- Sie haben in der Konfirmandengruppe an gemeinsamen Mahlfeiern teilgenommen und dadurch eine deutlichere Beziehung zum Abendmahl gewonnen.
- Sie wissen, dass es Unterschiede zwischen evangelischem und katholischem Abendmahlsverständnis gibt und können dazu etwas sagen.

❾ MATERIAL AUF DER CD-ROM

Abendmahl
1| Meinungen zum Abendmahl
2| Abendmahl in Korinth – Rollenspiel
3| Damals war es Friedrich: Freitagabend

❿ INTERNET-ADRESSEN

www.das-letzte-abendmahl.de
www.kinderkirche.de/abendmahl.htm

M 1: DAS PASSAHMAHL

ERINNERT IHR EUCH?

Die Israeliten lebten als Sklaven in Ägypten. Sie sehnten sich nach der Freiheit und träumten von Flucht. „Lass mein Volk ziehen!“, hatte ihr Anführer vom Pharao gefordert. Doch vergeblich, der Pharao brauchte die Israeliten als Arbeiter. Heuschreckenplagen, Viehseuchen, Hagelunwetter – alle Plagen, die Gott den Ägyptern geschickt hatte, hatten den Pharao nicht erweichen können.
Da rief Mose die führenden Leute seines Volkes zusammen und sagte: „Macht euch zum Aufbruch fertig. Haltet in euren Häusern ein Abschiedsmahl. Morgen ziehn wir los, Gott hat's mir gesagt.“
Am Abend wurde in allen Häusern der Israeliten ein Lamm geschlachtet. Mit dem Blut des Lammes wurde der Türpfosten bestrichen. Dann wurde das Lamm gebraten und gegessen. Dazu gab es ungesäuertes Brot und bittere Kräuter – Erinnerungen an die bittere Zeit in Ägypten.
Reisefertig und in Wanderschuhen durchwachten die Israeliten die Nacht. Am Morgen hörten sie, dass in der Nacht die ältesten Kinder in den ägyptischen Familien gestorben waren, auch der älteste Sohn des Pharao. Die Häuser der Israeliten blieben verschont. Da endlich gab der Pharao nach. Die Israeliten konnten das Land verlassen.
An diese Nacht erinnern sich die Israeliten jedoch bis heute.

EIN REZEPT:
ISRAELISCHES FLADENBROT (PITAH)

Du brachst 5 Tassen Weizenvollkornmehl, 1–2 Teelöffel Salz und knapp 2 Tassen Wasser. Daraus knetest du einen Teig. Er muss fest sein und du musst ihn ausrollen können. Nach Gefühl gibst du eventuell etwas Wasser hinzu. Lass den Teig eine halbe Stunde liegen. Dann forme daraus 10 Kugeln und rolle sie aus.
Du kannst die Pitah dann in einer heißen Pfanne backen – am besten ohne Fett.
Backzeit: 10 Minuten. Die gebackene Pitah kannst du mit Oliven, Salat, Schafskäse oder anderem füllen.

(Das Rezept reicht für 10 Stück.)

Zur Erinnerung an den Auszug aus Ägypten feiern die Juden jährlich das Passahfest. Es dauert eine Woche und beginnt mit dem Sederabend zu Hause. Familie und Gäste sind zu einem festlichen Abendessen zusammengekommen. Kinder spielen dabei eine wichtige Rolle. Das jüngste Kind fragt nach der Bedeutung dieses Festes: „Warum unterscheidet sich diese Nacht von allen anderen Nächten?“ Der Vater antwortet darauf mit der alten Erzählung von der Errettung aus Ägypten.

WORTSALAT

W	S	K	L	A	V	E	N	G	U	X	E
E	E	J	A	E	G	Y	P	T	E	N	S
J	D	N	M	A	Z	Z	E	N	M	U	S
N	E	D	M	P	H	A	R	A	O	D	E
F	R	E	I	H	E	I	T	U	S	E	N
P	L	A	G	E	I	S	R	A	E	L	B

» Hier sind 12 Wörter versteckt, die mit dem jüdischen Passahmal zu tun haben. Suche die Worte und markiere sie!

Auf dem Tisch stehen Speisen, die alle eine Bedeutung haben:
Bittere Kräuter erinnern an die bittere Sklavenzeit in Ägypten. Charosset, ein brauner Früchtebrei, ist das Zeichen für den Mörtel, mit dem die Israeliten damals die ägyptischen Städte aufbauen mussten. Salzwasser symbolisiert die Tränen, die damals vergossen wurden. Eine gebratene Lammkeule erinnert an die letzte Mahlzeit in Ägypten und Mazzenbrot an die Eile, mit der man damals aufbrechen musste. Von diesem Brot nimmt der Vater bei der Feier ein Stück, hält es hoch und sagt: „Dies ist das Brot des Elends, das unsere Väter gegessen haben. Wer hungrig ist, der komme und esse mit uns. Wer in Not ist, komme und feiere mit uns das Passah.“

M 2: ABENDMAHLSDARSTELLUNGEN

Vergleiche die beiden Bilder miteinander! Welche Unterschiede fallen dir auf? (Jesus, Jünger, Raum, Kleidung, Gegenstände, Stimmung usw.) Kannst du die beiden Bilder jeweils mit einem Wort charakterisieren? Welche Absichten verfolgten die Künstler mit ihren Bildern?

M 3: FRAGEBOGEN ZUM ESSEN

1. Isst du am liebsten ...
   ○ allein vor dem Fernseher,
   ○ gemeinsam mit deiner Familie,
   ○ in der Schule,
   ○ mit Freundinnen oder Freunden an der Imbissbude?
   ○ ____________________

2. Was ist dir am Essen wichtig?
   ○ Dass es schmeckt
   ○ Gesundes Essen
   ○ Dass es billig ist
   ○ Dass ich satt werde
   ○ ____________________

3. Was gehört für dich zu einem schönen Essen?
   ○ Ein schön gedeckter Tisch
   ○ Mein Lieblingsgericht
   ○ Viel Zeit
   ○ Das Zusammensein mit Freunden und Bekannten
   ○ ____________________

4. Und was übrig bleibt?
   ○ Wandert in den Mülleimer
   ○ Möglichst vermeiden, solange so viele andere hungern
   ○ Wird für den nächsten Tag aufgehoben
   ○ Interessiert mich nicht
   ○ ____________________

5. Gehört ein Tischgebet (oder Dankgebet) für dich zum Essen dazu?
   ____

6. Wann hast du zum letzten Mal jemanden zum Essen eingeladen?
   Wer war es? Wo war es?
   ____
   ____

7. An welches Essen erinnerst du dich besonders gern?
   ____
   ____

8. Was war dabei so schön?
   ____
   ____
   ____
   ____

❶ INTENTIONEN

Zu Beginn ihrer Konfirmandenzeit haben die Jugendlichen ihre Ortsgemeinde besser kennen gelernt. Die Beschäftigung mit der vorfindlichen Gestalt der Ortsgemeinde führt zurück zur Frage nach dem Ursprung der Kirche. Die Konfirmandinnen und Konfirmanden sollen über die Anfänge der Kirche informiert sein. Die Beschäftigung mit dem Ursprung der Kirche soll sie auch befähigen, sich mit dem Leben der Kirche kritisch auseinanderzusetzen und eigene Vorstellungen über die Aufgaben der Kirche in der Gegenwart zu gewinnen.
Dabei sollte auch die gegenwärtige Kritik an der Kirche nicht ausgespart werden. Das Bild der Jugendlichen von der Kirche ist in der Regel nicht frei von den Klischees, die oft von ihrer Umgebung tradiert und häufig über die Medien verbreitet werden: die angeblich reiche Kirche, bei der niemand weiß, wie und wo das Geld eingesetzt wird; die bürokratische Institution, in der Glaubensregeln und Vorschriften wichtiger sind als die Menschen; die immer leerer werdenden Kirchen, in die sich sonntags nur noch wenige alte Leute verirren. Der Konfirmandenunterricht kann dazu beitragen, solche Klischees aufzubrechen, wenn er es den Jugendlichen ermöglicht, selbst kirchliche Praxis kennen zu lernen und dabei eine eigene Meinung zur Kirche zu gewinnen. Dazu gehört auch, dass sie praktische und theoretische Argumente kennenlernen, die für die Kirche sprechen. Eine besondere Rolle wird dabei spielen, dass nach evangelischem Verständnis die Kirche eine „demokratische" Struktur hat und Sache aller Christen ist, auch der Konfirmandinnen und Konfirmanden.
Die Ortsgemeinde ist nur ein Teil der weltweiten Kirche Jesu Christi. Dies darf bei der Behandlung des Themas „Kirche" nicht außer Acht gelassen werden. Die Konfirmandinnen und Konfirmanden sollen daher auch Beispiele kirchlichen Lebens und Glaubens in der Ökumene kennen lernen, um ein Bewusstsein für die Zusammengehörigkeit mit Christen anderer Länder zu bekommen und die eigenen Vorstellungen von der Kirche nicht zu verabsolutieren.

❷ ERLÄUTERUNGEN ZUM »KURSBUCH KONFIRMATION«, S. 53-60:

S. 53 *Titelbild*: Der Amerikaner Lyonel Feininger war Professor am „Bauhaus" in Dessau. Er entdeckte die Kirchen in der Umgebung der Stadt und war fasziniert von ihnen. Die „Marktkirche in Halle" hat er mehrfach gemalt. Ausgangspunkt für das Bild war eine Fotographie, auf der ein schräger Schatten über die Kirchenfassade fällt. Alles Figürliche ist auf dem Bild stark zurückgenommen, Feininger erreicht seine Wirkung durch die Anordnung von kubistischen Formen, Linien, Strahlen und durch die durchsichtig erscheinenden Farben. „Wo ich früher Bewegung und Unruhe anstrebte, habe ich jetzt die vollkommene eherne Ruhe der Gegenstände, ja der umschließenden Luft empfunden und auszudrücken versucht." (L. Feininger)

S. 54 *Mitarbeiterinnen und Mitarbeiter*: Im Gespräch mit den Unterrichtenden versuchen die Konfirmandinnen und Konfirmanden zu klären, welche Mitarbeiterinnen und Mitarbeiter es in der Gemeinde gibt, welche Aufgaben sie wahrnehmen und ob sie dies hauptberuflich oder ehrenamtlich tun. Wenn möglich sollte dies auch mit kleinen Erkundungen vor Ort (Gemeindebüro, Kindergarten usw.) verbunden werden.
Als Ergebnis halten die Konfirmandinnen und Konfirmanden auf einem Plakat oder auf einer Wandzeitung fest, welche Mitarbeiterinnen und Mitarbeiter mit welchen Aufgaben in der Gemeinde tätig sind.
Eine Übersicht über den Aufbau der evangelischen Kirche enthält **M 1**.

S. 55 Die Befragungsergebnisse stammen aus der letzten repräsentativen EKD-Mitgliedschaftsbefragung.
Interessant wäre ein Vergleich der Ergebnisse der Konfirmandengruppe mit denen einer anderen Gemeindegruppe.
Aus der Aufstellung *„Wozu die Kirche da ist"* können die Konfirmandinnen und Konfirmanden eine kleine Plakatserie gestalten. Dazu können sie auch Fotos, Zeitungsschlagzeilen oder Material aus kirchlichen Wochenzeitungen verwenden.
Über das Geld mitbestimmen: Die Presbyteriums- bzw. Kirchenvorstandssitzung eignet sich gut für ein Rollenspiel. Die Unterrichtenden sollten selbst den Vorsitz in der Sitzung übernehmen und darauf achten, dass die Teilnehmer nicht nur ihre Zahlen nennen, sondern auch inhaltlich über den Sinn des jeweiligen Auftrags diskutieren. Das Spiel eignet sich auch für einen Konfirmandenelternabend.

S. 56 Zu dem Text *„Kirche wird Restaurant"* bereiten die Konfirmandinnen und Konfirmanden ein Rollenplanspiel vor.
Für den Fall, dass die Kirche tatsächlich geschlossen wird, können die Konfirmandinnen und Konfirmanden darü-

ber diskutieren, welche anderen Nutzungsmöglichkeiten einer Kirche erlaubt sein sollten und welche nicht in Frage kommen sollten:

erlaubt		nicht erlaubt
○	Fitnesszentrum	○
○	Restaurant	○
○	Kirche einer anderen christlichen Konfession	○
○	Bank/Sparkasse	○
○	Museum	○
○	Moschee	○
○	Disco	○
○	Konzertsaal	○
○	Markthalle	○
○	Filmstudio	○

„Wenn es die Kirche nicht gäbe ...“: Die Ergebnisse können im Gemeindebrief veröffentlicht werden – mit der Bitte an die Gemeindeglieder, eigene Leserbriefe zu diesem Thema zu schicken.
Dasselbe Thema nimmt von einer anderen Seite die Erzählung „Die Kirche im Sarg“ (**M 2**) auf.

S. 57 Die Konfirmandinnen und Konfirmanden erkunden die evangelischen und katholischen Kirchen im Ort – ihre Namen, ihre Lage, evtl. ihre Gottesdienstzeiten (s. Samstag-Ausgabe der Tageszeitung) und tragen diese in einen Stadtplan ein. Tragen die Kirchen für Konfirmanden unbekannte Namen, so können diese in einem Lexikon nachgeschlagen werden.
Was hältst du von diesen Meinungen? Die Aussagen sind bewusst so formuliert, dass sie Alltagsmeinungen und Geschmacksurteile aufgreifen und nicht so einfach zu entscheiden sind. Das erleichtert die Diskussion unter den Jugendlichen. Sie können diese Aussagen aber auch dem katholischen Pfarrer vorlegen und ihn um eine Stellungnahme bitten. Unterscheidet sich diese Stellungnahme von der der evangelischen Unterrichtenden in der Konfirmandenarbeit?
Ökumenische Trauung: Vielleicht ist es möglich, Konfirmandinnen und Konfirmanden, deren Eltern ökumenisch getraut worden sind, zu bitten, ihre Eltern zu dieser ökumenischen Trauung zu interviewen. Sie berichten dann in der Konfirmandengruppe.
Ebenfalls kann die evangelische Pfarrerin oder der Pfarrer anhand der letzten ökumenischen Trauung erzählen, wie eine solche Trauung abläuft.
Fragen an ...: In Einzelarbeit suchen die Konfirmandinnen und Konfirmanden in dem „Kleinen Lexikon zu Religion und Kirche“ (**S. 153 ff**) je drei Begriffe, die eindeutig zur Evangelischen und eindeutig zur Katholischen Kirche gehören sowie drei konfessionsverbindende Begriffe.

S. 58/59 Auf beiden Seiten werden die wichtigsten Etappen der Kirchengeschichte auf einen Blick dargestellt. Mit einer Europa-Karte (Bezug: Bundeszentrale für politische Bildung) können die einzelnen Stationen noch einmal veranschaulicht werden. Sinnvoll ist es auch, zusätzlich noch einige Dias oder Folien (Medienstellen in den Kirchenkreisen oder Dekanaten) zu den jeweiligen Epochen zu zeigen und zu erläutern. Die Bilderleiste auf der linken Seite zeigt von unten: Christus Pantokrator, das Modell einer romanischen Kirche, das Titelblatt von Luthers Bibelübersetzung von 1545, eine Fabrik in der Zeit beginnender Industrialisierung, Adolf Hitler und „Reichsbischof“ Müller sowie Religionsführer und ökumenische Repräsentanten beim Friedensgebet in Assisi. Die Konfirmandinnen und Konfirmanden können versuchen, die Bilder den Epochen zuzuordnen.
Die Weltkarte kann noch um die anderen Religionen ergänzt werden. Eine Folie mit der weltweiten Verbreitung der Religionen in: H.-M. Lübking, Fotos und Folien in der Konfirmanden- und Gemeindearbeit.
Die „Anfänge der Kirchen“ werden in der Regel im Religionsunterricht behandelt. Ist dieses bei den Konfirmandinnen und Konfirmanden nicht erfolgt oder haben sie hierzu so gut wie keine Kenntnisse, dann kann es wichtig sein, im Unterricht hier noch einmal einen Akzent zu setzen. Hierzu sind hilfreich: D. Steinwede, Sachbilderbücher zu „Petrus“ und zu „Paulus“; Chr. Gauer, Anfang der Kirche, AV-Religion und R. Kaldewey/A. Wener, Das Christentum, Düsseldorf 2004.
Ein Gottesdienst mit Konfirmanden zum Thema „Pfingsten-Kirche“ unter **M 6**.

❸ WEITERE IDEEN

- Die Konfirmandinnen und Konfirmanden erarbeiten den Text Matthäus 28, 18-20, indem sie ihn auf einem DIN A 2- oder DIN A 1-Plakat grafisch gestalten.
- In einem konstruierten Konfliktfall entscheiden die Konfirmandinnen und Konfirmanden darüber, ob auch Nicht-Kirchenmitglieder kirchlich bestattet werden sollen. Anschauungsmaterial kann aus der eigenen praktischen Erfahrung stammen.
- Über den Alltag der Kirche in Afrika informiert „Ein Tag im Leben der Pastorin Anna Makyao aus Tansania“ **M 3**. Viele Kirchengemeinden haben über ihre Kirchenkreise bzw. Dekanate Partnerschaftsbeziehungen zu Kirchen in Afrika oder Asien. Vielleicht können die Unterrichtenden mit Hilfe von Fotos, Flyern oder Briefen über die Situation dieser Kirchen informieren.
- Ein „Stammbaum der Kirchen“ (**M 4**) kann den Konfirmandinnen und Konfirmanden die Vielfalt christlicher Kirchen verdeutlichen. Sie können den Stammbaum ausmalen und als Hausaufgabe versuchen herauszufinden, was es mit einzelnen Kirchen auf sich

hat und wo z.B. die Waldenser, die Mennoniten oder die Anglikaner verbreitet sind. Ihre Ergebnisse können sie an den entsprechenden Stellen im Stammbaum notieren.

- Wie verhalten sich Konfirmandinnen und Konfirmanden, wenn Mitglieder der Zeugen Jehovas an der Tür klingeln oder wenn sie in der Stadt von missionierenden jungen Mormonen angesprochen werden?
  Das Thema „Sekten“ gehört nicht zu den klassischen Themen der Konfirmandenarbeit, die Konfirmandinnen und Konfirmanden haben hierzu aber meist viele Fragen – auch weil sie fast immer Gleichaltrige kennen, die einer für sie unbekannten kirchlichen Organisation angehören.
  Einen ersten Einstieg in die Thematik bietet **M 5**: Sekten. Dabei wäre es wichtig, die zehn Versprechen oder Forderungen von Sekten mit möglichen kirchlichen Ansprüchen zu vergleichen.
  Zur Vertiefung: R. Fromm/K.-H. Eimuth, Sekten – unauffällig, aber allgegenwärtig (Filme), Calwer 1999.

❹ SPIRITUELLE FORMEN

- Die Konfirmandinnen und Konfirmanden versammeln sich im Altarraum der Kirche. Sie sitzen im Kreis, in der Mitte brennt eine Kerze. Auf dem Altar stehen drei Kerzen.
- Wir wollen ein Licht anzünden im Namen des Vaters. Er hat alles geschaffen. (Konfirmand(in) entzündet das erste Altarlicht).
- Wir wollen ein Licht anzünden im Namen des Sohnes. Er ist für jeden Menschen da. (Zweites Altarlicht wird entzündet).
- Wir wollen ein Licht anzünden im Namen des Heiligen Geistes.
- Lied: Hört, wen Jesus glücklich preist, 1-4 (S. 60)
- „Die Tür war offen...“ (Die Konfirmandinnen und Konfirmanden lesen den Text (S. 60) still für sich. Sie können an der in der Mitte brennenden Kerze ein Teelicht entzünden und auf den Altar stellen.)
- „Glücklich die Kirche...“ (S. 60) – im Wechsel gesprochen.
- Vater unser
- Lied: Hört, wen Jesus glücklich preist, 5-8 (S. 60)
- Segen

❺ GOTTESDIENST

Elemente und Ergebnisse der Konfirmandenarbeit zum Thema „Kirche“ fließen in einen gemeinsam mit den Konfirmandinnen und Konfirmanden gestalteten Gottesdienst „Pfingsten – Kirche“ (**M 6**) ein.

❻ ANREGUNGEN FÜR PROJEKTE UND AKTIONEN

- Aus Fotomappen oder einer Fotosammlung der Unterrichtenden stellen die Konfirmandinnen und Konfirmanden eine Ausstellung zum Motto „Dazu darf die Kirche nicht schweigen!“ zusammen. Variante: Es kann auch eine Collage zum Motto erstellt werden. In diesem Fall ist das Material aus Zeitschriften und Zeitungen jedoch vorher zu sichten und gut vorzubereiten.
- Unter der Fragestellung „Was ist in der Kirche wichtig?“ planen und zeichnen die Konfirmandinnen und Konfirmanden ein Gemeindezentrum.

❼ HINWEISE

- D. Steinwede (Hg.), Erzählbuch zur Kirchengeschichte 1, Lahr 1982
- S. Beck u.a. (Hg.), Vorlesebuch Ökumene, Lahr 1991
- ku praxis 26, Von der Ökumene lernen, Gütersloh 1989
- Video: Begegnung mit der Bibel 10: Saul und Hananias (Evang. Medienzentralen)
  Begegnung mit der Bibel 16: Petrus und Paulus (Evang. Medienzentralen)
  Happy Birthday, liebe Kirche (Evang. Medienzentralen)
- Chr. Gauer, Anfang der Kirche, AV-Religion 1998

❽ WICHTIGE ERGEBNISSE

- Die Konfirmandinnen und Konfirmanden können in Grundzügen erläutern, wann und wie die christliche Kirche entstanden ist. Sie kennen einige wichtige Epochen in der Geschichte der Kirche (Christenverfolgung, Mittelalter, Reformation, Kirche im Dritten Reich usw.) und können darüber kurz Auskunft geben.
- Sie kennen die wichtigsten Aufgaben der Kirche und haben sich schon eigene Vorstellungen über Verbesserungen in der Kirche gemacht.
- Sie wissen, dass die evangelische Kirche „demokratisch“ aufgebaut ist und dass alle getauften Mitglieder in der evangelischen Kirche mitentscheiden können.
- Sie können ihr eigenes Verhältnis zur Kirche bestimmen und es begründen.
- Sie können in Grundzügen über die Gemeinsamkeiten und die Unterschiede zwischen der evangelischen und der katholische Kirche Auskunft geben.

❾ MATERIAL AUF DER CD-ROM

siehe: Unsere Gemeinde

❿ INTERNET-ADRESSEN

www.ekd.de
www.wcc-coe.org
www.pfingsten-info.de
www.crossbot.de

M 1: AUFBAU DER EVANGELISCHEN KIRCHE IN DEUTSCHLAND

Ökumenischer Rat der Kirchen (Sitz in Genf)
Bund von 300 Kirchen aus über 90 Ländern (u.a. EKD)

Synode* der Evangelischen Kirche in Deutschland (EKD) — **wählt** → **Rat der EKD (+ Ratsvorsitzenden)**

entsendet Mitglieder

Landeskirche
(etwa Westfalen, Rheinland, Hannover, Braunschweig ...)

Landessynode *
(1/3 Theologen
2/3 Nicht-Theologen)

wählt

Präses (oder Bischof/Bischöfin) und die: **Kirchenleitung** (Theologen und Nicht-Theologen)

entsendet Mitglieder

Kirchenkreis
(Dekanat/Sprengel)

Kreissynode *

wählt

Superintendent
(Dekan)
= leitender Pfarrer im Kirchenkreis

entsendet Mitglieder

Kirchengemeinde

Presbyterium
oder: Kirchenvorstand
(leitet die Gemeinde)

wählt

Pfarrer oder Pfarrerin

wählen

Gemeindemitglieder

* Synode = Versammlung

M 2: DIE KIRCHE IM SARG

Kalte Gleichgültigkeit und Interesselosigkeit, das war die Atmosphäre hier in Yonderton, als der Pfarrer Herbert Wright sein Amt antrat. Am ersten Sonntag predigte er in einer völlig leeren Kirche. Am zweiten Sonntag war es genauso. Und wenn der junge Pfarrer an den Werktagen seine Gemeindemitglieder besuchte, um die kalte Gleichgültigkeit zu überwinden, erging es ihm nicht besser. „Die Kirche ist tot“, so sagte man ihm, „tot, ohne irgendwelche Hoffnung auf Wiederbelebung.“
Aber – am Donnerstag nach jenem zweiten trostlosen Sonntag geschah's, dass eine Todesanzeige in der Zeitung des Nachbarortes erschien. Sie lautete: „Mit dem Ausdruck tiefsten Bedauerns und mit Zustimmung seiner Gemeinde meldet Herbert Wright, Pfarrer zu Yonderton, den Tod der Kirche St. Francis zu Yonderton. Trauer- und Gedächtnisfeier findet am Sonntagmorgen um 11 Uhr statt. Die Bewohner von Yonderton sind hiermit herzlichst eingeladen, an diesem letzten Akt ihrer Dorfkirche teilzunehmen.“
Um halb 11 war die bis dahin verachtete und stark verschmutzte Kirche gedrängt voll.
Als ich die Kirche betrat, sah ich sogleich einen Sarg auf einer Bahre vor dem Altar stehen. Es war ein schlichter Eichensarg, nur mit einem vergoldeten Kruzifix geschmückt. Pünktlich um 11 Uhr bestieg der Pfarrer die Kanzel; nachdem er einige Augenblicke mit gesenktem Haupt in stillem Gebet verweilt hatte, hob er an zu sprechen. „Sie haben es mir klargemacht, dass Sie ernstlich davon überzeugt sind, unsere Kirche sei tot. Sie haben auch keinerlei Hoffnung auf Wiederbelebung; ich möchte nun diese Ihre Meinung auf die letzte Probe stellen. Bitte, gehen Sie alle einer nach dem anderen an diesem Sarg vorüber und sehen Sie sich den Toten an; dann verlassen Sie die Kirche durch das Ostportal. Danach werde ich die Trauerfeier allein beschließen. Sollten aber einige unter Ihnen ihre Ansicht revidieren, und wären auch noch so wenige unter Ihnen der Meinung, eine Wiederbelebung der Kirche sei doch vielleicht noch möglich, dann bitte ich diese, durch das Nordportal wieder hereinzukommen. Anstatt der Trauerfeier würde ich dann einen Dankgottesdienst halten dürfen.“
Ohne weitere Worte trat der Pfarrer an den Sarg und öffnete ihn mit ehrfurchtsvollen Gebärden.
Einer der letzten in der Prozession war ich, und so hatte ich Zeit genug, darüber nachzudenken: „Was war eigentlich die Kirche, woraus besteht sie? Wer würde wohl in dem Sarg liegen? Würde es vielleicht ein Bild des gekreuzigten Heilands sein? Aber nein, das konnte nicht sein; denn auf den Tod des Herrn war ja die Kirche gegründet. Lebt denn die Kirche überhaupt? Und wenn sie lebt, kann sie sterben?“ Ähnliche Gedanken hatten vielleicht meine Nachbarn, denn ich merkte, dass uns ein Schaudern und Gruseln überkam, je mehr wir uns dem Sarg näherten. Dazu erschreckte uns ein schrilles Knarren und Quietschen, das Nordportal drehte sich in seinen verrosteten Angeln, herein trat eine kaum zu zählende Schar.
Und nun war es soweit, dass ich die tote Kirche sehen sollte. Unwillkürlich schloss ich die Augen, als ich die Augen öffnete, sah ich nicht die ganze Kirche kalt und leblos im Sarg liegen, sondern nur – eins ihrer toten Glieder: Ich sah mich selbst – im Spiegel.

Ernst Lange

M 3: EIN TAG IM LEBEN DER PASTORIN ANNA MAKYAO AUS TANSANIA

Anna Makyao lebt in Moshi, einer kleinen Stadt im Norden Tansanias. Ihr Arbeitssonntag beginnt mit dem ersten Hahnenschrei. Um 8.00 Uhr ist Festgottesdienst. Das heißt: 115 Konfirmationen, einige Taufen, 600 Abendmahlsgäste. Um das alles in zwei Stunden bewältigen zu können, hat Anna sich Verstärkung aus der Nachbarschaft besorgt.
Nach dem Gottesdienst bleiben die Menschen noch lange vor der Kirche stehen, doch Anna muss weiter. Sie hat heute Morgen noch einen zweiten Predigtplatz, die kleine Gemeinde Mgungani. „Meine Gemeinde besteht aus sieben Predigtplätzen", sagt sie. „Es ist Missionsgebiet hier. Die Leute wohnen weit verstreut. Allein kann ich mit der Arbeit gar nicht fertig werden. Ich habe acht Mitarbeiter: fünf Evangelisten, einen Diakon, einen Lehrer und einen Buchhalter. Nur alle zwei Monate kann ich in jeder Gemeinde sein."
Die kleine Gemeinde in Mgungani ist warmherzig und freundlich. Hier gibt es nur fünf Konfirmationen, aber auch acht Taufen und zwei Trauungen. Die Pause nach dem Gottesdienst nutzt Anna für Gespräche mit Frauen, die für die Gäste ein Essen kochen. Während dessen findet vor der Kirchentür eine Versteigerung statt: Ein Kirchenvorsteher hält ein Ei oder einen Beutel Maiskörner hoch und die Gemeinde bietet. So kommt Geld in die Kirchenkasse.

In der brütenden Mittagshitze geht es weiter zu Frau Ankoyasaa Maswai zum Hausabendmahl. Im Hof des kleinen Hauses bereitet Anna sorgfältig den kleinen Altar. Während die 90-jährige Frau und ihr Sohn das Abendmahl erhalten, schauen Kinder und Katzen zu. Danach setzt sich Anna bei einer Tasse Tee mit der alten Frau zu einem Schwätzchen zusammen. „Diese Gespräche sind sehr wichtig. Gerade die Frauen müssen wissen, dass sie nicht allein sind", erklärt Anna. „Seelsorge und Zuspruch sind ein ganz wichtiger Teil meiner Arbeit."
Der Besuch schließt mit einer kurzen Andacht.
Ganz in der Nähe wohnt die Witwe Sheriande Makweka. Ihr gilt Annas letzter Besuch an diesem Tag. Frau Makweka hat als allein stehende Frau von der Kirche eine Kuh geschenkt bekommen. So kommt sie wirtschaftlich einigermaßen über die Runden. Sie muss dann das erste weibliche Kalb wieder einer anderen Frau weiterschenken.
Pastorin Makyao erklärt: „In der Gesellschaft Tansanias haben die Frauen noch nicht viel zu sagen. Darum versuche ich, den Frauen immer wieder einzuprägen: Ihr müsst lernen, unabhängig zu sein. Als Kirche wollen wir die Frauen unterstützen. Oft wird ihnen immer noch von den Männern verboten, selbstständig etwas zu unternehmen."
Der Besuch bei der Witwe Makweka verläuft in sehr gelöster Atmosphäre: zwei selbstbewusste Frauen unter sich. Es wird gescherzt und gelacht, dann entwickelt sich ein Fachgespräch über richtige Rinderhaltung.
Die 15 km zurück nach Moshi muss Anna Makyao nicht allein zurücklegen. Einige Kirchenvorsteher begleiten sie, denn in der beginnenden Dunkelheit ist der Weg nicht ungefährlich.
Ein Sonntag – ein Arbeitstag für Pastorin Anna Makyao.

Heiner Heine

M 4: STAMMBAUM DER KIRCHEN

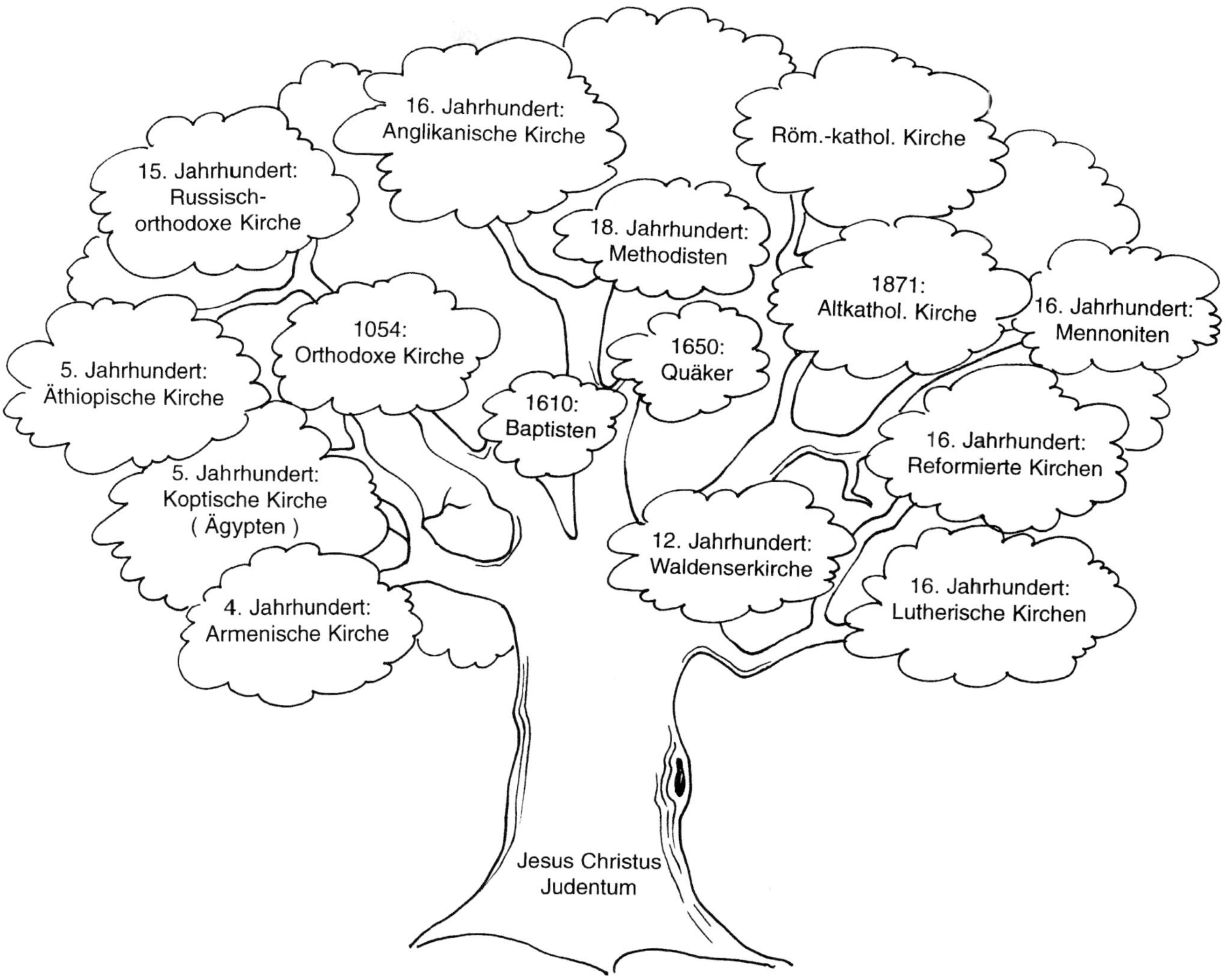

GEMEINSAMKEITEN ALLER KIRCHEN:

- Berufung auf Jesus Christus
- Bibel als Grundlage
- Gegenseitige Anerkennung der Taufe
- Glaubensbekenntnis

ÖKUMENE:

ist ein griechisches Wort und heißt: „die gesamte bewohnte Erde“. Das Symbol ist das Zeichen der Ökumenischen Bewegung, in der die Kirchen versuchen, trotz aller Verschiedenheiten praktisch zusammenzuarbeiten. Jahrhundertelang hatten sich die verschiedenen Konfessionen gegenseitig bekämpft. Heute sieht man die Notwendigkeit, weltweite Probleme gemeinsam anzugehen.

1948 wurde der Ökumenische Rat der Kirchen gegründet. Er hat seinen Sitz in Genf. Ihm gehören über 300 christliche Kirchen verschiedenster Konfession an. Stellten früher Europäer die Mehrheit, so sind es heute Christen aus Afrika, Amerika und Asien. Dort wächst die Kirche, während sie in Europa eher stillsteht.

M 5: SEKTEN

Anja ist 23 Jahre alt und eine auffallende Erscheinung: groß, schlank, blond, gut aussehend. Doch es gibt auch eine andere Seite. Das Abitur hat sie geschmissen, die Lehre in einer Werbeagentur abgebrochen, die Beziehung zu ihrem Freund ist in die Brüche gegangen. Sie ist unsicher und anlehnungsbedürftig. Keiner nimmt sie an die Hand. Über einen Bekannten kommt sie mit den Zeugen Jehovas in Kontakt. Hier findet sie, was ihr fehlte: feste Lebensregeln und eine Gruppe, die sich intensiv um sie kümmert. Sie findet auch einen Partner und ist innerhalb weniger Monate verheiratet. Anders hätten sie nicht gemeinsam in Urlaub fahren dürfen.

Was Sekten versprechen oder fordern

1) Die Sekte oder Gruppe weiß genau, was dir fehlt. Sie bietet dir die Lösung deiner Probleme an.
2) Das Weltbild der Sekte ist verblüffend einfach und erklärt jedes Problem.
3) Die Sekte oder Gruppe ist autoritär organisiert. Sie hat einen Meister oder Guru, der allein im Besitz der ganzen Wahrheit ist.
4) Innerhalb der Sekte ist Kritik nicht erwünscht.
5) Die Sekte ist die Elite, die Mitglieder sind die Auserwählten und die übrige Menschheit ist krank und verloren.
6) Die Sekte grenzt sich von der übrigen Welt ab (Kleidung, Ernährung, Sprache, Regeln).
7) Die Sekte oder Gruppe will, dass du alle „alten“ Beziehungen abbrichst.
8) Bei Problemen bist du selbst schuld – nie die Sekte.
9) Das Privatleben wird den Zielen der Sekte untergeordnet.
10) Du sollst sofort Mitglied werden!

Aussteiger erzählen

Dirk: Bei uns war die ganze Handlungsweise immer nach der Neuapostolischen Kirche ausgerichtet: Darf ich das? Wie sieht das die Kirche? Man hatte bei allem ein schlechtes Gewissen. Dreimal in der Woche mussten wir in die Kirche und wenn man nicht da war oder irgendwo gesehen wurde, dann hieß es gleich: Wo warst du denn?

Sonja: Bei den Hare Krishnas musste ich alles aufgeben: Einstellungen, Kleidung, Freunde, Hobbys. Du brichst mit allem, was an dein früheres Leben erinnert, weil es vom Teufel besessen ist. Wenn ich Fragen hatte, richtete ich sie an den Meister. Aber sie wurden eigentlich nie beantwortet, er hat mich immer sofort mit neuem Wissen zugeschüttet.

Heike: Bei den Zeugen Jehovas war alles total abgeschottet. Ich hatte keine Freunde außerhalb. Bei Klassenfahrten war ich immer der Außenseiter. Man darf ja auch seine Freizeit nicht selbst bestimmen. Nach der Schule mussten wir ein Buch lesen oder für die „Versammlung“ studieren. Wir hatten drei Zusammenkünfte in der Woche.

Sekten-Info:
Die wichtigsten Sekten in Deutschland

Neuapostolische Kirche: In Deutschland ca. 350 000 Mitglieder. Um 1860 entstanden. Weltweites Zentrum: Zürich. Die NK sieht sich als einzige Kirche, die die „richtigen“ Apostel hat, die den wahren Willen Gottes kennen.

Jehovas Zeugen: In Deutschland ca. 160 000 Mitglieder. Von Charles Russel um 1880 gegründet. Zentrum: Brooklyn (USA). Die Endzeitsekte sieht das Weltende und Gottes Gericht nahe bevorstehen. Nur die „treuen Anbeter Jehovas“ werden ins Paradies kommen.

Mormonen: In Deutschland etwa 36 000 Mitglieder. 1830 von Joseph Smith gegründet. Zentrum: Salt Lake City (USA). Durch konservative Moral und intensives Familienleben kann man sich höher entwickeln, um im Himmel „körperlich-geistig“ weiterzuleben.

Wo Kirchen aktiv sind – Wo Sekten aktiv sind

1) Altenheime –
2) Entwicklungshilfe –
3) Familien- und Lebensberatung –
4) Gefängnisseelsorge –
5) Gottesdienste –
6) Jugendarbeit –
7) Kindergärten –
8) Kirchenmusik –
9) Konfirmandenunterricht –
10) Krankenhäuser –
11) Mission –
12) Notfallseelsorge –
13) Religionsunterricht –
14) Schuldnerberatung –
15) Taufe/ Trauung/ Beerdigung –
16) Telefonseelsorge –

M 6: GOTTESDIENST – PFINGSTEN UND KIRCHE

Pfarrer/Pfarrerin:	Begrüßung
Lied:	Halleluja ... Suchet zuerst Gottes Reich (EG 182,1-3.5.9)
Pfarrer/Pfarrerin:	Gruß (Eingangsvotum)
Alle:	„Glücklich die Kirche ..." (H.M. Lübking, Jugendgottesdienst plus, 140f) – i.W.
Konfirmanden/Konfirmandinnen:	Einige Konfirmandinnen und Konfirmanden lesen den Text „Wozu die Kirche da ist" (Kursbuch Konfirmation, 55). Dazu haben sie Fotos ausgewählt, die sie, passend zum Text, als Folien auf dem OHP zeigen.
Gebet:	„Gott, zu deiner Kirche gehören alle ..." (H.M. Lübking, Jugendgottesdienst plus, 36f)
Lied:	Die Gemeinde sind wir (H.M. Lübking, Jugendgottesdienst plus, 36f)
Konfirmanden/Konfirmandinnen:	Szene „Zu Besuch bei den Jesus-Leuten – Ein Zeitungsbericht der Jerusalem-Post"
Alle:	Glaubensbekenntnis
Lied:	Ein Schiff, das sich Gemeinde nennt (EG West 604,1-3)
Pfarrer/Pfarrerin:	Predigt zur Apostelgeschichte 2,1-18
Lied:	Sonne der Gerechtigkeit (EG 262,1-2)
Konfirmanden/Konfirmandinnen:	Die Konfirmandinnen und Konfirmanden lesen den Text „Wenn es die Kirche nicht gäbe" (Kursbuch Konfirmation, 56). Zu der Frage „Würde mir etwas fehlen?" haben sie eigene Antworten formuliert, die anschließend vorgetragen werden. Zwei Konfirmandinnen und Konfirmanden gehen dann durch die Reihen und fragen Gottesdienstteilnehmer, was ihnen fehlen würde.
Lied:	Sonne der Gerechtigkeit (EG 262,5-7)
Fürbittengebet:	„Wir suchen dich, Gott. Wir brauchen deine Hilfe ..." (H.M. Lübking, Jugendgottesdienst plus, 79)
Alle	Vater unser
Pfarrer/Pfarrerin:	Segen

SPIELSZENEN: „ZU BESUCH BEI DEN JESUS-LEUTEN" – „EIN ZEITUNGSBERICHT DER JERUSALEM-POST"

1. SZENE *3 Personen, Reporter der Jerusalem-Post, sitzen an einem Tisch. An dem Tisch klebt ein Schild „Jerusalem-Post" – „Unabhängig, weltoffen, meinungsfreudig":*

Silas: Sag mal, Elifas, hast du auch von der Kundgebung gehört, die es gestern im Tempel gegeben haben soll?

Elifas: Ja, mein Nachbar erzählte mir davon. Er wusste aber nichts Genaues. Nur, dass die Anhänger von Jesus dort aufgetreten sein sollen.

Hanna, die 3. Person: Jesus, der ist doch tot!

Silas: Aber seine Anhänger behaupten, dass er lebt. Und gestern sollen sich dreitausend Leute den Jesus-Freunden angeschlossen haben.

Elifas: Dem müssen wir mal nachgehen. Du, Hanna, versuchst, mit dem Anführer der Jesus-Leute in Kontakt zu kommen. Quetsch ihn aus! Versuche, alles herauszukriegen, über diese Jesus-Leute!

2. SZENE *Hanna, Reporterin der Jerusalem-Post, hat Simon, den Anführer der Jesus-Leute aufgestöbert und interviewt ihn:*

Hanna: An Pfingsten haben Sie und Ihre Freunde im Tempel gewaltiges Aufsehen erregt. Viele Menschen haben sich Ihnen angeschlossen. Wie erklären Sie sich das?

Simon: Wir waren selbst überrascht. Es kam über uns wie ein Feuer, wie ein Sturm, der alle mitriss. Wir mussten einfach von Jesus erzählen. Auch die Ängstlichen unter uns waren plötzlich mutig.

Hanna: Manche behaupten, Sie und Ihre Freunde seien betrunken gewesen.

Simon: Unsinn! Keiner von uns hatte etwas getrunken.

Hanna: Warum erzählen Sie denn immer noch von Jesus. Er ist doch tot, von den Römern hingerichtet. Das ist doch bekannt.

Simon: Er ist hingerichtet worden, das stimmt. Aber er lebt. Wir haben ihn gesehen. Er hat mit uns gesprochen. Er hat uns den Auftrag gegeben, weiterzumachen.

Hanna: Das klingt alles so unglaublich, was Sie da erzählen!

Simon: Wir haben es ja auch selbst erst gar nicht glauben können. Hätten Sie uns damals gesehen: Versteckt und verkrochen hatten wir uns, wir hatten Angst und fanden das Leben sinnlos. Und nun: Wir sind ganz andere geworden. Wir wissen, Jesus steht hinter uns. Das haben wir auch gestern gespürt.

Hanna: Wie geht es mit Ihnen jetzt weiter?

Simon: Wir werden auch noch in andere Städte gehen. Wir werden überall von Jesus erzählen. Angst haben wir nicht mehr. Denn wir wissen: Jesus ist bei uns.

Hanna: Vielen Dank für das Gespräch.

3. SZENE *Reporterin Hanna diktiert ihren Bericht in der Redaktion.*

Hanna: … viele Menschen davon tief ergriffen wurden. Wie man weiß, sind die Freunde Jesu alles einfache Leute, die nie zuvor öffentlich gepredigt haben. – Haben Sie das?

Sekretärin: Moment, nicht so schnell. Öffentlich gepredigt haben. Jetzt brauche ich erst eine Tasse Kaffee.

Sie trinkt einen Schluck Kaffee. Chefredakteur Elifas kommt dazu.

Elifas: Na, Hanna, hast du etwas raus bekommen?

Hanna: Ich muss schon sagen: Da tut sich etwas. So viel Begeisterung habe ich schon lange nicht mehr erlebt. Und was ich gehört habe, klang sehr überzeugend. Ich habe jedenfalls beschlossen: Zu diesen Jesus-Leuten gehe ich noch mal. Das lohnt sich.

Elifas: Na gut. Du kannst die Sache ja im Auge behalten. Vielleicht springt noch mal ein Bericht dabei heraus. *Elifas geht.*

Hanna: Wo waren wir stehen geblieben? Ach so. Also neuer Absatz. Um so erstaunlicher ist es, dass sie so überzeugend sprechen konnten und jeder…

4. SZENE:

Elifas: Die Jerusalem-Post ist eine sehr schnelle Zeitung. Kaum ist der Artikel geschrieben, kann er schon an die Gottesdienstbesucher ausgeteilt werden.
Einige Mitarbeiter unserer Zeitung werden den Artikel jetzt verteilen!

Konfirmanden und Konfirmandinnen gehen durch die Reihen und verteilen folgenden Text:

JERUSALEM-POST

Große Kundgebung der Jesus-Leute

Jerusalem. – Seit Wochen geht in Jerusalem ein Gerücht um, dass Jesus von Nazareth noch am Leben sei. Zum Pfingstfest trafen sich nun in Jerusalem die Anhänger von Jesus und verkündeten vor einer großen Volksmenge, dass Jesus von Gott auferweckt worden sei. Sie sprachen mit einer so feurigen Begeisterung, dass viele Menschen davon tief ergriffen wurden. Wie man weiß, sind die Freunde Jesu alles einfache Leute, die nie zuvor öffentlich gepredigt haben.
Umso erstaunlicher ist es, dass sie so überzeugend sprechen konnten und jeder sie verstehen konnte, woher er auch kam.
Augenzeugen berichten, dass etwa 3000 Menschen sich anschließend den Jesus-Anhängern anschlossen. Sie zogen zu einem Fluss und ließen sich taufen.
Wie Simon, der Anführer der Jesus-Freunde, erklärte, soll diese Aktion auch auf andere Städte ausgedehnt werden.

APOSTELGESCHICHTE 2,1-18

Weihnachten feiern wir die Geburt Jesu, Ostern feiern wir seine Auferstehung, aber was feiern wir Pfingsten? Pfingsten ist für viele zur Verlegenheit geworden: ein Sommerfest, ein Ausflugsfest – und doch ein christliches Fest? Umfragen zeigen: auch eine Mehrheit der Kirchenmitglieder kennt den biblischen Hintergrund des Pfingstfestes nicht mehr. Die Bibel erzählt, dass Gottes Geist am Pfingsttag über die Jünger kommt und ein großes Sprachenwunder bewirkt, dass Petrus eine große Predigt hält, die zur Gründung der ersten Gemeinde führt. Alles läuft sehr dramatisch ab: ein Brausen vom Himmel ertönt, Feuerzungen setzen sich auf die Jünger, Festpilger aus aller Welt hören die Jünger in ihrer Muttersprache predigen, die Menge ist ergriffen und alle fragen: „Was sollen wir tun?" und dreitausend lassen sich an diesem Tag taufen.

Was ist Pfingsten passiert? Vermutlich ist es am Pfingsttag, dem jüdischen Erntefest, an dem viele Juden auch aus dem Ausland in Jerusalem weilten, zu einem ersten öffentlichen Auftreten der neuen Christengruppe gekommen. Und gleich mit missionarischem Erfolg – vielleicht waren es nicht dreitausend, mit dieser großen Zahl wollte Lukas der bedrängten Gemeinde seiner Zeit wohl Mut machen, aber einige dürften es an diesem Pfingsttag doch gewesen sein.

Pfingsten hat es gegeben, auch wenn Lukas die Pfingstgeschichte mit wunderhaften Zügen ausgestattet hat. Sie stehen aber nicht im Mittelpunkt. Im Mittelpunkt steht etwas anderes: Pfingsten ist die Geburtsstunde der Kirche. Doch die Kirche entsteht nicht durch einen Gründungsakt ihrer Mitglieder – und auch nicht durch das Engagement der Jünger. Es geschieht etwas, mit dem niemand rechnen konnte. Die Jünger und Anhänger Jesu, die sich eben noch zurückgezogen und versteckt hatten, sie verlieren alle Angst, gehen auf die Straße und reden in aller Öffentlichkeit. Die zuvor so wankelmütigen Schüler ihres Herrn, allesamt aus einfachen Verhältnissen und ohne Schulbildung, die Jesus zuvor immer wieder missverstanden hatten, sie verstehen plötzlich, was es mit Jesus auf sich hat, mit seinem Tod, mit seiner Auferstehung, und sie erzählen jedermann davon. Mit dem Wehen des göttlichen Geistes, nicht mit einer Regung des menschlichen Herzens hat die Kirche angefangen. Gottes Geist weht, wo er will; er lässt sich nicht berechnen und nicht einfangen, weder in der Kirche noch in einem Amt oder in religiösen Institutionen. Er weht über christliche Zäune hinweg, bringt Austausch mit anderen Religionen, weht in die Offenheit und Weite der Welt hinaus. Er bringt Christen und Muslime zusammen und lässt sie gemeinsam für den Frieden beten. Er schafft es, dass Alteingesessene ihr Herz öffnen für Fremde und Asylsuchende. Er durchbricht verhärtete Fronten und bewegt Menschen dazu, miteinander zu reden statt übereinander. Und er sorgt dafür, dass auch heute noch Glauben entsteht, überall in der Welt, dass Menschen jeglicher Hautfarbe, aus den verschiedensten Kulturen und mit unterschiedlichsten politischen Auffassungen über Differenzen und Unterschiede hinweg im Glauben an Jesus Christus einig werden. All das geschieht oft unauffällig, aber der heilige Geist kommt nicht immer mit so einem lauten Getöse wie damals am Pfingsttag in Jerusalem.

❶ INTENTIONEN

Viele Unterrichtende machen die Erfahrung, dass soziales Verhalten in den Konfirmandengruppen zurzeit nicht besonders hoch im Kurs steht. Viele Jugendliche haben die Lektion der Leistungsgesellschaft gelernt, nach der jeder und jede auf den eigenen Vorteil bedacht sein muss. Zwar wird oft gerade von ihnen Hilfsbereitschaft erwartet, doch zu oft haben sie selbst die Erfahrung gemacht, dass sich Nächstenliebe nicht auszahlt.
Zugleich gibt es in jeder Konfirmandengruppe aber auch Jugendliche, die selber Probleme haben: Schulangst, Familienprobleme, Armut, gesundheitliche Probleme ... In dieser Situation schlage ich vor, bei der Behandlung des Themas „Diakonie" von einer auch von Jugendlichen nachvollziehbaren Grunderfahrung auszugehen: Keiner kann ganz allein zurechtkommen, jeder braucht mal Hilfe, keiner ist nur stark, jeder hat auch Schwächen. Nur wenn ich ein Verhältnis zu meinen eigenen Schwächen bekomme, kann ich auf die Probleme anderer aufmerksam werden. Gegenüber Minderheiten, Randgruppen und Menschen, die in Schwierigkeiten geraten sind, äußern Jugendliche nicht selten Vorurteile, die sie aus ihrer Umgebung oder von ihren Eltern übernommen haben. Auf argumentative Weise ist es nur schwer möglich, diese Voreingenommenheiten abzubauen. Durch konkrete Begegnungen kann es jedoch gelingen, Klischees zu überwinden, sich in die Situation der anderen einzufühlen und ihnen Verständnis entgegenzubringen. Dabei werden die Konfirmandinnen und Konfirmanden lernen, dass Flüchtlinge, Wohnungslose oder behinderte Menschen nicht nur Hilfe brauchen, sondern auch Stärken haben und man vieles von ihnen lernen kann. Wohl nur durch unmittelbare Begegnungen kann den Jugendlichen der Respekt vor dem Leben jedes Menschen vermittelt werden, der nach biblischer Auffassung ein Ebenbild Gottes ist.

❷ ERLÄUTERUNGEN ZUM »KURSBUCH KONFIRMATION«, S. 61-66:

Auf den **Seiten 61-66** werden einige Arbeitsfelder der Diakonie schwerpunktmäßig aufgegriffen. Vor Ort sehen die aktuellen Probleme oft anders aus. Der didaktischen Entscheidung der Unterrichtenden muss daher überlassen bleiben, welche Fragen bei der Behandlung des Themas im Vordergrund stehen sollen.
Auf dem Arbeitsblatt **M 1** sind verschiedene Arbeitsfelder der Diakonie dargestellt.

S. 61 *Titelbild*: Die Problemgeschichten aus dem abgebildeten Haus werden zunächst gelesen. Mögliche Fortsetzungen: „Wie kann diesen Menschen geholfen werden? Können sie sich selbst helfen?" Oder: „Stellt euch vor, es wäre ein anderes Haus – Lessingstr. 5 oder Mozartweg 57 ... Denkt an Leute, die ihr kennt und die Probleme haben. Gebt ihnen Phantasienamen und erzählt von ihnen. ... Können sie sich selbst helfen? ..." Von den Bewohnern des Hauses zu den Konfirmandinnen und Konfirmanden: Jede(r) hat Probleme, auch Sandra – eine Konfirmandin: **M 2**.

S. 62 *Rollstuhl*: Vielleicht gibt es in der Kirchengemeinde selbst einen Rollstuhl, den man für die beschriebene Aktion nutzen kann. Sonst könnte man bei der Diakonie-Station oder auch in einem Altenheim anfragen. Wichtig wäre es, dass die Konfirmandinnen und Konfirmanden, die das Experiment im Rollstuhl durchgeführt haben, hinterher einen kurzen Bericht darüber schreiben oder von anderen Konfirmanden dazu interviewt werden. Wenn es möglich ist, einen Rollstuhlfahrer zu gewinnen, der das Experiment begleitet, wäre dies für die Konfirmanden sehr eindrucksvoll.
(Aus dem Behindertengleichstellungsgesetz § 4: „Beschwerdefrei sind bauliche Anlagen, Verkehrsmittel, technische Gebrauchsgegenstände, Systeme der Informationsverarbeitung, akustische und visuelle Informationsquellen und Kommunikationseinrichtungen sowie andere gestaltete Lebensbereiche, wenn sie für behinderte Menschen in der allgemein üblichen Weise, ohne besondere Erschwernis und grundsätzlich ohne fremde Hilfe zugänglich nutzbar sind.")
Petra: Sollten die Unterrichtenden Kontakte zu einer Wohngruppe behinderter Menschen haben, könnten einer oder mehrere von ihnen in die Konfirmandengruppe eingeladen werden. Ist die Konfirmandengruppe nur klein, wäre evtl. auch ein Besuch in der Wohngruppe möglich.
Paralympics: Vielleicht können interessierte Konfirmandinnen und Konfirmanden zu diesem Stichwort einmal im Internet recherchieren und dann der Konfirmandengruppe berichten – z.B. von Pfr. Rainer Schmidt („Lieber Arm ab als arm dran"), einem mehrfachen Tischtennis-Weltmeister und Paralympics-Medaillengewinner.
Elternabend: Sollte es in erreichbarer Nähe eine Konfirmandengruppe behinderter Jugendlicher in sonderpädagogischen Einrichtungen geben, sollten auf jeden Fall Besuche, Patenschaften oder gemeinsame Veranstaltungen organisiert werden.
Weitere Unterrichtsbausteine zu körperlichen und geistigen Behinderungen in: „Anderssein, alles andere als normal?!", Bethel 1999.

S. 63 *Armut*: Das Thema muss sensibel behandelt werden, da es auch in der Konfirmandengruppe Armuts- und Wohlstandskinder geben kann.
Nach Angaben des Bundessozialministeriums leben in Deutschland etwa 1,2 Millionen Kinder in Armut. Etwa 6,8 Prozent der Kinder und Jugendlichen unter 18 Jahren haben 2005 Sozialhilfe erhalten. Damit liegt ihr Anteil doppelt so hoch wie in der Gesamtbevölkerung.
Als arm gilt in Deutschland, wer weniger als die Hälfte des Durchschnittseinkommens zur Verfügung hat. Im

Westen Deutschlands liegt diese Grenze pro Person bei etwa 730 Euro, im Osten bei etwa 620 Euro.
Mit den Konfirmandinnen und Konfirmanden kann an einem Fall einmal durchgespielt werden, was eine allein erziehende Mutter mit zwei Kindern und einem Einkommen von 750 Euro noch kaufen und wovon sie leben kann und was alles wegfallen muss.
Wenn irgend möglich sollte in diesem Zusammenhang auch ein Besuch im Sozialamt des Ortes organisiert oder (bei zu großer Entfernung) ein(e) Sozialarbeiter(in) in die Konfirmandengruppe eingeladen werden, damit sich die Konfirmandinnen und Konfirmanden über weitere Hilfen informieren können.

S. 64 *Eine Chance*: „Politisch Verfolgte genießen Asylrecht" heißt es kurz und klar in Art. 16 a des Grundgesetzes. Doch keinen Anspruch auf Asyl hat in Deutschland z. Zt. jemand, der oder die aus Staaten kommt, in denen die Menschenrechte und Grundfreiheiten „sichergestellt" sind und keine „erkennbare" politische Verfolgung oder erniedrigende Bestrafung bzw. Behandlung stattfindet. Wenn der Asylantrag als begründet eingestuft wird, erhält der Antragsteller eine unbefristete Aufenthaltserlaubnis (z. Zt. liegt die Anerkennungsquote bei ca. 5 %!). Wenn der Antrag abgelehnt wird, wird der Flüchtling aufgefordert, innerhalb eines Monats auszureisen. Andernfalls droht Abschiebung.
Der Flüchtling darf jedoch nicht in ein Land abgeschoben werden, in dem ihm die Todesstrafe, Folter oder Gefahr für Leib, Leben und Freiheit drohen. Für die Dauer von drei Monaten erhält der Flüchtling dann eine „Duldung". Diese Duldung kann verlängert werden.
Zurzeit leben etwa 500 000 bis 1 Million „Illegale" in Deutschland, ohne gültige Aufenthaltsgenehmigung und von der Abschiebung bedroht. Etwa 50-60 % davon sind Arbeitsmigranten, 20-25 % Migranten aus humanitärer Motivation (Familiennachzug, abgelehnte Asylbewerber), 10 % Opfer von Menschenhandel und ca. 10 % Kriminelle (Drogen, Prostitution usw.). Vgl. dazu das empfehlenswerte Arbeitsheft des EMW „Illegale in Deutschland", Hamburg 2005.
Kofferpacken: Die Ergebnisse könnten im Gemeindebrief veröffentlicht werden. Zugleich können Gemeindeglieder um Leserbriefe gebeten werden.
Zeitungsmeldungen: Die Schlagzeilen können zunächst einzeln besprochen werden: Ein(e) Konfirmand(in) nennt eine Schlagzeile, die dann in der Konfirmandengruppe reihum kommentiert wird. Schließlich äußern die Konfirmandinnen und Konfirmanden, wie die Sammlung von Schlagzeilen insgesamt auf sie wirkt.
Welche Rolle Fremde und Flüchtlinge in der Bibel spielen zeigt das Arbeitsblatt **M 3**.

S. 65 Die *Geschichte von Stefan* sollte zunächst reihum laut gelesen werden. Die Konfirmandinnen und Konfirmanden haben dann einige Minuten Zeit, ihre Meinung zu der Geschichte aufzuschreiben (Wenn der Platz nicht ausreicht, bekommen sie weitere Blätter.). Wer will, kann seine Meinung vorlesen. Konträre Meinungen können schließlich von den Unterrichtenden noch einmal aufgegriffen werden. Die betreffenden Konfirmanden werden gebeten, sie zu begründen. Sie werden in der Gruppe zur Diskussion gestellt.
Umgang mit jugendlichen Straftätern: Die Meinungen der Konfirmandinnen und Konfirmanden werden ausgewertet und zu einer Gesamtmeinung der Gruppe zusammengestellt. Diese Gruppenmeinung kann einem Jugendrichter oder einem Anwalt mit der Bitte um eine Stellungnahme zugeschickt werden.
Zur Information: In deutschen Jugendstrafanstalten sitzen z. Zt. etwa 7500 Jugendliche ein, die meisten davon sind männlich und im Alter von 18-21 Jahren. Das Jugendstrafrecht gilt für 14- bis 18-Jährige, für Heranwachsende bis zu 21 Jahren kann es angewendet werden, wenn diese zur Tatzeit nach ihrer „sittlichen und geistigen Entwicklung" einem Jugendlichen gleichstanden. 40 Prozent der Jugendstraftaten werden von 5 Prozent der Jugendlichen verübt. Zentrale Absicht der Jugendstrafe ist die „Erziehung" der jugendlichen Straftäter. Ihre Grundlage sind „Ordnung, Arbeit, Unterricht, Leibesübungen und sinnvolle Beschäftigung in der freien Zeit".

❸ WEITERE IDEEN

- Interview mit der Gemeindeschwester: Rekonstruktion eines Tagesablaufs in der Arbeit von Schwester X.
- Zu Matthäus 25, 31-46 können eine Posterserie, ein Plakat für den Schaukasten oder eine Collage erstellt werden (Material: Zeitungen, Illustrierte, Materialien des Diakonischen Werkes).
- „Ein Tag in meinem Leben im Alter von 80 Jahren": Eine Phantasiereise mit den Konfirmandinnen und Konfirmanden.
- Erfahrungsspiele:
  - Die Konfirmandinnen und Konfirmanden halten sich zwei Minuten lang die Ohren zu (Alternative: Watte in den Ohren), während der oder die Unterrichtende sich mit jemandem über die Konfirmandengruppe unterhält und dabei diesen und jene mal freundlich, mal unfreundlich ansieht.
  - Den Konfirmandinnen und Konfirmanden werden – nicht zu fest – die Füße zusammengebunden. Danach machen sie einen kleinen Erkundungsgang durchs Gemeindehaus. Die Konfirmandinnen und Konfirmanden binden sich abwechselnd die Augen zu und führen einander durch den Unterrichtsraum, in dem vorher Tische und Stühle durcheinander gestellt worden sind.

Bei allen Erfahrungsspielen ist es wichtig, dass genug Zeit zur Auswertung bleibt.

- Kleine Gruppen der Konfirmandinnen und Konfirmanden erhalten den Auftrag, sich in die Situation eines oder einer Wohnungslosen zu versetzen, der oder die mit dem Tagessatz des Sozialamtes (nach der Höhe erkundigen!) auskommen muss. In jeder Gruppe wird überlegt, wie viel für Körperpflege, Essen, Trinken, Wärmen, Schlafen und sonstiges ausgegeben und wo gespart werden kann.
- Multiple-choice-Quiz zur Situation von Flüchtlingen (Materialien: Info-Material der Diakonischen Werke).

❹ SPIRITUELLE FORMEN

Es bietet sich an, bei den Themen „Behinderte Menschen" (S. 62), „Arme" (S. 63), „Fremde" (S. 64) und „Strafgefangene" (S. 65) jeweils kurze Andachtselemente zu integrieren:

- Foto
- kurzer biblischer Text (z. B. 3. Mose 19,33 f; Amos 5,11-13; Matthäus 25,31 ff i.A.)
- kurzes Gebet (z. B. H.-M. Lübking, Jugendgottesdienst plus, 32.82.86)
- Lied (z. B. „Selig seid ihr" oder „Liebe ist nicht nur ein Wort").
- Vorschlag für eine kleine Andacht zu **S. 46**:
  - Lied: Liebe ist nicht nur ein Wort (EG West 665)
  - Text: Wenn ich ein Superschüler wäre ... - i. W. (S. 46)
  - Bild: Wohnungsloser auf der Straße (S. 46) - dazu als kurzer Text:
    „Stationen eines Abstiegs:
    Mit drei Geschwistern allein bei der Mutter aufgewachsen ...
    der Vater schon früh abgehauen ...
    Lehre als Maurer ... Lehre abgebrochen ... ungelernter Arbeiter
    Eheschließung ... drei Kinder ... Einrichtung einer Wohnung: Schulden
    Arbeitslosigkeit: Pleite der Baufirma ...
    Mietrückstände ... Alkohol
    Ehestreitigkeiten ... Ehescheidung ... Verlust der Wohnung
    Diebstahl ... kurze Haftstrafe ... Schulden ... kein Kontakt mehr zu Verwandten
    Seit acht Jahren ohne Wohnung ... auf der Straße
  - Gebet: Vater unser
  - Lied: Liebe ist nicht nur ein Wort

❺ GOTTESDIENST

Zum Thema Diakonie sollte in der Konfirmandenarbeit das Gleichnis vom barmherzigen Samariter nicht fehlen. Es bietet sich für die Vorbereitung und Gestaltung eines Gottesdienstes zusammen mit den Konfirmandinnen und Konfirmanden an: **M 5**.

❻ ANREGUNGEN FÜR PROJEKTE UND AKTIONEN

Gerade beim Thema Diakonie ist es unerlässlich, den Unterrichtsraum für Erkundungen, Besuche, Praktika und Projekte auch einmal zu verlassen. Die praktischen Möglichkeiten richten sich nach den Angeboten und Gegebenheiten vor Ort. Was folgt, ist nur eine kleine Auswahl des Möglichen:

- Diakonie-Praktikum: Die Konfirmandinnen und Konfirmanden besuchen diakonische Einrichtungen und übernehmen Aufgaben z.B. im Senioren-Cafe, helfen auf der Diakonie-Station, beobachten die Arbeit im Kindergarten, machen Besuche im Altersheim usw. Die Erfahrungen aus dem Praktikum werden im Unterricht ausgewertet und der Gemeinde vorgestellt.
- Mitarbeiterinnen und Mitarbeiter der Diakonie werden in den Unterricht eingeladen: Die Diakonie-Schwester, die Mitarbeiterin in der Telefon-Seelsorge, der ZDL'er usw.
- Die Konfirmandinnen und Konfirmanden gestalten einen Nachmittag im Seniorenkreis.
- Fahrt nach Bethel oder zu einer vergleichbaren Einrichtung (Für eine solche Fahrt können oft auch Eltern gewonnen werden).
- Die Konfirmandinnen und Konfirmanden erkundigen sich im Übernachtungswohnheim der Stadt.
- „Armut unter uns": Erkundigungen beim Sozialamt, Wohnungsamt, Diakonischen Werk, Arbeiterwohlfahrt usw. Erstellung einer Wandzeitung.
- Besuch der Drogenberatungsstelle der Stadt. Vgl. hierzu das Arbeitsblatt **M 4**.
- Gespräch mit einem Bewährungshelfer.
- Dokumentation: Wo gibt es Hilfe in X (eigener Ort)? Erkundung von Initiativen, Selbsthilfevereinen, Gruppen, kirchlichen und kommunalen Einrichtungen. Erstellung eines „Hilfe-Führers".

❼ HINWEISE

- Vielfältige Materialien der Diakonischen Werke
- Zeitschrift „Leben in Bethel" (bisher 1-5), Bezug: v. Bodelschwinghsche Anstalten Bethel, Dankort, Postfach 130260, Bielefeld
- Arbeitshilfen im Rahmen der „Woche des ausländischen Mitbürgers"
- Schriften, Broschüren und Filme vor allem zu den Themen: AIDS, Alter, Behinderte, Drogen, Süchte usw. bei der Bundeszentrale für gesundheitliche Aufklärung, Postfach 910152, 51101 Köln
- Materialien zum Thema „Drogen" – auch bei den Krankenkassen
- Medien: Es gibt zahlreiche gute Dias, Tonbilder und Filme zum Thema „Diakonie". Auskünfte darüber erteilen die Evang. Medienzentralen
- ku praxis 32, Modelle, 19-35
- Diakonisches Werk der EKvW: Unser Ding, Münster 1997
- Ökumenische Zentrale (ACK), Lade deinen Nachbarn ein, Frankfurt 1998

- „Anderssein, alles andere als normal?!" Bausteine für die Unterrichtspraxis, Bethel 1999
- Evangelisches Missionswerk (EMW), Bloß nicht auffallen! Illegale in Deutschland, Hamburg 2005.

❽ WICHTIGE ERGEBNISSE

- Die Konfirmandinnen und Konfirmanden haben gelernt, dass die Hilfe für benachteiligte und in Not geratene Menschen ein Wesensmerkmal des christlichen Glaubens ist und nicht einfach an Spezialisten abgetreten werden kann.
- Sie kennen das Gleichnis vom barmherzigen Samariter und wissen, dass das Gebot der Nächstenliebe für den christlichen Glauben charakteristisch ist.
- Sie wissen, dass die Diakonie die Sozialarbeit der evangelischen Kirche ist und kennen Beispiele für das diakonische Handeln der Kirche.
- Sie haben eine diakonische Einrichtung kennen gelernt und können Intention und Praxis dieser Einrichtung ansatzweise darstellen.

❾ MATERIAL AUF DER CD-ROM

Diakonie

1| Hörspiel: Der barmherzige Samariter
2| Besuch in einem Altenheim. Fragebogen
3| Mit behinderten Menschen leben – Ein Rollenspiel
4| Haste mal nen Euro?

❿ INTERNET-ADRESSEN

www.diakonie.de
www.bethel.de
www.tafel.de

M 1: ARBEITSFELDER DER DIAKONIE

Diakonie – das ist alles das, was du auf den Piktogrammen siehst. Und noch viel mehr:

Altenheim, Altentagesstätte
Anonyme Alkoholiker
Arbeitskreis mit ausländischen Mitbürgern
Arbeitslosen-Beratungsstelle
Bahnhofsmission
Behindertenklub
Beratungsstelle für Asylsuchende
Christliche Jugenddörfer
Diakonie- oder Sozialstation
Ehe-, Erziehungs- und Lebensberatungsstelle
Essen auf Rädern
Familienfreizeiten
Familienfürsorge
Flüchtlings- und Vertriebenenhilfe
Häusliche Kranken-, Alten- und Familienpflege
Hospiz
Integration von Aussiedlern
Johanniter-Unfallhilfe
Kindergarten
Kinderheim
Kleiderkammer
Krankenhaus-Besuchsdienste
Krankenhausseelsorge
Möbellager
Schulaufgabenhilfe
Schuldnerberatung
Schulen und Ausbildungsstätten
Soforthilfe bei Katastrophen
Suchthilfe
Suppenküche
Tagesstätte für behinderte Kinder
Telefonseelsorge
Übergangswohnheime
Werkstätten für Behinderte
Wohngemeinschaften

» Versucht herauszubekommen, welche Arbeitsfelder der Diakonie in den Piktogrammen dargestellt werden.
Gibt es diese Arbeitsfelder in eurer Gemeinde?

INFO

Täglich kümmern sich bei der Diakonie 450 000 hauptamtlich Beschäftigte, ebensoviel ehrenamtliche Mitarbeiterinnen und Mitarbeiter, 25 000 Zivildienstleistende und viele Praktikanten und Auszubildende um mehrere Millionen Menschen in Kindergärten, Krankenhäusern, Altenzentren, Jugendzentren, Hospizgruppen und Selbsthilfegruppen. Die Diakonie ist die Sozialarbeit der evangelischen Kirchen. „Diakonie" ist abgeleitet vom griechischen Wort für „Dienst".

M 2: JEDE(R) HAT PROBLEME

Sandra …

- braucht eigentlich eine Brille … traut sich aber nicht, eine aufzusetzen … meint, dann sähe sie komisch aus … kann manchmal nicht richtig sehen, was auf der Tafel steht …
- liegt abends im Bett und hört, wie ihre Eltern sich streiten … Das geschieht oft … Sie hat Angst, dass ihre Eltern sich trennen …
- hat seit ein paar Jahren eine Allergie … Hausstaub … manchmal kommt's, ohne dass sie sich dagegen wehren kann: dann muss sie minutenlang niesen …
- denkt oft: ich bin viel zu dick … 10 Pfund könnte ich ruhig abnehmen … schon 2 Diäten, die haben nichts geholfen …
- muss sich immer um ihre jüngere Schwester kümmern … möchte auch mal ins Kino, aber dann heißt es: dann musst du Bianca auch mitnehmen … manchmal ist sie richtig ärgerlich auf ihre Schwester … denkt: Die darf alles …
- kann nicht so schnell laufen … hatte mit 9 Jahren einen Verkehrsunfall … läuft nicht so leichtfüßig wie andere in ihrer Klasse … wird beim Sport manchmal ausgelacht …

» Der oder die Unterrichtende zeigt die Umrissfigur als Folie, erzählt von Sandra und ihren Problemen und legt beim Erzählen – in Entsprechung zu den Problemen – kleine Punkte auf einzelne Stellen der Figur.

» Mögliche Fortsetzung: „Jede(r) hat Probleme! … Auch ein Pastor, eine Pastorin …“ Er oder sie erzählt von ein paar Problemen … „Jede(r) hat Probleme! … Fällt euch jemand ein, von dem ihr wisst oder glaubt, dass er oder sie auch Probleme hat? … Oder kennt ihr jemanden, der nach außen ganz cool wirkt, aber in Wahrheit 'ne Menge Probleme hat (Namen interessieren uns jetzt nicht)?“ …

» Unterrichtende(r) schreibt statt „Sandra“ „Ich“ auf die Folie … (Pause) … „Jede(r) hat Probleme. Keine(r) ist so stark, dass er oder sie keine Hilfe brauchte!“

M 3: FLÜCHTLINGE UND FREMDE IN DER BIBEL

GESCHICHTE	NAME BZW. TEXT	BIBEL
1) Geht mit seiner Frau als Wirtschaftsflüchtling nach Ägypten und gibt dort falsche Personalien an.		1. Mose 12, 10-13
2) Kommt im Ausland zu hohem Ansehen und erhält die Erlaubnis, die Familie nachzuholen.		1. Mose 47, 1-6
3) Begeht einen politischen Mord und findet Asyl in einem fremden Land.		2. Mose 2, 11-22
4) Eine Ausländerin findet Heimat in Israel.		Ruth 1, 16
5) Gebot für den Umgang mit Fremden in Israel.		2. Mose 23, 9
6) Biblische Grundauffassung – im Alten wie im Neuen Testament.		1. Chronik 29, 15
7) Politisch Verfolgte, die in ein fremdes Land fliehen müssen.		Matthäus 2, 13-14
8) Verhasster Ausländer, der von Jesus als Beispiel für richtiges Verhalten genannt wird.		Lukas 10, 33-35
9) Jüdisches Ehepaar, das aus Rom ausgewiesen wurde und Paulus in Griechenland Gastfreundschaft gewährt.		Apostelgeschichte 18, 1-3
10) Mit welchen Überraschungen Gastfreundschaft verbunden sein kann!		Hebräerbrief 13, 2
11) Was Jesus und die Fremden miteinander verbindet!		Matthäus 25, 35

M 4: HILFEN, MIT DER SUCHT BESSER FERTIG ZU WERDEN

KEINE SCHEU VOR DROGEN?

Jugendliche sind in Deutschland nach Ansicht von Suchtexperten immer häufiger bereit, verbotene Drogen auszuprobieren. Dies gilt besonders für die 12- bis 17-Jährigen, die Mädchen und für ostdeutsche Jugendliche. Zwischen legalen und illegalen Drogen wird kaum noch unterschieden. Die „Bereitschaft zum Experiment" wächst. Vor allem bei den „Techno-Fans" hat die Scheu vor Drogen deutlich nachgelassen. Zwei Drittel von ihnen haben schon Erfahrungen mit Haschisch gemacht, die Hälfte nimmt Ecstasy oder andere Aufputschmittel.

SUCHT HAT IMMER EINE GESCHICHTE

EIN GESPRÄCH IN DER DROGENBERATUNGSSTELLE

„Frau Reuter, wie viele Drogenabhängige kommen täglich zu Ihnen in die Beratungsstelle?"
„Jeden Tag zwischen fünf und zehn, oft sind es dieselben – im Jahr haben wir ungefähr 250 ‚Kunden'."
„Wie alt sind die Abhängigen, mit denen Sie es zu tun haben?"
„Wir haben Sechzehnjährige und Vierzigjährige. Die meisten haben früh angefangen: mit 12 Alkohol, mit 15 Hasch, mit 20 Heroin. Solche Karrieren sind nicht selten."
„Wie können Sie helfen?"
„Hauptsächlich durch Gespräche, durch Kontakte zu Ärzten und Behörden und durch die Vermittlung von Unterkünften. Wir können die Süchtigen nicht zum Aufhören zwingen, aber oft können wir ihnen helfen, mit ihrer Sucht besser fertig zu werden."
„Was raten Sie einem Jugendlichen, der einmal Haschisch probieren will?"
„Lass die Finger davon! Nicht jeder, der mit 14 Haschisch raucht, wird mit 18 automatisch zum Junkie. Aber jeder, der Probleme in seinem Leben mit Drogen lösen will, kommt später davon nicht mehr los."
„Zurzeit wird viel von Ecstasy und anderen Partydrogen geredet."
„Fünf Ecstasytote jährlich sind vielleicht im Vergleich zu 40 000 Alkoholtoten und 1500 Herointoten im Jahr nicht so viel, doch bei Ecstasy sind die Langzeitschäden und Nebenwirkungen noch gar nicht wirklich erforscht. Ich warne jeden Jugendlichen, dem so etwas angeboten wird: Man weiß nie, was da gerade drin ist."
„Wer kann sich an die Drogenberatungsstelle wenden?"
„Wir sind für alle ‚harten Fälle' da, zu uns kann jeder kommen, der Beratung haben will; aber auch der, der Probleme mit den Eltern oder mit der Clique hat. Wir unterliegen der Schweigepflicht. Von uns erfährt niemand etwas."

DROGENKONSUM VON JUGENDLICHEN

Alter	Wein/Sekt	Schnaps	Zigaretten	Haschisch	Schnüffelstoffe
12/13	26%	9%	15%	2%	3%
14/15	61%	31%	36%	2%	4%
16/17	81%	46%	67%	9%	9%
Durchschnitt	50%	24%	31%	2%	4%

GRÜNDE FÜR DEN GRIFF ZUR DROGE?

- ○ Neugierde
- ○ Abenteuerlust
- ○ Frust zu Hause
- ○ Stress in der Schule
- ○ Langeweile
- ○ ______________
- ○ Gruppenzwang
- ○ ______________
- ○ Angeberei
- ○ ______________

» Du kannst die Liste ergänzen.
Was sind die häufigsten Gründe?

M 5: GOTTESDIENST – DER BARMHERZIGE SAMARITER

Pfarrer/Pfarrerin:	Begrüßung
Konfirmanden/Konfirmandinnen:	Die Konfirmandinnen und Konfirmanden zeigen das Bild (OHP-Folie) eines Hauses (Kursbuch Konfirmation, 61) mit sechs Fenstern. Die den einzelnen Wohnungsfenstern zugeordneten Texte sind auf dem OHP zunächst verdeckt, sie werden während der Lesung nach und nach aufgedeckt: „Jeder hat Probleme … Jeder? Im 3. Stock wohnt Frau Langer. Sie ist 79 Jahre alt und lebt ganz allein. Ihre Kinder wohnen in anderen Städten … – Im 2. Stock wohnt Tanja mit ihrer Familie. Tanja schreibt morgen eine Mathearbeit. Sie hat schon zwei Fünfen geschrieben …“ usw. (Kursbuch, 61) Nach dem letzten Text wird noch einmal wiederholt: „Jeder hat Probleme … Jeder?“
Lied:	Brich mit den Hungrigen dein Brot (EG 420)
Pfarrer/Pfarrerin:	Gruß (Eingangsvotum)
Alle:	„Wenn ich ein Superschüler wäre …“ (Kursbuch Konfirmation, 66) – i.W.
Konfirmanden/Konfirmandinnen:	Die Konfirmandinnen und Konfirmanden zeigen das Bild (OHP-Folie) „Wohnungsloser auf der Straße“ (Kursbuch Konfirmation, 66). Dazu sprechen einige von ihnen folgenden Text: • Geh an ihm vorbei, als ob er nicht da wäre. • Kümmere dich nicht um seinen traurigen Blick. • Er ist hier, weil er hier sein will. • Alles Geld, das du ihm schenkst, gibt er für Schnaps aus. • Er ist nicht unser Problem, er ist selbst schuld. • Noch ein Penner auf der Straße. Wir kennen ihn nicht. • Soll er doch arbeiten, dann hat er auch was zum Leben. • Er ist gar kein richtiger Mensch, wie der schon aussieht. Alle: Nur ein Stück Müll auf dem Weg! Eine(r) leise: O bitte, Gott, lass nicht zu, dass mir das Gleiche geschieht!
Gebet:	„Gott, wenn du kommst in Gestalt …“ (H.M. Lübking, Jugendgottesdienst plus, 107)
Lied:	Selig seid ihr (EG West 666)
Konfirmanden/Konfirmandinnen:	Pantomime zu Lukas 10,25-37 • Ein Mann geht ängstlich, fühlt sich verfolgt, blickt sich um, geht schneller … • Er fällt unter die Räuber… wird umringt, wird ausgeraubt, wird zu Boden geworfen, wird getreten (nur andeuten!), krümmt sich, hat Schmerzen … • Ein Priester (mit Talar?) kommt, zögert, sieht demonstrativ weg, macht einen Bogen, geht in schnellerem Tempo weiter … • Ein Levit (Aktentasche, mit Krawatte und Jacke?) kommt… (Verhalten wie beim Priester …) • Ein Samariter kommt, sieht den Mann, bleibt stehen, beugt sich herunter, untersucht ihn, verbindet ihn, gibt ihm zu trinken, richtet ihn auf, stützt ihn, legt ihm den Arm um die Schulter … • Beide kommen zum Gasthaus, der Samariter verhandelt mit dem Wirt, bezahlt ihn, übergibt den Überfallenen, verabschiedet sich von ihm …
Alle:	Glaubensbekenntnis
Lied:	Liebe ist nicht nur ein Wort (EG West 665)
Pfarrer/Pfarrerin:	Predigt zum Gleichnis vom Barmherzigen Samariter
Lied:	Wenn das Brot, das wir teilen (EG West 667)
Fürbittengebet:	„Gott, ich wünsche mir von dir nicht eine Million…“ (H.M. Lübking, Jugendgottesdienst plus, 106f)
Alle:	Vater unser
Pfarrer/Pfarrerin:	Segen

LUKAS 10, 25-37

Eine Allerweltsgeschichte. Erzählt wird etwas, was jeden Tag in der Zeitung steht: „Ein Mensch fällt unter die Räuber, eine Familie kann den Kredit nicht mehr zurückzahlen, ein Kind wird in der Schule nicht versetzt und traut sich nicht nach Hause. Jesus erzählt eine Alltagsgeschichte. Warum? Weil es nicht die spektakulären Ereignisse sind, in denen sich die Frage nach dem Nächsten stellt. Sondern der Alltag, die Ereignisse in der Nachbarschaft, Vorkommnisse am Arbeitsplatz, Meldungen aus der Zeitung.

Das Gleichnis vom barmherzigen Samariter: eine Allerweltsgeschichte – die aber zugleich höchst kunstvoll erzählt wird. Jesus erzählt die Geschichte aus der Sicht des Opfers. Wer die Geschichte hört, wird darum gezwungen, sich in die Situation dessen zu versetzen, der da am Wege liegt und auf Hilfe angewiesen ist. Er erlebt gleichsam mit, wie Priester und Levit näherkommen und dann weitergehen, und er spürt selbst, wie wenig es diesem Überfallenen hilft, wenn diese Beiden vielleicht tausend Entschuldigungen dafür haben, nicht angehalten und geholfen zu haben. Wer sich in die Situation des Mannes versetzt, der da hilflos am Wege liegt, der begreift mit einem Male auch, wie unsinnig die Vorurteile und Feindschaften sind, die Menschen untereinander und gegenseitig aufbauen. Ob es ein Samariter ist oder ein Zuhälter mit Tätowierung und Goldkettchen oder diese alte Ziege von Nachbarin – wenn ich mir selbst nicht helfen kann, dann ist mir jede Hilfe recht, auch von einem Menschen, den ich sonst nicht ausstehen kann.

Aus der Sicht des Opfers: Wenn du einem begegnest, der Hilfe braucht, dann versetz dich in dessen Lage und du weißt, was du zu tun hast!

Das Gleichnis vom barmherzigen Samariter – zugleich auch die Geschichte einer Feindesliebe. Zwischen Juden und Samaritern, die als religiöse Minderheit im Lande lebten, gab es eine jahrhundertealte Geschichte der Feindschaft. Einem Samariter ist nur Schlechtes zuzutrauen, als richtiger Jude möchte man in Samaria nicht tot am Zaun hängen.

Ausgerechnet ein solcher Samariter hält an und kümmert sich um den Verletzten. Ein Samariter rettet einen Juden – das ist geradezu ein Schock, eine Provokation. Natürlich hat Jesus das absichtlich so erzählt. In der Stunde der Not bekommt auch der Feind die Würde zurück, die er von Gott her für mich hat: ein Mensch wie ich!

Warum erzählt Jesus dieses Gleichnis eigentlich?

Ein Schriftgelehrter hatte ihn gefragt: „Was muss ich tun, um das ewige Leben zu gewinnen?“ So fragt heute keiner mehr. Heute heißt diese Frage: „Wo kann ich den Sinn des Lebens finden?“ Jesus antwortet darauf mit der Geschichte von dem Mann, der unter die Räuber fällt. Der Sinn des Lebens entscheidet sich gerade auf der Straße von Jerusalem nach Jericho – dort wo der Verletzte am Wegesrand liegt.

❶ INTENTIONEN

Die Konfirmandinnen und Konfirmanden wollen wissen, wie die Welt entstanden ist, woher alles kommt und wer dahinter steht. Hinter diesen Fragen verbirgt sich die existenzielle Sorge, ob alles nur Zufall ist oder ob die Welt einschließlich des eigenen Lebens in guten Händen ist.
Dabei lehnen nicht wenige den biblischen Schöpfungsglauben als widerlegt ab: Es sei doch erwiesen, dass die Welt nicht in sieben Tagen entstanden ist. Es kommt hinzu, dass die Umwelt, in der sie aufwachsen, ihnen stets aufs Neue suggeriert, dass alle Dinge machbar, handhabbar und reparierbar sind. Bei der Behandlung des Themas „Schöpfung" wird es darum nötig sein, die Grenzen naturwissenschaftlicher Erkenntnismöglichkeiten und technischer Machbarkeiten bewusst zu machen. Der Unterricht sollte nicht versäumen, zum Staunen über die Schöpfung und zur Ehrfurcht vor dem Leben anzuleiten. So kann eine Basis gelegt werden, um zu einer Klärung des Verhältnisses von Schöpfungsglaube und Naturwissenschaft beizutragen. Die Unterrichtenden sollten hier nicht „kneifen". Konfirmandinnen und Konfirmanden wollen nicht mit doppelten Wahrheiten leben, sondern wollen eine ehrliche Auskunft darüber, in welcher Beziehung der Glaube an Gott, den Schöpfer, zu heutigen Theorien über die Entstehung der Welt und des Lebens steht.
Konfirmandinnen und Konfirmanden sind zugleich beunruhigt über Meldungen von ökologischen Katastrophen. Nicht selten sehen sie zwar ihre persönliche Zukunft positiv, geben der Erde insgesamt aber kaum noch eine Chance. Viele spüren auch: Irgendwann müssen wir das alles ausbaden. Zugleich sind Jugendliche aber häufig durch ihr persönliches Verhalten an der Umweltzerstörung erheblich beteiligt: „Öko" und „selbstgemacht" sind out, Markenartikel und Konsum dagegen in. Zu einem verantwortlichen Umgang mit der Schöpfung sind darum auch die Jugendlichen selbst aufgerufen. Dabei sollte der Konfirmandenunterricht jedoch bei Problemen und Fragestellungen ansetzen, die in der Reichweite der Konfirmandinnen und Konfirmanden liegen und bei denen sie darum auch etwas bewirken können. Haben sie bei Projekten oder Aktionen die Erfahrung gemacht, dass sich „etwas bewegen" lässt, dann lässt sich auch eher die Hoffnung vermitteln, dass ihr Leben auf dieser Erde von Gott her eine Zukunft haben soll.

❷ ERLÄUTERUNGEN ZUM »KURSBUCH KONFIRMATION«, S. 67-74:

S. 67 *Titelbild*: Die Konfirmandinnen und Konfirmanden äußern ihre Eindrücke zum Titelbild, indem sie Adjektive ankreuzen, die sie mit dem Bild assoziieren:

○ einschüchternd
○ schön
○ grenzenlos
○ geheimnisvoll
○ erklärbar
○ rätselhaft
○ einzigartig
○ einsam
○ wundervoll
○ feierlich
○ klein
○ phantastisch
○ überwältigend
○ demütig
○ erschreckend
○ ....
○ ....
○ ....

In einem zweiten Schritt können sie ihren Eindruck begründen. Aus unterschiedlichen Empfindungen ergibt sich fast von selbst eine Diskussion.
Die Zitate stammen aus dem Buch von K. W. Kelley, Der Heimatplanet, Frankfurt/M. 1989.

S. 68 Viele Konfirmandinnen und Konfirmanden sind in der Frage *„Schöpfungsglaube und Naturwissenschaft"* unsicher. Über solide Informationen verfügen sie in der Regel nicht. Meist haben sie hier und dort etwas aufgeschnappt ohne es plausibel verarbeiten zu können oder im naturwissenschaftlichen Unterricht in der Schule Informationen gehört, die den Glaubensaspekt ausgeklammert haben. Sie brauchen daher einerseits naturwissenschaftlich vertretbare Grundinformationen, andererseits aber auch eine begründete und plausible Stellungnahme, wie der Schöpfungsglaube mit den naturwissenschaftlichen Informationen zu vereinbaren ist.
Für eine verständliche und solide Grundinformation über die Entstehung des Universums und die Entwicklung des Menschen verweise ich auf H. J. Blome/H. Zaum, Der Urknall. Anfang und Zukunft des Universums (bsr 2337), München 2004 und vor allem auf die Hefte GEO kompakt Nr. 1 (Die Geburt der Erde) und Nr. 3 (Die Evolution des Menschen).
Naturwissenschaftliche und theologische Perspektiven vereint der Sammelband von T. D. Wabbel (Hg.), Im Anfang war (k)ein Gott, Düsseldorf 2004. Einen Schöpfungsbericht auf dem Hintergrund heutiger naturwissenschaftlicher Erkenntnisse bietet **M 1**!
Zeituhr: Ist der Weg von einem Kilometer zu lang, kann auch ein Ausschnitt und für die letzten zwei Millimeter eine „Vergrößerung" gewählt werden.

S. 69 Zur Veranschaulichung der Information beim Baby-Foto können die Unterrichtenden auch zwei Stecknadelköpfe zeigen. Die Wirkung des Bildes vom Andromeda-Nebel wird gesteigert, wenn es als Dia projiziert werden kann.
Die richtigen Antworten beim Quiz lauten:

1 b; 2 c; 3 a; 4 b; 5 c; 6 c; 7 c; 8 a.
(Zu Nr. 6: „Wenn wir Gott spielen und die Werte für die Naturkräfte durch Knopfdruck frei wählen könnten, würden wir auch trotz Computer und in 100 Jahren nicht die Feinabstimmung zustande bringen, die unser Universum auszeichnet und von der alles Leben abhängt", so der australische Physiker Paul Davies.)

S. 70 *Bild:* Die Konfirmandinnen und Konfirmanden werden gebeten, zum nächsten Treff ein eigenes Bild oder Foto mitzubringen, in dem für sie eine Verbindung von Schöpfung und Glaube (Natur und Religion, Gott und Schöpfung) zum Ausdruck kommt.
Der Text der priesterschriftlichen Schöpfungserzählung ist hier zusammengefasst. Die Beziehung und Interpretation der beiden Schöpfungsberichte vom Anfang der Bibel ist meist Thema des Religionsunterrichts in den Klassen 5, 6 oder 7. Auf einen solchen Vergleich ist hier verzichtet, die Konzentration liegt auf dem ersten, dem jüngeren Bericht. Der zeitgeschichtliche Hintergrund des priesterschriftlichen Berichts wird in **M 2** deutlich.
Der Schöpfungsbericht eignet sich gut für eine kreative Gestaltung – z.B. in Form einer Poster- oder Postkartenserie zu den sieben Schöpfungstagen. In **M 3** sind die Sätze aus 1. Mose 1,1-5 in Bildzeichen (Piktogramme) umgesetzt. Da viele Konfirmandinnen und Konfirmanden mit Bildzeichen vertraut sind, bekommen sie die Aufgabe, weitere Verse des Schöpfungsberichts kreativ in Piktogramme zu verwandeln.
Bekenntnis: Wie sähe ein Bekenntnis zum Zufall aus? " Ich glaube an den allmächtigen Zufall, der alles geschaffen hat im Himmel und auf Erden." Das bedeutet: ... (Die Fortsetzung formulieren die Konfirmandinnen und Konfirmanden.)

S. 71 *Schlagzeilen:* Die Konfirmandinnen und Konfirmanden entscheiden, welche Meldungen besonders bedrohlich sind. Sie stellen eine Rangfolge auf. Dazu rufen die Unterrichtenden jede Meldung kurz auf. Sie wird diskutiert und die Konfirmanden vergeben dazu Punkte (sehr bedrohlich = 10 Punkte – kaum bedrohlich = 1 Punkt). Die Meldungen können auch mit Bildern, Zeitungsartikeln und weiteren Materialien zu einer Wandzeitung gestaltet werden: „Das hält kein Planet aus!" Dazu bekommt jede Konfirmandin und jeder Konfirmand eine Meldung zur weiteren Recherche und Gestaltung.
Ein Tag im Leben ...: Die Konfirmandinnen und Konfirmanden lesen den Text zunächst für sich und unterstreichen die Stellen, an denen sie ein umweltschädigendes Verhalten des Schülers sehen. Im Unterrichtsgespräch werden diese Stellen zusammengetragen und jeweils Alternativen benannt.
In kleinen Gruppen können die Jugendlichen schließlich eigene Möglichkeiten für umwelt- und schöpfungsverträgliches Verhalten diskutieren und notieren: **M 4**.

Häuptling Seattle: Inzwischen ist bekannt, dass der sehr verbreitete „Wortlaut" der Rede des Häuptlings „Siathl" Anfang der 70er Jahre von dem Amerikaner Ted Perry für ein Drehbuch über den Häuptling geschrieben worden ist. Es basiert allerdings auf einer allerdings sehr viel kürzeren Rede, mit der der Häuptling der Duwamish-Indianer 1855 den Kaufvertrag für sein Territorium besiegelte.

S. 72 Die von den Konfirmandinnen und Konfirmanden genannten Vorschläge zur Rettung des Regenwaldes und gegen eine Verschärfung des Klimawandels (*„Was wir tun können!"*) könnten dem Presbyterium bzw. Kirchenvorstand der Kirchengemeinde zur Beratung vorgelegt werden: Wie geht die Gemeinde mit Energie um, wie verhält sie sich bei Baumaßnahmen, wie kann der Papierverbrauch begrenzt werden? usw.
Zu den Themen „Regenwald" und „Klimawandel" gibt es gute Materialien beim Bundesumweltministerium (www.bmu.de), aber auch bei Organisationen wie Greenpeace (www.greenpeace.de) oder Robin Wood (www.robinwood.de).

S. 73 *Bild:* In jedem Frühjahr werden im Nordosten Kanadas 350 000 Sattel- und Klappmützenrobben zur Jagd freigegeben. Die Tiere werden meist mit Pickel oder Keule erschlagen, dann gehäutet – nach Beschuldigungen von Tierschützern oft bei lebendigem Leib.
Tierquälerei: In der Konfirmandengruppe kann gemeinsam überlegt werden, welche Tiere in einem Haus oder einer Wohnung gehalten werden können und wo und wann Tierquälerei beginnt: Papagei – Hund – Schlange – Kaninchen – Korallen – Wellensittich – Meerschweinchen – Gepard – Katze – Diskusfisch – Beo – Schildkröte – Chamäleon – Streifenhörnchen.
Jesus und der Esel: Der Text stammt aus einer der apokryphen neutestamentlichen Schriften. Die genaue Quelle konnte nicht ermittelt werden.

❸ WEITERE IDEEN

- Posterserie zur Schöpfungserzählung 1. Mose 1, 1-2,4: Sieben Tage – sieben Poster (Alternative: Ein Hungertuch malen.)
- 1. Mose 8,22 grafisch gestalten.
- Dias malen zu Psalm 104. Die Dias können im Gottesdienst gezeigt werden.
- Die Konfirmandinnen und Konfirmanden begeben sich für 15 Minuten in die Umgebung des Gemeindehauses, sehen sich etwas ganz Bestimmtes in der Natur an (Käfer, Blüten, Bäume, Vögel usw.), prägen sich das ein und versuchen dieses im Anschluss im Plenum wiederzugeben.
- Die Konfirmandinnen und Konfirmanden beraten in Gruppen über die fünf größten Risiken für die Zukunft der Schöpfung. Sie überlegen auch, was dagegen getan

M 3: DER SCHÖPFUNGSBERICHT IN BILDZEICHEN – DIE SCHÖPFUNG

Am Anfang schuf Gott Himmel und Erde.

Und die Erde war wüst und leer,

und es war finster auf der Tiefe,

und der Geist Gottes schwebte auf dem Wasser.

Und Gott sprach: Es werde Licht!

Und es ward Licht.

Und Gott sah, dass das Licht gut war.

Da schied Gott das Licht von der Finsternis

und nannte das Licht Tag

und die Finsternis Nacht.

Da ward aus Abend und Morgen der erste Tag.

Und Gott sprach: Lasset uns Menschen machen,

ein Bild, das uns gleich sei.

Und Gott schuf den Menschen als Mann

und Frau.

Und Gott segnete sie

und sprach zu ihnen: Seid fruchtbar

und mehret euch!

Und Gott sah, dass es sehr gut war.

Da ward aus Abend und Morgen der sechste Tag.

Und am siebenten Tage ruhte Gott
von allen seinen Werken.

Und Gott segnete den siebenten Tag
und heiligte ihn.

So sind Himmel und Erde geworden,
als sie geschaffen wurden.

»

Gestalte die Verse aus dem Schöpfungsbericht als Piktogramme. Du kannst dich an den Zeichen oben orientieren, du kannst dir aber auch neue Zeichen ausdenken!

M 4: DIE SCHÖPFUNG BEWAHREN! – WAS KANN ICH TUN?

DIE SCHÖPFUNG BEWAHREN! – WAS KANN ICH TUN?

Plastik	________________
Filzstifte, Kleber	________________
Müll, Abfälle	________________
Spraydosen	________________
Strom, Heizung	________________
Batterien	________________
Wasser	________________
Kleidung, Textilien	________________
Papier, Schulhefte	________________
Holz	________________
Glas, Flaschen	________________
Verpackung	________________
Dosen	________________
________________	________________
________________	________________

M 5: GOTTESDIENST – BÄUME: BILDER DER SCHÖPFUNG

Pfarrer/Pfarrerin:	Begrüßung
Lied:	Morgenlicht leuchtet (EG 455)
Pfarrer/Pfarrerin:	Gruß (Eingangsvotum)
Alle:	Psalm 104 (EG West 746) – i.W. Die Konfirmandinnen und Konfirmanden zeigen dazu passend ausgewählte Bilder auf dem OHP.
Konfirmanden/Konfirmandinnen:	Die Konfirmandinnen und Konfirmanden berichten von der Erkundung des dicksten Baumes der Gemeinde und zeigen ein Bild dieses Baumes.
Konfirmanden/Konfirmandinnen:	Die Konfirmandinnen und Konfirmanden verlesen den Text „Lieber Mensch! Weißt du eigentlich, wie sehr du mich brauchst?“ (Vgl. CD-ROM – Der Text ist am Eingang an alle Gottesdienstteilnehmer verteilt worden.)
Alle:	Glaubensbekenntnis (Kursbuch Konfirmation, S. 144)
Lied:	Geh aus, mein Herz, und suche Freud (EG 503,1.2.8.14)
Predigt:	Bäume – Bilder der Schöpfung (Dazu: Bild „Alte Frau bewacht Baum mit Gewehr“, s. S. 106)
Lied:	Gott gab uns Atem (EG 432)
Konfirmanden/Konfirmandinnen:	Zehn Gebote für die Schöpfung
Fürbittengebet:	„Gott, wir beten heute für deine Schöpfung“ (H.M. Lübking, Jugendgottesdienst plus, 69)
Lied:	Laudato si (EG 515,1-4.6)
Alle:	Vater unser
Pfarrer/Pfarrerin:	Segen

Nach dem Gottesdienst werden die Gottesdienstbesucher eingeladen, mit dem Fahrrad eine Erkundungstour zum dicksten Baum der Gemeinde zu unternehmen. Die Konfirmandinnen und Konfirmanden übernehmen die Führung.

PREDIGT: BÄUME – BILDER DER SCHÖPFUNG

Wie alt mag der Baum sein auf diesem Bild? Ein paar hundert Jahre wird er auf dem Buckel haben. Er stand wohl schon zur Zeit Friedrichs des Großen, vielleicht auch schon zur Zeit des Dreißigjährigen Krieges. Doch sein Alter schützt ihn nicht vor der Gedankenlosigkeit von Hausbesitzern und Straßenbaubehörden. Eine alte Frau hat sich seiner angenommen. Sie bewacht ihn mit dem Gewehr in der Hand. Ein Bild zum Schmunzeln. Doch der alten Frau wird nicht zum Schmunzeln zumute sein. Sie spürt: Stirbt der Baum, dann stirbt auch ein Stück meines Lebens in dieser Stadt. Sie verteidigt nicht nur den Baum, sie verteidigt auch ihre Lebensgeschichte.

Bäume sind Bilder der Schöpfung. Ist uns klar, dass wir ohne sie gar nicht leben könnten? Sie geben Sauerstoff, ohne den wir nicht atmen könnten, Wasser, ohne das wir nicht existieren könnten. Bäume halten die Natur im Gleichgewicht.

Bäume sind aber noch mehr. Was ist die Architektur eines Versicherungspalastes gegen die Kunstfertigkeit und Schönheit eines einzigen Baumes? Wenn der Wind mit den Blättern spielt, das Sonnenlicht sie aufleuchten lässt, wenn der Mond ihre Silhouetten versilbert, der Regen ihr Laub wäscht und glänzend macht. An den Bäumen erleben wir den Kreislauf des Jahres: Knospen treiben hervor und Blüten öffnen sich, zartes Frühlingsgrün wird zu einem üppigen Blätterkleid, Früchte wachsen heran, der Herbst treibt sein Farbenspiel, das Leben zieht sich zurück und verbirgt sich, um dann von neuem wieder hervorzubrechen.

Bäume – Symbole des Lebens. Eine Eiche wird 700 Jahre alt. Sie erinnert mich daran, dass vor mir schon Menschen da waren, die pfleglicher mit der Schöpfung umgingen als wir – und sie ermahnt mich, dass auch nach mir noch Menschen kommen werden, die auch noch einen blühenden Kastanienbaum und ein wogendes Kornfeld erleben möchten.

Bäume beruhigen und sie tun dem Auge gut. „Wer möchte leben ohne den Trost der Bäume?“, fragt der Dichter Günter Eich. Ja, wer?

Bäume sind Bilder der Schöpfung. In früheren Zeiten lebten die Menschen von den Bäumen und ihren Früchten. Der Wald machte alle satt. Er sicherte die Arbeitsplätze der Menschen und war zugleich eine unerschöpfliche Rohstoffquelle: Holz für die Tischler, Holzkohle für die Schmiede, Lohrinde für die Gerber, Kienspan für die Lampenmacher, Pech und Teer für die Schiffsbauer und Dachdecker. Bäume rufen mir ins Gedächtnis, dass ich von Gottes Gnaden lebe und nicht selbstherrlich auf Grund eigener Macht und Leistung.

Am Anfang der Bibel steht eine uralte Geschichte. Es ist die Geschichte von dem Menschen, der es nicht aushielt, nur Geschöpf unter Geschöpfen zu sein, sondern sein wollte wie Gott, allmächtig und allwissend.

Im Mittelpunkt der Geschichte steht ein Baum, der Baum der Erkenntnis. Von allen Früchten im Garten darf der Mensch essen, nur nicht von den Früchten dieses Baumes. Doch der Mensch setzt sich darüber hinweg und isst gerade von den Äpfeln dieses Baumes. Die eine Grenze, die Gott gezogen hatte, soll fallen, der eine Baum, die eine Frucht. Der Mensch will sein eigener Herr sein – und deshalb holzt er die 300 Jahre alten Buchen mir nichts dir nichts ab, deshalb rast er mit 180 über die Autobahn und schert sich nicht um die Abgase, die die Bäume zerstören, deshalb vernichtet er jedes Jahr – unwiederbringlich – 200 000 Quadratkilometer tropischen Regenwald.

Ein Baum – was ist das? Nichts weiter als Nutzholz, Brennholz, verwertbarer Rohstoff, Hindernis für die Straßenerweiterung? Wer so denkt, hat vergessen, dass er selbst Geschöpf ist, dass alles Leben aus Gottes Hand kommt, ein Gegenstand unserer Ehrfurcht und unseres Staunens!

Nur wenn Menschen, wie es beim Propheten Jesaja einmal heißt, selbst zu „Bäumen der Gerechtigkeit“ werden, wenn sie ihren Mitgeschöpfen Schatten spenden und Luft zum Atmen, nur dann erhalten wir die Erde als Gottes Garten.

ZEHN GEBOTE DER KONFIRMANDINNEN UND KONFIRMANDEN FÜR DIE SCHÖPFUNG

1) Diese Welt ist die Schöpfung Gottes. Sie bietet uns alles, was wir zum Leben brauchen. Doch zugleich zerstören wir sie und beuten sie aus. Wir haben vergessen, wie großartig diese Schöpfung ist. Dies wollen wir wieder lernen und deshalb rücksichtsvoller mit ihr umgehen.

2) Wasser ist Leben. Doch in unseren Haushalten verschwenden wir das Wasser und unsere Industrie verschmutzt die Gewässer. Deshalb wollen wir sparsamer und bewusster mit dem Wasser umgehen.

3) Ohne einen fruchtbaren Boden gibt es keine Nahrung. Doch wir verseuchen den Boden mit Abfällen und Giften der Chemie und der Landwirtschaft und verbauen immer mehr Lebensraum. Deshalb wollen wir uns für möglichst viele Grünflächen einsetzen, damit wir und die Tiere leben können.

4) Der Wald ist Lebensraum für Tiere und Sauerstoffspender für uns Menschen. Doch bei uns sterben die Wälder an den Abgasen der Autos und der Industrie und in den tropischen Ländern für unseren Luxus. Deshalb werden wir alles tun, was in unserer Macht steht, um das weitere Abholzen der Wälder zu verhindern.

5) Wie eine schützende Glocke umgibt uns die Ozonschicht. Doch Treibgase und Abgase zerstören diesen wichtigen Schutzfilter, der die gefährlichen UV-Strahlen von uns abhält. Deshalb wollen wir in Zukunft auf Spraydosen verzichten und elektrische Geräte, so oft es geht, ausschalten.

6) Wir brauchen die Luft zum Atmen. Aber unsere Fabriken und Autos verpesten die Luft und nehmen uns und den Pflanzen die Luft zum Leben. Deshalb wollen wir mehr Fahrrad fahren und Bäume und Pflanzen schützen, so gut wir es können.

7) Tiere sind Gottes Geschöpfe wie wir. Aber sie werden für Tierversuche gequält und für unseren Luxus getötet. Deshalb wollen wir die Tiere mehr achten und keine Luxusartikel kaufen, für die Tiere leiden müssen.

8) Es ist gut, dass wir Licht haben und warme Wohnungen. Doch oft verschwenden wir viel zu viel Energie für unnötige Dinge. Deshalb wollen wir Strom sparen und unseren Energieverbrauch senken.

9) In unseren Läden gibt es alles zu kaufen. Doch das meiste davon ist unnötig verpackt. Wir ersticken im Müll. Deswegen wollen wir möglichst Müll vermeiden, umweltfreundliche Artikel kaufen und alle wiederverwertbaren Materialien in Containern sammeln.

10) Wir brauchen Ruhe zum Entspannen. Doch wir machen so viel Lärm, dass wir die Tiere verscheuchen und uns selbst damit krank machen. Deshalb wollen wir keinen unnötigen Lärm mehr machen.

❶ INTENTIONEN

Die meisten Konfirmandinnen und Konfirmanden wachsen in einem selbstverständlichen Wohlstand auf. Aus der Schule und aus dem Fernsehen wissen sie zwar, dass es diesen Wohlstand nicht überall gibt, sondern in vielen Ländern, vor allem der südlichen Erdhälfte, Armut und Hunger herrschen. Doch was das für den Alltag der Menschen dort bedeutet, ist ihnen nicht bewusst. Sie haben auch nur selten genauere Vorstellungen von den Ursachen und Zusammenhängen der weltweiten Ungerechtigkeit. Dass die reichen Industrieländer und damit auch sie selbst durch ihren Wohlstand, ihre Konsumgewohnheiten und ihr umweltschädigendes Verhalten in die Armutsverhältnisse der Dritte-Welt-Länder mitverstrickt sind, werden die meisten zunächst ungläubig von sich weisen. Selten haben sie sich bisher klar gemacht, dass unser Tisch durch billige Erzeugnisse aus der Ferne reich gedeckt wird und die Näherin aus Indien für die Jeans, die sie günstig in der Boutique gekauft haben, nur einen Armutslohn bekommt. Der Konfirmandenunterricht ist jedoch nicht der Ort, an dem umfassend über weltweite Wirtschaftsverhältnisse und ungerechte Handelsbeziehungen informiert werden kann. An ausgewählten Problemen können sich die Jugendlichen aber mit den Lebenssituationen von Menschen beschäftigen, die unter ungerechten Strukturen leiden und in Armutsverhältnissen leben und arbeiten müssen. Dabei darf die unterrichtliche Beschäftigung nicht darauf abzielen, bei den Jugendlichen ein Schuldbewusstsein zu erwecken, mit dem sie nicht umgehen können, weil sie für sich keine Alternativen sehen. Sie sollen aber begreifen, dass die ungerechte Verteilung von Reichtum und Armut nicht gottgegeben ist und ihre Lebenschancen nicht auf eigenem Verdienst beruhen, sondern von Gott her als Verpflichtung zum Teilen zu verstehen sind. Darum ist es wichtig, im Unterricht nicht bei der Problembeschreibung stehen zu bleiben, sondern auch Lösungsansätze zu überlegen und zu diskutieren, die zu einem menschenwürdigeren und schöpfungsgemäßeren Zusammenleben aller Menschen in der einen Welt führen können.

❷ ERLÄUTERUNGEN ZUM »KURSBUCH KONFIRMATION«, S. 75-80:

S. 75 *Titelbild*: Weitere Angaben: Von den 100 Personen wohnen 70 in miserablen Wohnungen, sind mehr als 30 Analphabeten, besitzen 2 einen Computer und hat eine(r) einen Universitätsabschluss.
Weitere Angaben über ungerechte Verteilungen zwischen Nord und Süd in: „Wenn die Welt ein Dorf wäre", Misereor 2002 und Le monde diplomatique (Hg.), Atlas der Globalisierung, Misereor 2003.

S. 76 Die richtigen Antworten zu dem Quiz lauten: 1) 1 %; 2) 51 Jahre; 3) 2,3 Milliarden; 4) 3 kg; 5) 1 %; 6) ca. 5 Cent.
Nach den Zahlen von UNICEF leben gegenwärtig mehr als eine Milliarde Kinder in Armut, haben 640 Millionen kein festes Dach über dem Kopf, 400 Millionen kein sauberes Trinkwasser, können 270 Millionen zu keiner Schule gehen, sind 90 Millionen aus ihrer Heimat vertrieben worden, haben 15 Millionen ihre Eltern durch AIDS verloren und wird eine Million Kinder jährlich durch Sextouristen missbraucht.
Weitere Bilder, Texte und Materialien zur Vertiefung der Themen „Hunger" und „Kinderarmut" bei Brot für die Welt und Misereor.

S. 77 Umfassende Informationen zum Thema *„Kinderprostitution/Sextourismus"* bietet das Heft von ECPAT Deutschland e.V., Gegen das Wegsehen. Informationen zur sexuellen Ausbeutung von Kindern, 2004 (www.ecpat.de). Mit diesen Informationen und unter Verwendung von dort angegebenen Materialien können die Konfirmandinnen und Konfirmanden den Schaukasten der Gemeinde zum Thema „Sextourismus" gestalten. Dabei kann auch das Foto zusammen mit ihren Kommentaren verwendet werden (Foto im DIN A 4-Format bei H.-M. Lübking, Fotos und Folien für die Konfirmanden- und Gemeindearbeit).
Pepe: Die Konfirmandinnen und Konfirmanden tragen zunächst in Einzelarbeit ihre entsprechenden Zeiten und Tätigkeiten in das Raster ein. Da die Unterschiede zwischen den Jugendlichen in der Konfirmandengruppe möglicherweise groß sind, sollte eher kein „Gruppenalltag" zusammengestellt werden.
Zur Vertiefung des Themas *„Straßenkinder"* sind die handlungsorientierten Arbeitsmaterialien zum Buch „Pedro und die Bettler von Catagena", Misereor 2004 sehr zu empfehlen.

S. 78 Die Suche nach sinnvollen Möglichkeiten des Protestes gegen Menschenrechtsverletzungen kann mit der Einladung eines Mitgliedes von *amnesty international* in den Unterricht verbunden werden. Er oder sie kann von der eigenen Arbeit bei Amnesty berichten und zu den Vorschlägen der Konfirmandinnen und Konfirmanden Stellung nehmen.
Informationen zu aktuellen Kampagnen und Aktionen von Amnesty sowie zu den gegenwärtigen Gefangenen des

Monats („Briefe gegen das Vergessen") unter www.amnesty.de.

Kinderrechte: Die Konfirmandinnen und Konfirmanden können auch diskutieren, wie es mit der Umsetzung der Kinderrechte an ihrer Schule und in ihrem Ort aussieht. Unter dem Titel „Kinder haben Rechte" hat Brot für die Welt Unterrichtsbausteine zu der UN-Kinderrechtskonvention herausgegeben.

M 1 bietet Material zur Vertiefung des Themas „Menschenrechte".

S. 79 Zu den Brot-für-die-Welt-Projekten vgl. den Vorschlag unter: Anregungen für Projekte und Aktionen. Werden in der Gemeinde oder nach dem Gottesdienst „Dritte-Welt-Artikel" verkauft, können die Konfirmandinnen und Konfirmanden daran auch beteiligt werden.

Transfair: Wenn möglich sollten die Unterrichtenden fair gehandelte Produkte (z.B. Bananen, Schokolade oder Orangensaft) in die Konfirmandengruppe mitbringen, damit die Jugendlichen die Produkte auch sehen und schmecken können. Arbeitsmaterialien zu allen Produkten können bei Brot für die Welt und Misereor bestellt werden.

Am Beispiel der Bananen (**M 2**) können die Konfirmandinnen und Konfirmanden erkunden, welchen Weg die Bananen von Costa Rica bis Deutschland zurücklegen, wer an ihnen verdient und ob es faire Alternativen gibt.

Auch über „faire" Fußbälle lässt sich in der Konfirmandengruppe am besten sprechen, wenn die Unterrichtenden (oder Konfirmanden?) einen mitbringen. In der Aktionszeitung „Fair Play for Fair Life" (Brot für die Welt – als Klassensatz erhältlich) erläutern prominente Sportlerinnen und Sportler, warum sie „faire" Produkte unterstützen und für fairen Sport eintreten.

Oft hört man von Konfirmanden: „Das ist alles ganz schrecklich, aber wir hier können doch nicht viel tun." Was können „wir" tun? Die eigenen Möglichkeiten und die unterschiedlichen Einstellungen zu dieser Frage werden in **M 3** angesprochen.

❸ WEITERE IDEEN

- Die Konfirmandinnen und Konfirmanden äußern ihre Meinung zu gängigen Auffassungen, Vorstellungen und Vorurteilen über den Hunger in der Welt. Mit Hilfe von Materialien von Brot-für-die-Welt (Faltblatt „Fragen, Vorurteile, Argumente"), der Welthungerhilfe („Was eigentlich ist Hunger?") u.a. werden die Meinungen untersucht und überprüft.
- Die Konfirmandinnen und Konfirmanden bringen Lebensmittel mit, die sie im Unterricht vorstellen. Gemeinsam versuchen sie herauszufinden, aus welchem Land die Lebensmittel stammen, wie sie produziert werden usw.
- „Die Lebensmittel aus der Dritten Welt müssten teurer werden": Zu dieser Behauptung stellen sich die Konfirmandinnen und Konfirmanden zu einer Meinungslinie auf (Zu der Methode vgl. **S. 196**)
- Anhand von Brot-für-die-Welt-Geldscheinen vergleichen die Konfirmandinnen und Konfirmanden, was man bei uns für 10 Euro und für 50 Euro kaufen kann und wie derselbe Betrag in der Dritten Welt verwendet werden kann.
- Mit den „Graphischen Vorlagen" oder anderen Materialien von Brot-für-die-Welt können die Konfirmandinnen und Konfirmanden den Schaukasten der Gemeinde gestalten.
- Der oder die Unterrichtende liest mit den Konfirmandinnen und Konfirmanden ein Jugendbuch, das sich mit dem Thema „Dritte Welt – Eine Welt" beschäftigt.

❹ SPIRITUELLE FORMEN

ER LIEGT VOR DER TÜR

- Lied: Liebe ist nicht nur ein Wort (EG West 665,1)
  Die Konfirmandinnen und Konfirmanden lesen reihum Lukas 16,19-31 (S. 80)
  Bild: W. Fries, Er lag vor seiner Tür (S. 80)
  - Stille Bildbetrachtung
  - Einzelne Personen auf dem Bild fangen an zu sprechen: z.B. Mann links außen, Frau vor der Treppe, Kellner, Lazarus... (Die Konfirmanden wählen je eine Person aus und sagen einen oder zwei Sätze.).
  - Klagen (z.B. „Wie können die feiern und tanzen, wenn der vor ihren Augen im Dreck liegt?" „Wie hartherzig Menschen sein können!" „Und dann hetzen die noch die Hunde auf den Mann!" usw.)
  - Bitten (z.B. „Gott, bitte, lass den Mann nicht verhungern!" „Bitte, Gott, lass den Kellner jetzt die Treppe runtergehen zu dem Mann!" usw.)

  Lied: Liebe ist nicht nur ein Wort (EG West 665,2)
  Lesung: Im Paradies

  > Ein reicher Mann starb und erwachte im Paradies. Eine reichgedeckte Tafel verhieß wahrhaft himmlische Freuden. Und alles kostete nur einen Groschen, wurde gesagt.
  > Da dachte der Mann an seinen großen Reichtum und freute sich von Herzen. Doch als er bezahlen wollte, schüttelte man den Kopf: Bei uns gilt nur das Geld, das einer verschenkt hat. Da wurde der Mann traurig, denn er war plötzlich bettelarm. Er hatte nichts in seinem Leben verschenkt.

  Lied: Liebe ist nicht nur ein Wort (EG West 665,3)

MENSCHENRECHTE

- Lied: Aus der Tiefe ruft ich zu dir (EG West 655,1+2)
  Bild: Gefangener-Soldat (H.-M. Lübking, Fotos und Folien für die Konfirmanden- und Gemeindearbeit, Nr. 48)

- Stille Bildbetrachtung
- Die Namen von zwei aktuellen „Politischen Gefangenen des Monats“ (Briefe gegen das Vergessen) werden vorgelesen, außerdem kurze Angaben zur Person und zu den Umständen ihrer Inhaftierung. Zu jeder Person wird eine Kerze angezündet.
- Gebet: Wir denken an alle, die anderen Menschen ausgeliefert sind:
  politische Gefangene, aus ihrer Heimat Vertriebene,
  wegen ihres Glaubens Verfolgte.
  Wir bitten dich, Gott, lass ihre Situation bekannt werden,
  dass sie Freunde finden in aller Welt.
  Wir denken an Not und Elend mitten unter uns:
  an die Kinder, die immer wieder geschlagen werden;
  an alle, die vergessen und abgeschrieben sind.
  Lass uns, Gott, nicht achtlos vorbeigehen an den Menschen,
  die Hilfe brauchen. Amen

Lied: Aus der Tiefe rufe ich zu dir (EG West 655, 3+4)

❺ GOTTESDIENST

Zu dem Thema „Gerechtigkeit in der Welt“ können die Konfirmandinnen und Konfirmanden auch den Erntedankgottesdienst in der Gemeinde vorbereiten: „Eine Handvoll Reis“ **M 4**.

❻ ANREGUNGEN FÜR PROJEKTE UND AKTIONEN

- Kaffeeaktion: Nach einem Gottesdienst kochen die Konfirmandinnen und Konfirmanden fair gehandelten Kaffee und bieten ihn den Gottesdienstbesuchern an. Vorher informieren sie sich über Transfair-Kaffee und erkunden die Läden, in denen er geführt wird.
- Mit den Materialien von Brot-für-die-Welt gestalten die Konfirmandinnen und Konfirmanden eine Ausstellung: „Unsere Lebensmittel und die Dritte Welt“.
- Aus der Projekt-Liste von Brot-für-die-Welt suchen die Konfirmandinnen und Konfirmanden ein Projekt für die Gemeinde aus. Mit den Projektmaterialien von Brot-für-die-Welt gestalten sie dann einen Stand, mit dem sie in der weihnachtlichen Fußgängerzone oder an einer geeigneten Stelle des Ortes für das Projekt werben.
- Solidaritätsaktion „Einen Tag hungern“: Die Konfirmandinnen und Konfirmanden beteiligen sich an einer Aktion einer Jugendgruppe der Gemeinde, die mit einem eintägigen Fasten auf die Hungerproblematik aufmerksam machen will. Dazu wird ein großes Zelt auf dem Kirchplatz oder auf der Kirchwiese aufgeschlagen. Die Aktion endet mit einem Gottesdienst (Bei dieser Aktion ist es wichtig, dass viel Mineralwasser getrunken wird).

❼ HINWEISE

- Brot-für-die-Welt und Misereor bieten zahlreiche gute Materialien an, die auch im Konfirmandenunterricht einsetzbar sind (Schwerpunkte: Kaffee, Kinderprostitution, Billige Teppiche – Missbrauchte Kinder, Blumenkampagne, Kokosnuss u.a,).
- Materialien, Broschüren und Medien zum Thema bieten auch Terre des Hommes, UNICEF, Welthungerhilfe und die Kindernothilfe.
- ku praxis 36, Modelle 7. Leben in der Einen Welt, Gütersloh 1997
- „Leben in Zeiten der Globalisierung“ (Bezug: Brot für die Welt), 1997
- J. Ziegler, Wie kommt der Hunger in die Welt? Misereor 2002
- Video: Fernsehspots (Bezug: Brot für die Welt)
- CD-ROM: „Global Lernen“ (Bezug: Bundeszentrale für politische Bildung)
- CD-ROM: „Basic Needs“ (Bezug: Brot für die Welt)

❽ WICHTIGE ERGEBNISSE

- Die Konfirmandinnen und Konfirmanden haben sich mit der Situation von Menschen auseinandergesetzt, die weltweit in Armutsverhältnissen und unter ungerechten Strukturen leben.
- Sie wissen, dass die ungerechte Verteilung von Armut und Reichtum auf der Welt nicht dem Willen Gottes entspricht und der christliche Glaube auf die Herstellung gerechter Lebensverhältnisse abzielt.
- Sie kennen Brot-für-die-Welt sowie Idee und Produkte des Fairen Handels als wichtige Beispiele kirchlicher Entwicklungsarbeit.

❾ INTERNET-ADRESSEN

www.brot-fuer-die-welt.de
www.gepa.de
www.dekade2005.de
www.child-hood.com

M 1: MENSCHENRECHTE

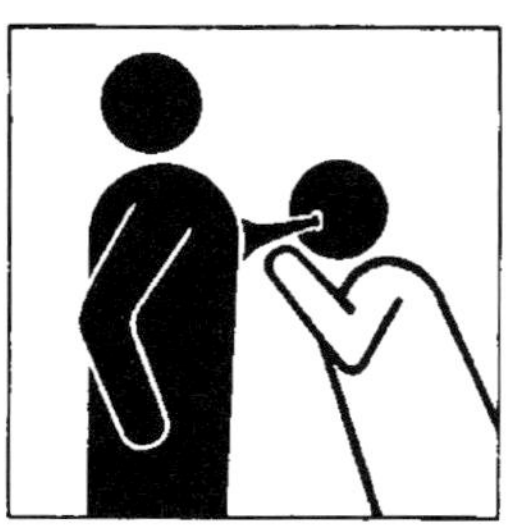

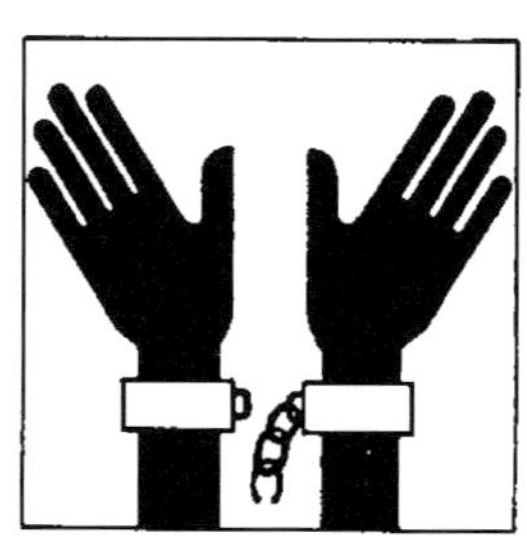

» Welche Menschenrechte sind auf den Bildern dargestellt? Schreibe unter jedes Bild, welches Menschenrecht gemeint ist!
Welche Menschenrechte hältst du für die wichtigsten? Stelle eine Reihenfolge her!

M 2: BANANEN

Wie viel Bananen isst jede(r) Deutsche im Jahr?
○ 36 ○ 5 ○ 80

Was kostet ein Kilo Bananen ungefähr?
○ 1,40 € ○ 0,80 € ○ 2,10 €

Was verdient der einheimische Plantagenbesitzer bzw. Bauer an einem Kilo Bananen?
○ 1 Cent ○ 10 Cent ○ 42 Cent

Aus welchen Ländern kommen die Bananen?
○ Australien, Neuseeland
○ Ecuador, Costa Rica
○ Indien, China

Ecuador und Costa Rica sind die größten Bananenproduzenten der Welt. Viele Plantagen gehören dort großen internationalen Fruchtkonzernen (Chiquita, Dole, Del Monte), die meist auch die Bananen der anderen Plantagenbesitzer aufkaufen. Die Plantagenarbeiter arbeiten in der Regel unter schlechten Bedingungen und zu einem geringen Lohn. Oft sind sie schutzlos dem Einsatz von Schädlingsbekämpfungsmittel ausgesetzt, mit dem die Bananen immer wieder vom Flugzeug aus gespritzt werden.
Nach dem Ernten werden die Bananen sortiert, auf Kühlschiffe verladen und nach Deutschland transportiert. Hier wandern die noch grünen Bananen in die Reifereien, um nach 4–10 Tagen die erwünschte gelbe Farbe zu erreichen. Von Großhändlern werden sie dann an Einzelhändler und Supermärkte ausgeliefert.
In keinem Land werden so viele Bananen gegessen wie in Deutschland. Durchschnittlich isst jede(r) Deutsche 80 Bananen im Jahr, das ist ein Zehntel der weltweiten Bananenproduktion.

Faire Alternative
Im fairen Handel kosten Bananen etwa 1 € pro Kilo mehr. Diese Bananen kommen von Kleinbauernvereinigungen, die ihren Mitgliedern einen fairen Lohn zahlen und mit dem Mehrpreis Gesundheitsstationen oder Schulen unterhalten. Die Bananen werden dort in Mischkulturen angepflanzt, darum kann auf den Einsatz von Schädlingsbekämpfungsmitteln verzichtet werden.

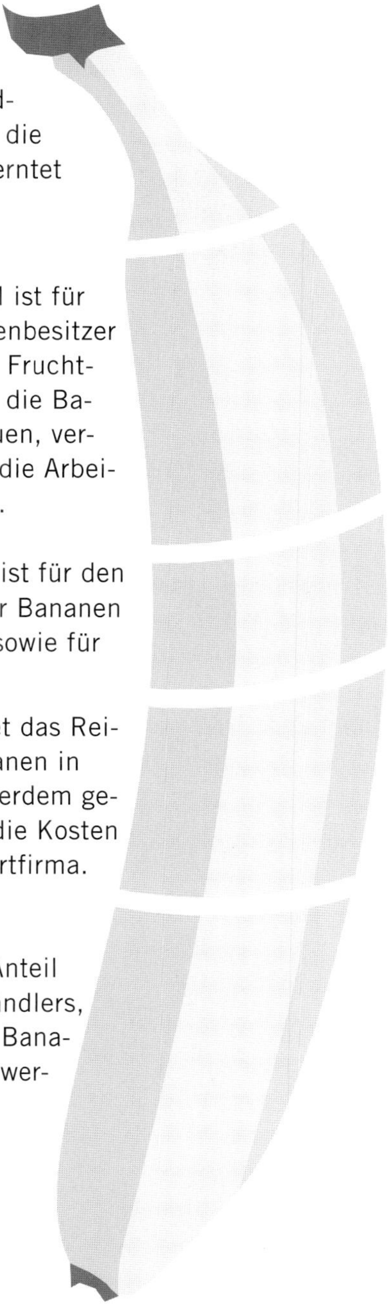

1 Cent = Das bleibt für den Landarbeiter, der die Bananen geerntet hat.

35 Cent = Dieser Anteil ist für den Plantagenbesitzer bzw. für den Fruchtkonzern, die die Bananen anbauen, verpacken und die Arbeiter bezahlen.

25 Cent = Dieses Geld ist für den Transport der Bananen übers Meer sowie für den Zoll.

29 Cent = So viel kostet das Reifen der Bananen in Europa. Außerdem gehören dazu die Kosten für die Importfirma.

50 Cent = Das ist der Anteil des Einzelhändlers, bei dem die Bananen gekauft werden können.

Fair gehandelte Bananen – Vor- und Nachteile –	Andere Bananen – Vor- und Nachteile –
______________	______________
______________	______________
______________	______________
______________	______________
______________	______________
______________	______________

M 3: WAS KÖNNEN WIR TUN?

„Mir gehen die ewigen Nachrichten über Hunger und Krieg in den anderen Ländern auf die Nerven. Was habe ich denn damit zu tun? Viel wichtiger ist, was hier geschieht. Da gibt es auch genug zu verbessern".
Tim, 12 Jahre

„Mein Opa hat mir erzählt, wie die Menschen nach dem Krieg in Deutschland gehungert haben. Und dann haben die Amerikaner, Schweden und andere Pakete geschickt."
Sandra, 13 Jahre

„Wir haben doch schon Milliarden in diese Länder gegeben und es wird immer noch nicht besser. Irgendwann müssen die sich doch mal selbst helfen können!"
Nadine, 13 Jahre

„Wenn ich in Afrika lebte, würde ich vielleicht auch hungern. Dass ich in Deutschland geboren bin, ist reiner Zufall. Also muss man denen doch helfen."
Jan, 12 Jahre

» Was ist eure Meinung? Diskutiert darüber!

» Vergleicht die Aktionen miteinander!

WAS KÖNNEN WIR TUN?

Wir können	ganz richtig	einen Versuch wert	lohnt nicht	völlig falsch
• Geld für „Brot für die Welt" oder für andere Hilfsorganisationen spenden.	○	○	○	○
• gegen Waffenhandel mit Ländern der Dritten Welt protestieren.	○	○	○	○
• uns da nur heraushalten, denn die Probleme in diesen Ländern können die Menschen dort nur selbst lösen.	○	○	○	○
• weniger Fleisch essen, weil unsere Rinder und Schweine mit Viehfutter aus der Dritten Welt gefüttert werden.	○	○	○	○
• öfter mal in „Dritte-Welt-Läden" einkaufen.	○	○	○	○
• uns besser informieren, damit wir genauer Bescheid wissen.	○	○	○	○
• gar nichts tun, denn es wird immer arme und reiche Länder geben.	○	○	○	○
• ________________	○	○	○	○
• ________________	○	○	○	○

M 4: ERNTEDANKGOTTESDIENST – EINE HAND VOLL REIS

Pfarrer/Pfarrerin:	Begrüßung
Konfirmanden/Konfirmandinnen:	Die Konfirmandinnen und Konfirmanden haben sich nach dem tatsächlichen Anteil an der Weltbevölkerung in Asiaten, Europäer, Afrikaner, Lateinamerikaner, Australier und Nordamerikaner aufgeteilt (Vorschlag: durch verschieden farbige spitze Papierhüte gekennzeichnet). Im Altarraum stehen 5 Stühle, auf denen sie Platz nehmen können. Dabei müssen sich Asiaten, Afrikaner und Lateinamerikaner mit 2 Stühlen begnügen. Zwei Konfirmandinnen und Konfirmanden erläutern diese Szene: „Wenn die Welt ein Dorf mit 100 Einwohnern wäre, wären 58 Asiaten, 17 Europäer, 10 Afrikaner, 8 Lateinamerikaner, 6 Nordamerikaner und 1 Australier…“ (Weitere Informationen in Kursbuch Konfirmation, S. 75 und bei den Erläuterungen zur S. 75).
Lied:	Sonne der Gerechtigkeit (EG 262,1-4)
Pfarrer/Pfarrerin:	Gruß (Eingangsvotum)
Alle:	Psalm 145,13-19 – im Wechsel (EG 761.2)
Konfirmanden/Konfirmandinnen:	Unfassbar: Fast 1,3 Milliarden Menschen leben in absoluter Armut. Sie müssen am Tag mit weniger als 1 US-Dollar pro Kopf auskommen. Unvorstellbar: Die 200 reichsten Menschen der Welt haben ein Gesamtvermögen von über 1 Billion US-Dollar. Das entspricht dem jährlichen Einkommen von 47% der Weltbevölkerung. Ungerecht: Das reichste Fünftel der Weltbevölkerung hat 74% aller Telefonanschlüsse, das ärmste Fünftel dagegen nur knapp 1,5%.
Gebet:	„Barmherziger Gott, wir kommen zu dir“ (H.M. Lübking, Jugendgottesdienst plus, 82)
Lied:	Brich mit den Hungrigen dein Brot (EG 420)
Konfirmanden/Konfirmandinnen:	Quiz: Gerechtigkeit in der Welt (Kursbuch Konfirmation, 76) Moderator Jochen Pilaba (ein Konfirmand) stellt die Fragen, die Gottesdienstbesucher können die richtige Antwort nennen. Die einzelnen Fragen mit den jeweiligen Antwortmöglichkeiten werden jeweils auf einem Plakat auf der Stellwand gezeigt. Für die richtige Antwort gibt es als Preis eine Öko-Banane.
Pfarrer/Pfarrerin und Konfirmanden/Konfirmandinnen:	Tauschaktion: Reis und Geld „Von unserem Reichtum abgeben, damit andere Menschen das bekommen, was sie zum Leben brauchen – geht das? Wir wollen das in diesem Gottesdienst am Erntedankfest einmal versuchen: Sie bekommen das, was viele Menschen in den Hungerländern für einen Tag zum Leben zur Verfügung haben – und Sie geben dafür das ab, was Sie an diesem Tag übrig haben und nicht mehr brauchen. Das ist nur ein Zeichen. Damit verändern wir nicht die Welt. Aber wir wissen: Zeichen prägen sich ein! Dieses Zeichen soll heute eine Hand voll Reis sein: 100 Gramm Reis, eine Handvoll, davon leben mehrere hundert Millionen Menschen einen Tag lang – für uns kaum vorstellbar. Und da ist das Geld, das wir an einem Tag übrig haben. Ein Tausch, ein Zeichen der Solidarität. Bitte, nehmen Sie den Beutel mit Reis, den die Konfirmanden jetzt in Körben durch die Reihen geben – und tauschen Sie ihn mit dem Geld, das Sie heute nicht mehr brauchen. Legen Sie das Geld in die Spendentüte von Brot-für-die-Welt und dann in den Korb, der ebenfalls durch die Reihen kommt. Das Geld ist bestimmt für Brot-für-die-Welt, es ist zugleich die Kollekte in diesem Gottesdienst.“
Lied:	Wenn das Brot, das wir teilen (EG West 667)
Pfarrer/Pfarrerin:	Predigt zu Johannes 6,1-15
Alle:	Glaubensbekenntnis
Lied:	Die Erde ist des Herrn (EG West 677)
Pfarrer/Pfarrerin und Konfirmanden/Konfirmandinnen:	Austeilung von Brot und Trauben „Brot und Weintrauben sind Zeichen: Brot – das steht für Nahrung, von der wir leben; Wein – das ist das Zeichen des Festes und der Freude. Wir teilen Brot und zeigen damit: Wir leben alle von dem, was Gott in seiner Schöpfung für uns wachsen lässt. Wir teilen Weintrauben und zeigen damit: Es kommt auch noch eine Zeit der Freude, in der aller Hunger überwunden sein wird. Wir geben jetzt das Brot und die Weintrauben durch die Reihen.“
Lied:	Komm, sag es allen weiter (EG 225)
Fürbittengebet:	„Gott, wir haben keinen Grund zur Klage“ (Jugendgottesdienst plus, 139)
Alle:	Vater unser
Pfarrer/Pfarrerin:	Segen
	Nach dem Gottesdienst verkaufen die Konfirmandinnen und Konfirmanden am Eine-Welt-Stand fair gehandelte Lebensmittel und Artikel.

JOHANNES 6,1-15

Fünftausend hungrige Menschen, keine Läden weit und breit, kein Geld, keine Vorräte, nur ein Kind mit fünf Broten und zwei Fischen – „aber was ist das für so viele?"
Jesus hat die Hungrigen satt gemacht. Mit fünf Broten und zwei Fischen. Wie er das bewirkt hat, wird in der Bibel nicht gesagt. Es heißt nur: Alle wurden satt.
Man kann sich denken, dass die Theologen immer wieder versucht haben, hinter dieses Geheimnis zu kommen. Einer hat gemeint: Als die Menge sah, dass Jesus alles gab, was er auftreiben konnte, um ihren Hunger zu stillen, da kramten die vielen Menschen auch in ihren Taschen. Der eine zog ein Butterbrot hervor, der zweite ein paar Sonnenblumenkerne und der dritte einen Apfel, und so wurden alle satt.
Doch so ist es bestimmt nicht gewesen. Der Evangelist Johannes, der uns diese Geschichte erzählt, hat in dieser Speisung der Fünftausend ein Zeichen gesehen. Denn es wurden nicht nur alle satt, sondern es war so viel da, dass am Ende zwölf Körbe gefüllt werden konnten von dem, was übrig blieb. Jesus hat die Menschen nicht nur einmal zufällig satt gemacht, sondern er kann den Hunger an Leib und Seele stillen, den Hunger nach Leben. Grundsätzlich.
Dieses Zeichen haben die Menschen damals missverstanden. Wer so satt machen kann, der muss der große Prophet sein, der Befreier, auf den alle Welt wartet. Und so wollen sie ihn zu ihrem König machen, damit er mit umsichtiger Verteilung des Brotes immer wieder Wunder bewirkt. Eine Wiederholung des Wunders, möglichst auf Bestellung.
Doch Jesus sagt: „Der Mensch lebt nicht vom Brot allein."
Das ist kein Wort für Hungernde. Wer dies einem Menschen sagt, der nicht weiß, wie er sich und seine Familie ernähren kann, der macht sich schuldig. Jeder sechste Mensch auf dieser Erde lebt in absoluter Armut, muss mit einem Dollar am Tag auskommen. Dabei würden 40 Milliarden Dollar jährlich ausreichen, um diese Armut zu bekämpfen – das ist weniger als die Europäer jährlich für Zigaretten ausgeben.
„Der Mensch legt nicht vom Brot allein" – das ist ein Satz für uns, die Satten, deren Leben geprägt wird durch die Jagd nach immer mehr Brot, nach immer mehr Wohlstand.
„Der Mensch lebt nicht vom Brot allein" – das ist eine Wahrheit, die wir verdrängt haben.
Inzwischen ist aber eine andere Wahrheit offenkundig geworden: „Der Mensch stirbt am Brot allein." Er erstickt im Müll, den er hinterlässt; er verblödet durch die Berieselung des Fernsehens; er vergiftet sich an den Drogen, mit denen er seine Langeweile betäubt.
Man kann an vollen Schüsseln verhungern.
Jesus kann Hungrige satt machen. Mit fünf Broten und zwei Fischen. Aber vor allem durch seine Worte und Geschichten. Mit seiner Wahrheit und Liebe. Und weil man bei ihm die Fülle des Lebens finden kann, die satt macht.

❶ INTENTIONEN

Die Probleme Jugendlicher werden im Konfirmandenunterricht nur selten thematisiert. Meist werden ausschließlich Stoffe und Themen der christlichen Tradition vermittelt, obwohl man doch möchte, dass die Konfirmandinnen und Konfirmanden spüren können, dass der christliche Glaube etwas mit ihren Fragen und Problemen zu tun hat. Bei näherem Zusehen kann man aber feststellen, dass sich die Konfirmandinnen und Konfirmanden in einer Lebensphase befinden, in der viele Fragen aufbrechen, die mit zentralen Einsichten des christlichen Glaubens verbunden sind:
Sie entwickeln optimistische Vorstellungen für ihr zukünftiges Leben und sind doch unsicher, ob es ihnen gelingt, auch einen Sinn für ihr Leben zu finden. Sie haben mitunter Angst, trauen sich aber nicht, das zuzugeben. Viele leben mit Schulangst und quälen sich mit Leistungsanforderungen, denen sie nicht gewachsen sind. Sie haben viel Freizeit, erleben diese aber nicht immer als Zeit der Freiheit. Sie fürchten sich vor einer Zukunft in Beton, sind zugleich aber oft unfähig, sich für Alternativen zu engagieren. Sie sehnen sich nach Freundschaft, erleben aber gleichzeitig auch immer wieder Gefühle des Ausgeschlossenseins. Sie sind das erste Mal verliebt und müssen zugleich lernen, mit Enttäuschungen fertig zu werden.
So gehen sie in dieser Lebensphase verstärkt durch Verunsicherungen und Selbstzweifel, in denen der christliche Glaube als hilfreiche Orientierung und persönliche Stärkung erfahren werden kann. Sie machen „Mist" und fühlen sich schuldig und können doch auch erfahren, dass es bei Gott Vergebung gibt. Sie sind nicht die Größten und nicht die Schönsten – und doch als Geschöpfe Gottes einzigartig. Sie wollen „in sein", dazu gehören und sich vor den anderen möglichst keine Blöße geben und können doch lernen, mit eigenen Schwächen umzugehen – wissend, trotzdem anerkannt zu sein. Sie sind auf der Suche nach ihrer Identität und dürfen hören, von Gott angenommen zu sein, so wie sie sind.
Jugendliche sind im Konfirmandenalter auf der Suche nach einem eigenen Lebenskonzept. Sie streben nach Unabhängigkeit von den Erwachsenen und suchen doch zugleich die Auseinandersetzung, weil sie dabei ernst genommen werden. Dieser Auseinandersetzung sollte sich der Konfirmandenunterricht nicht entziehen. An den Fragen, die dabei aufbrechen und zu denen sie eine Antwort suchen, entscheidet sich für die Jugendlichen häufig die lebenspraktische Relevanz des christlichen Glaubens.

❷ ERLÄUTERUNGEN ZUM »KURSBUCH KONFIRMATION«, S. 81-98:

S. 81 *Titelbild:* Schweigegespräch zum Text des Titelbildes: Zu dem Impuls „Übertreibung oder Wahrheit?" schreiben Konfirmandinnen und Konfirmanden einzelne Sätze oder Worte auf die Tafel – ohne zu sprechen.
Warum bin „ich" eine Sehenswürdigkeit? Die Konfirmandinnen und Konfirmanden tragen mehrere Argumente zusammen.

S. 82 *Fragebogen:* Jede(r) stellt sich selbst vor. Ergänzung: Welche Frage hat dir gefehlt, zu der du gern etwas über dich selbst gesagt hättest?
Die Konfirmandinnen und Konfirmanden können Eva und Robert einen Antwortbrief schreiben.
„Was zerrt an dir?" Es ist wichtig, dass nur die Konfirmandinnen und Konfirmanden ihre Ergebnisse vorlesen, die dies auch wollen.
Dass jeder Mensch Stärken und Schwächen hat und beides zusammengehört wie die beiden Seiten einer Medaille, zeigt **M 1**.

S. 83 Zum *Bild* vgl. die Regeln der Bildbetrachtung:
1) Was sehe ich? Beschreiben, ohne zu werten.
2) Woran bleibe ich hängen?, Wohin sehe ich intensiver?
3) Wie wirkt das Bild auf mich? Was stört mich, was zieht mich an?
4) Wie interpretiere ich das Bild? Welchen Titel könnte es tragen?

Mädchen über Jungen – Jungen über Mädchen: Kleine, gemischte Gruppen (Mädchen und Jungen) kommentieren und diskutieren die Statements. Anschließend berichtet eine(r) aus der Gruppe im Plenum.
Fragebogen: Er sollte zunächst in seinem Gesamtergebnis und dann nach Mädchen und Jungen getrennt ausgewertet werden. Gibt es erhebliche Unterschiede?
Zu dem Thema können die Konfirmandinnen und Konfirmanden auch einen kleinen Text schreiben: „Ich wachte eines Morgens auf und stellte fest, ich war ein Junge bzw. ein Mädchen" (Geschlechtertausch). Wie geht es weiter? Wie sind die eigenen Gefühle, wie reagiert die Umwelt, wie kommt „das neue Mädchen"/„der neue Junge" mit der Situation zurecht?
M 2 (Rollenbilder – Mann und Frau) enthält mehrere Anstöße zur Vertiefung des Themas „Als Mann und Frau geschaffen".

S. 84 Zu Sandra und Marc wird es den Konfirmandinnen und Konfirmanden nicht schwer fallen, eigene Beispiele beizusteuern.
Vexierbild: Interessant wäre eine Abstimmung unter den Konfirmandinnen und Konfirmanden, wie viele zuerst die alte oder die junge Frau gesehen haben. Die Konfirmandinnen und Konfirmanden können das Experiment auch in ihrer Familie wiederholen.

Coolsein: Sicherlich fallen den Konfirmandinnen und Konfirmanden noch weitere Übungen ein, um Coolsein zu demonstrieren.
Zum Coolsein vgl. auch das Gedicht von Bettina Wegner bei H.M. Lübking, Jugendgottesdienst plus, Gütersloh 2001, 49.
Bei der letzten Umfrage nach den Vorbildern der Deutschen (Stern 2003) belegten die ersten Plätze: 1) die eigene Mutter 2) Mutter Teresa 3) der eigene Vater 4) Nelson Mandela 5) Michail Gorbatschow 6) Albert Schweitzer 7) Mahatma Gandhi 8) Martin Luther King 9) Albert Einstein 10) Jesus.
Zur Vertiefung des Themas vgl. auch **M 3**: Stark und schön?

S. 85 Was Jugendliche schon erlebt haben: Die Tabelle stammt aus dem Buch von J. Zinnecker (u.a.), null zoff & voll busy, Opladen 2003, 101.
E. Munch, Der Schrei: Zur Entstehung des Bildes, von dem es eine ganze Reihe von Varianten gibt, schreibt Munch: „Ich ging fürbaß mit zwei Freunden. Die Sonne sank, auf einmal wurde der Himmel rot wie Blut, und Wehmut befiel mich. Ich stand still, lehnte mich gegen das Geländer, müde bis zum Tode. Über dem blauschwarzen Fjord und der Stadt lag der Himmel wie Blut und Feuerzungen. Meine Freunde gingen weiter, ich stand allein, bebend vor Angst. Mir war, als ginge ein mächtiger Schrei durch die Natur."
Das Bild trägt den Titel „Der Schrei". Mit den Konfirmandinnen und Konfirmanden kann überlegt werden, wie das Bild auch heißen kann. Hier einige Vorschläge:
- Der Schrecken
- Panik
- Einsamkeit
- Das Grauen
- Die Wut
- Gewitter
- Die Verzweiflung
- Die Gefahr
- Die Bedrohung

Selbstmord von Jugendlichen: Das Gespräch über den Abschiedsbrief bedarf hoher Sensibilität. Die Konfirmandinnen und Konfirmanden sollten zunächst Gelegenheit haben, den Briefausschnitt in Ruhe zu lesen und die dazugehörigen Fragen für sich zu beantworten. Es folgt eine Arbeitsphase in einer selbst gewählten Kleingruppe (max. 4 Personen), in denen die Konfirmanden ihre Ergebnisse besprechen, bevor sie ins Plenum gebracht werden.
Zu den Hintergründen für die hohe Zahl von Suizidfällen bei Jugendlichen: R. du Bois, Jugendkrisen (bsr 1311), München.
Der Fragebogen ist für die Jugendlichen persönlich bestimmt. Die Ergebnisse sollten nicht vorgelesen oder ausgewertet werden.
Wer das Thema „Manchmal habe ich Angst" vertiefen möchte, findet unter **M 4** einen Vorschlag, zu diesem Thema die biblischen Psalmen einzubeziehen.

S. 86 *„Ich kann nicht malen wie ...":* Das „Ich-Feld" kann auch vergrößert (kopiert) werden. Die persönlichen „Ich"-Darstellungen der Konfirmandinnen und Konfirmanden können dann in der Gruppe in einer „Ich"-Ausstellung präsentiert werden.
Was mir an dir gefällt: Die Konfirmandinnen und Konfirmanden stellen jeweils ihre Partnerin bzw. ihren Partner vor. Allerdings sollten die Äußerungen nur mit Zustimmung der Jugendlichen vorgelesen werden.

S. 87 Wenn es den Konfirmandinnen und Konfirmanden schwer fällt, eigene kleine Schuldbekenntnisse zu schreiben, bietet sich als Alternative an: Sie schreiben auf, „als ich einmal ein schlechtes Gewissen hatte". Ihre Äußerungen stecken sie in einen Briefumschlag. Alle Briefe werden gesammelt und, ohne Namensnennung, verlesen. Sie werden dann in einen feuerfesten Topf geworfen und dort verbrannt. Dazu lesen die Unterrichtenden Psalm 103 in der Fassung bei H.M. Lübking, Jugendgottesdienst plus, 86.

S. 88 *Verzeihlich – unverzeihlich:* Die Aufgaben eignen sich auch für eine Partnerarbeit. Zu zweit können die Konfirmandinnen und Konfirmanden auch versuchen, Beispiele für die Verhaltensweisen der rechten Spalte zu finden.
Zachäus: Standbild zur Zachäus-Erzählung: Die Konfirmandinnen und Konfirmanden bereiten das Standbild in Gruppenarbeit vor. Die Darstellung jeder Gruppe verdient es, beklatscht zu werden.
In der Ausgabe der „Jericho-Rundschau" vom nächsten Tag steht auf der Titelseite ein Bericht über die Begegnung von Jesus und Zachäus: Wie könnte die Schlagzeile lauten? Wie bewertet der Zeitungsredakteur das Verhalten Jesu? Was hält er von dem plötzlichen Sinneswandel des Zachäus? usw. Die Konfirmandinnen und Konfirmanden verfassen in kleinen Gruppen (max. 4 Personen) einen Zeitungsartikel.
Welchen Augenblick in der Zachäus-Erzählung hält das Bild von S. Köder fest? Die Konfirmandinnen und Konfirmanden können sich anhand des Bildes gut in die Situation der protestierenden (und anklagenden) Menge, aber auch in die des Zachäus versetzen – und ihnen mit einigen Sätzen Stimme verleihen.

S. 89 Bild: Vgl. die Regeln der Bildbetrachtung (s. zu S. 83!).
Die Konfirmandinnen und Konfirmanden bekommen mehrere Graffitisprüche. Passt einer zu dem Bild? Von den Sprüchen animiert können sie auch einen eigenen zu dem Bild formulieren. Beispiele:
- Die Welt ist groß und gehört den anderen
- Träume nicht dein Leben, lebe deinen Traum.

- Ich kaufe, also bin ich.
- Alles wird besser. Nichts wird gut.
- Wenn jeder an sich denkt, ist an alle gedacht.
- Alle Menschen werden als Original geboren, die meisten sterben als Kopie.
- Das Leben ist gratis, der Rest ist käuflich.
- Das Leben ist wie ein Puzzle, wie kriege ich das bloß zusammen?
- Nimm dir dein Leben, es gehört dir.
- Mein Gott lebt, tut mir leid wegen deinem.

Der Fragebogen ist für die Konfirmandinnen und Konfirmanden bestimmt. Sie können ihn auch zu Hause allein in Ruhe ausfüllen. Vorlesen (evl. auch Teile) sollten sie daraus nur, wenn sie es gern möchten.
Lebensziele: Zunächst sollten die Konfirmandinnen und Konfirmanden für sich ihre wichtigsten Lebensziele bestimmen, dann kann die Reihenfolge in der Gruppe ermittelt werden.
Ergebnisse einer Umfrage nach den TOP-Lebenszielen von Kindern und Jugendlichen (10-18 J.):
1) Beruf 2) Familie 3) Materielles (bei Mädchen an 6. Stelle) 4) Bildung 5) Haus 6) Persönlichkeit 7) Sport 8) Außerberufliches (Reisen, Freundschaft, Führerschein ...) 9) Berühmtheit 10) Gesundheit. Quelle: J. Zinnecker (u.a.), null zoff & voll busy, Opladen 2003, 122).
Matthäus 19,16-22: Zur Erzählung vom „Reichen Jüngling" gibt es eine gute Nacherzählung von F. Sorkale in: D. Gerts (u.a.), Mitten unter uns – Jesusgeschichten der Bibel nacherzählt, Gütersloh 1987, 57ff. Vgl. auch H.M. Lübking, Die Jesus-Gschichte, 28!

S. 90 *Onkel Dagobert:* Was fällt den Konfirmandinnen und Konfirmanden zu Onkel Dagobert ein? Ist Onkel Dagobert glücklich?
Macht Geld süchtig? In Kleingruppen können die Konfirmandinnen und Konfirmanden auch Hit-Listen der Sachen zusammenstellen, die „man" als Jugendliche(r) haben „muss", um mithalten zu können. Wie teuer sind diese Sachen? Wie viel Taschengeld braucht man im Monat, um sich alles kaufen zu können?
Impuls für diese Diskussion: „Wirtschaftsgeld ist besser als Taschengeld! Aus den 30 – 50 Euro Taschengeld werden dann 100 bis 150 Euro Wirtschaftsgeld pro Monat. Von diesem Geld werden dann aber auch Kleidung, Schulmaterialien, Eintrittskarte oder Geschenke gezahlt. Man muss lernen, sich das Geld selber einzuteilen und verantwortlich damit umzugehen."
Wie sehen das die Konfirmanden?
Handy: Da das Handy der neue Einstiegsfaktor Nummer eins in die Verschuldungskarriere bei Jugendlichen geworden ist, kann es sinnvoll sein, jemanden aus der Schuldnerberatung zu diesem Thema in den Unterricht einzuladen. Zum Thema „Handy-Welten" sind bei Misereor gute Unterrichtsmaterialien erschienen.
Matthäus 6,24-33: Wie könnte eine Überschrift zu diesem Text lauten? Die Konfirmandinnen und Konfirmanden machen Vorschläge.
Sie können in kleinen Gruppen auch eine Postkartenserie zu dem Text entwerfen oder kleine Streichholzschachtel-Bilder, die dann in einer Ausstellung gewürdigt werden.
Vgl. zum Thema „Geld" auch die verschiedenen Impulse in **M 5**!

S. 91 „Tanzen bis zum Morgen" oder „Vor der Glotze": welche anderen Beispiele für *„Das Leben genießen"* fallen den Konfirmandinnen und Konfirmanden ein? Was heißt das bei ihnen selbst?
Eine Variante zu *„in" oder „out"*: Es werden große Umrissfiguren (Mädchen und Junge) gezeichnet. „Was ist gerade out?" „Was ist gerade in?" Konfirmandinnen und Konfirmanden tragen zusammen, was ihnen dazu einfällt; es wird in die Umrissfiguren geschrieben.
Glück: Aus einem Angebot von Bildern und Fotos suchen die Konfirmandinnen und Konfirmanden das Bild aus, das sie am meisten mit Glück in Verbindung bringen. Sie kleben es in die Mitte eines Plakates (DIN A2 oder DIN A1) und schreiben drumherum, was Glück für sie bedeutet.
Die Konfirmandinnen und Konfirmanden können auch kurze Texte zu „Glücksmomenten im Alltag" aufschreiben (z. B.: „Die schönsten Stunden sind die, wenn wir mit der Clique an den Waldrand gehen und dort oben picknicken. Manchmal bleiben wir, bis es dunkel ist und die ersten Sterne kommen. Das ist einfach toll." Oder: „Nach der Schule ziehe ich mich in mein Zimmer zurück, höre Musik oder liege auf dem Bett. Ich fühle mich dann ganz geborgen und fange an zu träumen.") Einige dieser Texte können dann mit Erlaubnis der Konfirmanden im Gemeindebrief veröffentlicht werden – mit der Bitte an die Gemeindeglieder, ähnliche Texte einzusenden.

S. 92 *Mit 20, mit 30, mit 40 ...:* Ohne Kenntnis der Umfrageergebnisse könnten Konfirmandinnen und Konfirmanden zunächst selbst angeben, in welchem Alter sie „das alles" erreicht haben wollen. Ihre Angaben können dann mit den Umfrageergebnissen verglichen werden.
Wenn die Konfirmandinnen und Konfirmanden reihum vortragen, welches Leben sie gern führen möchten („Als Lehrerin/Lehrer einer Grundschule auf dem Land" oder „Als Globetrotter auf einem Segelboot um die Welt" usw.), muss untereinander die Vereinbarung gelten, dass nicht gelacht wird oder keine „dummen Sprüche" gemacht werden. Die Konfirmanden können untereinander Nachfragen stellen, die Unterrichtenden sollten aber auch zu Antworten bereit sein.
An diese Runde kann sich eine Diskussion anschließen: Was gehört zu einem guten Leben dazu?

S. 93 *Karikatur:* Die Konfirmandinnen und Konfirmanden beschreiben zunächst, was sie in der Karikatur alles sehen. Sie suchen dann nach einem passenden Titel und

machen hierzu Vorschläge. Über den geeigneten Vorschlag wird abgestimmt.
„Und wenn da zwei Jugendliche an Stelle der beiden älteren Herren säßen ...? Was stünde dann in den Sprechblasen?"
„Wofür setzt du dich ein?" Steht das Gesamtergebnis der Gruppe fest, kann weitergefragt werden, warum die eine Aufgabe so viel, die andere so wenig Zustimmung gefunden hat.
David und Sara: Wer kennt ähnliche Jugendliche? Warum engagieren die sich für ihre Sache? Wer von den Konfirmandinnen und Konfirmanden engagiert sich auch und wofür? Wer ist in einem Verein, wer ist in einer AG?...
Zum Text von M.L. King vgl. auch Arbeitsbuch, S. 127!

S. 94 Die Äußerungen von Paul und Cora passen gut zu den Ergebnissen der Jugendstudie „null zoff & voll busy" (2003), die zu den Zukunftserwartungen der 13- bis 18-jährigen feststellt, dass die meisten Jugendlichen eher optimistisch in ihre persönliche Zukunft sehen, aber „misstrauisch, ungläubig und pessimistisch" sind, wenn es darum geht, „wie es in Zukunft weitergehen wird":

- 76% glauben, dass gewalttätige Konflikte das Leben zunehmend verunsichern werden.
- 71% glauben, dass es immer weniger Arbeitsplätze geben wird.
- 64% glauben, dass Technik und Chemie die Umwelt zerstören werden.
- 63% glauben, dass die wirtschaftlichen Krisen sich verschärfen werden.

Die Autoren überschreiben ihr Zukunftskapitel daher mit: „Eine optimistische Generation sieht schwarz."
Lehrstellen: Die Meldung stammt aus dem Jahr 2004. Die Zahlen müssten jeweils aktualisiert werden, auch wenn die Tendenz des Berichts noch länger zutreffen dürfte.
„Was brauchen wir für ein sinnvolles Leben in der Zukunft?" Es ist reizvoll, die Ergebnisse der Jugendlichen mit denen einer Erwachsenengruppe in der Gemeinde zu vergleichen. Eine „Hoffnungsspinne" zum Ausfüllen (**M 6**) gibt den Konfirmandinnen und Konfirmanden die Möglichkeit, für sich zu klären, welche persönlichen und allgemeinen Hoffnungen sie selbst haben.

S. 95 *Szene zu dem Bild:* Eine Alternative könnte sein: „Dies ist nur ein Foto aus der Serie von 10 Fotos. Wie könnten die Fotos vor oder nach dem Bild aussehen?"
„Wie ich mir einen Freund ...": Wer will, kann seine Erwartungen vorlesen. Auch hier gilt die Vereinbarung: Gelächter und dumme Sprüche sind nicht erlaubt. Zum Schluss kann festgehalten werden, welche Vorstellungen am häufigsten genannt werden.
Der Hinweis auf das *Hohelied* ist als persönlicher Lektüre-Tipp für die Konfirmandinnen und Konfirmanden gemeint. Dennoch können sich die Unterrichtenden ja mal erkundigen, ob jemand das Hohelied gelesen hat.
Einen persönlichen Fragebogen zum Thema „Liebe-Freundschaft" für die Konfirmandinnen und Konfirmanden enthält **M 7**.

S. 96 *Zeichnungen:* Wie würden die Konfirmandinnen und Konfirmanden die verschiedenen Bilder von Liebe charakterisieren („Echte Kumpel", „Gemeinsam durch dick und dünn", „Große Leidenschaft", „Schön romantisch" oder?) Welches Bild passt am besten zum Gedicht von Erich Fried?
Wie wichtig sind ...? Was die Konfirmandinnen und Konfirmanden zunächst in Einzelarbeit angekreuzt haben, sollte nach Mädchen und Jungen getrennt ausgewertet werden. Welche Erklärung haben die Konfirmanden selbst für mögliche Unterschiede?

S. 97 *Bild:* In einer ersten Runde geben die Konfirmandinnen und Konfirmanden spontane Kommentare zum Bild. – „Nehmen wir an, eine der Personen wäre deine Schwester oder dein Bruder!" – „Wer hat denn so etwas schon einmal erlebt?"...
„Liebe Julia!" Die Konfirmandinnen und Konfirmanden verlesen ihre Briefe, die sie Julia geschrieben haben. – „Julia hätte sich bestimmt über den einen oder anderen Brief gefreut. Aber was könnte sie nach einer solchen Enttäuschung noch brauchen?"...
2. Samuel 13: Das Gespräch über die Vergewaltigung Tamars durch Ammon bedarf besonderer Sensibilität!

❸ WEITERE IDEEN

- Ein Selbsteinschätzungs-Persönlichkeitsprofil erstellen: Auf einem Arbeitsbogen werden etwa zehn Eigenschaften (Beispiele: temperamentvoll – ruhig, unsicher – selbstsicher, optimistisch – pessimistisch usw.) genannt – mit einer Skala, auf der sich die Konfirmandinnen und Konfirmanden zwischen 1 und 4 ankreuzen können.
- „Mein Zimmer": Die Konfirmandinnen und Konfirmanden bringen einen Gegenstand aus ihrem Zimmer mit, der für sie charakteristisch ist, und stellen ihn vor.
- „Wer mich alles umwirbt!" Eine Umrissfigur wird aufgezeichnet. Im Kreis darum werden Keile gezeichnet mit Aufschriften: Banken, Modeindustrie, Vereine, Kirche, Parteien usw. „Was wollen die von mir? Wie fühle ich mich dabei?..."
- Eine persönliche Visitenkarte entwerfen.
- „Die eigene Hand kopieren!" In die kopierte Hand können die Konfirmandinnen und Konfirmanden hineinschreiben, was sie mit ihren Händen „gut" tun können.
- Schreibfigur von Psalm 8: Groß, klein, farbig, mit besonderen Initialen, in besonderer Anordnung schreiben ...
- Den 80. Geburtstag eines Konfirmanden oder einer Konfirmandin spielen: „Das war dein Leben!" Diskutieren, was die Konfirmandinnen und Konfirmanden selbst mit

80 Jahren erlebt haben wollen – und dies mit dem Leben der Großeltern vergleichen.

- Assoziatives Malspiel „Manchmal habe ich Angst“: Zu einer meditativen Musik (3-5 Minuten) zeichnen die Konfirmandinnen und Konfirmanden im Rhythmus der Musik Linien auf ein DIN-A3-Plakat. Wenn die Musik vorbei ist, malen sie die entstandenen Flächen und Strukturen farbig aus. Die Bilder werden ausgestellt und auf Anfrage von den entsprechenden Konfirmandinnen und Konfirmanden kommentiert.
- Den eigenen Traumtyp aus Illustrierten und Werbeseiten aussuchen. Dazu einen Wunschzettel schreiben: „Wie er/sie sein soll!“
- Ein eigenes Foto mitbringen und den eigenen Kopf auf eine aus einer Illustrierten ausgeschnittenen „Wunschfigur“ kleben.
- Vorschläge: „Wie zettele ich eine Freundschaft an?“ Die Vorschläge werden anonym aufgeschrieben, in einen Briefumschlag gesteckt und dann vorgelesen. Danach ergibt sich eine Basis, in der Gruppe über Freundschaft zu reden.
- In Gruppen stellen die Konfirmandinnen und Konfirmanden aus Dias, die ihnen zur Verfügung gestellt werden (Mediotheken!), mehrere „Beziehungsgeschichten“ zwischen Mädchen und Jungen zusammen.
- Pro-und-Contra-Diskussion:
  „Heiraten oder Zusammenleben ohne Trauschein?“
  „Nur standesamtliche oder auch kirchliche Trauung?“
- Die Konfirmandinnen und Konfirmanden gestalten jeweils ein Poster zu den Themen: Hobbys, Lieblingsschulfach, bevorzugte Musikgruppe, liebste Fernsehsendung, Traumland, was ich gar nicht mag, was ich an meinen Freundinnen und Freunden besonders schätze. Die Poster werden aufgehängt und nach den Kriterien ausgewertet: Was habe ich, was niemand anders hat? Was verbindet mich mit anderen?
  Jede Konfirmandin und jeder Konfirmand schreibt sich selber einen Brief. Er kommt in einen verschlossenen Umschlag mit der Aufschrift: „Erst in einem Jahr öffnen!“ Darin schildert er oder sie, welche Wünsche, Befürchtungen oder Vorsätze er oder sie im Blick auf die Familie, die Freunde, die Schule oder die Konfirmandenzeit hat.

❹ SPIRITUELLE FORMEN

DU BIST DU

- Lied: Vergiss es nie: Dass du lebst war keine eigene Idee
  und dass du atmest kein Entschluss von dir.
  Vergiss es nie: Dass du lebst war eines anderen Idee
  und dass du atmest kein Entschluss von dir.
  Du bist gewollt, kein Kind des Zufalls, keine Laune der Natur,
  ganz egal ob du dein Lebenslied in Moll singst oder Dur.
  Du bist ein Gedanke Gottes, ein genialer noch dazu.
  Du bist du, das ist der Clou.
  Paul Janz

- Unterrichtende lesen vor: Geburtstag und Vorname von jedem Konfirmanden

- Text: Niemand sonst hat deine Fingerabdrücke.
  Niemand sonst hat deine Augen.
  Niemand sonst hat deine Stimme.
  Niemand sonst hat deine Erinnerungen.
  Niemand sonst kann die Geschichten erzählen, die du kennst.
  Niemand sonst hat deine Träume:

  Du bist ein Original.
  Du bist einmalig.
  Gott hat dich wunderbar gemacht.

  Er kennt dich besser, als Menschen dich kennen.
  Er weiß alles, auch das, was du sonst ängstlich verbirgst.
  Er sagt: Ich wäre gern an deiner Seite, wie ein Freund,
  von dem du weißt, dass er es gut mit dir meint.

  Auch wenn du nicht so schlau bist wie Einstein
  und nicht so bekannt wie Angela Merkel –
  du bist etwas ganz Besonderes,
  du bist einmalig.
  „Fürchte dich nicht“, sagt Gott, „denn ich habe dich erlöst,
  ich habe dich bei deinem Namen gerufen, du bist mein.“

- Lied: Du bist gewollt ...

- Vater unser

- Segen

WORAUF WIR HOFFEN

- Lied: Wir haben Gottes Spuren festgestellt (EG West 648,1)
- Lesung: Meine Zukunft? (Zwei Konfirmanden – z. B. S. 94)
  M.L. King, Ich träume davon (S. 93 – Unterrichtende)

- Lied: Wir haben Gottes Spuren festgestellt (Str. 2)
- Textplakat: Eine Zukunft, die ich mir wünsche
  Ich wünsche mir eine Zukunft, in der es keine Kriege mehr gibt, weil die Menschen eingesehen haben, dass sich die Konflikte nur mit friedlichen Mitteln lösen lassen. Kriegswaffen sind in Museen ausgestellt und Soldaten braucht man nur für Umweltkatastrophen.
  Ich wünsche mir eine Zukunft, in der ich noch in der Wiese liegen und das Gras riechen kann. In den Sommerferien möchte ich an der Nordsee am Strand entlang gehen – und das Wasser ist sauber und ohne Teer und Öl. Ich möchte mit dem Fahrrad in die Stadt fahren, auf eigenen Fahrradstraßen, und die Autos müssen darauf Rücksicht nehmen. Das klappt aber alles nur, wenn alle Menschen lernen, wie lebensnotwendig die Umwelt für uns alle ist.
  Ich wünsche mir eine Zukunft, in der ich noch genauso lachen kann wie heute. Ich möchte auch mit 40 noch verrückte Sachen machen und mich nicht anpassen an das, was alle tun. Über traurige Bücher will ich auch in 30 Jahren noch weinen und Blumen pflücken möchte ich auch dann noch, wenn es aus der Mode gekommen ist.
  Fernsehen und Computer sollen nicht die Hauptsache meiner Zukunft sein. Lieber erzähle ich meinen Kindern vor dem Einschlafen Märchen oder sitze in meinem Lieblingssessel und höre Musik.
  Ich wünsche mir eine Zukunft, in der noch Platz ist für Gott, in der nicht nur Geld und Besitz alles ist, was zählt.
  Ich brauche für meine Zukunft gute Freunde, damit ich mit meinen Wünschen nicht allein bin.
  Aus Leonis (14) Tagebuch

(Der Text ist auf zwei große DIN A O Plakate geschrieben, die auf dem Boden liegen. Er wird laut gelesen. Die Konfirmandinnen und Konfirmanden entzünden darauf Teelichter, die sie jeweils auf die Stelle des Textes stellen, in der eine Hoffnung ausgesprochen wird, die sie auch haben.)

- Lied: Wir haben Gottes Spuren festgestellt (Str. 3)
- Gebet: „Lass uns eine Welt erträumen" (H.M. Lübking, Jugendgottesdienst plus, 130)
- Vater unser
- Segen

EIN FREIER MENSCH WERDEN

- Lied: Hört, wen Jesus glücklich preist (EG 670, 1+2)
- Bild: Totempfahl (S. 98)
- Kommentare: „Toll!" – „Da sieht man mal, wie weit man es bringen kann!" – „Von nix kommt nix!" – „Everbodys Darling" – „Ich habe immer an ihn geglaubt." – „An dem könnt ihr euch mal ein Beispiel nehmen." – „Streber!" – „Unser Bester!" – „Leistung lohnt sich eben." – „So möchte ich nie werden."
  (Am besten ist es, wenn die Konfirmandinnen und Konfirmanden spontan solche oder ähnliche Kommentare zu dem Bild äußern können. Ansonsten werden kleine Textzettel geschrieben. Jeder Konfirmand nimmt sich einen und liest ihn vor.)
- Lesung: Ein Totempfahl. Zensuren von Eins bis Sechs ... (Unterrichtende: S. 98)
- Gebet: Gott, wir stehen gern groß da (Konfirmand(in) – S. 98)
- Lesung: Ich wusste gar nicht, wie stark ich bin (Konfirmand(in) – S. 98)
  Ich wusste gar nicht, was in mir steckt (Konfirmand(in) – S. 98)
- Gebet: Gott, du hast uns etwas in die Wiege gelegt (Unterrichtende – S. 98)
- Lied: Hört, wen Jesus glücklich preist (EG West 670, 6-9)
- Lesung: Ich bin nicht die Schönste ...
  Und doch hat Gott etwas Besonderes mit dir vor (Unterrichtende – S. 98)
- Vater unser
- Segen

❺ GOTTESDIENST

Zum Thema „Worauf es im Leben ankommt" und zur Erzählung vom „Reichen Jüngling" (Matthäus 19,16-22) bereiten die Konfirmandinnen und Konfirmanden einen Gottesdienst vor (**M 8**), in dem einige Ergebnisse des Unterrichts aufgenommen und präsentiert werden.

❻ ANREGUNGEN FÜR PROJEKTE UND AKTIONEN

- Wandzeitung mit Fotos und Äußerungen Prominenter zur Frage nach dem Sinn des Lebens erstellen.

- Untersuchung der Jugendzeitschriften „Bravo“ und „Girl“, „Rock Poppy“ usw.: Wie soll ein Mädchen oder ein Junge sein? Dokumentation: „Wir und die Mode – mein Kleiderschrank und ich“. Wo kommen die Stoffe her? Wie werden sie hergestellt? Wie funktioniert die Mode? Was ist mir an Klamotten wichtig? ... Eine Modenschau mit den eigenen Lieblingsklamotten veranstalten.
- Untersuchung: „Worauf fahre ich bei der Pop- und Rock-Musik eigentlich ab?“
- Untersuchung von Heirats- und Kontaktanzeigen.
- Wir geben eine Tageszeitung für den 12.6.2025 heraus!
- Talk-Show veranstalten mit Leuten, die von den Konfirmandinnen und Konfirmanden vorgeschlagen werden (Leute aus der Umgebung, die die Konfirmandinnen und Konfirmanden „gut finden“.)

❼ HINWEISE

- Zahlreiche Broschüren, Materialien und Filme zu den Themen „Jugend“, „Liebe/Partnerschaft“, „Fernsehen“ u.a. bei der Bundeszentrale für gesundheitliche Aufklärung, Köln
- Zu den Themen „...ein Mensch werden“, „Freizeit – freie Zeit?“, „Umgang mit Geld“ bringt die Zeitschrift „Wochenschau“ (Wochenschau Verlag, Adolf-Damaschke-Straße 103, 65824 Schwalbach/Ts) interessante Arbeitsmaterialien.
- I. u. O. Kromer, Identitätssuche. Modelle für Projekttage mit 13- bis 15-jährigen, Luzern 1995
- Deutsche Shell (Hg.), Jugend 2000, Band 1 und 2, Opladen 2000.
- J. Zinnecker (u.a.), null zoff & voll busy. Die erste Jugendgeneration des neuen Jahrhunderts, Opladen 2003.
- J. Burgschweiger, Heute leben. Kurzandachten für Jugendliche, Düsseldorf 2000.
- Knockin‘ on Heavens Door. Mit Jugendlichen die Religion ihrer Lebenswelt entdecken, Bd. 1-4, Gütersloh 1998-2003.

❽ WICHTIGE ERGEBNISSE

- Die Konfirmandinnen und Konfirmanden konnten feststellen, dass der christliche Glaube auch etwas mit ihren Fragen und Problemen zu tun hat.
- Sie haben gehört, dass sie von Gott angenommen und bejaht sind, so wie sie sind, und daraus Zuversicht und Stärke für ihr persönliches Leben ziehen können.
- Sie haben auch gelernt, dass die biblische Sicht von Schuld und Vergebung eine Relevanz auch für ihre eigenen Alltagserfahrungen hat.
- Sie können mögliche Konsequenzen der christlichen Hoffnung für ihr eigenes Leben bedenken.

❾ MATERIAL AUF DER CD-ROM

So wie ich bin
1| Würfelspiel „Wer bin ich?“
2| 100 Worte für Jugendliche
3| Was bin ich wert?
4| Wer nichts leistet ist nichts wert?
5| Jugendliche. Du bist, was du trägst.
6| Der persönliche Test: Welcher Geldtyp bist du?
7| Wie ich mir meine persönliche Zukunft vorstelle!

❿ INTERNET-ADRESSEN

www.kids-hotline.de
www.schuldnerhilfe.de

M 1: MEINE STÄRKEN – MEINE SCHWÄCHEN

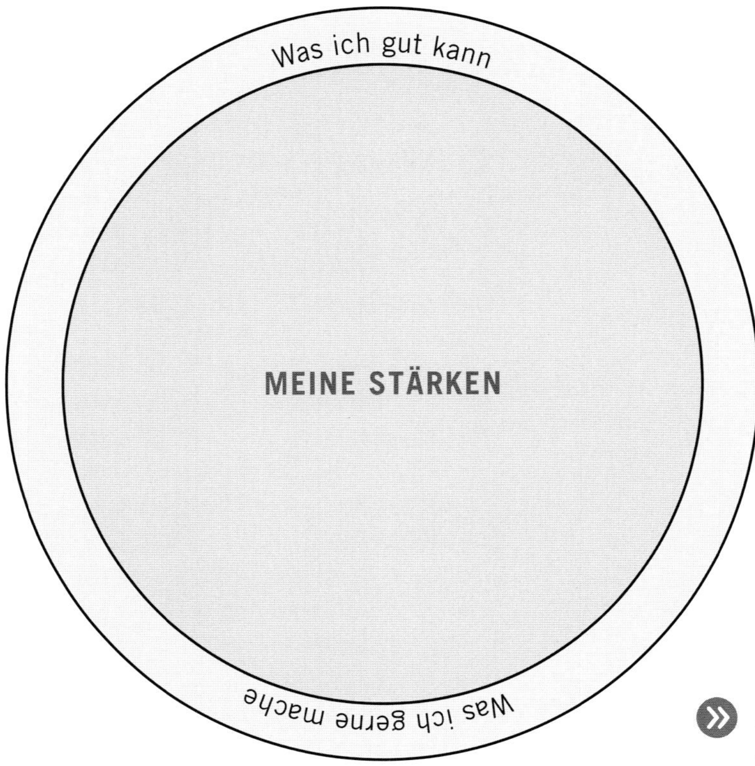

» Jede(r) hat Stärken und Schwächen – wie zwei Seiten einer Medaille. Schreibt eure Stärken auf die eine Seite und eure Schwächen auf die andere.

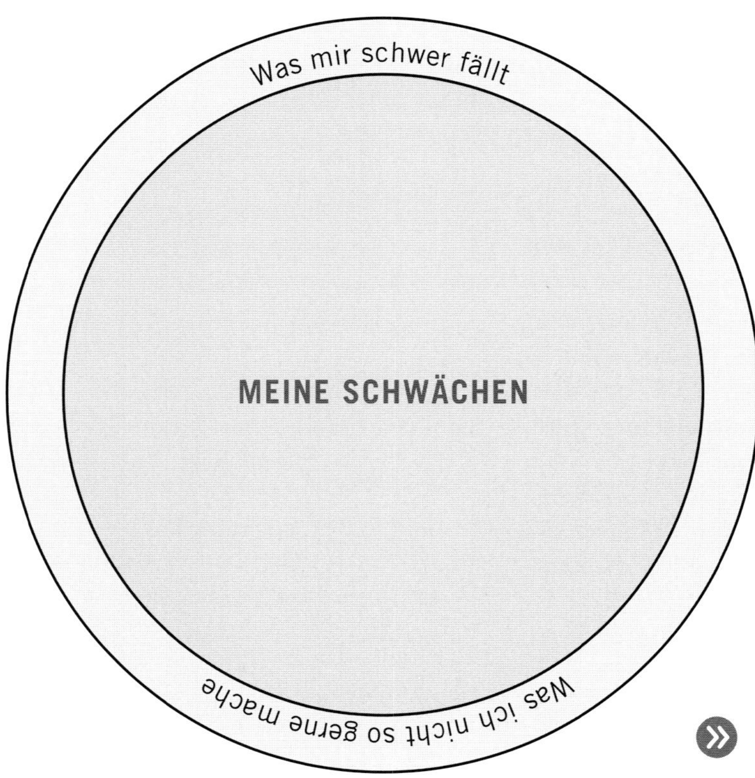

» Ihr könnt auch eure Medaille verdeckt in die Mitte legen. Einer zieht eine Medaille und liest die Stärken und Schwächen darauf vor. Die anderen raten, von wem die Medaille stammt.

M 2: ROLLENBILDER – MANN UND FRAU

Wer macht den Haushalt?
Aufgabenverteilung im Haushalt in %

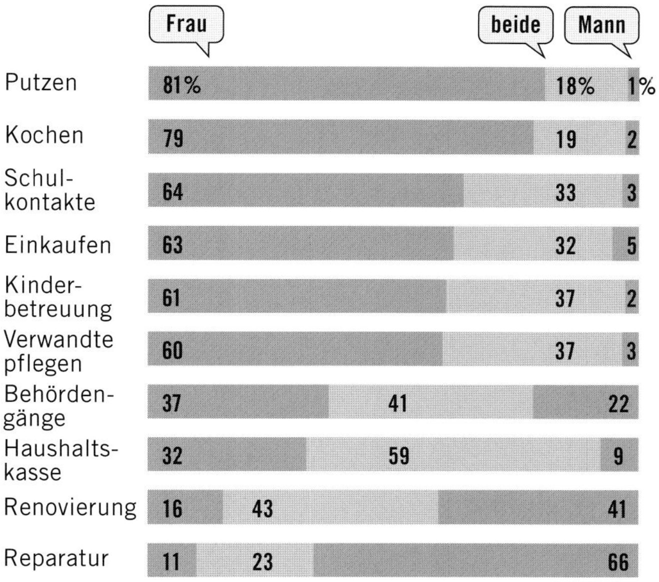

Eigenschaften und Fähigkeiten	Besonders wichtig für ... Männer	Frauen
Beruflicher Erfolg	○	○
Durchsetzungsvermögen	○	○
Attraktives Aussehen	○	○
Romantisch sein	○	○
Überlegenheit	○	○
Empfindsamkeit	○	○
Klugheit	○	○
Kinderliebe	○	○
Zärtlichkeit	○	○
Beschützer sein	○	○

» Was haltet ihr für besonders wichtig für Männer und Frauen? Beantwortet die Fragen nach Jungen und Mädchen getrennt und vergleicht hinterher die Ergebnisse.

VERTRAGSENTWURF

Gott schuf den Menschen als Mann und Frau –
gleichbegabt und gleichberechtigt, darum gelten folgende Artikel:

I. ______________________________

____

____

II. ______________________________

____

____

III. ______________________________

____

____

____

IV. ______________________________

____

____

____

V. ______________________________

____

____

» Überlegt euch 5 Grundartikel für das Zusammenleben von Frauen und Männern!

M 3: STARK UND SCHÖN?

STEWARDESS
ALLEIN ÜBER DEN WOLKEN
N I N A, 30 J./1,68, led., eine bildhübsche Wahnsinnsfrau m. langen Haaren, strahl. Augen u. aufregend weibl. Figur. Sie hat ein wirkl. bezauberndes, natürl. Wesen u. ist immer gut aufgelegt. Ich gehe gerne spazieren, liebe die Natur, eine gutes Buch u. höre gerne Musik. Meistens sitze ich nach dem Flug allein zu Hause u. denke daran, wie schön all diese Dinge doch zu zweit sein könnten. Dabei sehe ich gut aus, liebe die LIEBE u. wünche mir — wie meine kl. Katze — viel Zärtlichk. u. Streicheleinheiten. Vielleicht geht es Dir ebenso? Ich gehe

Attraktiver Prinz (32, schlank, 199) sucht attraktives Monster, Schloss und Pferd sind Vorhanden. Sei kein Frosch u. melde dich zur Kussprobe. Jede Zuschr. wird beantwortet - versprochen! [redacted]

Der Mann, aus dem die Träume sind erfolgreicher, s. attr. Geschäftsmann, 27/1,87/77, Rm. Ffm., sportl., markante Züge, möchte gerne eine intellig., wohlhabende u. attr. Gefährtin f. eine nicht mittelmäßige Bez. m. Flair, Champagner

Gesucht werden knackige Boys zwischen 14 - 18 zwecks Brieffreundschaft. Hobbies: Kino und Musik.

Sehr gutauss. ER, 32, lieb, interessant, markant-männl., einfühlsam, „Mensch", su. schlk., zierl., gerne s. vollb. Mädchen, langes (dkl.)blondes Haar, zärtl., sexy, bis ca. Mitte 20. [redacted]

Hey ihr netten Girls, habt ihr Lust, einem netten Boy zu schreiben? Ich lebe in einem Internat in St. Peter. Ihr erfahrt alles über mich, wenn Ihr mit Foto schreibt. [redacted]

Geschäftsführer, 46 J., ein flotter, dynamischer Sportstyp, wünscht sich nach Enttäuschung eine liebev., treue Frau, für die ebenfalls absolutes Vertrauen in der Partnerschaft Voraussetzung ist.

Blonde Meerjungfrau sucht Felsen in der Brandung!!! Diana (32 J., 166 cm) groß, ist eine supersüße junge Frau mit einer tollen Figur, langen Beinen, schlanker Taille und schönem Busen, einfach sehr attraktiv mit ihren lockigen Haaren, sportlich und trotzdem natürlich. Keiner vermutet, dass eine so hübsche junge Frau noch allein ist, und sie selbst ist auch etwas schüchtern. VVielleicht hat sie auf diesem Wege etwas Glück und du meldest dich schnell unter

Erfolgreicher Geschäftsmann, 45/183, schlank, blond, attraktiv. Mal seriös, mal ausgeflippt, immer gut drauf mit entsprechend. Background (Eigentum auf Mallorca etc.) möchte wirkl. attraktive, schlanke Sie mit entsprechend. Outfit bis 45 an seinem Wohlstand teilhaben lassen.

» Was gehört nach den Partnerschaftsanzeigen dazu, um attraktiv zu sein?
Wie würdest du eine Partnerschaftsanzeige für dich selbst entwerfen?

SCHÖNHEITSOPERATIONEN

Jedes Jahr werden in Deutschland ca. 500 000 Schönheitsoperationen ohne medizinische Notwendigkeit vorgenommen. Immer mehr junge Menschen legen sich freiwillig unters Messer. Die beliebtesten zehn Eingriffe kosten durchschnittlich:

- Fettabsaugen (1500 bis 5000 Euro)
- Brustvergrößerung (5000 bis 6000 Euro)
- Brustverkleinerung (4000 bis 5000 Euro)
- Nasenkorrektur (4500 Euro)
- Lidkorrektur (3000 Euro)
- Facelifting (5000 bis 10 000 Euro)
- Bauchstraffung (3500 bis 6000 Euro)
- Ohrenkorrektur (1500 Euro je Ohr)
- Tränensack entfernen (1600 Euro)
- Lippen vergrößern (350 bis 1000 Euro)

» Wie viel würdest du (später) für eine Schönheitsoperation bezahlen?

» „Schöne Menschen haben mehr vom Leben!"
Was hältst du von dieser Meinung?

M 4: MANCHMAL HABE ICH ANGST

In den 150 Psalmen der Bibel finden sich viele Klagegebete. In ihnen klagen Menschen Gott, wovor sie Angst haben. Dabei gebrauchen sie oft sprachliche Bilder (z. B. „Ich versinke in tiefem Schlamm.“), um ihre Angst zum Ausdruck zu bringen:

- Das Wasser steht mir bis zur Kehle. Ich versinke im tiefen Schlamm, meine Füße finden keinen Halt. (69,2-3)
- Mein Herz ist in Angst. (61,3)
- Alle, die mich sehen, verlachen mich, verziehen die Lippen, schütteln den Kopf. (22,9)
- Sie legen mir Schlingen auf den Weg. (142,4)
- Ich liege mitten unter Löwen, verzehrende Flammen sind die Menschen, ihre Zähne sind Spieße und Pfeile und ihre Zungen scharfe Schwerter. (57,5)
- Ich wache und klage wie ein einsamer Vogel auf dem Dache. (101,8)
- Meine Tränen sind meine Speise Tag und Nacht. (42,4)
- Ich gehe krumm und gebückt, den ganzen Tag gehe ich traurig umher. (38,7)

» Suche den Vers aus, der ausdrückt, was du in ähnlichen Situationen auch schon empfunden hast. Schreibe ihn in den gezackten Kreis!

MANCHMAL HABE ICH ANGST

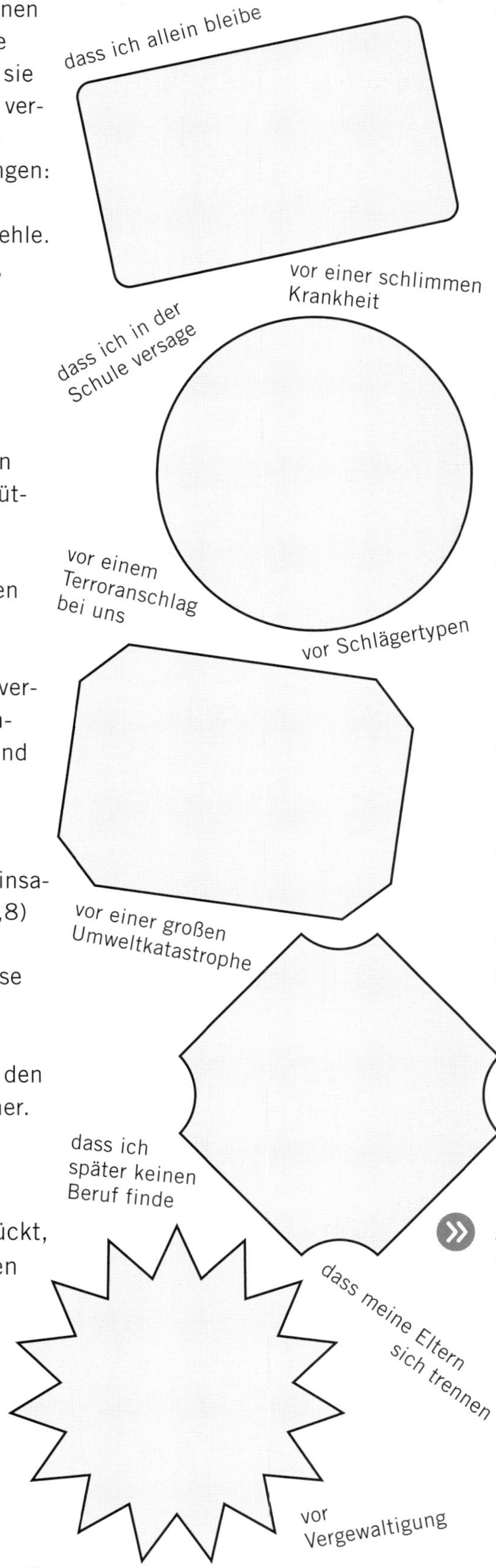

» Wovor hast du manchmal Angst? Du kannst es in die Felder schreiben.

In den Psalmen der Bibel stehen auch viele Worte gegen die Angst: Hilferufe, Bitten, Hoffnungen. Darin haben Menschen ihr Vertrauen auf Gott zum Ausdruck gebracht:

- Der Herr hört mein Weinen. (6,9)
- Der Herr ist mein Hirte, mir wird nichts mangeln. (23,1)
- Mit meinem Gott kann ich über Mauern springen. (18,30)
- Der deinen Mund fröhlich macht und du wieder jung wirst wie ein Adler. (103,5)
- Er wird meinen Fuß aus dem Netze ziehen. (25,15)
- Du bist bei mir, dein Stecken und Stab trösten mich. (23,4)
- Herr, deine Güte reicht, so weit der Himmel ist. (36,6)
- Auf Gott hoffe ich und fürchte mich nicht; was können mir Menschen tun? (56,12)

» An welches Wort willst du dich halten, wenn du manchmal Angst hast? Schreibe es in den Kreis!

M 5: GELD

STUNDENLOHN FÜR DEN KONFIRMANDENUNTERRICHT?

Micha und Florian unterhalten sich über die Konfirmation:

Florian: „Was wünschst du dir denn zur Konfirmation?“

Micha: „Ich lasse mir Geld schenken. Das habe ich mir ausgerechnet. Ich kriege mindestens 900 Euro. Vielleicht auch mehr.“

Florian: „Meine Schwester hat vor zwei Jahren 1000 Euro gekriegt. Sie hat mir erzählt, das wäre ein Stundenlohn von 18 Euro für den Konfirmandenunterricht.“

Micha: „So habe ich das noch gar nicht gesehen. Mensch, dann lohnt sich das aber!“

» Nehmt Stellung zu dem Gespräch!

ZEITUNGSARTIKEL: „KINDERARBEIT“

Mehr als die Hälfte aller Schülerinnen und Schüler arbeiten neben der Schule. Dies ergab eine Untersuchung des hessischen Sozialministeriums. Dabei stellte sich heraus, dass zahlreiche Formen der tatsächlich geleisteten Kinderarbeit gesetzlich verboten sind. Kinder arbeiten verbotenerweise in Gaststätten, verteilen unerlaubt Prospekte auch an Abenden und Wochenenden oder sind in Supermärkten regelmäßig beim Einräumen von Regalen beschäftigt. Ein besonders extremer Fall: ein Neunjähriger als Fahrer eines Radladers in einem Steinbruch.
Ihren Arbeitslohn geben die Schülerinnen und Schüler zum größten Teil für Konsumartikel aus, die sie allein mit ihrem Taschengeld nicht bezahlen können: teure Turnschuhe, Marken-Klamotten, Mountainbikes und teure Elektronikgeräte. Durch diese Arbeit wird ein Einkommen erzielt, das dreimal so hoch ist wie das durchschnittlich zur Verfügung stehende jährliche Taschengeld von 400 Euro.

» Wofür würdet ihr arbeiten?
Gibt es eine „Schülerarbeit“, die ihr nicht annehmen würdet?

FRAGEBOGEN ZUM GELD

1) Wieviel Geld brauchst du im Monat und wofür? ____________________

____

____

____

2) Wofür musst du nichts bezahlen? Was bekommst du gratis? ____________________

____

____

____

3) Welchen Luxus würdest du dir gern leisten? ____________________

____

____

____

4) Dafür würdest du nie Geld ausgeben! ____________________

____

____

M 6: WORAUF HOFFST DU?

Schreibe deine persönlichen Hoffnungen in die inneren Felder der Scheibe und die Hoffnungen, die über dein persönliches Leben hinausgehen, in die äußeren Felder.

Am 9.4.1945 wurde der Theologe und Widerstandskämpfer Dietrich Bonhoeffer von den Nazis ermordet. Seit 1943 saß er im Gefängnis. Silvester 1944 dichtete er:
„Von guten Mächten wunderbar geborgen, erwarten wir getrost, was kommen mag, Gott ist mit uns am Abend und am Morgen und ganz gewiss an jedem neuen Tag.“

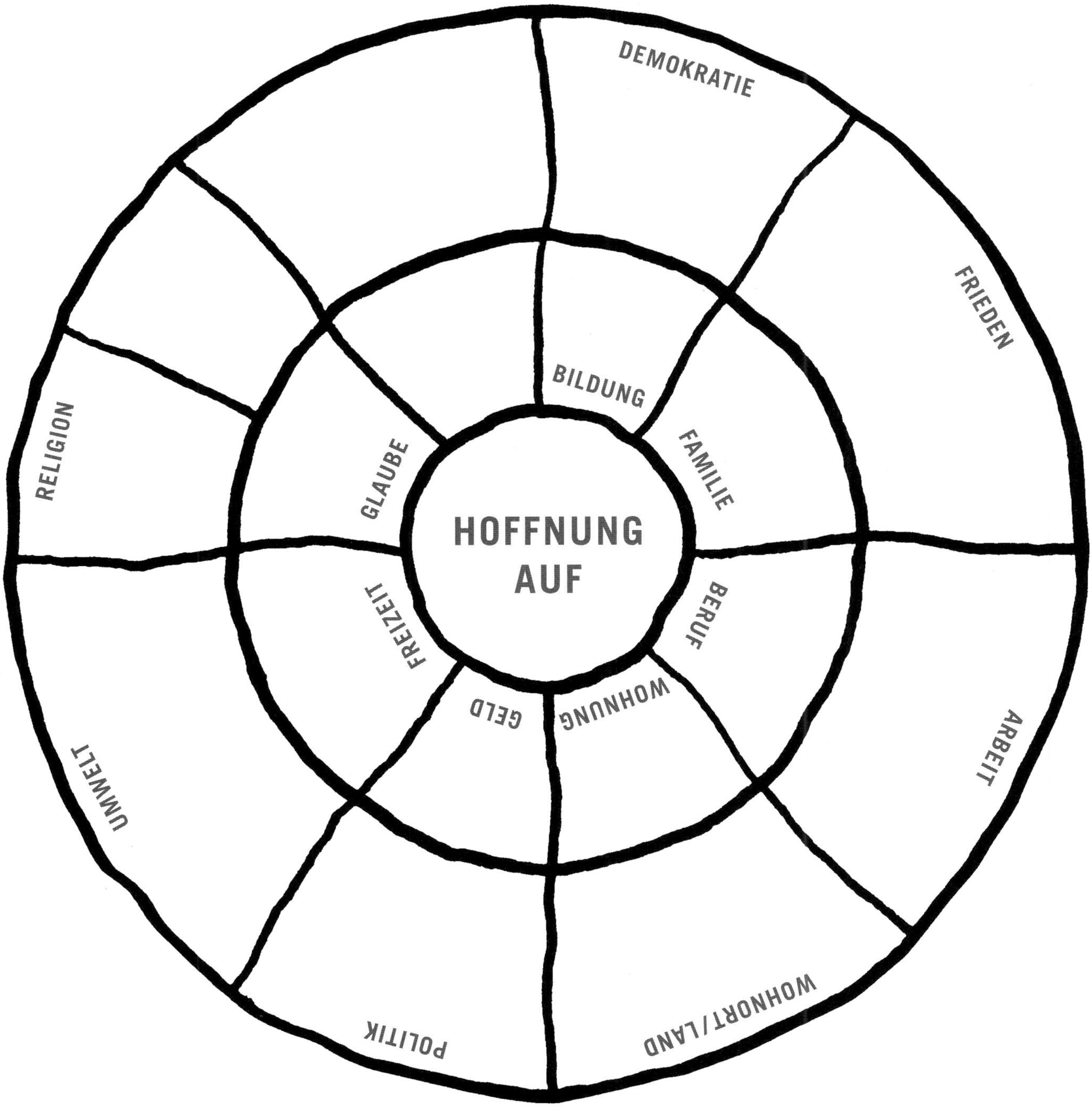

M 7: LIEBE – FREUNDSCHAFT

FRAGEBOGEN – NUR FÜR DICH!

Sollte die Initiative zu einer festen Freundschaft vom Jungen oder vom Mädchen ausgehen?

____

Wie viele „große Lieben" hast du schon gehabt? ______________________________

Bist du schon einmal bei einem Mädchen oder einem Jungen abgeblitzt? ______________________________

Wenn ja: Warum? ______________________________

Wem aus deiner Familie würdest du am ehesten erzählen, dass du dich verliebt hast?

____

Welche Eigenschaften sollte dein Freund oder deine Freundin haben? ______________________________

____

Wie reagierst du auf homosexuelle oder lesbische Freundschaften unter deinen Bekannten?

____

Was würdest du dir von deinem Freund oder von deiner Freundin nicht gefallen lassen?

____

Willst du später einmal heiraten? ______________________________

„WIR BRAUCHEN UNS EBEN"

Aus einem Interview der Zeitschrift „Logo" mit 17- bis 21-jährigen Schülerinnen und Schülern

Logo: „Wer von euch führt eine feste Beziehung?"
Elf von 18 Schülern melden sich.

Logo: „Länger als ein Jahr?"
Sechs Schüler melden sich.

Jana: „Früher wurde ich aufgezogen, weil ich seit sechs Jahren mit meinem Freund zusammen bin. Heute finden die anderen das toll."

Rebecca: „Ich finde es wichtig, lange zusammenzubleiben. Man lernt den Partner kennen und macht so wichtige Erfahrungen."

Logo: „Woher kommt euer Wunsch nach festen Beziehungen?"

Sandra: „Mein Freund gibt mir etwas, was ich in meiner Familie nicht habe. Meine Eltern arbeiten beide, aber auf diese Weise habe ich eine eigene kleine Familie, nämlich den Freund."

Olaf: „Wir brauchen uns eben. Mein bester Freund könnte mir meine Freundin nicht ersetzen."

Andrea: „Ich bin eher froh, wie es jetzt ist. In den zwei Jahren mit Freund fühlte ich mich zum Schluss eingeengt."

Christian: „Ich finde es traurig, allein zu sein. Manchmal bin ich aber auch froh, meine Freiheit zu haben."

Logo: „Wie sieht für euch der Idealpartner aus?"

Sandra: „Humor ist superwichtig. Und miteinander reden können."

Rebecca: „Für mich ist es wichtig, dass er anders ist als die anderen. Mein Freund hat sooo lange Haare. Das finde ich toll."

Moritz: „Mir ist das Aussehen bei einem Mädchen nicht so wichtig. Wenn man jemanden mag, dann findet man ihn schön."

» Nehmt Stellung zu dem Interview! Welcher Meinung stimmt ihr zu, welche lehnt ihr ab?

M 8: GOTTESDIENST – WORAUF ES IM LEBEN ANKOMMT

Pfarrer/Pfarrerin: Begrüßung

Konfirmanden/Konfirmandinnen: Welches Leben möchtest du führen?
Die Konfirmandinnen und Konfirmanden lesen in kurzen Texten, welches Leben sie gern führen möchten. Dabei können sie sich an den Formulierungen des Kursbuchs Konfirmation, 92 orientieren.

Lied: Danke für diesen guten Morgen (EG 334)

Pfarrer/Pfarrerin: Gruß (Eingangsvotum)

Alle: Psalm 139 (EG West 759) – i.W.

Konfirmanden/Konfirmandinnen: Die Konfirmandinnen und Konfirmanden gehen mit Mikrofon durch die Reihen und fragen die Gottesdienstbesucher nach ihren Kommentaren zu der Zeichnung von Onkel Dagobert (Kursbuch Konfirmation 90). Die Zeichnung haben die Gottesdienstbesucher als vergrößerte Kopie auf ihren Plätzen gefunden.

Gebet: „Gott, man hat uns gekauft ..."
(H.M. Lübking, Jugendgottesdienst plus, 110f)

Lied: Halleluja. Suchet zuerst Gottes Reich (EG 182,1-5)

Konfirmanden/Konfirmandinnen: Die Konfirmandinnen und Konfirmanden gehen durch die Reihen und verteilen Briefe an die Gottesdienstbesucher. In den Briefen steckt ein kleines Blatt mit einer der Fragen vom „Fragebogen – nur für dich" (Kursbuch Konfirmation, 89): „Hast du einen Traum, den du dir irgendwann noch einmal erfüllen möchtest?" oder „Wenn du dir ein Lebensmotto wählen würdest, wie würde es heißen?" usw. Einige Gottesdienstbesucher werden gebeten, ihre Fragen vorzulesen. Sie sollen sich aber nicht im Gottesdienst dazu äußern, sondern „ihre Frage" mit nach Hause nehmen.

Konfirmanden/Konfirmandinnen: „Als sie mit zwanzig ..." (K. Marti – in Kursbuch Konfirmation, 92)

Alle: Glaubensbekenntnis

Lied: Liebe ist nicht nur ein Wort (EG West 665)

Pfarrer/Pfarrerin: Predigt: Der reiche Jüngling (Matthäus 19,16-26)

Lied: Herr, deine Liebe (EG West 663)

Fürbittengebet: „Gott, wir sind frei ..."
(H.M. Lübking, Jugendgottesdienst plus, 111)

Alle: Vater unser

Pfarrer/Pfarrerin: Segen

MATTHÄUS 19, 16-26

Er war jung, reich und sensibel. Er hatte alles, was man zum Leben braucht. Viele werden ihn beneidet haben: So müsste man leben können. Doch der junge Mann ist offenbar nicht der Meinung, dass das schon das Leben ist, was er tagtäglich praktiziert. Es ist viel, wenn einer das merkt. „Das kann doch nicht alles gewesen sein! Das bisschen Fußball und Führerschein? Die Überstunden, das bisschen Kies und abends die Glotze, das Paradies." (W. Biermann) Es ist viel, wenn einer sich damit nicht abfindet. Viele merken gar nicht, wie ihre Lebensbilanz immer unbefriedigender wird.
„Was soll ich tun, damit ich das ewige Leben gewinne?" Die erste Antwort, die Jesus gibt, heißt: Das ewige Leben entscheidet sich im gewöhnlichen Leben. „Du kennst die Gebote!" Und dann zählt Jesus lauter Gebote auf, die das Leben mit den Mitmenschen betreffen: Nicht töten, nicht ehebrechen, nicht stehlen, nicht falsch Zeugnis reden, niemanden berauben, Vater und Mutter ehren. Das ewige Leben entscheidet sich im Verhältnis zu den Mitmenschen, nicht in meditativer Versenkung oder in esoterischen Erlebnissen. Das ewige Leben entscheidet sich im Alltag.
So einfach ist das? So einfach und so schwer.
„Das habe ich alles gehalten, danach habe ich mich immer gerichtet", sagt der junge Mann. „Was fehlt mir noch?" Da blickt Jesus ihn an, gewinnt ihn lieb und sagt: „Geh hin, verkaufe alles, was du hast und gib es den Armen und folge mir nach!"
Alles verkaufen, alles weggeben, auf alle Sicherheiten verzichten – wer kann das? Ich kann das nicht. Wovon soll ich leben, wenn ich auf Lohn und Rente verzichte, das Konto auflöse und Hausrat und Möbel verkaufe? Und meine Familie, meine Kinder? Sollen sie von Sozialhilfe leben? Wer kann sich das leisten, völlig ungesichert zu leben? Das heißt doch, das Chaos heraufbeschwören. Die Zahl der Arbeitslosen verdoppeln. Alles aufs Spiel setzen. – Nein, Jesus bist du hier nicht ein bisschen naiv?
Doch zugleich weiß ich genau, dass mein Widerstand gegen die Worte Jesu nicht nur auf vernünftigen Gründen beruht, sondern ebenso etwas mit Angst zu tun hat. Ich habe Angst, ungesichert und ohne Garantien zu leben. Ich habe Angst vor der Freiheit. Dabei stellt sich auch eine heimliche Trauer ein. So leben können, loslassen können, woran ich gefesselt bin – das wär's. Binde dein Leben an meines, dann erfährst du, was Leben ist, sagt Jesus. Doch das bringe ich nicht fertig.
Darum kann ich den reichen Jüngling verstehen, wenn es in der Geschichte von ihm heißt: „Als der Mann das hörte, wurde er traurig und ging fort. Denn er hatte viele Güter." Auch wir haben viele Güter. Wir hängen an ihnen und können tausend Gründe angeben, warum wir nicht auf sie verzichten wollen. Doch solange wir an unseren Sicherheiten hängen, an den Bequemlichkeiten unseres Lebensstandards, und es nicht fertig bringen, uns davon auch zu lösen, solange wird uns die Frage nach dem Sinn dieses Lebens nicht in Ruhe lassen.

❶ INTENTIONEN

Anders als oft vermutet, haben viele Konfirmandinnen und Konfirmanden an der Frage nach Gott ein großes Interesse. Sie spüren, dass es bei dieser Frage um etwas Elementares geht, das alles Leben und somit auch ihr eigenes berührt. Sie wollen wissen, was dran ist an dem, was sie von Gott gehört oder gelesen haben und was sie selbst vermuten. Sie wollen auch eine Antwort haben auf die Fragen, die sich ihnen im Zuge der Ablösung von ihrem Kinderglauben immer wieder gestellt haben: Existiert Gott wirklich, oder ist er nur eine nützliche Vorstellung? Kann man sein Wirken irgendwo spüren? Warum lässt er, wenn es ihn gibt, unbegreifliches Leiden zu? Kann man denen trauen, die von ihm reden?
Auch wenn diese Fragen nicht immer explizit gestellt werden, sind sie bei den meisten Jugendlichen vorhanden. Die nicht aufzulösende Rätselhaftigkeit und Bedrohtheit des Lebens macht auch ihnen zu schaffen, auch wenn sie nicht gern darüber sprechen.
Umso mehr müssen die Unterrichtenden damit rechnen, von den Jugendlichen nach ihrem Glauben an Gott gefragt und in den praktischen Konsequenzen dieses Glaubens für den Alltag beobachtet zu werden. Hier zeigt sich, dass neutrales Unterrichten nicht möglich und persönliche Stellungnahme unumgänglich ist. Je mehr die Jugendlichen aber merken, dass ihre Fragen Teil eines gemeinsamen Fragens nach Gott sind, desto eher werden sie aufgeschlossen sein, sich auch mit den Gottesbildern der Bibel und den Glaubenserfahrungen anderer Menschen auseinanderzusetzen. Dies darf jedoch nicht auf der Ebene eines bloß subjektiven Meinungsaustausches stehen bleiben. Gerade bei der Frage nach Gott sollten Jugendliche auch nicht gedanklich unterfordert werden. Dass wir uns entscheiden können und auch müssen, woran wir unser Herz hängen wollen, und dass Gott nach christlicher Auffassung nicht irgendein höheres Wesen ist, sondern sich im Leben Jesu von Nazaret als ein Gott voller Güte für uns Menschen bekannt gemacht hat, sollte in der Beschäftigung mit der Gottesfrage nicht untergehen.

❷ ERLÄUTERUNGEN ZUM »KURSBUCH KONFIRMATION«, S. 99-108:

S. 99 *Titelbild:* Ein junger Mann vor dem dunklen Universum. Sein Blick richtet sich auf die geöffnete Tür mitten im Universum, die Himmelstür. Schmetterlinge flattern durch diese Tür, wie Boten zwischen hier und dort. Vor dem jungen Mann breitet sich ein Labyrinth aus: Wege, Irrwege, Auswege, Sackgassen. Wird er seinen Weg finden? Aus seinem Kopf erwachsen Stufen, Stufen des Lebens, die ihn mit der geöffneten Himmelstür verbinden. Die Tür zum Himmel ist aufgestoßen, die Brücke zwischen Himmel und Erde ist gebaut, es gibt einen Weg. Wird er ihn gehen? Jungsein heißt: auf der Suche sein.

S. 100 *Meinungen zu Gott:* Wer will, kann seine Stellungnahme vorlesen. Welche der anderen Meinungen erhält die größte Zustimmung, welche die größte Ablehnung?
„Nach den letzten Befragungen glauben in Deutschland knapp 70 Prozent der Menschen an Gott, etwa 10 Prozent glauben nicht, dass es einen Gott gibt und etwa 20 Prozent sagen weder ja noch nein. 70 Prozent dafür, 10 Prozent dagegen und 20 Prozent unentschieden. Und – wer entscheidet?"
Spuren Gottes: Was könnte mit den „Spuren Gottes" gemeint sein? Besondere Ereignisse im Leben, Wunder der Natur, Weltall, Liebe zwischen Menschen, Unerklärliche Phänomene, Katastrophen .... Wo sehen die Konfirmandinnen und Konfirmanden Spuren Gottes?
Zu dem Lied „Wir haben Gottes Spuren festgestellt" (EG West 648) können die Konfirmandinnen und Konfirmanden mit Bildern, Bibelstellen, Zeitungsartikel und anderem Material drei DIN A2-Plakate gestalten.

S. 101 Bilder: Die Konfirmandinnen und Konfirmanden können zu den „Gottes-Bildern" auch einen kleinen Altar herstellen.
Eine vergrößerte Ausgabe der Gottesvorstellungen findet sich als Folie in H.-M. Lübking, Fotos und Folien für die Konfirmanden- und Gemeindearbeit, Düsseldorf 1997, Folie XI.
Wie könnte ein Antwortbrief an Malte aussehen? Welche Antwort würden die Unterrichtenden geben?
Gott ist wie ...: Die Konfirmandinnen und Konfirmanden können auch weitere Bilder für Gott entdecken: Regenbogen, Brunnen, Haus usw. In zwei alttestamentlichen Texten wird die Frage nach dem Aussehen Gottes aufgenommen: 2. Mose 33,18-23 und 1. Könige 19,11-13. Die Unterrichtenden können einen dieser Texte mit eigenen Worten nacherzählen.
Zur Frage der angemessenen oder unangemessenen Rede von Gott vgl. auch M1: Wie von Gott geredet wird.

S. 102 Chagall-Bild: 1) „Was siehst du?" 2) „Wo bleibt dein Blick hängen?" 3) „Was zieht dich an, was stört dich?" 4) „Wie interpretierst du das Bild?"

Chagall hat die Szene mit dem brennenden Dornbusch mehrfach gemalt. Dieses Bild stammt aus dem Jahr 1966. Die roten und gelben Farbflecken im Busch erinnern an das Feuer, der mehrfache Lichtkreis in, über oder hinter dem Busch weist hin auf die Gegenwart Gottes. In dem Lichtkreis stehen die vier Buchstaben JHWH, mit denen Gott seinen Namen offenbart. Mose sinkt auf die Knie. Die nackten Füße (2. Mose 3,5) ragen deutlich ins Bild. Er greift sich ans Herz, seine Augen sind weit geöffnet.
Der geheimnisvolle Gottesname (JHWH – im Kursbuch wiedergegeben mit „Ich bin da") wird auch bei Konfirmandinnen und Konfirmanden Fragen auslösen. Dieser Name unterschied den Gott Israels nicht nur von den Göttern der Umwelt, sondern er wurde im Alten Testament auch als eine Art theologisches Programm verstanden: Ich bin da, um Menschen zu befreien, und will da sein, wenn nach mir gerufen wird.
Vier Aspekte der Präsenz Gottes sind in diesem Programm enthalten:

1) Zuverlässigkeit	=	(Ihr könnt mit mir rechnen, ihr könnt mir vertrauen.)
2) Unverfügbarkeit	=	(Ich bin so bei euch da, wie ich es will, und nicht, wie ihr es gerne hättet.)
3) Ausschließlichkeit	=	(Ich bin bei euch da – und kein anderer.)
4) Unbegrenztheit	=	(Ich bin an jedem Ort bei euch da, auch bei euren Feinden, auch im Tod.)

Was diese vier Aspekte bedeuten (hier in Klammern gesetzt), können die Konfirmandinnen und Konfirmanden selbst herausfinden.
Mose muss seine Schuhe ausziehen, denn der Ort ist heiliges Land (2. Mose 3,5): „Gibt es Orte (z.B. Kirche, Wald, Meer, Krankenhaus, Friedhof, Kaufhaus, Stadion, Rockkonzert usw.), an denen Gott eher zu den Menschen spricht als anderswo? Wo komme ich mit Gott am ehesten ins Gespräch?" Nachdem diese Frage in der Konfirmandengruppe vorbesprochen worden ist, führen die Konfirmandinnen und Konfirmanden dazu eine Umfrage in Gemeindegruppen und bei Mitarbeiterinnen und Mitarbeitern der Kirchengemeinde durch.
Zu 2. Mose 3 ist noch auf die Nacherzählung von W. Neidhart, Erzählbuch zur Bibel 3, Zürich 1997, 13ff und auf das Spiritual „Go down Moses" zu verweisen.
Der Text „Gott ist weder Mann noch Frau ..." sollte als kleine Sprechmotette (4 Sprecherinnen und Sprecher) gelesen werden.
Die Zählung des Bilderverbotes als 2. Gebot entspricht der biblischen Zählweise der Gebote nach 2. Mose 20,2-17 (vgl. auch: Kursbuch, 118).
Das zweite, dritte und auch das erste Gebot (S. 106) werden im „Kursbuch Konfirmation" sowohl an dieser Stelle als auch im Abschnitt „Gebote" (S. 120) behandelt.

S. 103 *Text von H.D. Hüsch und Olaf:* Wie sind die Personen, die so denken? Die Konfirmandinnen und Konfirmanden tragen mit einigen Stichworten zusammen, wie sie sich H.D. Hüsch und Olaf vorstellen. Olaf (oder ...) ist den Konfirmanden bekannt (älterer Bruder, Verwandter, Umgebung), H. D. Hüsch werden die meisten nicht kennen. Deshalb kann es sinnvoll sein, einige Sätze zu ihm zu sagen.
„Wie verbreitet sind die beiden Meinungen in der Bevölkerung?" Die Konfirmandinnen und Konfirmanden geben eine Einschätzung.
Paul Klee-Bild: Das Bild hat zwei Hälften, die untere ist von zeichnerischen Elementen bestimmt, die obere von malerischen. Die Linien und Winkel der unteren Hälfte wirken fast wie ein Labyrinth. Verfolgt man nur die Linien, verliert man schnell die Übersicht. Schaut man aber auf das Ganze des unteren grafischen Gebildes, dann stellen sich vage Assoziationen zu einem frontal gezeigten Gesicht ein – mit einem eher strahlenden und einem eher verkniffenen Auge.
Ein leiterähnliches Gebilde steigt aus dem grafischen Kopf nach oben in einen wolkenähnlichen Bereich mit warmen Farben. Am höchsten Punkt der Komposition steht ein farbiger Kreis wie eine Sonne, zu der einzelne Linien aus der Leiter gelangen.
Klee hat das Öl- und Aquarellbild „Grenzen des Verstandes" genannt: Das graphische Gebilde, in dem ein menschliches Gesicht zum Vorschein kommt, stellt den Verstand dar. Schwankende Leitern möchten den Himmelskörper erreichen, sie zeigen das Suchen des Menschen nach dem Ganzen, nach dem Himmel.
Fragebogen: Vor dem Ausfüllen des Fragebogens sollten die Konfirmandinnen und Konfirmanden wissen: Es geht nicht um erwünschte Antworten. Niemand muss etwas vorlesen, was er oder sie nicht will. Es geht nicht um richtig oder falsch, sondern um persönliche Meinungen, die respektiert werden.
Sind die Konfirmandinnen und Konfirmanden bereit, ihre Eintragungen vorzutragen, ergeben sich allerdings interessante Ausgangsdaten für den weiteren Unterricht.
Zur Vertiefung des Themas vgl. **M 2**: Wem habe ich das zu verdanken?

S. 104 *Lukas 15,11-32:* Der Schluss des Gleichnisses vom „verlorenen Sohn" kann auch in Gruppen vorbereitet und dann mit verschiedenen kleinen Schattenspielen auf dem OHP (Papierschnipsel usw.) inszeniert werden.
Rembrandt-Bild: Von Rembrandt gibt es sechs verschiedene Gemälde oder Radierungen zum „verlorenen Sohn". Sein letztes Bild von 1669 ist unvollendet geblieben. Der alte, wohl erblindete Vater steht gebeugt über den heimgekehrten Sohn, der an der Brust des Vaters gelehnt kniet. Es hat den Anschein, als würden Vater und Sohn eine Figur bilden, verstärkt dadurch, dass der rote Umhang des Vaters auch den Sohn aufzunehmen scheint. Der Vater hat

zwei verschiedene Hände, eine linke, knochige und eine rechte, weiche und eher weibliche Hand. Das Gesicht des Sohnes ähnelt einer Totenmaske. Kahlköpfig, wie ein geschorener Verbrecher, liegt der Sohn an der Brust des Vaters – aber er scheint zu lächeln. Der blinde Vater sieht den Sohn nicht – er fühlt ihn, umfängt ihn.
Neben dieser Szene sind noch vier weitere Personen dargestellt. Ein Mann, vielleicht der ältere Bruder, steht ebenfalls mit einem roten Gewand am rechten Rand. Er steht starr, auf einen Stab gestützt, seine Hände halten sich gegenseitig fest, seine Miene ist undurchdringlich. Die anderen Personen sind z. T. nur mehr angedeutet. Das Bild ist unvollendet geblieben.

S. 105 Welche Erinnerungen haben die Konfirmandinnen und Konfirmanden an den 11. September 2001, bzw. was wissen sie über dieses Datum?
Jedes Jahr ereignen sich Naturkatastrophen, terroristische Anschläge und Unglücksfälle. Was ist den Konfirmandinnen und Konfirmanden noch besonders im Gedächtnis? Was die Konfirmanden erzählen, mündet in die Fragen: Was hätte man tun können, um es zu verhindern? Wer trägt jeweils die Verantwortung? Gibt es so etwas wie „höhere Gewalt" – und wer ist dafür verantwortlich? Wichtig ist, dass die Unterrichtenden in diesem Gespräch nicht „kneifen", sondern ihre Überzeugung auch einbringen.
Parallel zu den Fragen an Gott können die Konfirmandinnen und Konfirmanden die angefangenen Sätze
a) „Wenn ich Gott wäre, würde ich damit anfangen ..." und
b) „Wenn ich Gott wäre, würde ich die Menschen fragen ..." zu Ende schreiben.
Todesanzeige: Die Todesanzeige ist die gekürzte Version einer realen Anzeige. Das Bild gehört ursprünglich nicht zu der Anzeige.
Der klassische biblische Text für die Frage nach der Gerechtigkeit Gottes angesichts des Leids ist das Buch Hiob. In **M 3** habe ich versucht, die Fragen des Buches Hiob für Konfirmanden verständlich und nachvollziehbar darzustellen.

S. 106 Zu der Küstenmacher-Karikatur vgl. den Text eines Schülers „Vaters Gott" (in: H. M. Lübking, Jugendgottesdienst plus, 147)!
Luthers berühmtes Wort *„Woran du dein Herz hängst ..."* stammt aus der Erklärung zum ersten Gebot im Großen Katechismus und lautet im Zusammenhang:
„Was heißt, einen Gott haben" bzw. was ist „Gott"? Antwort: Ein „Gott" heißt etwas, von dem man alles Gute erhoffen und zu dem man in allen Nöten seine Zuflucht nehmen soll. „Einen Gott haben" heißt also nichts anderes, als ihm von Herzen vertrauen und glauben; in diesem Sinne habe ich schon oft gesagt, dass allein das Vertrauen und Glauben des Herzens etwas sowohl zu Gott als zu einem Abgott macht ... Denn die zwei gehören zusammen, Glaube und Gott. Das nun, sage ich, woran du dein Herz hängst und worauf du dich verlässt, das ist eigentlich Gott."
Götterwettkampf: Beim Vergleich des Gottes der Bibel mit den gegenwärtigen Hauptgöttern können folgende Kriterien eine Rolle spielen: Sichtbarkeit? Ein Gott für alle?, Hilfe?, Ansprechbarkeit?, Kosten? usw.
Ist der Hauptgott ermittelt, können die Zehn Gebote dieses Gottes aufgestellt werden. Spätestens hier zeigt sich in der Regel die Unmenschlichkeit der konkurrierenden Götter und die „Humanität" des biblischen Gottes. Aus der Praxis: Die zehn Gebote des Geldes:

1) Ich bin das Geld, dein Herr und dein Gott.
   Du sollst keine anderen Götter haben neben mir.
2) Geld fälschen ist das schlimmste Verbrechen.
3) Geld rechtfertigt alles. Wer Geld hat, hat immer Recht.
4) Nimm dir Zeit für deine Geschäfte! Lass das Geld für dich arbeiten – ohne Pause, Tag und Nacht.
5) Bei Geld hört die Freundschaft auf, Geld kennt keine Verwandten.
6) Achte darauf, dass du bei allem was du tust, einen zählbaren Vorteil hast.
7) Sei dem Geld lebenslang treu.
8) Alles ist käuflich! Und was nicht käuflich ist, ist nichts wert.
9) Über Geld redet man nicht! Geld hat man!
10) Du sollst dein Geld um jeden Preis vermehren!

Zum selben Thema vgl. auch die Bilder Nr. 56, 39 und 38 in H.-M. Lübking, Fotos und Folien für die Konfirmanden- und Gemeindearbeit.
Sollte jugendlicher Satanskult für die Konfirmandengruppe ein aktuelles Thema sein, bietet **M 4**: „Wenn der Teufel zum Gott wird" eine praktische Arbeitshilfe.

S. 107 Das aus buddhistischen Traditionen stammende *Elefantengleichnis* soll ursprünglich die Vergeblichkeit jeder Gottesvorstellung zeigen. Das ist keine christliche Sicht! Für Christen kann das Gleichnis die Begrenztheit der Gottesvorstellungen verdeutlichen.
„Glauben nicht alle an denselben Gott?" Bei einer repräsentativen Umfrage antworteten 2004 45 Prozent aller Befragten mit „Ja". 29 Prozent waren überzeugt, dass es sich in den verschiedenen Religionen jeweils um einen anderen Gott handelt. Dagegen meinen 16 Prozent, darunter auffallend viele jüngere Menschen, dass Christen und Juden an denselben Gott glauben, Muslime aber an einen anderen.
Die Antworten des jüdischen Rabbiners Jitzchak Ehrenberg (München) und des muslimischen Imams Mohammed Bagher Ansari (Hamburg) stammen aus der Zeitschrift „P.M. 12/96". Vgl. dazu auch Kursbuch Konfirmation, 146.

❸ WEITERE IDEEN

- Der oder die Unterrichtende legt viele Fotos aus: „Zu welchem der Fotos fällt euch etwas zu Gott ein?" Die Konfirmandinnen und Konfirmanden suchen sich ein Foto aus, stellen es vor und begründen ihre Wahl. Alternative: Verkehrsschilder oder Piktogramm-Symbole ...
- Die Konfirmandinnen und Konfirmanden beantworten ausgewählte „Kinderbriefe an den lieben Gott": Je zwei bekommen einen Brief, versuchen eine Antwort zu finden und stellen sie zur Diskussion.
- Diskussion: „Was würdet ihr euren jüngeren Geschwistern antworten, wenn sie euch fragen, wo Gott wohnt?"
- Vergleich: „Was ich als Kind geglaubt habe" – „Was ich heute glaube" – „Was ich möglicherweise in 30 Jahren glaube"...
- Das Märchen „Gott überall" (L. Bechstein) als Beispiel für eine fatale Benutzung Gottes als Erziehungshilfe („Gott sieht alles").
- Fotoausstellung: Was spricht für Gott? Was spricht gegen Gott?
- Diskussion: Darf man mit Gott oder mit Religion im Fernsehen Werbung betreiben? (Material: „Das Paradies im Angebot", GEP Frankfurt)
- Regeln zusammenstellen lassen, wie man von Gott nicht sprechen soll.

❹ SPIRITUELLE FORMEN

VON ALLEN SEITEN UMGIBST DU MICH

- L.: Ich will ein Licht anzünden im Namen Gottes... (Jugendgottesdienst plus, 80)
- Alle: Lesefigur Psalm 139 (S. 108). Alle lesen in Ruhe die Verse von Psalm 139 und unterstreichen – real oder in Gedanken – „ihren" Vers in dem Text.
- Wenn möglich sollte der Raum jetzt verdunkelt werden. Alle entzünden ihr Teelicht an einer der Altarkerzen.
- Das Bild einer Fensterrose aus einer alten Kirche (Dia oder Folie – Bezug: Kirchliche Medienstellen) wird an die Wand projiziert.
- L.: Psalm 139. Der Psalm wird ruhig gelesen, alle Konfirmandinnen und Konfirmanden sprechen „ihren" Vers mit.
- Stille
- L.: „Ich sitze am Fenster, sehe nach draußen ..." (Jugendgottesdienst plus, 80f)
- Lied: Vater unser, Vater im Himmel (EG 188)

TITELBILD (S. 99)

- Lied: Ich lobe meinen Gott (EG West 673,1)
- Bild (S. 99) – Alle sehen das Bild für einen Moment in Ruhe an.
- Gebet: „Viele glauben an nichts, Gott ..." (Jugendgottesdienst plus, 114)
- CD-Song: „Land unter" (Herb. Grönemeyer – alle haben den kopierten Text; vgl. Jugendgottesdienst plus, 91)
- Gebet: „Vieles ist mir unklar..." (Jugendgottesdienst plus, 128)
- Lied: Ich lobe meinen Gott (EG West 673,2)

❺ GOTTESDIENST

Mit den Ergebnissen und Materialien aus der Konfirmandenarbeit zum Thema „Gott" bereiten die Konfirmandinnen und Konfirmanden einen Gottesdienst (M 5) zum Gleichnis vom „verlorenen Sohn" vor.

❻ ANREGUNGEN FÜR PROJEKTE UND AKTIONEN

- Die Konfirmandinnen und Konfirmanden bereiten eine Ausstellung vor: „Woran du dein Herz hängst, das ist dein Gott – Gott und Götzen heute." Die Ausstellung wird nach einem thematisch dazu passenden Gottesdienst vorgestellt.
- Dokumentation: „Satanismus und Satansglaube heute" (Zeitungsmeldungen, Heavy Metal Musik, Jugendzeitschriften, Videos ...).
- Einen Videofilm zur Geschichte vom verlorenen Sohn drehen.
- Einen Altar mit biblischen Gottesgeschichten und -bildern bauen.
- Der oder die Unterrichtende gestalten mit den Konfirmandinnen und Konfirmanden aus Texten, Bildern, Karikaturen, Liedertexten u.a. ein kleines Heft: „Mein Buch von Gott".

❼ HINWEISE

- Dias: D. Steinwede, Von Gott, Düsseldorf 1978
  H. May/D. Steinwede, Vorlesebücher Religion „Gott – Religion", Zürich 1978
- Tonbild: G. Bienemann/W. Starke, Im Baum des Bösen. Teufelsglaube und Satanskult (Evang. Medienzentralen)
- W. Kirchner, „Denken heißt zum Teufel beten". Roman über eine Jugendsekte (rororo rotfuchs 631), Reinbeck 1992
- ku praxis 34, Raum für Begegnungen mit Gott, Gütersloh 1996
- konfer normal, Gott in meinem Leben, Heft 54/2000.
- H. Geißler, Wo ist Gott?, Hamburg 2002
- F. Niehl/G. Fuchs, Wo Gott zu finden ist, Trier 2002
- J. Herrmann, „Halt's Maul, jetzt kommt der Segen...", Calw 2002

❽ WICHTIGE ERGEBNISSE

- Die Konfirmandinnen und Konfirmanden haben verstanden, dass die Frage nach Gott unabdingbar zum menschlichen Leben gehört.
- Sie haben gelernt, dass wir nur in Bildern von Gott reden können, aber Gott zugleich noch mehr und größer ist als alle menschlichen Bilder von ihm.
- Sie wissen, dass die christliche Vorstellung von Gott eng

mit dem Leben und Wirken des Jesus von Nazareth verbunden ist.
- Sie kennen die Geschichte vom verlorenen Sohn und können sie als Gleichnis für das Verhältnis des Menschen zu Gott deuten.
- Sie kennen den Sinn des 1. Gebotes und Unterschiede zwischen dem biblischen Gottesglauben und der Anbetung heutiger „Götter".
- Sie haben sich mit der Frage nach Gott und dem Leid beschäftigt und diskutiert, ob die verschiedenen Religionen nicht an denselben Gott glauben.

❾ MATERIAL AUF DER CD-ROM

Gott

1| Meinungen zu Gott

2| Lernstationen zum Thema „Gott"

M 1: WIE VON GOTT GEREDET WIRD!

Grüß Gott!	Gottesvolk	Allmächtiger
Ach du lieber Gott!	Fußballgott	Höchstes Wesen
Um Gottes Willen!	Gotteslästerung	Schöpfer
Gottchen!	Göttermahl	Allah
O Gott!	Gotteshaus	Himmlischer Vater
Gott bewahre!	Gotteskind	Kosmischer Geist
Gott sei Dank!	Gottesurteil	Gott
Das wissen die Götter!	Wettergott	Weltenlenker
Gott verdamm mich!	Gottesfurcht	Jahwe
So wahr mir Gott helfe!	Abgott	Schicksal
In Gottes Namen!	Göttergatte	Himmlische Mutter
Mein Gott	Gottvertrauen	Ewiger
Da sei Gott vor!	Gottesmutter	Herrgott
Gnade uns Gott!	Gottesdienst	Höhere Macht

» Hast du diese Redewendungen schon einmal gehört? Kannst du Situationen nennen, in denen so gesprochen wird? Welche Redewendungen würdest du nicht gebrauchen?

» Welche Worte kennst du, welche verstehst du nicht? Gibt es Worte, die du für unpassend hältst? Können sie durch andere ersetzt werden? Welche Worte sind nicht zu ersetzen?

M 2: WEM HABE ICH DAS ZU VERDANKEN?

ICH VERDANKE ALLES MIR SELBST

- Ich kann mich jeden Tag satt essen. Bei uns ist der Kühlschrank immer voll. Und wenn mal nichts da ist, dann ...

___

___

___

- Bis zur Schule muss ich 3 km mit dem Fahrrad fahren. Meine Mutter hat immer Angst, dass mir etwas passieren könnte. Mir doch nicht! Ich kann schließlich Fahrrad fahren und außerdem ...

___

___

___

- Bei meinen Freunden und Freundinnen bin ich beliebt. Kein Wunder, denn ich habe ja auch einiges zu bieten: Ich sehe gut aus, habe Geld und bin nicht kleinlich. Da ist es nur natürlich, dass ...

___

___

___

- Richtig krank bin ich noch nie gewesen. Toi, toi, toi. Und wenn ich mal krank werden sollte, dann ...

___

___

___

- Krieg kenne ich nur aus dem Fernsehen. Bei uns gibt es ja so etwas glücklicherweise nicht. Andere Völker sind eben noch nicht so weit. Aber wir in Deutschland ...

___

___

___

- Vor der Zukunft habe ich keine Angst. Ich bin sicher, dass ich später einen guten Beruf ausüben und genug Geld verdienen werde. Wer es zu etwas bringen will, muss ...

___

___

___

ICH HABE GRUND, GOTT DANKBAR ZU SEIN

- Ich weiß natürlich, dass Brot aus der Fabrik und die Milch aus der Molkerei kommen. Aber ist es nicht ein Wunder, dass auf der Erde immer noch etwas wächst, obwohl wir sie so ausbeuten? Letztlich kommt unsere Nahrung doch auch von ...

___

___

___

- Manchmal habe ich schon gedacht: Jetzt passiert gleich etwas! Aber dann bin ich doch immer noch gut davongekommen. Soll ich sagen: Das war eben Glück, oder ist es nicht doch ...

___

___

___

- Wer ehrlich ist, weiß doch, dass er oder sie gar nicht so toll ist, wie man nach außen gern dastehen möchte. Wenn man dann trotzdem echte Freunde oder Freundinnen hat, die zu einem halten, dann ist das ...

___

___

___

- Keiner kann sich doch davor schützen, auch einmal ernsthaft krank zu werden. Wenn ich bisher gesund geblieben bin, dann ...

___

___

___

- Die Menschen, die in den Ländern leben, in denen Krieg herrscht, sind genauso Gottes Geschöpfe wie wir. Dass ich bisher von Krieg und Elend verschont geblieben bin, empfinde ich als ...

___

___

___

- Wer weiß, wie es mit der Erde weitergehen wird? Auch die eigene Zukunft hat keiner wirklich in der Hand. Wenn ich aber an Gott denke, ...

___

___

» Suche drei Meinungen heraus, denen du zustimmen kannst, und ergänze sie.

M 3: HIOB

In der Bibel wird im Buch Hiob die Frage nach dem Sinn menschlichen Leids diskutiert.
Hiob war ein reicher Grundbesitzer, der ein frommes und vorbildliches Leben führte und an Ansehen und Wohlstand alle Nachbarn übertraf. Eines Tages brach über ihn das Unglück herein. Räuberbanden stahlen sein Vieh und erschlugen seine Knechte, durch ein einstürzendes Haus kamen alle seine Kinder um.
Doch damit nicht genug: Hiob selbst erkrankte schwer, er wurde von Lepra befallen.
Als Hiobs Freunde von seinem Unglück hörten, besuchten sie ihn. Entsetzt sahen sie ihn im Staub liegen, den Körper voller Geschwüre. Schweigend setzten sie sich zu ihm, sieben Tage und sieben Nächte.
Da brach Hiob schließlich das Schweigen und klagte: „Warum gibt Gott den Menschen Licht und Leben, ein Leben voller Bitterkeit und Mühe? Ich warte auf den Tod, doch der bleibt aus."
Seine Freunde antworteten. Sie versuchten, Hiob sein Leid zu erklären.
1. Freund: „Denk einmal nach: Ging je ein Mensch zu Grunde, der treu und ehrlich war und ohne Schuld?"
2. Freund: „Wie glücklich ist der Mensch, den Gott zurechtweist! Wenn er dich jetzt erzieht, lehn dich nicht auf!"
Hiob: „Ihr enttäuscht mich. Belehrt mich doch, dann will ich gerne schweigen. Wo hab ich mich vergangen? Sagt es mir!"
3. Freund: „Wer schuldlos ist, den lässt Gott nicht im Stich, doch Übeltätern steht er niemals bei."
Hiob: „Was seid ihr doch für kluge Leute, mit euch stirbt ganz bestimmt die Weisheit aus."
1. Freund: „Ich wünsche nur, dass Gott jetzt selber spräche und dir darauf die rechte Antwort gäbe!"
2. Freund: „Hör endlich auf, in Gott den Feind zu sehen, und söhne dich doch wieder mit ihm aus."
Hiob: „Wenn ich nur wüsste, wo sich Gott befindet und wie ich dorthin gelangen kann. Ich würde meinen Rechtsstreit mit ihm führen als einer, dem nichts vorzuwerfen ist."
Da sprach Gott selbst aus einem Sturm heraus: „Wer bist du, dass du meinen Plan anzweifelst, von Dingen redest, die du nicht verstehst? Wo warst du denn, als ich die Erde machte? Wenn du es weißt, dann sage es mir doch! Wer hat bestimmt, wie groß sie werden sollte? Du weißt doch alles! Oder etwa nicht?"
Hiob antwortete Gott:
„In meinem Unverstande hab ich geredet von Dingen, die mein Denken übersteigen. Ich kannte dich ja nur vom Hörensagen, jetzt aber hat mein Auge dich geschaut."

Nach Hiob 1-42 in Zusammenfassung und Auswahl

Das Buch Hiob zeigt, wie Menschen über Jahrtausende hinweg versucht haben, eine Antwort auf die Frage nach dem Leid zu finden, z. B.:
Gott hat auch dunkle Seiten, er schickt Gutes und Böses und ist unbegreiflich, aber auch: Er lässt den Menschen im Leid nicht verzweifeln, und: Gott kann man anklagen, mit ihm streiten.

Noch eine andere Antwort findet Paulus, der in einem Brief an die Christen in Rom schreibt:
„Gott ist auf unserer Seite, wer kann uns dann noch etwas anhaben? Er verschonte nicht einmal seinen eigenen Sohn, sondern hat ihn für uns alle dahingegeben. Wie sollte er uns mit ihm nicht zugleich alles schenken? ... Wer will uns dann noch trennen von Christus und seiner Liebe? Etwa Leiden, Angst, Verfolgung, Hunger, Gefahren oder Tod? ... Ich bin davon überzeugt, dass uns nichts von dieser Liebe trennen kann: weder Tod noch Leben, weder Engel noch andere Mächte, weder Gegenwärtiges noch Zukünftiges, weder etwas im Himmel noch etwas in der Hölle."

Nach Römer 8,31-39

» Nehmt zu den Erklärungen der Freunde und zur Antwort Gottes Stellung!

» Unterstreiche im Brief des Paulus den Satz, den du für besonders wichtig hältst!

M 4: WENN DER TEUFEL ZU GOTT WIRD

Im Jahr 1993 erregte ein Mord an einem 15-jährigen Schüler bundesweites Aufsehen. Sandro Beyer wurde das Opfer einer Gruppe von Jugendlichen, die in Sondershausen einen schaurigen Satanskult betrieben. Die „Kinder Satans" brachten ihrem Gott Satan Blutopfer dar und zelebrierten schwarze Messen. Niemand kümmerte sich um das brutale Treiben, das von den Verantwortlichen in der Stadt lange Zeit als ungefährlich eingeschätzt wurde.
Die „Kinder Satans" töteten ihren Mitschüler Sandro Beyer, weil er wusste, dass die Gruppe verbotene Horror- und Gewaltvideos raubkopiert und verkauft hatte. Sandro hatte zunächst selbst versucht, in den Satanistenkreis aufgenommen zu werden. Als er abgelehnt wurde, drohte er, sein Wissen weiterzugeben. Sandro wurde in den Wald gelockt, gefesselt, gequält und schließlich mit einem Elektrokabel erwürgt.

SYMBOLE DES SATANSKULTS

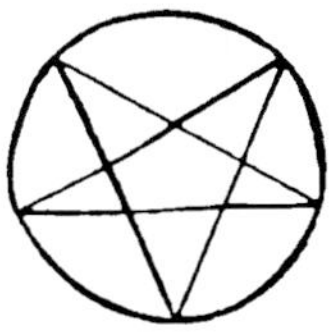

Pentagramm: Ein fünfzackiger Stern in einem Kreis steht als „gehörnter Stern" für Satan. Satanisten in der ganzen Welt benutzen dieses Symbol.

Satanischer Gruß: Satanisten begrüßen sich mit diesem Erkennungszeichen.

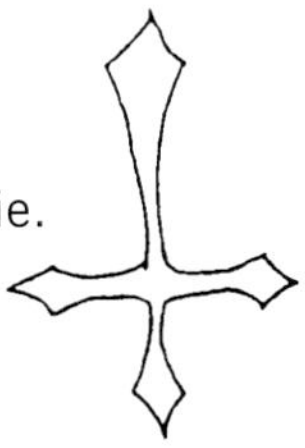

Kreuz auf dem Kopf: Satanisten benutzen viele christliche Symbole und verdrehen sie.

Kreuz im Kreis: Zeichen für „schwarze Messe".

Gespräch mit einem Sektenbeauftragten:
Was tun Satanisten?
Viele Jugendliche treffen sich vor allem nachts in leer stehenden Häusern, im Wald oder auf Friedhöfen. Häufig werden Alkohol und Drogen konsumiert und dann wird Satan gerufen und verehrt. Tiere werden geopfert, deren Blut getrunken wird. Das soll die Macht Satans auf seine Anhänger übertragen. In den so genannten „schwarzen Messen" werden die christlichen Symbole und Rituale aufgegriffen, umgekehrt und damit entehrt: umgedrehtes Kreuz, rückwärts gesprochene Gebete, schwarze statt weißer Kerzen.
Woran erkennt man Satanisten?
Häufig an schwarzer Kleidung, schwarz gefärbten Haaren und dem Tragen von Teufelssymbolen. Aber auch Verschlossenheit, Abkapselung und depressive Stimmungen sind oft Hinweise.
Wie kann man aus dem Satanskult aussteigen?
Bevor jemand in die Gruppe aufgenommen wird, muss er meist eine Mutprobe in Form eines Diebstahls, einer Sachbeschädigung oder Körperverletzung bestehen. So macht er sich strafbar und wird abhängig von der Gruppe, die ihn damit unter Druck setzen kann. Der Ausstieg aus dem Satanskult ist deshalb extrem schwer und allein kaum zu schaffen. Der wichtigste Schritt ist, sich jemandem anzuvertrauen. Aber viele Ehemalige leiden noch lange unter Scham- und Schuldgefühlen.

M 5: GOTTESDIENST – DER VERLORENE SOHN

Pfarrer/Pfarrerin: Begrüßung

Konfirmanden/Konfirmandinnen: Die Konfirmandinnen und Konfirmanden lesen zu Beginn eine Zeitungsmeldung, in der über die Ergebnisse einer Umfrage zum Glauben an Gott berichtet wird: „In den alten Bundesländern glauben 76 Prozent der Bevölkerung an einen Gott, in den neuen Bundesländern verneinen 77 Prozent jede göttliche Existenz. Das ist das Ergebnis einer repräsentativen Umfrage des Emnid-Meinungsforschungsinstituts vom Februar 2005. Diejenigen, die an Gott glauben, sind sich zu 61 Prozent ihres Glaubens ganz sicher. Nur 8 Prozent gaben an, dass sie lediglich in großer Not oder bei besonderer Dankbarkeit an Gott denken."
(Daran anschließend können die Konfirmandinnen und Konfirmanden noch den Info-Text „Gott" aus dem Kursbuch Konfirmation, 100) vorlesen.)

Lied: Lobet den Herren, alle die ihn ehren (EG 447,1-3.6+7)

Pfarrer/Pfarrerin: „Ich will ein Licht anzünden im Namen Gottes"
(H. M. Lübking, Jugendgottesdienst plus, 80)

Alle: „Lobe den Herrn, meine Seele"
(Jugendgottesdienst plus, 86f)

Konfirmanden/Konfirmandinnen: Kleine Sprechmotette „Gott ist weder Mann noch Frau"
(Kursbuch Konfirmation, 102)

Gebet: „Großer Gott, in einer Zeit" (Jugendgottesdienst plus, 81)

Lied: Kommt herbei, singt dem Herrn (EG West 577,1-3)

Konfirmanden/Konfirmandinnen: Erzählpantomime zu Lukas 15,11-32

Alle: Glaubensbekenntnis

Lied: Wir haben Gottes Spuren festgestellt (EG West 648)

Pfarrer/Pfarrerin: Predigt zu Lukas 15,11-32

Lied: Ins Wasser fällt ein Stein (EG West 659)

Konfirmanden/Konfirmandinnen:

AM ENDE DIE RECHNUNG

Einmal wird uns gewiss
die Rechnung präsentiert
für den Sonnenschein
und das Rauschen der Blätter,
die sanften Maiglöckchen
und die dunklen Tannen,
für den Schnee und den Wind,
den Vogelflug und das Gras
und die Schmetterlinge,
für die Luft, die wir
geatmet haben, und den
Blick auf die Sterne
und für alle die Tage,
die Abende und die Nächte.

Einmal wird es Zeit,
dass wir aufbrechen und
bezahlen;
bitte die Rechnung.
Doch wir haben sie
ohne den Wirt gemacht:
Ich habe euch eingeladen,
sagt der und lacht,
so weit die Erde reicht:
Es war mir ein Vergnügen!

Lothar Zenetti

Fürbittengebet: „Gott, du bist das Größte …" (Jugendgottesdienst plus, 87)

Alle: Vater unser

Pfarrer/Pfarrerin: Segen

ERZÄHLPANTOMIME ZU LUKAS 15,11-32

1. SZENE
Ein Mann hatte zwei Söhne. Sie arbeiten beim Vater auf dem Bauernhof.
(Der Vater teilt die Arbeit ein. Die beiden Söhne hacken und jäten Unkraut, der eine genau und eifrig, der andere – der jüngere – widerwillig.)

2. SZENE
Der jüngere Sohn will nicht mehr auf dem Hof des Vaters arbeiten. Er will weg, ein anderes Leben führen, unabhängig sein, frei sein, sich nicht mehr nach dem Vater richten müssen. Er fordert vom Vater Geld, sein Erbteil. Der Vater gibt ihm viel Geld, der Sohn nimmt es, steckt alles ein und geht fort – ohne sich umzudrehen. Der Vater schaut ihm traurig nach.
(Während die Szene erzählt wird, stellt die Gruppe alles nach und nach dar. Der jüngere Sohn geht zum Schluss mit einem Beutel voll Geld fort. Der Vater ist traurig, der ältere Bruder schüttelt nur den Kopf.)

3. SZENE
Der Sohn hat nun viel Geld. Er will das Leben genießen und erst einmal feiern. Er lädt viele Freunde ein, feiert mit ihnen Feste, bewirtet sie reichlich und übernimmt für alles die Rechnung. Aber als er alles bezahlt, ist sein Geld aufgebraucht. Jetzt hat er nichts mehr. Da wenden sich seine Freunde von ihm ab, verspotten ihn und jagen ihn davon.
(Die Gruppe sitzt um einen Tisch. Alles ist in ausgelassener Stimmung. Der Wirt bringt immer neu in großen Schüsseln etwas zu essen und stellt immer neue Flaschen auf den Tisch. Der Sohn muss jedes Mal zahlen. Die Gruppe isst und trinkt. Schließlich ist die letzte Münze ausgegeben. Jetzt schlägt die Stimmung um: die anderen stoßen den Sohn hinaus.)

4. SZENE
Der Sohn hat nun nichts mehr: Kein Geld und nichts zu essen. Er sucht Arbeit und kommt zu einem Bauern. Der sagt: „Du kannst auf die Schweine aufpassen." Die Schweine bekommen genug zu essen, er aber hat großen Hunger. Da denkt er an seinen Vater: Mein Vater hat viele Arbeiter und sie bekommen alle genug zu essen. Ich will zu meinem Vater zurückgehen und ihm sagen: Ich habe alles falsch gemacht, es tut mir leid.
(Der Sohn sucht einen Ort, wo er hingehen kann. Ein Bauer zeigt ihm einen Schweinestall [z.B. ein Viereck durch Stühle markieren]. Während der Sohn die Schweine füttert, plagt ihn großer Hunger. Er ist unglücklich. Er setzt sich auf einen Stein, seufzt laut, stützt den Kopf in die Hände, denkt nach und kommt zu einem Entschluss. Er steht auf und verlässt den Schweinestall.)

5. SZENE
Der Sohn macht sich auf den Weg zurück zum Vater. Es ist ein weiter Weg. Als er sich dem Bauernhof des Vaters nähert, traut er seinen Augen nicht: Der Vater kommt ihm schon entgegen. Ja, er läuft sogar. Er hat ihn von weitem gesehen. Als der Vater vor ihm steht, sagt der Sohn: „Vater, es tut mir leid. Ich habe alles falsch gemacht." Aber der Vater ist gar nicht böse. Er schimpft nicht, er freut sich, er ist ganz begeistert.
Er nimmt seinen Sohn in die Arme.
(Der Sohn geht einen langen Weg. Währenddessen steht der Vater vor der Tür seines Hauses und hält Ausschau. Als der Sohn näher kommt, läuft er ihm entgegen und umarmt ihn.)

LUKAS 15,11-32

Die Geschichte vom verlorenen Sohn – unser aller Lebensgeschichte: Abschied von den Eltern – das haben wir hinter uns oder es steht uns noch bevor. Aber es ist unausweichlich. Ebenso das Loslassenmüssen der eigenen Kinder. Unerfüllte Träume, zerplatzte Hoffnungen – davon wird keiner verschont: ob im Beruf, in der Ehe oder im Verhältnis zu den eigenen Kindern. Streitigkeiten in der Familie, Entfremdung zwischen Freunden – vieles geht im Laufe eines Lebens kaputt, und wir haben nicht immer die Kraft zu einem neuen Anfang. Und dennoch wohnt tief in unserem Herzen, gegen alle Erfahrungen, das starke Gefühl: Nicht die Trennungen und nicht die Konflikte, nicht die Enttäuschungen und nicht die Niederlagen bis hin zum Tod sind der letzte Akt der Geschichte. Am Schluss herrscht einzig die Liebe. Gott wird alles gut machen. Der Vater holt uns in jene Heimat, die wir verloren haben, aber die zu suchen wir doch niemals aufgeben können.

Das ist die unwahrscheinliche Hoffnung der Geschichte vom verlorenen Sohn. Einer Geschichte, die uns so einleuchtet, weil sie ausspricht, wonach wir uns zutiefst sehnen. Doch wo gibt es solch einen Vater? Wo gibt es solch eine Versöhnung, solch ein Glück?

Die Geschichte vom verlorenen Sohn ist in Wahrheit eine Geschichte von Gott – einem Gott, so unfassbar, dass selbst seine Kinder ihn nicht kennen. So wird die Begegnung mit dem Vater für den jüngeren Sohn zu einer einzigen Überraschung. Noch ehe der Sohn eine Silbe sagen kann, handelt der Vater. Schon von weitem sieht er seinen Sohn kommen, läuft ihm entgegen, lässt ihn gar nicht ausreden, fällt ihm um den Hals und ist außer Rand und Band. Keine Abrechnung, keine Vorhaltungen, keine Bedingungen, keine Bewährungsfrist. Mit einem solchen Vater hatte der Sohn nicht gerechnet. Aber so ist Gott, so kümmert er sich um den Menschen, vor allem um den, der ihm verloren ging.

Das kann der ältere Bruder nicht akzeptieren. Er war immer korrekt geblieben, hatte sein Erbteil nicht durchgebracht, sondern gearbeitet und sich um den Hof gesorgt: „Da wird doch die Gerechtigkeit mit Füßen getreten", bricht es aus ihm heraus. „Ich muss arbeiten um deine Gunst und ihm schmeißt du sie hinterher." Dieser Sohn kann den Vater nicht verstehen, denn er versteht die Logik der Liebe nicht.

So ist Gott, will Jesus mit diesem Gleichnis sagen: in seiner Menschlichkeit menschlicher zu uns Menschen als wir Menschen zueinander. Wo wir Bestrafungen fordern und Bedingungen stellen, da macht Gott seine Arme auf. Er gibt keinen auf und niemanden her. So geht er auch dem älteren Bruder nach, entlässt ihn nicht aus seiner Liebe, wirbt und bangt um ihn nicht weniger als um den jüngeren: „Aber man musste doch einfach fröhlich sein und sich freuen. Denn dieser dein Bruder war tot und ist wieder lebendig geworden; er war verloren und ist nun wieder gefunden."

Das klingt fast hilflos, aber so spricht Liebe, die niemanden zwingen, sondern nur für sich werben kann.

❶ INTENTIONEN

Die Zahl der Konfirmandinnen und Konfirmanden nimmt zu, mit denen als Kind niemand gebetet hat. Für sie ist das Gebet eher etwas exotisches und der Konfirmandenunterricht oft eine Erstbegegnung mit dem Beten. Andere, mit denen früher gebetet worden ist, tendieren dazu, das Gebet als Relikt ihrer Kindheit zu verstehen und zusammen mit ihrem Kinderglauben abzulegen. Scheint das „Gebet" daher auf den ersten Blick nicht gerade ein Wunschthema der Konfirmandinnen und Konfirmanden zu sein, so haben andererseits gerade die letzten Jugendstudien gezeigt, dass offenbar mehr Jugendliche beten, als man gemeinhin annimmt. Mehr noch als für Erwachsene ist das Beten für Jugendliche dabei eine sehr private und persönliche Angelegenheit. Wenn man selbst betet, lässt man es die anderen, vor allem in der Gleichaltrigengruppe, möglichst nicht wissen. Für diese Jugendlichen kann das Gebet auch zum verschwiegenen Ort werden, an dem sie sich aussprechen können über das, was sie für sich allein oder möglicherweise auch im Gegensatz zu Eltern und Freunden erlebt oder gedacht haben.
Im Konfirmandenunterricht kann es nicht darum gehen, Jugendliche „richtig" beten zu lehren. Was ist das auch? Vorrangige Intention der Behandlung des Themas sollte es stattdessen sein, die Sprach- und Ausdrucksfähigkeit von Jugendlichen im Blick auf ihren Glauben zu fördern und so zur Überwindung der vorhandenen religiösen Sprachlosigkeit beizutragen. Dies wird aber nur gehen, wenn im Unterricht nicht nur über das Gebet geredet, sondern wenn auch gebetet wird. Eine besondere Rolle wird dabei das Vaterunser spielen. Es ist zum bekanntesten christlichen Text geworden. Die Jugendlichen werden ihm in ihrem Leben immer wieder begegnen: in Gottesdiensten, an Gräbern, in anderen Ländern, bei Fernsehübertragungen. Am Ende der Konfirmandenzeit sollte es allen Konfirmandinnen und Konfirmanden bekannt und auch vertraut sein.
Die Beschäftigung mit dem Thema „Gebet" muss aber auch auf kritisch-kognitive Klärungsprozesse zielen. Gerade weil das Thema in der Öffentlichkeit fast tabuisiert ist, haben Jugendliche dazu auch Fragen: Warum beten Menschen überhaupt? Wie beten andere (Juden, Muslime, Buddhisten ...)? Werden Gebete erhört? usw. Jugendliche brauchen Erwachsene, die sich solchen Fragen stellen und darauf nicht mit Formeln antworten.

❷ ERLÄUTERUNGEN ZUM »KURSBUCH KONFIRMATION«, S. 109-116:

S. 109 *Titelbild:*
1) Kleine Runde zu dem Bild: „Was mich anzieht – was mich irritiert!" Jede Konfirmandin und jeder Konfirmand notiert sich dazu einen Satz.
2) Schweigegespräch: Auf eine Tafel werden zwei große Sprechblasen gemalt – zu den beiden Personen auf dem Bild. Was sagen sie? Beten sie? Mit wem reden sie? Die Konfirmanden kommen zur Tafel und tragen schweigend ihre Kommentare in die Sprechblasen ein.
3) „Ein einziger Gedanke zum Himmel ist das vollkommenste Gebet" (G.E. Lessing).
Die Konfirmanden nehmen Stellung zu diesem Satz.

S. 110 *Bild:* 1992 stellte Jonathan Borofsky aus New York auf der Internationalen Kunstausstellung „documenta" in Kassel die Skulptur „Man walking to the sky" aus. Die Skulptur wurde auf der „documenta" zum Publikumsmagnet: Ein Mensch auf dem Weg nach oben, in den Himmel, zum großen Glück – unaufhaltsam, optimistisch, alles hinter sich lassend. Besucher und Bürger Kassels brachten 400 000,- Dollar auf, um die Skulptur dauerhaft in der Stadt aufstellen zu können. „Was hat ‚der Himmelsstürmer' mit dem Beten zu tun? – Warum ist Beten noch mehr, als allein in den Himmel zu stürmen?"
Aus den Besucherbüchern: Die Gebete standen in „chrismon 02/2004" und wurden in den Besucherbüchern von Kirchen, von Kapellen und „Räumen der Stille" von Krankenhäusern, eines Bahnhofs und eines Flughafens entdeckt.
„Was ist Beten?" Vgl. dazu auch die ersten beiden Beispiele unter „Weitere Ideen". Sie schließen als Aufgabe passend an die Gebete aus den Besucherbüchern an.
„Was meinst du?" Fällt den Konfirmandinnen und Konfirmanden ein Beispiel ein für die Meinung, die die größte Zustimmung bekommen hat? Wenn nicht, können die Unterrichtenden eines erzählen.
Wann man beten kann, wo man beten kann, zu wem man beten kann – das sind einige der Grundfragen zum Beten, die die Konfirmandinnen und Konfirmanden in Gruppen diskutieren können: **M 1**.

S. 111 Für das Lesen der Erzählung von U. Wölfel sollte eine Kreisform gewählt werden: auf Stühlen oder auf der Erde, Kerze in der Mitte und mit szenischer Lesung der einzelnen Rollen.
Bild „Himmelsleiter": Das Bild hat drei Ebenen, die deutlich voneinander unterschieden sind: Den Boden, die mittlere Ebene mit der Leiter, den Himmel. Alle drei Ebenen können von den Konfirmandinnen und Konfirmanden beschrieben werden: 1) Der Boden: In welchen Situationen wendet man sich an den „Himmel"? 2) Die Leiter: Wer befindet sich auf der Leiter? Wie kommt man auf die Leiter? Wem gehört die Leiter? 3) Wer befindet sich im Himmel? Wer hat die Leiter heruntergelassen?

S. 112 *Bild:* „In vielen Kirchen, die tagsüber geöffnet sind, entzünden Besucher eine Kerze, stellen sie vor den Altar und verbinden das mit einem Gebet. Wofür würdet ihr in einer Kirche eine Kerze entzünden?"
Die Konfirmandinnen und Konfirmanden schreiben ihre Antworten auf Zettel, die in einem Korb eingesammelt werden. Sie werden anonym verlesen.
Unter „www.guideposts.org" kann man im Internet bei einem amerikanischen Religionskonzern auch Gebete bestellen. Es wird dann dort im Auftrag des Bestellers ein Gebet gesprochen. Frage an die Konfirmanden: „Würdet ihr das tun? Kann so etwas funktionieren?" – „Kann man Gott auch eine e-mail oder eine sms schicken? An welche Adresse?"
Umfrage: Weitere Ergebnisse der 2004 vom emnid durchgeführten Umfrage sind:

- 64 Prozent sind überzeugt, dass Beten eine positive Wirkung auf das Wohlbefinden des Betenden hat.
- 28 Prozent glauben, dass Gebete die Wirklichkeit verändern können.
- 34 Prozent sind dagegen überzeugt, dass Gebete keine Wirkung haben.

S. 113 Für die Konfirmandengruppen zwischen 8 und 14 Mitgliedern bietet es sich an, Psalm 23 durch eine Kombination von Bewegung, verschiedenen Sprachformen und Meditation zu erarbeiten. Dazu wird *Psalm 23* in so viele Sätze bzw. Verse aufgeteilt, wie die Zahl der Konfirmanden beträgt.
Alle Konfirmandinnen und Konfirmanden bekommen dann jeweils eine Karte, auf der auf der Vorderseite ein Bibelvers und auf der Rückseite eine Zahl stehen. Die Zahl bezeichnet den Platz des Verses im Zusammenhang des Textes. Alle ausgeteilten Karten ergeben den zusammenhängenden Text von Psalm 23.
1. Die Konfirmandinnen und Konfirmanden gehen im Raum umher und machen sich mit ihrem Text vertraut. Sie können ihn laut sprechen oder still für sich meditieren.
2. Tauschaktion: Spricht der Vers, den sie bekommen haben, sie nicht an, können sie versuchen, ihre Textkarte gegen eine andere zu tauschen.
3. Haben sie „ihren" Vers gefunden, gehen sie durch den Raum und sprechen ihn laut, als ob sie ihn bei einem Gottesdienst vorlesen würden.
4. Sie flüstern diesen Vers einem anderen zu – „wie ein wichtiges Geheimnis".
5. Sie versuchen, diesen Vers mit Bewegungen und Gebärden Gehörlosen zu verdeutlichen.
6. Sie sprechen den Vers so, als ob es ihr Text für die Aufnahmeprüfung einer Schauspielschule wäre.
7. Sie stellen sich im Kreis in der Reihenfolge ihrer Zahlen auf und sprechen ihren Vers und damit den ganzen Text so, wie sie ihn gern sprechen möchten.
Zu Psalm 23 vgl. auch die Nacherzählung zur möglichen Ursprungssituation des Psalms in **M 2**.

S. 114 Das *Vaterunser* besteht aus neun Sprachen: deutsch, englisch, französisch, italienisch, schwedisch, niederländisch, dänisch, spanisch und hebräisch. Vielleicht kennen die Unterrichtenden noch weitere Vaterunser-Fassungen in anderen Sprachen.
Welche Bitten halten die Konfirmandinnen und Konfirmanden für besonders wichtig? Dazu können sie entweder Klebepunkte auf ein Textplakat mit dem Vaterunser kleben oder sie setzen die einzelnen Bitten in einem zuvor zu verschiedenen Textstreifen zerschnittenen Vaterunser nach ihrer Priorität wieder zusammen.
Vaterunser-Aufgaben: Es ist darauf zu achten, dass die Gruppenergebnisse mit einer entsprechenden Inszenierung gemeinsam präsentiert werden.

S. 115 *„Unterbrich mich nicht!"* Die Szene sollte mit verteilten Rollen gelesen werden.
Eine detaillierte Fassung des Vaterunser in der Gebärdensprache bietet: rpi Loccum, Arbeitshilfen KU 15, 1989, 18ff.

❸ WEITERE IDEEN

- Die Konfirmandinnen und Konfirmanden bekommen Fotos, die in irgendeiner Weise Gebetssituationen zeigen (vgl. Bildsatz ku praxis 30: „Wenn ihr betet ..."). Sie malen dazu Sprechblasen, in die sie einfache Gebete schreiben.
- In einem „Wortsalat" verstecken sich verschiedene Tätigkeitswörter, die umschreiben, was Beten alles sein kann („Stöhnen, fragen, danken, flehen ..." usw.). Die Konfirmandinnen und Konfirmanden sollen sie entdecken und einkreisen.
- „In welcher Haltung soll man oder kann man beten?" Die Konfirmandinnen und Konfirmanden probieren verschiedene Gebetshaltungen aus und stellen in Gruppen das „Denkmal eines Beters oder einer Beterin" dar.
- Zum Thema Gebet gibt es eine Vielzahl von Karikaturen (Vgl. H. Schmidt-Rhaesa, Gebete. Kommunikation mit Gott, religio 1/2 1991, 70ff.), die von den Konfirmandinnen und Konfirmanden untersucht, verglichen, verändert und neu konzipiert werden können.
- Gute Erzählungen zum Thema Gebet bieten R. Schupp, Gott ist hiergewesen (D. Steinwede u.a. (Hg.), Vorlesebuch Religion 3, Lahr 1976, 340ff.), W. Laubi, Vom Beten (Geschichten zur Bibel 4, 124ff.) und P. Horst/I. Scholz, Der bittende Freund. Eine Erzählpantomime (Mit Konfirmanden: Jesus begegnen. Beten. Beratungsstelle für Gestaltung 46/47, 308f.).
- Aus einem Stapel von Fotos und aus Zeitungsmeldungen gestalten die Konfirmandinnen und Konfirmanden einen aktuellen Kommentar zum Vaterunser. Die Zeitungsmeldungen werden auf einer Wandzeitung links und die Fotos rechts vom Vaterunser-Text zu den ent-

sprechenden Sätzen montiert.
- Das Danke-Lied wird weitergedichtet und mit den neuen Strophen im Gottesdienst gesungen.

❹ SPIRITUELLE FORMEN

Die Gebete auf S. 116 sind als Angebot für die Konfirmandinnen und Konfirmanden zu verstehen, mit dem Beten wieder anzufangen. Sie sind in einer einfachen Sprache formuliert, die auch Jugendliche übernehmen können. Die Gebete können aber auch bei verschiedenen Andachtsformen in der Konfirmandenarbeit oder als Teil des Anfangs- bzw. Schlussrituals des Gottesdienstes gesprochen werden.

❺ GOTTESDIENST

Zum Vaterunser bereiten die Konfirmandinnen und Konfirmanden einen Gottesdienst (**M 3**) vor, in den auch Ergebnisse des Unterrichts einbezogen werden.

❻ ANREGUNGEN FÜR PROJEKTE UND AKTIONEN

- Gestaltung einer Fosterreihe oder Plakatserie zum Vaterunser.
- Die Konfirmandinnen und Konfirmanden bauen in der Kirche eine Klagemauer auf (Kartons oder bemalter Fotokarton), auf die Bitten, Klagen, Wünsche und Danksagungen geschrieben werden können.
- Die Konfirmandinnen und Konfirmanden stellen aus Holzrohlingen Gebetswürfel mit Tischgebeten, Abend- oder Morgengebeten her, die z.B. auf die Freizeit mitgenommen werden.
- Für kranke Gemeindeglieder entwerfen und gestalten die Konfirmandinnen und Konfirmanden Grußkarten – mit Wünschen und kurzen Gebeten.
- Aus einem von den Unterrichtenden zur Verfügung gestellten Pool von Bildern, Gebeten, Texten und Liedern stellen sich die Konfirmandinnen und Konfirmanden ihr eigenes kleines „Gebets- oder Trostbuch" zusammen.

❼ HINWEISE

- B. Wilde/Ph. Neßling, Zum Beten finden, Gelnhausen 1983
- ku praxis 30: „Wenn ihr betet ...", Gütersloh 1983
- P. Horst/I. Scholz, Du im Himmel, Offenbach 1994
- Mein Liederbuch 1 und 2, tvd-Verlag, Düsseldorf 1989 und 1992 (Gebete!)
- Dias: AV-Religion „Vaterunser-Beten", 1992
- KONFER normal 5 (1996): Vater unser; 58 (2001): Vater unser
- H.M. Lübking, Jugendgottesdienst plus, Gütersloh 2001
- W. Albrecht u.a. (Hg.), Neuen Atem holen, München 2003

❽ WICHTIGE ERGEBNISSE

- Die Konfirmandinnen und Konfirmanden haben die Erfahrung gemacht, dass in der Konfirmandengruppe gebetet wurde. Sie haben gelernt, dass das Beten zugleich etwas Persönliches und etwas elementar Menschliches ist, das einem nicht peinlich sein muss.
- Sie wissen, dass man im Gebet mit Gott über alles reden kann, was einen bewegt. Sie haben sich mit der Wirkung von Gebeten beschäftigt.
- Sie kennen das Vaterunser und den 23. Psalm, beide Texte sind ihnen vertraut.

❾ MATERIAL AUF DER CD-ROM

Gebet
1| Meinungskarten: Beten
2| Tischgebetswürfel
3| Psalm 23 – mit Kerzen
4| Einen eigenen Psalm schreiben!
5| Plakat-Vorlage:
Vaterunser
Psalm 23

❿ INTERNET-ADRESSEN

www.gebete.de
www.vater-unser.de

M 1: SECHS FRAGEN ZUM BETEN

In der Kirche?
Im Bett?
Unterwegs auf dem Fahrrad?
WO KANNST DU BETEN?

Kinder?
Großeltern?
Nur die, die an Gott glauben?
WER DARF BETEN?

Kniend?
Im Stehen?
Mit gefalteten Händen?
WIE KANNST DU BETEN?

Zu Gott?
Zu dir selbst?
Zu ...?
ZU WEM KANNST DU BETEN?

Bibelverse?
Gedichte?
Was dir einfällt?
WAS KANNST DU BETEN?

Vor der Klassenarbeit?
Vor dem Einschlafen?
Wenn du traurig bist?
WANN KANNST DU BETEN?

» Schreibe alles auf, was dir zu den Fragen einfällt! Diskutiert die Antworten dann in der Gruppe und gestaltet anschließend zu den Fragen eine Wandzeitung!

M 2: GESCHICHTE ZU PSALM 23

– ERZÄHLVORSCHLAG –

Du sagst, man hört, dass ich nicht aus Jerusalem stamme. Das stimmt. Du sagst auch, man sieht mir an, dass ich kein Levit bin. Da hast du Recht. Ja, und nun möchtest du wissen, wie ich hier in den Tempel komme. Sei ehrlich. Ich lese es an deinen Augen ab. Du brennst vor Neugier.
Nun, hör zu. Ich bin von Beth Tappuach. Ein kleiner Ort. Du wirst ihn nicht kennen. Ich lebte dort mit meinen Eltern. Wir waren arm, aber redlich. Ein Stück Land, eine Hütte drauf. Der Heilige, gepriesen sei sein Name, hat unsere Arbeit und unser bescheidenes Leben gesegnet. Die Weinstöcke warfen immer so viel ab, dass es zum Leben für uns und für die beiden Ziegen reichte.
Fünf Monate zurück, als die Tage kürzer und die Nächte kälter wurden, sagte der reiche Schlomo: Wenn ihr wollt, schlagt euch die trockenen Bäume aus meiner Olivenplantage. Ich weiß, ihr braucht das Holz. Aber nur die vertrokkneten, versteht sich!
Das ließen wir uns nicht zweimal sagen. Und wir beeilten uns. Ich fand einen Platz, wo zwei trockene Bäume beieinander standen. Brauchst nicht so weit zu laufen bis zum nächsten Baum, dachte ich mir noch, da erschien schon der Menachem – er wohnte am anderen Ende des Dorfes – und machte sich an meinen zweiten Baum. Ich konnte es ihm nicht verbieten. Nun standen wir zusammen, und jeder schlug auf seinen Baum. Das kostet Kraft. Du weißt, Olivenholz ist hart wie Stein. Ich sage noch: Menachem, geh ein Stück zur Seite, du behinderst mich. Er aber tat, als hörte er mich nicht. Und ich schlug weiter auf meinen Baum.
Plötzlich – ich muss ein besonders hartes Stück getroffen haben – rutscht mir die Axt vom Holz und fährt dem Menachem in die Schläfe. Er brüllt auf wie ein Löwe und stürzt zu Boden. Die anderen Leute kommen angelaufen. Sie sehen das Blut. Menachem stirbt.
Erst steh ich wie versteinert. Versuch dann zu erklären, wie's geschehen ist, da schreien schon die ersten: Erschlagt ihn auf der Stelle, diesen Mörder! Er hat Menachem umgebracht! Sie schrien nach Menachems Brüdern: Holt euch sein Blut! Nehmt Rache! (Deuteronomium 19,4-6; Deuteronomium 4,41 u. 42; Josua 20,1-7)
Erst jetzt begriff ich, was geschehen war. Ich lief davon, so schnell ich konnte. Ein Teil der anderen verfolgte mich. Doch ich war schneller. Bald sah ich, dass sie zurückblieben. Ich dachte nur: Sie werden dir keine Zeit lassen. Sie werden dich jagen, bis sie dich haben. Dann schlagen sie dich tot. Menachems Blut schreit ja nach Rache. Nur ein Gedanke trieb mich: Fort von hier! Nur fort! Ich will leben! Ich wollte ihn doch gar nicht töten. Ein Unglück war's und keine Absicht. Allmächtiger, gepriesen sei dein Name, glaub du mir doch! Ich rannte, stolperte, fiel hin, stand auf, der Schweiß lief mir in Strömen. Und immer wieder dachte ich: Wo soll ich hin? Ich hab so Angst ums Leben! Auf einmal wusste ich: Es gibt nur eine Möglichkeit: Jerusalem! Der Tempel! Dort werden sie dich anhören. Vielleicht behalten sie dich dort und nehmen dich unter den Schutz des Heiligen, gepriesen sei er. Wenn sie dir glauben.
Doch bis dorthin war's noch ein weiter Weg. Und von hier gibt es nur den einen. Der führt gerade durch die „Todesschattenschlucht". Du kennst sie nicht? Der Name sagt schon alles: Die Schlucht ist eng und lässt sich gut einsehen von Räubern und Verfolgern. Du selbst weißt nie, ob einer hinter dem nächsten Felsen lauert, oder dich von oben sieht.
Da musste ich durch. Und es gelang. Jedoch, schon in Jerusalem, holten sie mich dann ein. Ich sah sie von weitem.
Nun ging's ums Leben. Kaum schaffte ich die letzten Stufen zum Tempelvorhof. Schon dachte ich: Jetzt ist es aus. Da öffnete ein Pilger das schwere Tor. Ich fiel mehr, als ich gehen konnte, hinein. Dann hatte ich den Schutzbereich erreicht. Fürs erste war ich sicher. (Exodus 21,12-14; 1. Könige 1,50-52; Psalm 15,1 ff.; Psalm 27,4-6; Psalm 61,4 u. 5)
Und draußen standen sie und schrien: Gebt ihn heraus, den Mörder! Gebt ihn heraus! Wir forden sein Blut! Du Mörder! Du Sohn Belials!
Der Lärm muss einen Priester angelockt haben. Er sah mich, stützte mich, zog mich in einen Raum und gab mir Wasser. Ich trank wie ein Pferd, so ausgetrocknet war ich. Nachdem ich mich ein wenig beruhigt hatte, erzählte ich, was geschehen war. Ich schwor (1. Könige 8,31 u. 32), dass es kein böser Wille war, und dass ich dem Menachem nicht ans Leben wollte. Der Heilige, gepriesen sei er, ist mein Zeuge.
Der Priester ging und kam nach einer Weile wieder. Ich war gespannt, das Blut schlug mir im Hals. Was würde er mir sagen?
Der Heilige, gepriesen sei sein Name, hat sich für dich entschieden. Du bist gerecht! Du kannst hier bleiben, solange der Hohe Priester lebt (Josua 20,6). Wir geben dir Asyl! Geh nun, wasch dich, und lass dir neue Kleider geben. Und wenn du dich gereinigt hast, komm iss und trink. Du bist willkommen und gesegnet! Shalom!
Ich ging, wusch mich und ließ mir neue Kleider geben. Dann deckten sie für mich den Tisch und trugen auf. Ich konnte es nicht fassen. Den Becher voll mit bestem Wein, zum Überlaufen. Und feines Brot. Und frisches Obst. Und Fleisch. Und Salböl auf dem Tisch. So wollten sie mir zeigen, wie sehr sie mich willkommen hießen (Ezechiel 23,41). Ich konnte es nicht fassen. Noch eben war mein Leben keinen Schekel wert. Noch immer schrien sie vor dem Tor: Gebt ihn heraus, den Mörder! Wir wollen hier und jetzt sein Blut! Und drinnen, um mich herum, Freundlichkeit und Güte, als wäre ich der Erwählte des Herrn.
Ganz langsam begann ich zu begreifen. Zwar schlief ich schlecht. Doch mit der Zeit kehrte Ruhe in mich ein. Geblieben ist bis heute die Trauer um Menachem, den ich nicht erschlagen wollte. Und bleiben wird für lange Zeit das Glück, die übergroße Freude und der Dank, dass mich der Heilige, gepriesen sei sein Name, gerettet hat.
Übrigens, weil wir gerade vom Heiligen sprechen: Als alles immer wieder noch einmal und noch einmal vorbeigezogen ist vor meinen Augen, entstand in meinem Kopf und meinem Herzen ein Lied zum Lob des Heiligen, er sei gepriesen. Wenn du's hören willst, sing ich's dir vor …

Aus: forum religion 2/1986, S. 37 f.

M 3: GOTTESDIENST – VATER UNSER

Pfarrer/Pfarrerin:	Begrüßung
Konfirmanden/Konfirmandinnen:	„Mehrheit der Deutschen glaubt an Wirkung von Gebeten" – „Darum hält Beten gesund" Die Konfirmandinnen und Konfirmanden verlesen zu Beginn die beiden Zeitungsmeldungen (Kursbuch Konfirmation, 112 – H.M. Lübking, Jugendgottesdienst plus, 73)
Lied:	Danke für diesen guten Morgen (EG 334)
Pfarrer/Pfarrerin:	„Ich will ein Licht anzünden ..." (Jugendgottesdienst plus, 80)
Alle:	Psalm 23 (EG 710) – i.W.
Konfirmanden/Konfirmandinnen:	„Gott, ich habe lange nicht gebetet..." (Kursbuch Konfirmation, 109)
Konfirmanden/Konfirmandinnen:	Die Konfirmandinnen und Konfirmanden lesen den folgenden Text in verteilten Rollen: • Wenn mich meine Freunde/Freundinnen fragen, warum ich bete, dann sage ich: Weil ich alles andere als perfekt bin, oft gar nicht den Durchblick habe und mich oft klein und unbedeutend fühle, weil ich das jemandem anvertrauen möchte, der mich versteht, darum bete ich: Vater unser. • Weil ich mich nicht damit abfinden will, dass sich Hass und Gewalt immer mehr ausbreiten und Gerechtigkeit oft mit Füßen getreten wird, weil ich immer noch glaube, dass Gott das anders gemeint hat, darum bete ich: Dein Reich komme! • Weil ich manchmal richtig böse sein kann und anderen das Leben schwer mache und weil mir das alles selbst nicht gefällt und ich mich über mich selbst ärgere, darum bete ich: Vergib uns unsere Schuld! • Weil ich froh bin, dass Menschen nicht alles dürfen und nicht alles können, nicht alles wissen und nicht alles bestimmen können, darum sage ich: Dein ist das Reich und die Kraft und die Herrlichkeit. Amen.
Lied:	Ich lobe meinen Gott (EG 272)
Konfirmanden/Konfirmandinnen:	„Ich weiß nicht, womit ich das verdient habe" (Kursbuch Konfirmation, 116)
Konfirmanden/Konfirmandinnen:	Szenische Lesung zu Lukas 18,1-8
Pfarrer/Pfarrerin und Konfirmanden/Konfirmandinnen:	„Unterbrich mich nicht!" (Kursbuch Konfirmation, 115) Die Pfarrerin oder der Pfarrer steht vor dem Altar und beginnt. Eine Konfirmandin oder ein Konfirmand unterbricht bzw. antwortet, für die Gottesdienstbesucher verborgen, aus der Kanzel.
Pfarrer/Pfarrerin:	Predigt zu Lukas 11,1-4 (Vater unser)
Lied:	Vater unser, Vater im Himmel (EG 188)
Konfirmanden/Konfirmandinnen:	„Vater unser, du bist im Himmel" (Jugendgottesdienst plus, 72)
Fürbittengebet:	„Gott, wir bitten dich für die Menschen" (Jugendgottesdienst plus, 73)
Lied:	Wir beten für den Frieden (EG West 678,1-3)
Alle:	Vater unser – in Gebärdensprache (vgl. Kursbuch Konfirmation, 115)
Pfarrer/Pfarrerin:	Segen

SZENISCHE LESUNG ZU LUKAS 18,1-8

Person A:	Jesus erzählt seinen Jüngern ein Gleichnis.
Person B:	In dem Gleichnis geht es um das Beten.
Person C:	Die Jünger sollen allezeit beten –
Person D:	Und darin nicht nachlassen.
Erzähler(in) = A:	In einer Stadt lebte ein Richter. *(Der Richter (=B) setzt sich in die Mitte auf einen großen Stuhl)*
Erzähler(in):	In einer Stadt lebte ein Richter, der nicht nach Gott fragte und Gott nicht fürchtete.
Person C:	*(läuft mit einer Bibel zum Richter und fällt vor ihm auf die Knie. Dieser macht eine abweisende Handbewegung.)*
Erzähler(in):	Dieser Richter fragte nicht nach Gott und er interessierte sich auch nicht für seine Mitmenschen. Er verachtete sie.
Person D:	*(eine/r kommt und hält dem Richter einen Geldschein hin. Dieser weist ihn ab.)*
Erzähler(in):	In der Stadt lebte auch eine Witwe. Sie kam immer wieder zu ihm gelaufen, bedrängte ihn und lag ihm in den Ohren: „Verhilf mir zu meinem Recht!"
Person E:	*(kommt von der Seite und fleht den Richter an. Dieser weist sie ab.)*
Erzähler(in):	„Verhilf mir zu meinem Recht!"
Person E:	*(kommt von der anderen Seite und fleht den Richter an. Dieser weist sie ab.)*
Erzähler(in):	„Verhilf mir zu meinem Recht!"
Person E:	*(kommt von vorn und fleht den Richter an.)*
Richter:	*(hält sich die Ohren zu. Schließlich wiegt er den Kopf hin und her, steht auf, geht nachdenklich nach links und rechts, dann setzt er sich wieder auf seinen Stuhl.)*
Erzähler(in):	Lange Zeit wollte der Richter nicht, doch schließlich sagte er sich: „Es ist mir zwar völlig gleichgültig, was Gott und was andere Menschen von mir denken. Aber weil die Frau mir lästig wird, will ich dafür sorgen, dass sie ihr Recht bekommt. Sie kratzt mir sonst noch die Augen aus."
Person A:	Jesus erzählt seinen Jüngern ein Gleichnis. Er sagt: Merkt euch gut, was dieser hartherzige Richter sagt.
Person B:	Wenn schon dieser ungerechte Richter sich erweichen lässt, sollte dann nicht viel mehr Gott den Armen, die Tag und Nacht zu ihm rufen, zu Hilfe kommen?
Person C:	Ihr könnt ganz sicher sein, Gott wird ihnen zu ihrem Recht verhelfen – vielleicht ganz schnell, ohne dass man es vorhersehen kann.
Person D:	Wenn aber der Menschensohn wiederkommen wird, wird er auf der Erde noch Menschen finden, die immer noch an ihm festhalten und ihm vertrauen?

(nach Michael Kühne)

LUKAS 11,1-4

„Herr, lehre uns beten!" Diese Bitte der Jünger ist erstaunlich. Denn die Juden kannten sich doch eigentlich mit dem Beten aus. Es gab feste Gebetszeiten am Tage und Gebetsordnungen für die großen Feste. Keine Mahlzeit ohne Tischgebet.
Aber vielleicht spiegelt diese Bitte eine Erfahrung, die wir selbst auch gemacht haben. Viele sind mit Kindergebeten groß geworden. Doch mit zunehmendem Alter wurde man unsicher. Kann man so noch beten? Das Beten unterblieb ganz. Andere Gründe kamen hinzu: Ob das Beten wirklich helfen kann? Gibt es nicht für alles eine einfache, eine natürliche Erklärung? Vor allem aber: Wo rund um die Uhr gearbeitet wird. wo morgens die hektischste Zeit des Tages ist und abends der Fernseher erst nach Sendeschluss abgeschaltet wird, da bleibt für das Beten einfach keine Zeit mehr. Doch das Gebet ist auf ein wenig Ruhe und Konzentration angewiesen. Denn Beten beginnt dort, wo ich anfange, über das eigene Leben nachzudenken und alles, was mir dabei durch den Kopf geht, Gott zu erzählen: mit eigenen Worten, im Stillen, nur für mich oder mit anderen. Vielleicht am ehesten mit den Worten des Vaterunsers. Es ist das Gebet, das alle oder fast alle kennen. Es gehört zum christlichen Restbestand in einer nachchristlichen Gesellschaft. Wird es am Grabe gebetet, so stimmen auch die mit ein, die schon seit Jahren keinen Gottesdienst mehr besucht haben. Es hat etwas Elementares, das nicht mehr aus dem Kopf geht. Wie ein sicheres Geländer, an dem man sich festhalten kann, wenn die eigenen Worte nicht mehr ausreichen.
Festhalten kann ich mich schon an der Anrede, die alles Weitere ahnen lässt: Unser Vater im Himmel! Mit der größten Selbstverständlichkeit wird hier Gott, den wir nicht erforschen und nicht begreifen können, als „unser Vater" angesprochen. Was für ein unbegreifliches Vertrauen, in dem dieser Jesus gelebt hat und das er auch uns zutraut: Unsere Existenz kein Zufallsprodukt, sondern gehalten von einer ansprechbaren Macht, die uns mit Liebe gewollt hat, uns bejaht und in guten und bösen Tagen trägt. Gott wie ein Vater – oder auch wie eine Mutter, die uns geboren, großgezogen, gewärmt und getröstet hat.

So ist in diesen ersten Worten des Vaterunsers eigentlich alles schon enthalten. Wer sich in die Hand dieses Gottes geben kann, dem verändern sich die Maßstäbe und Prioritäten des eigenen Lebens. Es geht nicht mehr zuerst um unseren Namen, unsere Herrschaft, unseren Willen. Dreimal heißt es *dein* – und nicht mein. Und dreimal heißt es *unser* oder *wir* – und nicht ich. Umkehrung unserer Prioritäten und zugleich: Beschreibung der menschlichen Existenz ohne Wenn und Aber. Vom hungrigen, schuldigen, jede Stunde neu in Versuchung stürzenden, von allen Übeln bedrohten Menschen ist in den letzten Bitten die Rede. Von dem, der auf Brot angewiesen ist, in Schuld verstrickt ist und unfähig sich selbst zu helfen, weil es nicht möglich ist, sich am eigenen Schopfe aus dem Sumpf zu ziehen. Im Vaterunser wird das ganze Leben ausgebreitet – aber vor dem, den wir voller Vertrauen „unseren Vater" nennen dürfen.

❶ INTENTIONEN

Im Alten Testament richten sich die Zehn Gebote an Menschen, die befreit worden sind. Sie beschreiben die Regeln der Freiheit und haben damit Schutzfunktion für das Leben der Mitmenschen und für das eigene Leben. Jesus fasst die zehn Gebote im Doppelgebot der Liebe zusammen und entscheidet damit über ihren Sinn für uns Christen: Die Gebote wurden uns aus Liebe gegeben, um uns zur Liebe fähig zu machen. Für die Konfirmandinnen und Konfirmanden ist es nicht leicht, diesen Sinn nachzuvollziehen. „Die Jugendlichen kommen aus einer Welt, in der es kaum so etwas gibt wie Gut und Böse, vielmehr nur Stark und Schwach“ (M. Veit). In ihrem sozialen Umfeld wird ihnen immer wieder suggeriert, dass Nächstenliebe sich nicht auszahlt und persönliche Vorteile genutzt werden müssen, um selbst weiterzukommen.
Zwar stehen die Zehn Gebote in der Öffentlichkeit immer noch hoch im Kurs. Für viele Menschen zählen sie zum Kern des christlichen Glaubens, den man kennen muss, um zwischen gut und böse unterscheiden und ein bürgerlich anständiges Leben führen zu können. Konfirmandinnen und Konfirmanden, die diese Einstellung bei ihren Eltern erleben, spüren häufig aber zugleich die Diskrepanz, dass viele Erwachsene sich nicht nach den Normen richten, die sie von Kindern und Jugendlichen erwarten: Die Versicherung wird betrogen, der Feiertag wird selten geheiligt, Ehen zerbrechen immer öfter und Gewalt wird in den Medien zum Normalfall.
So haben viele das Gefühl: Wir sollen mit dem Lernen der Zehn Gebote auf etwas festgelegt werden, an das wir uns später ohnehin nicht mehr unbedingt halten müssen. Deshalb sollte es im Konfirmandenunterricht vor allem darum gehen, die befreienden Wirkungen zu zeigen, die von den Geboten ausgehen können. An Beispielen und Konfliktfällen aus der Lebenswelt der Jugendlichen soll verdeutlicht werden, dass die Gebote den Menschen nicht in seinen Lebensmöglichkeiten beeinträchtigen, sondern ihm helfen wollen, die eigene Freiheit und die Freiheit anderer Menschen zu schützen. Dabei dürfen auch aktuelle Probleme des öffentlichen Lebens, von denen auch die Konfirmandinnen und Konfirmanden betroffen sind, nicht ausgespart werden.

❷ ERLÄUTERUNGEN ZUM »KURSBUCH KONFIRMATION«, S. 117-134:

S. 117 *Zum Titelbild:* a) Genaue Beschreibung des Titelbildes durch die Konfirmanden. b) Unterrichtsgespräch: „Was ist strafbar?“ – „Was würde euch am meisten stören?“ – „In welcher der dargestellten Situationen möchtet ihr nicht sein?“ – „Was kennt ihr selber?“ c) Es werden Vorschläge für die Fortsetzung des Satzes „Wenn alles erlaubt wäre ...“ gesammelt.

S. 118 *Lebensregeln:* Interessant wird es, wenn die Ergebnisse der Konfirmandengruppe auf einem Elternabend mit den Konfirmandinnen und Konfirmanden besprochen werden können.
Welche ausgesprochenen (und vielleicht auch schriftlich fixierten) oder unausgesprochenen Regeln gibt es in der Konfirmandengruppe? Welche Regeln haben sich bewährt, welche Regeln müssten überprüft werden, welche ungeklärten Fragen müssten eigentlich mal geregelt werden? Die Unterrichtenden sprechen mit den Konfirmandinnen und Konfirmanden über sinnvolle Regeln in der Konfirmandengruppe. Wenn die Regeln, auf die man sich einigt, auch eingehalten werden sollen, ist es wichtig, dass die Vorschläge der Konfirmanden auch Gehör finden, sich die Unterrichtenden auch an die Regeln halten, diese Regeln schriftlich (und für alle gut sichtbar im Unterrichtsraum) festgehalten und ab und zu thematisiert bzw. überprüft werden.
Die Bibel ist auch ein Buch großer Lebenserfahrung. Unter anderem bieten die „Sprüche Salomos (Sprichwörter)“ in 882 Versen jede Menge an Lebensweisheit und Lebensregeln. Sie sind schon über 2000 Jahre alt, aber meistens noch überraschend aktuell. Im Folgenden werden elf auch für Jugendliche mögliche Lebensregeln nach den Bibelstellen genannt. Die Konfirmandinnen und Konfirmanden schlagen die Bibelstellen auf, lesen die dort aufgeschriebenen Lebensregeln und entscheiden sich dann jeweils für eine, die ihnen gut gefällt. Sie können diese Regeln für sich auf eine Postkarte schreiben und schön gestalten. Bei der Präsentation erläutern sie ihre Gründe für die Auswahl:

- Sprüche Salomos 12,23
- Sprüche Salomos 13,3
- Sprüche Salomos 14,34
- Sprüche Salomos 15,18
- Sprüche Salomos 16,18
- Sprüche Salomos 17,5
- Sprüche Salomos 17,22
- Sprüche Salomos 18,24
- Sprüche Salomos 20,13
- Sprüche Salomos 21,13
- Sprüche Salomos 27,1

Wortlaut der Zehn Gebote: Gegenüber dem Wortlaut der Gebote in Luthers kleinem Katechismus (andere Zählung!) und im Heidelberger Katechismus werden die Gebote auf S. 118 in einer lernbaren Kurzfassung angeboten.

S. 119 *Chagall-Bild:* Das Bild stammt aus dem großen Bibelzyklus Chagalls und ist in den Jahren 1956-58 gemalt. Die große Gestalt des Mose beherrscht das Bild. In einer breiten Diagonale verbindet er Gott mit den Menschen.

Er empfängt die Tafeln mit den Geboten, die ihm durch Hände gereicht werden, die aus den Wolken kommen. Als Jude vermeidet es Chagall, Gott selbst darzustellen. Mose selbst ist nach jüdischer Überlieferung gehörnt, wobei die Hörner ursprünglich nichts anderes sind als die Lichtstrahlen, die nach seiner Begegnung mit Gott (2. Mose 34,29) von ihm ausgehen.
Doch Chagall hat hier noch mehr gemalt als nur die Begegnung zwischen Gott und Mose. Das Bild zeigt zugleich die Gründung Israels durch die Gebote, durch die Tora. Rechts von Mose fliegt schon ein Engel mit der Torarolle auf eine Gruppe von Menschen zu. Hier rechts hat Chagall die im Glauben Bewährten Israels platziert. Aaron ist zu sehen mit dem siebenarmigen Leuchter. Auf der linken Seite die Menge der Israeliten auf ihrem Weg durch die Wüste – am oberen linken Bildrand aber zugleich auch die, die orientiert an den Geboten – den Weg durch die Geschichte antreten: Juden, Christen ... Alle in ein rotes Licht getaucht, Abglanz des strahlenden Gelb zwischen Gott und Mose, das bei Chagall oft für das Martyrium und die Nachfolge steht.
In der Mitte des linken Bildrandes sieht man aber auch schon die Versuchung, sich von Gott abzuwenden: die Anbetung des „Goldenen Kalbes".
Die Erzählung fasst den großen Abschnitt 2. Mose 1-20 knapp zusammen.
Wer hier stärkere Akzente setzen möchte, den verweise ich auf die immer noch gut brauchbare Erzählung „Mose" von Max Bolliger oder, anspruchsvoller, auf Arnulf Zitelmann, „Mose – der Mann aus der Wüste".

S. 120 Hitler-Zitat: Die Worte Hitlers sind von Hermann Rauschning in seinem Buch „Gespräche mit Hitler, Wien 1973" überliefert worden. Der Dichter Joseph Roth hat die Nazi-Bewegung 1935 als „eine Revolte gegen die Zehn Gebote" charakterisiert.
Zu Paul Schneider und zum „Aufstand der Nationalsozialisten gegen die Zehn Gebote" vgl. D. Steinwede (Hg.), Erzählbuch zur Kirchengeschichte 11, Lahr 1987, 521ff. und E. Röhm/J. Thierfelder, Evangelische Kirche zwischen Kreuz und Hakenkreuz, Stuttgart 1982.
Robert Ley (1890-1945) wurde als Gauleiter der NSDAP im Rheinland Reichsorganisationsleiter der Nationalsozialistischen Partei und nach der Machtergreifung (1933) Reichsleiter der „Deutschen Arbeitsfront". Er organisierte die „Kraft durch Freude"-Urlaubsaktivitäten sowie die Gründung von NS-Ordensburgen für den „Führernachwuchs". 1945 beging er im Nürnberger Gefängnis Selbstmord.
Drittes Gebot: Mit dem Koppelschloss zogen deutsche Soldaten in den zweiten Weltkrieg. Auch während des Kaiserreichs und während der Weimarer Republik hieß die Aufschrift „Gott mit uns". Nur die Embleme waren anders: Kaiserkrone und dann der Adler.

Bei dem Irak-Krieg im Jahr 2003 berief sich der amerikanische Präsident George W. Bush auf einen „Auftrag Gottes, das Volk des Irak zu befreien". Ein Einzelfall? Welche Rolle spielt „Gott" in den Worten und bei den Interessen von Politikern? Konfirmandinnen und Konfirmanden äußern dazu ihre Meinung.
Die Konfirmanden können den Missbrauch des Gottesnamens auch am Beispiel des Gebetes diskutieren, das ein lutherischer Feldgeistlicher vor dem Abflug des Hiroshima-Bombers sprach:
„Allmächtiger Vater, der du die Gebete jener erhörst, die dich lieben, wir bitten dich, denen beizustehen, die sich in die Höhen deines Himmels wagen und den Kampf bis zu unseren Feinden vortragen. Behüte und beschütze sie, wir bitten dich, wenn sie ihre befohlenen Einsätze fliegen ... Mögen die Männer, die in dieser Nacht den Flug unternehmen, sicher in deiner Hut sein, und mögen sie unversehrt zu uns zurückkehren ... Amen." (zitiert nach H. Gollwitzer, Die Christen und die Atomwaffen, TE(h)61,7).

S. 121 Seit 1919 heißt der Gesetzestext, der die Sonntagsarbeit verbietet: „Der Sonntag und die staatlich anerkannten Feiertage bleiben als Tage der Arbeitsruhe und der seelischen Erhebung gesetzlich geschützt." Näheres regeln die Sonn- und Feiertagsgesetze der Bundesländer. Was würden die Konfirmandinnen und Konfirmanden, wenn sie könnten, im Einzelnen am Sonntag verbieten oder auch erlauben?
Entscheidungsspiel: „... Das Feiertagsgebot hat schon seinen Sinn." Konfirmandinnen und Konfirmanden stellen in Gruppen Argumente für das Feiertagsgebot zusammen: „X Gründe, um den Sonntag zu feiern."
In Weiterführung der EKD-Sonntagskampagne (Aufkleber: Ohne Sonntag gibt's nur noch Werktage) entwerfen die Konfirmandinnen und Konfirmanden ein Logo, Slogans und Aufkleber für den Schutz des Sonntags.
In eine große gezeichnete (Ziffernblatt-)Uhr schreiben die Konfirmandinnen und Konfirmanden, wie sie sich ihren Wunsch-Sonntag vorstellen.
Variante: „Stellt euch vor, es ist Sonntag – und der Fernseher ist kaputt ... Was würdet ihr mit dem Sonntag anfangen?"
Bei einer repräsentativen Umfrage des EMNID-Institutes aus dem Jahr 2003 antworteten 52 Prozent auf die Frage „Was ist Ihnen am Sonntag das Wichtigste?" mit: „Mit der Familie oder mit Freunden zusammen sein?" 15 Prozent sagten: „Faulenzen oder Ausschlafen" (deutlich mehr Jüngere als Ältere), „Zuhause meinen Hobbys nachgehen" kam von 11 Prozent, jeweils 6 Prozent gaben an „Zeit haben für Ausflüge, Restaurant- oder Theaterbesuche" und „der Gottesdienstbesuch" und 5 Prozent antworteten „Sport treiben". Nur 3 Prozent erwähnten unerledigte Hausarbeit und nur 1 Prozent sieht den Sonntag als Chance, „noch etwas Geld hinzu zu verdienen." (Quelle: Chrismon)

Unter dem Titel „Sonntag – so'n Tag" haben die Evangelischen Kirchen in NRW eine kleine Sonntagsillustrierte für Schüler herausgebracht (Bezug: Medienverband der EKiR).

S. 122 Erziehen – genau so oder anders? In der jüngsten Jugendstudie „null zoff & voll busy" ist das Erziehungskapitel überschrieben: „Erziehen? Genau so!" Die Autoren kommen zu dem Ergebnis: „Noch nie seit den 1970er Jahren war die Übernahme des elterlichen Erziehungsstils bei einer Jugendgeneration so ausgeprägt wie heute." (S. 38) Eventuell sollten die Köpfe auf der Seite vergrößert werden, damit die Konfirmandinnen und Konfirmanden mehr hineinschreiben können.
Die Szene von „Familie Krüger" sollte mit verteilten Rollen gelesen werden. In mehreren Gruppen können die Konfirmandinnen und Konfirmanden dann ihre Lösungen erarbeiten und präsentieren.
Welche Vorstellungen von Familie haben die Konfirmanden selber und wie wünschen sie sich später „ihre" Familie? Vgl. dazu **M 1**!

S. 123 *Bild:* Die Konfirmandinnen und Konfirmanden können zu dem Bild einen Titel aussuchen.
Rollenspiel: Wenn irgend möglich sollte die Konfirmandengruppe zu diesem Thema selbst ein Altenheim besuchen. Die Texte und Aufgaben von S. 122 und 123 eignen sich auch für einen gemeinsamen Abend mit Konfirmanden und Eltern.
Reizvoll wäre es, wenn die Konfirmandinnen und Konfirmanden ihre Eltern und Großeltern denselben Fragebogen zum Alter beantworten lassen. Die Ergebnisse könnten in der nächsten Stunde verglichen werden.

S. 124 *Fallbeispiele:* Alternativ zu der Aufgabe, die Fallbeispiele zu Tagesschau-Beiträgen zu verarbeiten, können die Konfirmandinnen und Konfirmanden daraus auch ein Rollenspiel entwickeln. Dabei geht es um die Frage: Wie kann die Zahl solcher Tötungsfälle reduziert werden? Aus jeder Gruppe kommt eine Konfirmandin bzw. ein Konfirmand zu einer „Expertenrunde" zusammen. Möchte jemand aus den Gruppen neue Argumente in die Runde einbringen, tauscht er oder sie mit einem Konfirmanden in der Runde den Platz.
Die Konfirmandinnen und Konfirmanden können auch aktuelle Fälle aus der Region oder aus den Medien in die Diskussion einbringen.
Gewalt durch Computerspiele: Die Konfirmandinnen und Konfirmanden sind bei diesem Thema vermutlich die größeren Experten. Sie sollten daher Gelegenheit haben, von ihren Erfahrungen berichten zu können. Dabei ist darauf zu achten, dass auch die Mädchen zu Wort kommen. Wird die Frage in der Konfirmandengruppe kontrovers gesehen, kann es auch ein „Wortwechsel" zwischen beiden Seiten geben. Zu den Regeln für diese Methode Vgl. S. 197.
Was halten die Konfirmanden von der Todesstrafe? Ein Fallbeispiel und Argumente pro und contra in **M 2**!

S. 125 *Bild:* Wie sofort zu sehen ist, ist die Szene auf dem Bild nachgestellt. Die Konfirmandinnen und Konfirmanden werden solche oder ähnliche Szenen aber aus eigener Erfahrung kennen. Es wird ihnen daher nicht schwerfallen, eine Vorgeschichte zu rekonstruieren, die zu einer solchen Szene führen kann.
Die Fälle aus Hildesheim und Erding stammen aus dem Jahr 2004. Leider ist zu befürchten, dass Gewalt an Schulen auch in Zukunft eine Rolle spielen wird. Die beschriebenen Fälle sollten dann durch aktuelle ergänzt werden.
Haben einige Konfirmandinnen und Konfirmanden Erfahrungen mit „Streitschlichtern" an ihrer Schule, dann sollten sie unbedingt davon berichten.
Zwei 14-jährige Mädchen: Gleich zu Anfang sollten in diesem Fall faire Gesprächsregeln vereinbart werden. Die Mädchen müssen ungestört reden können. Sinnvoll wäre es, wenn die Jungen mit ihrem Bericht begännen.
Gewalt erlebt?: Was kommt am häufigsten vor? Was wurde als besonders schlimm empfunden? Welche Vorschläge gibt es, etwas dagegen zu tun?
Zum Vergleich: Ergebnisse einer Untersuchung mit Siebt- und Acht-Klässlern (2004): 65 Prozent sind im letzten Halbjahr gehänselt worden; 36 Prozent geschlagen oder getreten worden; 19 Prozent berichten, dass ihre Sachen absichtlich kaputt gemacht wurden; 15 Prozent wurden bedroht oder eingesperrt und fast 4 Prozent mit einer Waffe bedroht. (Haupt-, Real- und Gymnasialschüler)
Meine Meinung: Welche Meinung erfährt in der Konfirmandengruppe die größte Zustimmung, welche Meinung bekommt die stärkste Ablehnung? Wie sieht das Ergebnis bei den Jungen und wie bei den Mädchen der Gruppe aus? Haben die Konfirmanden und Konfirmandinnen ihre Meinung schon immer vertreten oder sind sie aufgrund bestimmter Erfahrungen zu dieser Meinung gekommen? Kennen die Konfirmandinnen und Konfirmanden Personen, die grundsätzlich jede Form von Gewalt ablehnen oder die Gewalt grundsätzlich befürworten? Können sie diese Personen beschreiben?

S. 126 *Bild:* Brot für die Welt hat verschiedene Unterrichtsmaterialien und Broschüren zum Thema Landminen herausgegeben.
Afghanistan, Somalia, Kolumbien, Indonesien, Philippinen, Togo, Kongo, Sudan, Israel/Palästina, Irak, Tschetschenien, Kaschmir, Birma – das sind einige der Länder, in denen z.T. schon seit Jahren Bürgerkriege oder kriegerische Konflikte toben. Als Hausaufgabe erkunden die Konfirmandinnen und Konfirmanden, was sie jeweils zu einem der Kriege bzw. Länder herausfinden. Ihre Ergebnisse präsentieren sie beim nächsten Treffen.
Mehr als 300 000 Kinder werden weltweit in den Kriegen und bewaffneten Konflikten als Kindersoldaten missbraucht. Sie sind so alt wie die Konfirmanden und jünger, deswegen findet das Thema bei den Konfirmanden ein

großes Interesse. Hintergrundinformationen und Materialien zu diesem Thema, die für die Konfirmandenarbeit genutzt werden können, können bei Misereor bezogen werden: Kinder sind keine Soldaten, Misereor 2000.
Authentisch und erschütternd ist der Bericht eines überlebenden Jungen über den Atombombenabwurf auf Hiroshima am 6.8.1945, der bei Konfirmanden erfahrungsgemäß große Betroffenheit auslöst: **M 3**.
Es waren Feinde: Eine Kontrastgeschichte zum Verhör von W. Calley: „Vor der Schlacht tritt der Offizier an die Truppen heran und sagt feierlich: ‚Soldaten, jetzt geht es Mann gegen Mann!' – Infanterist Rubin: ‚Zeigen Sie mir bitte meinen Mann! Vielleicht kann ich mich gütlich mit ihm verständigen.'"
Zur Diskussion um Bundeswehr oder Zivildienst können von den Landeskirchlichen KDV-Arbeitsstellen Argumentationshilfen und über die Internet-Adressen www.zivildienst.de sowie www.frieden-und-sicherheit.de aktuelle Informationen bezogen werden.
Ausgehend von der Frage „Bundeswehr oder Zivildienst?" kann mit den Konfirmandinnen und Konfirmanden genauer nachgefragt werden, was sie unter „Frieden" verstehen. Dazu ist es hilfreich, gemeinsam ein großes Friedens-ABC zusammenzustellen, das einem Kriegs-ABC gegenübergestellt wird.

S. 127 Das Gebot der *Feindesliebe* hat es bei den Konfirmandinnen und Konfirmanden schwer. Sie können aber nachdenklich werden, wenn sie einmal das genaue Gegenteil (Anti-Text) zu diesen Versen formulieren sollen: „Ihr habt gehört, dass gesagt wurde: Leistet dem Bösen nicht Widerstand! Ich aber sage euch: Auge um Auge, Zahn um Zahn. Lasst euch nichts gefallen! Wenn dir einer auf die rechte Wange schlägt, dann ..."
Kannte vor 15-20 Jahren jeder Jugendliche die Geschichte M. L. Kings aus der Schule, so ist das heute nicht mehr unbedingt der Fall. Wenn es möglich ist, sollte in der Gemeinde der eindrucksvolle Dokumentarfilm „Martin Luther King: Dann war mein Leben nicht umsonst", Matthias Film 1978 gezeigt werden. Die Konfirmandinnen und Konfirmanden können dazu eingeladen werden.
Von einem konkreten Beispiel zum Gebot der Feindesliebe, das zugleich in der Zeit M. L. Kings und der Bürgerrechtsbewegung in den USA spielt, handelt die Erzählung „In Selma" **M 4**.
Wie kann es weitergehen? Werden die Szenen so weitergespielt, dass es zu einer friedlichen Lösung kommen kann, können die sieben Deeskalationsregeln eine Orientierung bieten. Eine genaue Beschreibung der Deeskalationsregeln im: Projekthandbuch: Gewalt und Rassismus, Verlag an der Ruhr, Mülheim 1993.

S. 128 *Bild:* Was sofort auffällt, ist das große Gesicht des Königs David mit dem überdimensional großen Auge. Rosemarie Müller hat den begehrlichen Blick des Königs dargestellt! Sein Gesicht besteht aus zwei Farbhälften: einem leidenschaftlichen, ja glühenden Rot und einem verhaltenen Braun, das gegenüber dem Rot wie ein Zögern wirkt. Die schwarze Fläche oben links lässt schon das kommende Unheil ahnen. Bathseba, das Objekt der Begierde des Königs, ist schön und verführerisch dargestellt – beim Baden. Ihre Pose und die Farbe ihrer Haare (s. David) zeigen, dass sie sich ihrer Wirkung bewusst ist. Auf dem Kopf trägt der König eine Krone, die, beim näheren Zusehen, aus lauter Frauengestalten besteht. David hatte zahlreiche Frauen, einen ganzen Harem: Michal und Abigail, Ahinoam und Bathseba und andere, deren Namen wir gar nicht kennen. Im Bild der Künstlerin dominiert das Schwarz bei diesen Frauen, die Trauer. Noch ist etwas rot da, aber die Liebe, die Leidenschaft ist dünner geworden. Die Leidenschaft des Königs gilt jetzt einer anderen.
Scheidungszahlen: Gegenwärtig kommen jährlich knapp 200 000 Scheidungen auf etwa 390 000 Eheschließungen. Auffallend ist, dass einer Scheidung heute selten ein akuter Konflikt vorausgeht. „Die Paare trennen sich, weil ein oder beide Partner merken, dass sie ihren Lebensentwurf nicht miteinander verwirklichen können." (W. Fthenakis). Bei der Hälfte der Scheidungen sind minderjährige Kinder betroffen. Sie werden heute nicht mehr als Scheidungshindernis angesehen.
Die Konfirmandinnen und Konfirmanden können diskutieren, ob das traditionelle Trauversprechen (bei einer kirchlichen Trauung) angesichts des Anstiegs der Scheidungszahlen geändert werden sollte:
„Willst du diesen XY/diese XY, den (die) Gott dir anvertraut, als deinen Ehemann (deine Ehefrau) lieben und ehren und die Ehe mit ihm (ihr) halten, in guten wie in bösen Tagen,

- so lange wie ihr es schafft,
- bis der Tod euch scheidet,
- bis ihr jemand anderen findet,
- so lange ihr Lust habt,

so antwortet: Ja, mit Gottes Hilfe."
In vermutlich jeder Konfirmandengruppe dürften auch Trennungskinder vertreten sein. Das erfordert eine besondere Sensibilität bei diesem Thema. Andererseits machen Kinder und Jugendliche untereinander auch kein Geheimnis mit diesem Thema. Es ist daher eventuell möglich, dass Konfirmandinnen und Konfirmanden von ihren eigenen Erfahrungen mit Besuchs- und Sorgerechtsvereinbarungen erzählen.

S. 129 Der ursprüngliche Sinn des Gebotes ist noch in Bibelstellen wie 2. Mose 21,16; 3. Mose 25,39-43 oder 3. Mose 25,35-38 erkennbar. Martin Luther hat das Gebot im kleinen Katechismus so ausgelegt: „Wir sollen Gott fürchten und lieben, dass wir unseres Nächsten Geld und Gut nicht nehmen noch mit falscher Ware oder Handel an uns bringen, sondern ihm sein Gut und Nahrung helfen, bessern und behüten."

Wer gehört danach zu „unserem Nächsten"?

- Kaufhaus
- Mitschüler
- Eltern
- Staat
- Nachbarn
- Vermieter
- Freunde
- Betrieb/Firma
- Mitbürger
- Kirchengemeinde
- Geschwister
- Schule

Bild: Möglicherweise sind in der Konfirmandengruppe auch einige Jugendliche, die schon Erfahrung mit Fahrraddiebstählen gemacht haben: Wie geht es jemandem, der bestohlen worden ist? Wie geht es jemandem, dem geklaut wurde, was er oder sie jeden Tag braucht?
Stefan: Die Szene mit Stefans Familie eignet sich als spontanes Stegreifspiel: a) Stefan und seine Mutter. Die Mutter öffnet den Brief... b) Stefans Vater kommt nach Hause. Stefans Mutter erzählt von dem Brief. Neben Stefan ist auch seine ältere Schwester anwesend. – Die Szene in der Schule wird zu einem kleinen Rollenplanspiel ausgebaut – mit vier Personen: Stefan, Stefans bestem Freund Dominic (Er hat mit Stefan vorher schon einmal im Kaufhaus zwei CDs geklaut. Dabei sind sie aber nicht erwischt worden. Davon weiß sonst keiner. Dominic hat aber hinterher Angst und Gewissensbisse bekommen und sich geschworen, in Zukunft „die Finger davon zu lassen".), Stefans Mitschülerin Kim (Ihr ist vor 14 Tagen in der Schule eine DVD gestohlen worden. Der Lehrerin hat sie dies nicht erzählt. Sie hat Stefan in Verdacht, den sie aber eigentlich ganz gern mag.) und Lehrerin Böhme (Sie hat im Religionsunterricht gerade die Zehn Gebote behandelt und hatte den Eindruck, dass alle gut mitgearbeitet haben – auch Stefan.). In vier Gruppen wird das Rollenspiel vorbereitet.
Alles Diebstahl?: Wer entscheidet in den genannten Fällen? Interessant wäre es, wenn die Mehrheitsmeinung der Gruppe zu den einzelnen Fällen einem Juristen/einer Juristin (Kontakte der Unterrichtenden? evtl. Konfirmandeneltern?) zur Begutachtung zugeschickt werden könnten.

S. 130 Die ursprüngliche Intention des Gebotes zeigen 3. Mose 19,16 oder 2. Mose 23,1-3.6-8. Durch Luthers Erklärung wird jedoch auch eine Brücke geschlagen zu der schon an vielen Stellen in der Bibel verhandelten und unverändert aktuellen Frage, was man mit Worten alles anrichten kann. Dazu eine kleine Übung:
Worte können:

- schmeicheln = „Du siehst heute wieder umwerfend gut aus!"
- glücklich machen = „Ich liebe dich!"
- verletzen =
- trösten =
- ärgern =
- erleichtern =

Die Konfirmandinnen und Konfirmanden können die Liste ergänzen und Beispiele finden.
Bild (A. Paul Weber, Das Gerücht):
Möglicherweise haben einige Konfirmandinnen und Konfirmanden die Karikatur schon gesehen. Dennoch sollte auch in diesem Fall die schon öfter beschriebene Reihenfolge der Bildbetrachtung gewahrt werden.
Ein praktisches Beispiel: Seit einem halben Jahr gehen Marie und Moritz fest miteinander. Zu der Clique gehören noch weitere Mädchen und Jungen, z. B. auch Alina, die sich zur Zeit große Sorgen um ihre Mutter macht, die wahrscheinlich operiert werden muss. Als Alina Moritz im Supermarkt trifft und ihm von ihrer Mutter erzählt, muss sie weinen. Moritz nimmt sie in den Arm und versucht, sie zu trösten. Das sieht Charlotte, eine Freundin Maries. Als Moritz Marie am nächsten Tag in der Schule trifft, dreht sie sich demonstrativ um...
Was ist passiert? Wie geht es weiter? Wie kann das Gerücht wieder aus der Welt geschafft werden?
Konfirmandinnen und Konfirmanden überlegen sich in kleinen Gruppen, wie die Geschichte weiter gehen könnte.
Wie Gerüchte entstehen können, kann auch mit dem Spiel „Stille Post" demonstriert werden. Was mag aus dem Satz „Bei der Konfirmation erhalten dieses Mal eure Lehrerinnen und Lehrer die besten Plätze in der Kirche" wohl am Schluss geworden sein?
Die drei Siebe: Die Konfirmandinnen und Konfirmanden suchen zu dem Text den Bibelvers aus, der ihrer Meinung nach am besten dazu passt: Sprüche Salomos 16,28; 18,8; 25,11; 29,8; Matthäus 7,1-2; Jakobus 3,5.

S. 131 Das *Bild* zeigt eine Szene an der Börse. Da seit einigen Jahren jeden Tag live die neuesten Börsenberichte im Fernsehen gezeigt werden, wissen die Konfirmanden, dass es an der Börse um Geschäfte und Spekulationen, Verluste und Gewinne geht. Nähere Kenntnisse werden aber nur wenige haben. Darum sollten die Unterrichtenden kurz von „feindlichen Übernahmen", „Kursgewinnen nach Entlassungen" und anderen Aktualisierungen des 10. Gebotes erzählen.
Karikatur: Die Karikatur trägt im Original die Überschrift „Habgier".
Es ist darauf zu achten, dass im Gespräch über das 10. Gebot nicht nur Konsumwünsche von Konfirmandinnen und Konfirmanden kritisiert werden. Das Gebot richtet sich gegen den Versuch, sich auf Kosten des Mitmenschen zu bereichern. David und Bathseba (2. Samuel 12 und 13) sowie Naboths Weinberg (1. Könige 21) sind genaue biblische Kommentare zu diesem Gebot.
Für die Situation der Konfirmanden spielt bei diesem Gebot aber auch eine Rolle, dass ihnen durch Fernsehen und Werbung ständig suggeriert wird, das richtige und gute Leben finge erst ab einem bestimmten Kontostand an

und sei mit dem Besitz gewisser Statussymbole verbunden. Das Gebot widerspricht diesem Habenmüssen, das zu Unzufriedenheit und Enttäuschung führt. Die Konfirmandinnen und Konfirmanden können darum zu dem Gebot auch aus Werbebildern und Werbesprüchen ein Poster gestalten: „Das macht mich glücklich?"
Vgl. zu diesem Gebot auch Kursbuch Konfirmation, S. 90 und 91.

S. 132 Im Hintergrund des Konflikts zwischen dem Bauern Naboth und dem König Ahab steht das biblische Bodenrecht, das uns heute fremd und skurril erscheinen mag. Für den Glauben Israels gilt Gott als alleiniger Eigentümer von Grund und Boden. Er hat das Land seinem Volk und den einzelnen Israeliten leihweise anvertraut (3. Mose 25,23). Vor Gott als dem wahren Eigentümer hat sich jeder einzelne Landbesitzer zu verantworten. Diese Auffassung vom Landbesitz als Leihgabe betrifft auch die Verantwortung gegenüber den nachfolgenden Generationen.
Rosemarie Müller-Bild: Im Hintergrund ist der Königspalast zu sehen, direkt davor das Streitobjekt der Weinberg Naboths, aber dominiert wird das Bild vom Königspaar und seinen Werkzeugen, den Steinewerfern. Die Königin als Drahtzieherin und treibende Kraft des Justizmordes blickt auf das grausige Geschehen, während sich der König, auch sonst in der Geschichte eher passiv die Dinge gewähren lassend, von dem Mord abgewandt hat. Die blutrote Farbe der Königsmäntel sowie des Himmels weist auf das blutige Geschehen hin. Aus Naboth selbst ist alles Blut gewichen und im Boden versickert (1. Könige 21,19), sein Leichnam liegt blass und schaurig bleich wie eine Anklage im Vordergrund des Bildes.
Auch bei diesem Bild sollten die Konfirmandinnen und Konfirmanden zunächst beschreiben, was sie alles sehen, bevor sie anfangen, das Bild zu deuten.

S. 133 Der *Leuchtturm* mit der Reihenfolge der Gebote kann auch als großes Plakat gestaltet und im Eingang der Kirche aufgehängt werden.
Orientiert an den biblischen Zehn Geboten gibt es viele Versuche, die Gebote aktuell neu zu formulieren oder thematisch zuzuspitzen: Die zehn großen Freiheiten (E. Lange), die neuen zehn Gebote (E. Sorge), die zehn Gebote für den Umgang mit Kindern (H. von Hentig), die zehn Gebote für die Umkehr der Reichen (L. Schottrof/D. Sölle) usw. Man kann die Zehn Gebote auch als Protest gegen ein unfreies und menschenunwürdiges Leben verstehen (so der Evangelische Erwachsenenkatechismus [alte Ausgabe] 1982, 249f). Die Konfirmandinnen und Konfirmanden können in kleinen Gruppen versuchen, die Zehn Gebote als Gottes Protest gegen Unterdrückung, Geschäftemacherei, Krieg, Lüge, Einsamkeit und Selbstzerstörung aufzuschreiben. Sie beginnen dann jeweils mit: „Weil Gott nicht will ..." oder: „Weil Gott nicht damit einverstanden ist ..." usw.

Bei einer Spiegel-Umfrage aus dem Jahr 1999 hielten die meisten Bundesbürger das Gebot „Du sollst nicht töten!" für das Wichtigste (97 Prozent). Es folgten (nach lutherischer Zählung): Das 4. Gebot (96 %), 8. Gebot (91 %), 9. Gebot (86 %), 10. Gebot (75 %), 6. Gebot (71 %), 2. Gebot (57 %), 3. Gebot (54 %), und am Schluss (!) das 1. Gebot (33 %).

❸ WEITERE IDEEN

- Ohne Regeln geht es nicht: Eine Gruppe spielt ein bekanntes Kartenspiel („Mau-Mau" o. Ä.) ohne jede Regeln – die anderen sitzen drum herum und beobachten das Spiel. Die Beobachtungen werden ausgewertet und besprochen. Es folgt ein zweites Spiel mit festen Verabredungen. Schließlich wird über die Regeln und Verabredungen gesprochen, die in der Konfirmandengruppe gelten sollen.
- Die Konfirmandinnen und Konfirmanden schwärzen in Zeitungen alle Stellen, die mit den Zehn Geboten zu tun haben. Wie sehen die Zeitungen dann aus?
- Die Konfirmandinnen und Konfirmanden fragen in Partnerinterviews: „Was würdest du, wenn du die Macht dazu hättest, am Sonntag verbieten, weil es nicht zum Ruhe- und Feiertag passt?" Anschließend können die Konfirmandinnen und Konfirmanden dazu Passanten vor dem Gemeindehaus befragen.
- Mit der Konfirmandengruppe eine Entspannungs- oder Ruheübung probieren.
- Die Konfirmandinnen und Konfirmanden führen ein Schweigegespräch zu dem Satz „Ich kriege zu Hause Ärger, wenn ..."
- Die Konfirmandinnen und Konfirmanden schreiben einen Brief an ihre Eltern: „Was ich euch mal sagen möchte!" Wer will, kann seinen Brief vorlesen – ansonsten ist es wichtig, Anonymität zu wahren.
- Der oder die Unterrichtende erzählt die Geschichte einer Konfirmandin („Vor zwei Jahren war in der Konfirmandengruppe ein Mädchen ..."), die auf dem Weg zum Konfirmandenunterricht oft verprügelt wurde. Gemeinsam wird überlegt, was man hätte tun können, damit die Konfirmandin angstfrei zum Unterricht gehen konnte (Möglicherweise können so indirekt zugleich aktuelle Probleme in der gegenwärtigen Konfirmandengruppe geklärt werden.).
- Die Konfirmandinnen und Konfirmanden wählen und schneiden Meldungen zum Thema „Gewalt" aus Tageszeitungen aus, kleben sie auf und dokumentieren sie unter der Überschrift „An einem Tag".
- In einem Pro-und-Contra-Spiel oder mit Hilfe einer Meinungslinie diskutieren Konfirmandinnen und Konfirmanden die Frage, ob die Kirche Eheleuten, die sich scheiden lassen wollen, das Angebot einer Scheidungsberatung machen soll.

- In eine Umrissfigur schreiben Konfirmandinnen und Konfirmanden in Gruppen, was sie gut können und worum andere sie beneiden könnten.
- Gemeinsam wird überlegt, welche Gruppe in der Gesellschaft zurzeit mit vielen Vorurteilen belastet ist. Die Konfirmandinnen und Konfirmanden bauen aus Kartons, Pappen oder DIN-A4-Blättern, auf die lauter unbewiesene Verdächtigungen geschrieben werden, eine Vorurteils-Mauer, die schließlich – Stein für Stein – abgetragen wird.
- Die Konfirmandinnen und Konfirmanden schreiben auf Kartons, was sie sich schon lange wünschen. Anschließend stapeln sie die Kartons zu einem „Alles-was-das-Herz-begehrt-Turm" auf. Im Gespräch wird geklärt, welche Wünsche einleuchtend sind und welche für ein sinnvolles Leben eher überflüssig sind. Die Kartons mit den überflüssigen Wünschen werden aus dem Turm herausgenommen, wobei dieser vermutlich einstürzen dürfte.

❹ SPIRITUELLE FORMEN

Aufstand des Gewissens

- Lied: Liebe ist nicht nur ein Wort (EG West 665,1)
- L.: Es ist nicht immer leicht, Christ zu sein.
  Leichter ist es, den breiten Weg zu gehen,
  mitzumachen, was alle tun.
  Man braucht ganz schön viel Mut,
  zu widersprechen.
  Es ist nicht immer leicht, Christ zu sein.
  Es sind nicht so viele, die sich zu erkennen geben.
  Manchmal gehört man zur Minderheit.
- Das Bild von Sophie und Hans Scholl sowie Christoph Probst (S. 134) wird auf die Wand projiziert.
- Lesung: Geschichte von Sophie Scholl (S. 134)
- Lied: Freiheit ist nicht nur ein Wort (EG West 665,2)
- L.: Unsere Welt braucht Menschen, deren Ja
  ein Ja und deren Nein ein Nein ist.
  Unsere Welt braucht Menschen, die ein offenes
  Wort riskieren, wenn anderen ein Unrecht
  geschieht.
  Unsere Welt braucht Menschen, die nicht immer
  sagen, die anderen sollen etwas tun.
  Unsere Welt braucht Menschen, die sich nicht
  scheuen, die Wahrheit zu sagen.
  (Die Zeilen können reihum auch von
  Konfirmanden gesprochen werden.)
- Lied: Hoffnung ist nicht nur ein Wort (EG West 665,3)
- Vater unser

FRIEDEN

- Lied: Hört, wen Jesus glücklich preist (EG West 670,1-5)
- Die Seligpreisungen (in Auswahl) – zu jeder Seligpreisung wird eine Kerze entzündet:
  - Freuen dürfen sich alle, die unter der Not der Welt leiden, denn Gott steht an ihrer Seite.
  - Freuen dürfen sich alle, die auf Gewalt verzichten, denn Gott wird ihnen die Erde zum Besitz geben.
  - Freuen dürfen sich alle, die barmherzig sind, denn Gott wird auch mit ihnen barmherzig sein.
  - Freuen dürfen sich alle, die Frieden schaffen, denn sie werden Gottes Kinder heißen.
- Bild: (Folie OHP): O. Pankok, Christus zerbricht das Gewehr

„Christus zerbricht das Gewehr" heißt dieser Holzschnitt von Otto Pankok aus dem Jahr 1950. Der zweite Weltkrieg, in dem 55 Millionen meist junger Menschen getötet worden sind, war fünf Jahre vorbei. „Nie wieder Krieg, nie wieder Militär, nie wieder deutsche Waffen" hieß es in den Jahren nach Ende des Krieges. Doch 1950 plante man schon wieder eine deutsche Armee. Das wollte Otto Pankok verhindern, er war Pazifist.
Historisch ist das ein falsches Bild. Weder gab es zurzeit Jesu Gewehre, noch ist bekannt, dass er Waffen zerstört hätte. Doch umgekehrt kann man fragen: Ist Jesus mit einer Waffe in der Hand vorstellbar? Mit einem Schwert, einer Lanze oder auch mit einem dicken Knüppel? „Gegen Gewalt hilft nur Gewalt", sagen viele, wahrscheinlich die meisten. Doch Jesus sagt: „Liebet eure Feinde und betet für die, die euch verfolgen!" Mit Jesus beginnt ein neues Denken. Er setzt Versöhnung an die Stelle von Hass und Vergebung an die Stelle von Vergeltung. Er lehnt es ab, sich zum König machen zu lassen und zieht stattdessen auf einem einfachen Esel in Jerusalem ein.

„Christus zerbricht das Gewehr" – wer, wenn nicht wir Christen haben jeder Freude an Gewalt, an Waffen und Militär entgegenzutreten? Es gab mal Zeiten, in denen die Kirche Waffen gesegnet und Kriege gutgeheißen hat. Heute muss es ein für allemal klar sein, dass die Christen auf der anderen Seite stehen.

- Lied: Hört, wen Jesus glücklich preist (EG West 670,6-9)
- Text: Friede kommt nicht von selbst (i.W.)
  - Friede beginnt,
    wo ich die Hand zur Versöhnung ausstrecke,
    statt sie zur Faust zu ballen.
  - Friede beginnt,
    wo ich das erste Wort suche,
    statt das letzte zu behalten.
  - Friede beginnt,
    wo ich den eigenen Irrtum zugebe,
    statt immer Recht behalten zu wollen.
  - Frieden beginnt,
    wo ich dem anderen zulächele,
    statt ihn totzuschweigen.
  - Friede beginnt mit vielen kleinen Schritten
    und nicht mit vielen großen Worten (alle).
- Vater unser
- Segen

5 GOTTESDIENST

In den Gottesdienstmodellen „Zehn Gebote" (**M 5**) und „Du sollst nicht töten" (**M 6**) sind zahlreiche Elemente und Materialien aus der Beschäftigung mit Zehn Geboten im Konfirmandenunterricht aufgenommen.

6 ANREGUNGEN FÜR PROJEKTE UND AKTIONEN

- Straßenumfrage: „Was machen Sie am Sonntag?"
  Die Konfirmandinnen und Konfirmanden interviewen ältere Gemeindeglieder zum Thema „Früher – heute"...
- Die Konfirmandinnen und Konfirmanden gestalten einen Nachmittag im Altenheim – oder laden eine Altenheimgruppe ins Gemeindezentrum ein.
- Befragung von älteren Gemeindegliedern über Nationalsozialismus, Judenverfolgung, 2. Weltkrieg – und die Rolle der Kirche.
- Ein Mitglied von AI berichtet von der Arbeit.
- Ausstellung: Folter in der Welt (Material von AI).
- Interview eines Zivildienstleistenden.
- Befragung von Geschäftsleuten: Erfahrungen mit Ladendiebstahl.
- Nachbau der Gebote-Tafeln aus Pappe und mit Holzstützen. Auf den Tafeln: die Gebotstexte, Zeitungsmeldungen, Fotos und Texte aus dem Unterricht. Die Tafeln können im Gemeindehaus oder in der Kirche ausgestellt werden.
- Erkundung und Dokumentation der gefährlichen Verkehrspunkte in der Gemeinde – Brief an die Stadtverwaltung/Gemeindeverwaltung.
- Spuren des Krieges in der Gemeinde erkunden: Kriegsdenkmale, Straßennamen, Kriegsgräber usw. – Bau eines Friedensdenkmals.
- Besuch bei der Polizei: Diskussion über Gewalt- und Diebstahlgründe.

7 HINWEISE

- E. Conrad u.a. (Hg.), Erzählbuch zum Glauben 2. Die Zehn Gebote, Düsseldorf 1987
- ku praxis 22, Modelle 5 (u.a. Zehn An-Gebote für mein Leben). Gütersloh 1986
- ku praxis 25, Werkstatt Frieden, Gütersloh 1988
- Dias: av-Religion „Gebote", 1991
- Video: Mein Gewissen (Evang. Medienzentralen)
- B. Meier-Böhme, Der verlorene Sonntag, Calw 1999
- R. Gronemeyer, Die 10 Gebote des 21. Jahrhunderts, München 1999
- Jugendrotkreuz (Hg.), „Bleib' COOL ohne Gewalt!", 2002
- Brot für die Welt (Hg.), Die Zehn Gebote, Stuttgart 2003

8 WICHTIGE ERGEBNISSE

- Die Konfirmandinnen und Konfirmanden kennen alle Zehn Gebote und wissen um ihre biblische und aktuelle Bedeutung für das Zusammenleben von Menschen.
- Sie haben gelernt, dass die Gebote keine Verbote sind, die das Leben belasten und einschränken sollen, sondern dass sie das Leben schützen und die Freiheit bewahren wollen.
- Sie haben sich mit Jesu Gebot der Feindesliebe auseinander gesetzt und wissen, dass Jesus die Zehn Gebote im Doppelgebot der Liebe zusammengefasst hat.

9 MATERIAL AUF DER CD-ROM

Zehn Gebote
1| Würfelspiel „Zehn Gebote"
2| Der verlorene Sonntag – Eine Erzählung
3| Aggressionen – Eine Bildergeschichte
4| Rollenplanspiel: Gewalt in der Schule
5| Gewaltbarometer
6| Lügen-ABC/Wahrheits-ABC
7| Folienfiguren zur Geschichte von Nabots Weinberg
Plakat-Vorlage: Die Zehn Gebote

10 INTERNET-ADRESSEN

www.friedensdienst.de
www.ekd.de/eak
www.asf-ev.de
www.bmev.de
www.bpd.de
www.computerspiele.uni-bielefeld.de

M 1: FAMILIE

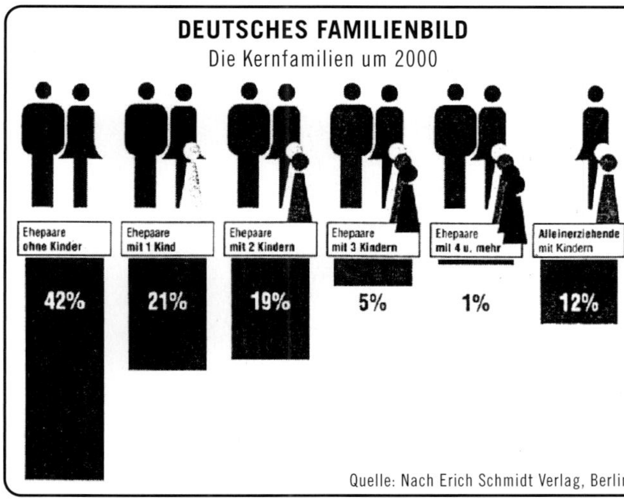

» Wie viele Personen gehören zu deiner Familie? Zeichne sie als Köpfe oder Figuren in den Rahmen!

„Ich bin zwar nicht stolz auf meine Familie, aber ich kann es nicht ertragen, wenn jemand über sie herzieht, besonders nicht über meine behinderte Schwester."
Marc 14 Jahre

„Meine Kinder rufen mich jede Woche an und fragen, wie es mir geht. Ich komme noch ganz gut zurecht. Aber es ist doch beruhigend, zu wissen, dass man sich auf seine Familie verlassen kann."
Gertrud 77 Jahre

„Unsere beiden Kinder sind jetzt aus dem Haus, aber an den Wochenenden kommen sie meist vorbei, bringen die Wäsche, erzählen ihre Neuigkeiten. Oft bringen sie ihre Freundinnen und Freunde mit. Es ist immer was los."
Andrea 48 Jahre

„Ich tauge einfach nicht für die Familie. Sich immer nach anderen richten müssen, immer Kompromisse machen, das halte ich einfach nicht aus."
Gregor 30 Jahre

„Meine Familie ist ein großer, kunterbunter Haufen. Ich habe einen Bruder, zwei Halbschwestern von meinem neuen Vater, einen Halbbruder von meinem richtigen Vater, drei Omas und zwei Opas und jede Menge Onkel und Tanten."
Luise 15 Jahre

„Ich möchte später eine große Familie haben. Ich war allein, und früher fand ich das sehr gut. Man muss nicht teilen. Aber so im Nachhinein fehlen mir doch die Geschwister."
Tim 18 Jahre

Bunter Haufen, Zusammenhalt, Hotel, Clan, Streitigkeiten, Unterstützung, Heimathafen, Baustelle, Schutzraum, Einengung, Zuhause, Chaos …
(Ergänze die Begriffe!)

» Welche Vorstellungen von Familie kommen in den oben genannten Äußerungen vor? Welche Vorstellungen hast du selbst?

» Wie stellst du dir später deine Familie vor? Zeichne alle, die dazu gehören sollen, in den Rahmen!

M 2: TODESSTRAFE

DIE LETZTEN STUNDEN DES JAMES TERRY ROACH

James Terry Roach wurde am 10. Januar 1986 im US-Bundesstaat South Carolina hingerichtet. 1977 war er zum Tode verurteilt worden, nachdem er Morde an zwei Jugendlichen und andere Verbrechen, darunter Vergewaltigung und Entführung, gestanden hatte. Das Urteil fiel, obwohl der Richter selbst feststellte, dass Roach, der geistig behindert war, unter dem starken Einfluss eines Älteren gehandelt hatte. Einer von Roachs Anwälten war in der Nacht seiner Hinrichtung mit ihm zusammen und berichtete von seinen letzten Stunden.

„Terry war ein sehr passiver junger Mann, wie sich die ganze Nacht über zeigte. Obwohl er offensichtlich sehr viel Angst hatte, verhielt er sich den Gefängniswärtern gegenüber so kooperativ wie nur möglich und versuchte so zu tun, als seien die ganzen rituellen Hinrichtungsvorbereitungen – Rasur des Kopfes und des rechten Beines, Einreiben mit einem Gel, das den Strom besser durch den Körper leitet – etwas ganz Normales ...

Aber als der Gefängnisdirektor um fünf Uhr früh an der Zellentür erschien und den Hinrichtungsbefehl verlas, fing Terrys linkes Bein an zu zucken. Danach ging alles schnell. Ich ging mit ihm zum elektrischen Stuhl und redete so viel ich konnte. Nachdem Terry seine letzten Worte gesprochen hatte, tauschten wir Abschiedsgrüße aus. (...) Ich ging in den Raum für die Hinrichtungszeugen und machte ihm ein ‚Daumen hoch – Nut Mut'-Zeichen. Er versuchte, mit seinen festgeschnallten Fingern zu antworten.(...) Wenige Sekunden später kam der Stromstoß.

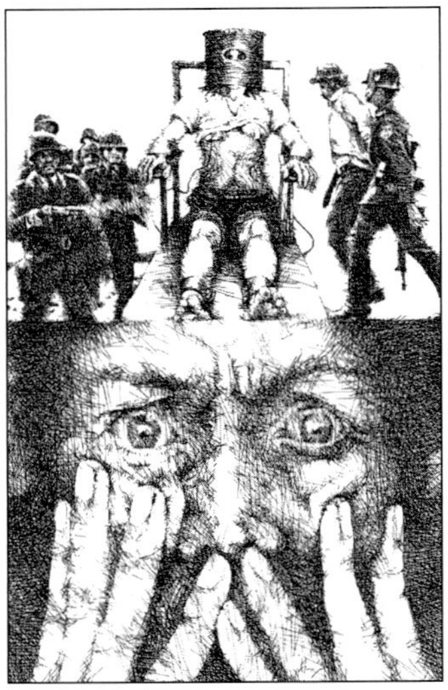

Terrys Körper zuckte nach hinten und blieb die ganze Zeit starr, während der Strom durch den Körper lief. Nach ein paar Sekunden kam Rauch aus dem Körper und die Haut auf den Oberschenkeln begann zu platzen. Die Fäuste waren zusammengepresst und sehr weiß. Als der Strom abgestellt wurde, fiel sein Körper in sich zusammen und wurde dann wieder, als der nächste Stromstoß kam, ruckartig hochgerissen. (...)

Nachdem er für tot erklärt worden war, zerrten Wärter seinen Körper aus dem elektrischen Stuhl und verdeckten das Gesicht vor den Zeugen mit einem Tuch. Ich verließ die Todeszelle zusammen mit dem Gefängnisdirektor. Als wir aus dem Gebäude kamen, hörte ich eine Menge von zirka 150 oder 200 Menschen jubeln, die offenbar gekommen waren, um die Hinrichtung zu feiern. Sie johlten und feierten vor den Gefängnismauern."

amnesty international *Illustration: Tony Schreiber*

PRO:

- Die Todesstrafe ist die beste Abschreckung für die, die ein Verbrechen planen.
- Die Gesellschaft muss vor den Verbrechern geschützt werden.
- Schon in der Bibel steht: „Auge um Auge, Zahn um Zahn ..." (2 Mose 21,23).
- Ein Verbrechen muss gerächt werden.
- Todesstrafe ist viel billiger als lebenslängliche Haft.
- Manche wollen auch lieber sterben als lebenslänglich hinter Gitter.
- Das Böse soll aus dem Volk ausgerottet werden – steht auch in der Bibel (5. Mose 17,2-7).

KONTRA:

- Eine abschreckende Wirkung der Todesstrafe ist noch nie bewiesen worden.
- In Diktaturen ist die Todesstrafe immer wieder missbraucht worden, um politische Gegner auf „legalem" Wege loszuwerden.
- Jesus hat die zum Tode verurteile Ehebrecherin freigesprochen und gesagt: „Wer von euch ohne Sünde ist, der werfe den ersten Stein."
- Eine Hinrichtung ist unwiderruflich und kann Unschuldige treffen.
- Die Todesstrafe hat für alle eine verrohende Wirkung.
- Jesus hat, als er selbst hingerichtet wurde, seinen Mördern vergeben.

» Ergänzt die Argumente und diskutiert sie! Fallen euch bestimmte Verbrechen ein, die so schrecklich sind, dass für sie in Deutschland die Todesstrafe wieder eingeführt werden sollte? Führt zu einem solchen Fall eine Pro-und-Kontra-Diskussion.

M 3: HIROSHIMA

Am 6. August 1945 wurde zum ersten Mal im Krieg eine Atombombe eingesetzt. Ein US-Flugzeug bombardierte die japanische Stadt Hiroshima. Zwischen 90 000 und 200 000 Menschen waren sofort tot. Sie starben an Verbrennungen und an der radioaktiven Strahlung. Fast die gesamte Stadt wurde zerstört. Drei Tage später warfen die Amerikaner erneut eine Atombombe ab. Sie traf die japanische Stadt Nagasaki und tötete rund 30 000 Menschen. Noch 50 Jahre später starben Menschen an den Folgen der radioaktiven Verseuchung durch die Bombe.
Yoshikiro Kumura erinnert sich, er war 1945 neun Jahre alt:
Der Lehrer war noch nicht da und so erzählten wir Kinder uns etwas. Es dauerte nicht lange und wir hörten ein Brummen und sahen am Himmel gegen Südosten ein Flugzeug. Es war noch sehr weit entfernt und deshalb sah es klein aus. Allmählich näherte es sich uns und wurde größer. Ich beobachtete das Flugzeug die ganze Zeit. Ich konnte nicht sagen, ob es ein ausländisches oder japanisches Flugzeug war. Dann fiel plötzlich ein Ding wie ein weißer Fallschirm herab. Fünf oder sechs Sekunden später wurde alles mit einemmal gelb. Es war so, als wenn man das Sonnenlicht genau in die Augen bekommt. Eine Sekunde oder zwei später, gab es einen ungeheuren Lärm. Alles wurde dunkel, Steine und Dachziegel flogen herum und fielen auf unsere Köpfe nieder. Auch auf mich fiel etwas sehr Hartes. Eine Weile war ich bewusstlos. Eine ganze Menge Schutt und Holzgerümpel lag um mich herum und wurde immer mehr. Ich kroch dort hinaus und sah, dass viele Leute dort herumlagen. Die Gesichter von den meisten waren verkohlt. Ich ging auf die Straße und gerade, als ich einen Seufzer der Erleichterung ausstieß, begann meine recht Hand zu schmerzen. Als ich sie mir näher ansah, stellte ich fest, dass die Haut meines rechten Armes vom Ellbogen bis zu den Fingern abgeschält war und alles war blutrot. Ich wollte schnell nach Hause laufen, als ich eine Stimme meinen Namen rufen hörte. Es war meine Schwester, die mich gerufen hatte. Ihre Kleider waren zu Lumpen zerrissen und ihr Gesicht war so verändert, dass ich ganz erschrocken war. Wir zwei machten uns zusammen auf den Heimweg. Wir kamen zu Hause an und sahen, dass unser Haus vollkommen zerstört war und niemand war dort. Wir suchten in der Nachbarschaft, und als wir dann wieder zurückkamen, war Vater da. Als er uns sah, kam er zu uns. Als ich nach Mutter fragte, sagte er, dass sie tot sei. Ich hatte das Gefühl, als wenn mich jemand vor den Kopf geschlagen hätte. Alles wurde leer und ich konnte an nichts mehr denken. Etwas später sagte Vater: „Was ist mit deinem Kopf?“ Als ich fühlte, war alles wie ein Sandsieb und am Hinterkopf hatte ich die größten Löcher. In Mutters Kopf waren die Löcher so groß wie ein fünf Zoll großer Nagel und sie ist sofort gestorben. Bald begann ein schmutziger Regen zu fallen. Wir suchten unter einer nahe gelegenen Eisenbahnbahnbrücke Schutz. Als der Regen aufhörte, wurde es plötzlich kalt. Wir gingen in die Nähe eines brennenden Hauses, um uns zu wärmen. Hier waren viele Menschen, die sich ebenfalls wärmen wollten. Unter ihnen gab es fast keine Person, die nicht verletzt war. Sie hatten alle geschwollene Gesichter und ihre Lippen waren schwarz. Einer war dabei, der immerzu die japanische Fahne schwenkte, als ob er verrückt wäre, und schrie: „Banzai!“ Ein anderer spazierte herum und rief aus: „Ich bin ein Armeegeneral!“ Ich wurde schrecklich durstig und ging zum Fluss, um zu trinken. Eine große Menge schwarzer und verbrannter Leichen wurde mit der Strömung stromabwärts getrieben. Ich stieß sie fort und trank das Wasser, weil ich so furchtbar durstig war. Auch am Rande des Flusses lagen überall Leichen herum. In diesen Haufen waren auch noch Menschen, die noch nicht tot waren, und unter ihnen sah ich ein paar kleine Kinder, die nach ihrer Mutter schrien. Ich schaute die Leichen an, aber ich konnte nichts denken und fühlen. ...
Ich hasse und verabscheue den Krieg aufs äußerste. Meine liebe Mutter und Schwestern sind nur wegen dieses Krieges tot. Ich will keinen besonderen Menschen hassen und ihm den Tod meiner Mutter zur Last legen. Jedoch den Krieg selbst will ich hassen. Ich hoffe, dass sich dieser hassenswerte Krieg niemals wiederholen wird.
Krieg ist eines jeden Menschen Feind. Wenn wir den Krieg abschaffen können, und wenn Friede kommt, bin ich sicher, dass meine Mutter im Himmel glücklich sein wird.

Aus: Kindererinnerungen aus Hiroshima, Dokumentationsstätte zu Kriegsgeschehen und über Friedensarbeit, Sievershausen, 1979

M 4: ERZÄHLUNG „IN SELMA“

IN SELMA (ALABAMA)

Hundert Kinder und Jugendliche im Alter von neun bis siebzehn Jahren unternahmen einen Schweigemarsch zum Stadthaus.
Sheriff Clark ließ sie von seinen Hilfspolizisten einkreisen. „Und nun hört genau zu!“, rief er. „Ihr wolltet unbedingt marschieren. Anscheinend fehlt es euch an Bewegung. Jetzt sollt ihr euren Willen haben!“ Die Autos der Polizei hatten einen dichten Kreis um die Kinder gebildet. Jetzt fuhren sie an. Ein paar Jungen versuchten, zwischen den Wagen hindurch auszubrechen, doch Polizisten mit elektrischen Schlagstöcken trieben sie zurück. „Schneller!“, rief Jim Clark. Die Autos trieben die Kinder zum Laufschritt. Größere Jugendliche nahmen die Kleinsten in die Mitte. Einer begann zu singen: „Sagt, was ihr wollt – ich mag Jim Clark!“ Andere fielen begeistert ein. Der Sheriff wurde rot vor Zorn. „Schneller!“, schrie er. Die Motoren brummten. Die Kinder liefen keuchend. Der Gesang verstummte.
Pfuirufe überschütteten die Polizisten von den Bürgersteigen. Auch Weiße sahen kopfschüttelnd diesem seltsamen Unternehmen ihres County-Sheriffs zu. Journalisten schlossen sich den Polizeiautos an und verfolgten den Zug über den Stadtrand hinaus.
Die ersten Kinder weinten erschöpft und verängstigt. Manche blieben zurück, bis die Nähe der Motoren sie zu neuer Anstrengung trieben. Atemlos und schwankend liefen sie weiter. „Etwas langsamer!“, befahl Jim Clark. Für eine kurze Strecke konnten die Kinder vom Laufschritt in einen schnellen Schritt fallen, bis sie wieder zu größerer Eile angetrieben wurden. Zwei Meilen vor der Stadt war eine Brücke. Dort hielt der Sheriff die Journalisten an und verbot ihnen, dem Zug zu folgen. Die Kinder wurden jetzt über Weideland getrieben. Sie liefen mit vor Entsetzen geweiteten Augen.
„Sheriff, wird das nicht zu viel für die Kinder?“, fragte einer der Polizisten besorgt. „Ach was! Sie wollten es doch nicht anders haben.“
Sechs Meilen vor der Stadt hielten die Wagen an.
Die Polizisten stiegen aus und umringten die zitternden Kinder, schlossen den Kreis enger und hielten die Schlagstöcke in den Fäusten.
Ein zwölfjähriger Schwarzer trat dem Sheriff entgegen. „Die Zeitungsschreiber haben Sie umkehren lassen“, sagte er, „damit niemand Sie sehen soll. Aber Gott sieht Sie doch!“
Ein heftiger Schlag ließ den Jungen verstummen.
„Polizei aufsitzen!“, schrie Jim Clark, und gleich darauf fuhren die Autos zur Stadt zurück, während die Kinder sechs Meilen von Selma entfernt auf der Weide standen. Spät abends kamen sie wieder daheim an. Die Großen hatten die Kleinsten während der letzten Meilen auf den Schultern getragen. Diesmal wurde die Empörung der Schwarzen von vielen Weißen geteilt.
Funk und Fernschreiber trugen die Nachricht durch die Staaten und um die Welt. Nur Jim Clark lächelte und sagte: „Ich weiß gar nicht, was die Leute eigentlich wollen! Die Jugendlichen waren festgenommen. Im Gefängnis von Selma war kein Platz mehr für sie, darum wollte ich sie in einem Polizeiheim unterbringen. Was kann ich dafür, dass es so weit vor der Stadt liegt? Und schließlich hatte ich Mitleid mit den armen, irregeleiteten Kindern und habe sie wieder laufen lassen. Deswegen will man mir jetzt Vorwürfe machen? Eigentlich sollte man mir doch dankbar sein!“
Eine Woche später lag der Sheriff mit einer leichten Lungenentzündung im Krankenhaus. Die hundert Kinder und Jugendlichen, die er aus der Stadt getrieben hatte, versammelten sich am Eingang. Zahllose weitere Kinder gesellten sich zu ihnen. Sie alle knieten an der Mauer nieder und beteten: „Lieber Gott, lass Jim Clark gesund werden. Mach seinen Körper gesund, aber auch seinen Geist! Lieber Gott, vergib Jim Clark!“

Hans-Georg Noack

M 5: GOTTESDIENST – ZEHN GEBOTE

Pfarrer(in): Begrüßung

Konfirmand(inn)en:
- „Guten Tag, meine Damen und Herren! Wir begrüßen Sie sehr herzlich zu unserer Sendung ‚Wer wird Biblionär?' Sie müssen heute aber nicht viele Fragen beantworten, sondern nur eine einzige Aufgabe lösen: alle Zehn Gebote aufsagen – in der richtigen Reihenfolge. Wer die Aufgabe gelöst hat, bekommt als Preis – leider keine Million, aber doch Luthers kleinen Katechismus. Wer traut sich? ....“
- „Bei einer Umfrage aus dem Jahr 2004 gaben zwei Drittel der Befragten an, die Zehn Gebote seien für ihr tägliches Leben verbindlich. Selbst unter denen, die sich zu keiner Religion bekennen, sind es noch 45 Prozent. Aber nicht alle Gebote waren in gleicher Weise bekannt. ‚Du sollst nicht töten', ‚du sollst nicht stehlen' und ‚du sollst nicht ehebrechen' waren die bekanntesten. Am unbekanntesten war das Gebot ‚Du sollst den Namen des Herrn, deines Gottes, nicht missbrauchen'. Übrigens: die Zehn Gebote sind bei jüngeren Menschen bekannter als bei älteren.“

Lied: Herr, gib uns Mut zum Hören (EG West 605)

Pfarrer(in): Gruß (Eingangsvotum)

Alle: Die Zehn Gebote (EG 844)

Konfirmand(inn)en: Szene „Naboths Weinberg“
(Während der Szene werden zu den entsprechenden Stellen Schilder (langer Stock mit Verkehrsschild – Stopp, Vorfahrt usw.) mit dem Text des jeweiligen Gebotes, gegen das in dieser Szene verstoßen wurde, im Hintergrund durch den Altarraum getragen.)

Pfarrer(in): Die Geschichte von Naboths Weinberg zeigt, was passiert, wenn Gottes Gebote mit Füßen getreten werden. Mehrere Gebote kommen direkt oder indirekt in dieser Geschichte vor: z. B. ‚Du sollst nicht töten' (Naboth wird durch einen Justizmord beseitigt), ‚Du sollst nicht falsch Zeugnis reden wider deinen Nächsten' (Zwei falsche Zeugen beschuldigen Naboth) usw.
(Während die Gebote genannt werden, treten die Konfirmandinnen und Konfirmanden mit den entsprechenden Gebotstafeln vor.
Danach werden die Gebotsschilder mit den weiteren, in 1. Könige 21 nicht thematisierten Geboten dazugeholt. Die Konfirmandinnen und Konfirmanden stellen sich mit ihren Gebotsschildern in der richtigen Reihenfolge auf.)

Lied: Erheb dein Herz, tu auf dein Ohren (EG West 657, 1+2.7.9-12)

Konfirmand(inn)en: Die Konfirmandinnen und Konfirmanden sprechen zunächst jeweils ein Gebot in seinem biblischen Wortlaut – z. B.: „Ich bin der Herr, dein Gott. Du sollst keine anderen Götter haben neben mir.“
Danach zeigen sie mit dem OHP jeweils ein Bild (Folie), das eine Aktualisierung dieses Gebots zeigt. Jedes Gebot wird dann noch einmal in einer aktuell-erklärenden Formulierung gesprochen (vgl. dazu: Kursbuch Konfirmation, 133).
(Anregungen zu den einzelnen Bildern zu den Zehn Geboten bieten Deutsches Hygiene-Museum Dresden, Die Zehn Gebote (Ausstellungskatalog) und Brot-für-die-Welt, Die Zehn Gebote (o. J.). Im Kursbuch Konfirmation finden sich Bilder und Karikaturen zu den einzelnen Geboten auf den Seiten 40, 73, 77, 97, 98, 101, 102, 105, 106, 107, 120, 121, 123, 125, 126, 128, 129, 130, 131, 132.

Gebet: „Guter Gott, wir machen uns Sorgen“ (H. M. Lübking, Jugendgottesdienst plus, 116)

Lied: Lass uns in deinem Namen, Herr (EG West 658)

Pfarrer(in): Predigt

Alle: Glaubensbekenntnis (z. B. EG 817)

Lied: Liebe ist nicht nur ein Wort (EG West 665)

Konfirmand(inn)en: Martin Luther sagt im Großen Katechismus:
- „Was heißt einen Gott haben bzw. was ist ‚Gott'? Ein ‚Gott' heißt etwas, von dem man alles Gute erhoffen und zu dem man in allen Nöten Zuflucht nehmen soll. Einen Gott haben heißt also nichts anderes, als ihm von ganzem Herzen vertrauen und glauben.
- Das nun, woran du dein Herz hängst und worauf du dich verlässt, das ist eigentlich dein Gott.
- Es ist mancher, der meint, er habe Gott und alles zur Genüge, wenn er nur Geld und Gut hat; er verlässt sich darauf und brüstet sich damit so unentwegt, dass er auf niemanden etwas gibt,
- Siehe, ein solcher hat auch einen Gott: der heißt Geld, darauf setzt er sein ganzes Herz. Das ist der allergewöhnlichste Gott auf Erden.
- Ebenso ist es auch mit einem, der darauf vertraut, dass er großes Wissen, Klugheit, Macht, Beliebtheit, Freundschaft und Ehre hat. Der hat auch seinen Gott.
- Darum sei es den einfachen Leuten gesagt: Man soll allein Gott vertrauen und nur von ihm sich Gutes versprechen und von ihm erwarten.“

Fürbittengebet: „Wir brauchen deine Hilfe, Gott“ (Jugendgottesdienst plus, 121)

Alle: Vater unser

Pfarrer(in): Segen

NABOTHS WEINBERG

AHAB, DER KÖNIG VON ISRAEL, LÄSST EINEN BOTEN ZU SICH KOMMEN

König: He, Bote, mach dich auf den Weg und suche den Bauern Naboth. Bring ihn her, ich habe mit ihm etwas zu besprechen.
Bote: Wird gemacht.

DER BOTE KOMMT MIT NABOTH ZUM HAUS DES KÖNIGS, WO ER SCHON ERWARTET WIRD.

König: Sei gegrüßt, Naboth!
Naboth: Sei gegrüßt, König Ahab. Was kann ich für dich tun?
König: Naboth, ich möchte deinen Weinberg kaufen. Er liegt so günstig an meinem Palast. Ich will dir auch gutes Geld dafür geben. Du kannst ihn auch gegen ein anderes Stück Land tauschen. Was ist dir lieber?
Naboth: Spar dir die Mühe, Ahab! Meinen Weinberg verkaufe ich nicht. Gott hat dieses Land meinen Vätern gegeben. Heute bin ich für den Weinberg verantwortlich. Ich kann ihn dir nicht verkaufen.

NOCH DEN GANZEN TAG IST DER KÖNIG ÄRGERLICH UND SCHLECHTER LAUNE.

Königin: Was machst du heute nur für ein Gesicht! Was ist denn los?
König: Ich habe mit Naboth geredet. Er will mir seinen Weinberg nicht geben. Er sagt, seine Familie hätte ihn von Gott bekommen.
Königin: Und das lässt du dir gefallen? Bei uns in Phönizien macht man um Gott nicht so ein Getue. Da kann der König machen, was er will. Aber lass mal, ich werde dir den Weinberg schon besorgen!

AM NÄCHSTEN MORGEN LÄSST DIE KÖNIGIN EINEN SCHREIBER ZU SICH KOMMEN. SIE DIKTIERT IHM EINEN BRIEF AN DIE ÄLTESTEN UND OBEREN DER STADT.

Königin: (zum Schreiber) „... einen Gerichtstermin festsetzen, bist du soweit?“
Schreiber: Ja: „... für den Bürger Naboth einen Gerichtstermin festsetzen ...“.
Königin: (diktiert) „...und zwei falsche Zeugen zu seiner Anklage besorgen“ – das ist wichtig!
Schreiber: (schreibt) „Gut. Und dringend zwei falsche Zeugen ...“.

EINIGE TAGE SPÄTER WIRD NABOTH VOR DAS GERICHT GELADEN.

Richter: Bürger Naboth, du bist angeklagt, Gott und den König verflucht zu haben.
Naboth: Aber wieso, – wer behauptet denn so was? Das stimmt doch gar nicht!
Richter: Die beiden Zeugen bitte!
1. Zeuge: Das ist er! Ich habe gehört, wie er über Gott gespottet hat.
2. Zeuge: Und ich habe gehört, wie er den König verflucht hat!
Richter: Das genügt. Im Namen Gottes verkündige ich das Urteil: Weil du Gott gelästert und den König verflucht hast, sollst du, Naboth, des Todes sterben. Schafft ihn weg!

DAS URTEIL AN NABOTH WURDE VOLLSTRECKT. KURZ NACHDEM DER KÖNIG VON NABOTHS TOD ERFAHREN HATTE, GING ER HINAUS, UM SEINEN NEUEN WEINBERG IN BESITZ ZU NEHMEN. PLÖTZLICH STEHT EIN MANN VOR IHM.

König: (erschrocken): Bist du nicht Elia, der Prophet?
Elia: So spricht Gott: Du hast gemordet und gegen die Gebote verstoßen. Darum wird Gott dich zur Rechenschaft ziehen!

PREDIGT: DIE ZEHN GEBOTE

Ein Bischof und ein Verkehrszeichen. Der Bischof guckt grimmig, das Verkehrszeichen sagt: Durchfahrt verboten! Ist das ein Bild für die Kirche?
„Christentum ist das, was verboten ist. Christentum ist das, was keinen Spaß macht." So denken viele. Der erhobene Zeigefinger als Symbol für das Christentum. Und wenn man danach fragt, warum sie dieser Meinung sind, dann hört man oft: „Das steht doch alles so in den Geboten. Du sollst nicht, du sollst nicht! Du sollst nicht stehlen, du sollst nicht lügen, du sollst nicht ehebrechen, du sollst nicht habgierig sein!" Klingt das nicht alles nach Verbot und Einschränkung? Was für ein grandioses Mißverständnis! Die Zehn Gebote haben nichts mit Zwang zu tun sondern mit Freiheit. Das zeigt schon die Überschrift zu den Geboten: „Ich bin der Herr, dein Gott, der dich aus Ägypten, aus dem Sklavenhaus befreit und herausgeführt hat."
Am Anfang der Zehn Gebote steht eine bestimmte Geschichte, die Befreiung eines Haufens versklavter und rechtloser jüdischer Menschen. Sie kennen die Geschichte von der harten Sklavenarbeit der Israeliten in Ägypten, vom Auftreten des Moses, von den Plagen, vom wunderbaren Zug durch das Schilfmeer. Gott führte Israel in die Freiheit und gab ihm am Berg Sinai Zehn Gebote, Zehn Regeln, mit denen es seine Freiheit schützen und seine Würde bewahren sollte. Die Zehn Gebote sind die Zehn Regeln der Freiheit!
Man kann jetzt die einzelnen Gebote Punkt für Punkt durchgehen und man wird feststellen, dass es immer darum geht, frei zu werden oder frei zu bleiben: In den ersten drei Geboten soll die Stelle Gottes in unserer Welt freigehalten werden; nichts Irdisches, kein Führer, kein Kapital, keine Wohlstandsideologie, aber auch nicht die Familie oder die eigene Gesundheit sollen an die Stelle Gottes treten. Denn: auf Gott vertrauen macht frei, sein Herz an vergängliche Dinge hängen macht abhängig. Nie zur Ruhe kommen nimmt einem alle Lebensfreude, einmal in der Woche abschalten und an Gott denken schenkt Kraft und Orientierung. Ehebruch zerstört immer Vertrauen und schafft Leidtragende, Raffen, Haben-Wollen, Habgier, Geiz-ist-geil-Denken – wer so lebt, lebt nicht nur rücksichtslos und unsozial, sondern hat seine Freiheit, seine Lebensfreude schon verloren. Den Nächsten bestehlen oder übers Ohr hauen macht gewissenlos, den geraden Weg gehen und aufs Unrecht verzichten macht souverän und verleiht Selbstachtung.

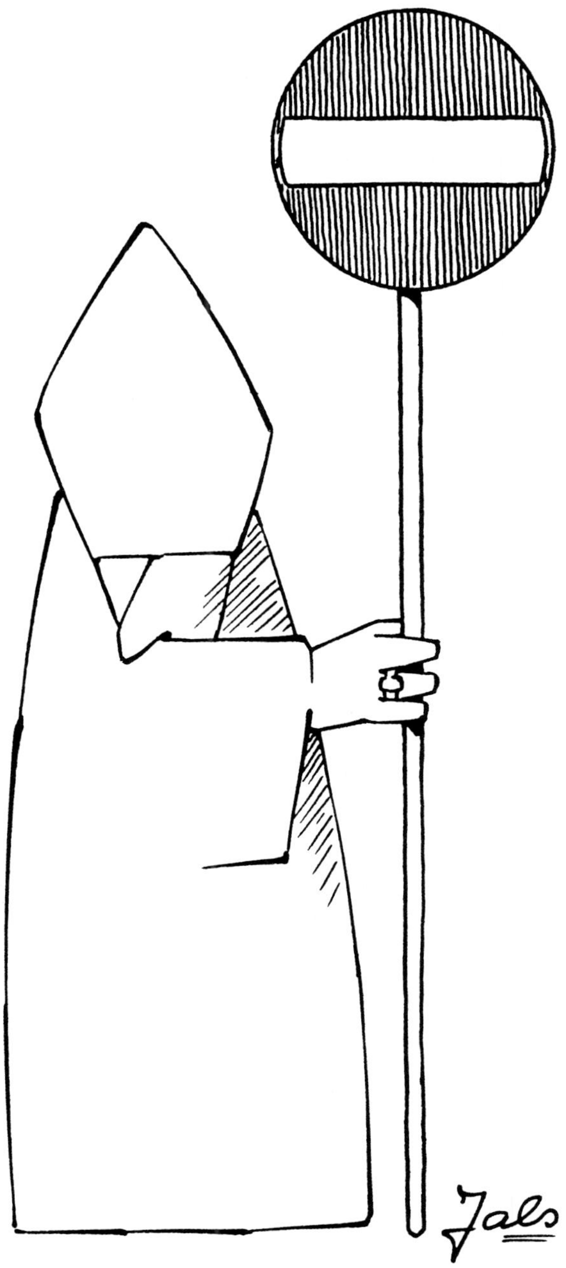

Die Zehn Gebote sind die Zehn Regeln der Freiheit! Und dass Freiheit auch Bindung bedeutet und dass das Zusammenleben Regeln braucht und der Bruch der Regeln nicht ohne Folgen bleiben kann, das wissen wir alle, das lernen wir jeden Tag, das ist die andere Seite der Medaille. Doch das scheint nicht mehr überall klar zu sein. Wir erleben zurzeit eine tiefe Verunsicherung gerade vieler Eltern in den Fragen der Erziehung. Viele wissen nicht mehr, wie sie sich verhalten sollen gegenüber ihren selbstbewussteren, konsumorientierten, modebewussteren, manchmal auch verhaltensauffälligen Kindern. Auf Regeln bestehen, die für die Nachbarskinder nicht zu gelten scheinen? Grenzen setzen, wo doch das Fernsehen jeden Tag zeigt, dass alles möglich und vieles erlaubt ist? Die Grundvereinbarungen sind scheinbar nicht mehr klar. Verbote, Regeln und Richtlinien – und wenn sie noch so vernünftig sind, nützen nicht viel, wenn sie von Prominenten oder von Meinungsmachern unwidersprochen außer Kraft gesetzt werden. Sie brauchen einen akzeptierten Lebenshintergrund. Und wir brauchen eine Verabredungsgemeinschaft, in der wir uns gegenseitig zur Ordnung rufen, wenn die Gehälter der Manager das sozial verträgliche Maß übersteigen, wenn in den Medien religiöse Gefühle lächerlich gemacht werden oder wenn Menschen ab 50 Jahren in vielen Betrieben gar nicht mehr eingestellt werden. Da ist etwas aus den Fugen geraten, da steht letztlich unsere Freiheit auf dem Spiel, die die Zehn Gebote gerade schützen wollen. Die Zehn Gebote sind ein Zeichen für die Würde, die Gott uns Menschen gegeben hat.

Dreitausend Jahre sind diese Gebote jetzt alt. Von Arbeitslosigkeit, von Globalisierung, vom Internet, von all den Fragen, die uns gegenwärtig auf den Nägeln brennen, steht noch nichts in den Geboten. Dennoch ist es, wie der Filmregisseur Wim Wenders feststellt, „über alle Maßen erstaunlich, geradezu unfassbar, wie relevant und lebendig die Gebote geblieben" sind. Sie haben sich bewährt durch Jahrtausende hindurch. Vor 70 Jahren sollten sie in Deutschland außer Kraft gesetzt werden. Der Nationalsozialismus war auch ein Aufstand gegen die Zehn Gebote. Adolf Hitler hat erklärt: „Wir beenden einen Irrweg der Menschheit. Die Tafeln vom Sinai haben ihre Gültigkeit verloren. Das Gewissen ist eine jüdische Erfindung." Hitlers Äußerungen zeigen unmissverständlich: Die Zehn Gebote sind die Grenzpfähle, die zwischen der menschlichen Gesellschaft und der Barbarei stehen. Sie sind die Säulen, auf denen die Kultur ruht. Sie formulieren die Bedingungen, unter denen eine zivilisierte, freie und gerechte Gesellschaft überhaupt erst möglich ist.

M 6: GOTTESDIENST – DU SOLLST NICHT TÖTEN!

Pfarrer(in): Begrüßung

Konfirmand(inn)en: (Ein Konfirmand oder eine Konfirmandin stellt die Mitkonfirmanden namentlich vor.)
Einführung in das Thema: „**AN EINEM TAG**“: Gewalt und Totschlag in der Zeitung. Konfirmandinnen und Konfirmanden lesen Meldungen und Schlagzeilen vor.
Beispiele:
„Das in einem Behindertenheim entdeckte tote Baby ist von einer 22-jährigen Praktikantin des Heimes geboren und ausgesetzt worden. Die junge Frau habe gestanden, das Kind in den Keller des Heimes gelegt zu haben.“
„Zwei unbekannte Männer haben am Samstag eine Bäckerei überfallen und 700 Euro erbeutet. Laut Polizei bedrohten sie die Verkäuferin mit einem Messer und raubten das Geld aus der Kasse.“
„Eine Gruppe bewaffneter Männer hat in der afghanischen Provinz Kandahar fünf medizinische Helfer auf ihrem Weg in ein Flüchtlingslager erschossen. Bei dem Überfall wurden drei Helfer verletzt, als sie in einen Hinterhalt gerieten.“

Lied: Unfriede herrscht auf der Erde (EG West 671)

Pfarrer(in): Gruß (Eingangsvotum)

Alle: „Friede kommt nicht von selbst ...“ (H.-M. Lübking, Jugendgottesdienst plus, 122 f) - i. W.

Konfirmand(inn)en:

- „**IN EINER WOCHE**“: Mord und Gewalt im Fernsehen. Konfirmandinnen und Konfirmanden lesen aus einer Fernsehprogramm-Zeitschrift die Titel und evtl. Kurzbeschreibungen der Sendungen, in denen Gewalt eine erhebliche Rolle spielt.
  Beispiele:
  Montag, 22.45 Uhr: „Hitman: Drogenfahnder Garret wird von seinem Partner, der mit der Mafia gemeinsame Sache macht, niedergeschossen und für tot erklärt. Doch Garret überlebt und schwört Rache...“
  Dienstag, 20.15 Uhr: „Explosiv – Blown away: Terrorist Gaerity sprengt sich aus dem Gefängnis frei. Der Bombenbastler will sich an seinem Ex-Kumpan Dove rächen. Dove hatte ihn einst bei einem Anschlag verraten. Nun droht Gaerity, die ganze Stadt in die Luft zu jagen ...“
- „**IN EINEM JAHR**“: Kriege auf der Erde.
  Einige Konfirmandinnen und Konfirmanden zählen auf, welche Kriege und große Terroranschläge es im letzten Jahr gegeben hat. Beispiele:
  Kampf gegen die Taliban in Afghanistan; Anschläge, Entführungen und Gewalt im Irak; Selbstmordattentate in Israel; Terroranschlag in der Londoner U-Bahn; Völkermord im Sudan; Bürgerkrieg auf Sri Lanka; Selbstmordanschlag auf Bali; Guerillakrieg in Kolumbien ...
  Dazu legen die Konfirmanden jeweils ein Kriegssymbol auf die entsprechende Stelle einer Weltkarte (Folie), die am OHP gezeigt wird.

Gebet: „Barmherziger Gott, auch jetzt, zu dieser Stunde...“ (Jugendgottesdienst plus, 122)

Lied: Wir beten für den Frieden (EG West 678)

Konfirmand(inn)en: Bild: „Christus zerbricht das Gewehr“ (O. Pankok)
Das Bild (Folie) wird auf dem OHP gezeigt. Einige Konfirmandinnen und Konfirmanden haben kurze Kommentare zu dem Bild verfasst, die sie an dieser Stelle vorlesen. „Wer möchte auch noch etwas zu dem Bild sagen?“ Konfirmanden gehen mit dem Mikro durch die Reihen und sammeln weitere Kommentare.

Alle: Glaubensbekenntnis

Lied: Gott gab uns Atem (EG 432)

Pfarrer(in): Predigt: Du sollst nicht töten

Lied: Freunde, dass der Mandelzweig (EG 651)

Konfirmand(inn)en: Martin Luther sagt im kleinen Katechismus:
„Du sollst nicht töten.
Was ist das? Wir sollen Gott fürchten und lieben, dass wir unserm Nächsten an seinem Leibe keinen Schaden noch Leid tun, sondern ihm helfen und fördern in allen Leibesnöten.“

Fürbittengebet: „Wir bitten dich, Gott, um den Mut ...“ (Jugendgottesdienst plus, 123)

Alle: Vater unser

Pfarrer(in): Segen

Lied: Komm, Herr, segne uns (EG 170, 1+3)

PREDIGT: „DU SOLLST NICHT TÖTEN!"

„Wir sind das erste Mal im Irak, und du siehst die Kerle mit erhobenen Händen herauskommen", erzählt der 24-jährige amerikanische Leutnant Jacobs. „Da ruft plötzlich einer: Da sind noch zwei im Loch. Wir erschießen die beiden Iraker sofort und werfen noch eine Handgranate hinterher. Wir wollten nicht erschossen werden, also schossen wir zuerst", erklärt er. „Wir haben unseren Auftrag erfüllt. Wir haben gekämpft und geholfen, Irak zu befreien."
„Du sollst nicht töten!" Krieg ist organisierter Mord. Krieg ist gegen Gottes Gebot. Gottes Gebot sagt: „Du sollst nicht töten!"
In Hamburg verhungert die siebenjährige Jessica. Das Jugendamt wusste offenbar, dass Jessicas Mutter mit ihren Kindern überfordert war. Sie hatte ihr erstes Kind zur Adoption freigegeben, das Sorgerecht für zwei weitere ältere Halbgeschwister an ihren Ex-Ehemann abgegeben.
„Du sollst nicht töten!" Jedes Jahr sterben in Deutschland zahlreiche Kinder, weil sie misshandelt, total vernachlässigt oder als Babys ausgesetzt werden. Die Zahl nimmt zu. Viele Eltern sind schon mit der einfachen Versorgung geschweige denn mit der Erziehung ihrer Kinder hoffnungslos überfordert. Wer ist schuld? Häufig sind es die Jugendämter, die am Pranger stehen. Aber meistens gibt es auch Verwandte, Nachbarn, Mitbürger wie uns, die wegsehen oder weghören.
Bei einem Massenunfall mit 15 Autos sind auf der Autobahn zwischen Meppen und Emden vier Menschen ums Leben gekommen. Ein Lastwagen fuhr ungebremst in einen Stau und schob die Wagen zusammen. Mehrere Fahrzeuge gerieten in Brand.
„Du sollst nicht töten!" Jedes Jahr werden etwa 7 000 Menschen im Straßenverkehr getötet – die Einwohner einer Kleinstadt. Die Opfer werden beklagt, auch von offizieller Seite – doch die Tränen sind Krokodilstränen. Warum erlässt man kein Tempolimit? Warum gestattet man den Verkauf von Alkohol an Tankstellen? Warum überträgt das Fernsehen stundenlang Autorennen? „Du sollst nicht töten!", sagt Gottes Gebot. Du sollst dich auch keiner Beihilfe zum Töten schuldig machen!
Man kann einen Menschen töten mit dem Gewehr oder mit dem Auto. Man kann töten mit einer wegwerfenden Handbewegung oder mit der Verachtung, mit der man einen anderen Menschen straft. Man kann töten mit Schweigen, dort, wo man reden sollte, und mit Nichtstun, dort, wo man handeln sollte.
Zum Töten braucht man weder persönlichen Hass noch Wut. Schon die Erfindung des Schießpulvers machte die Tötung ohne feindselige Gefühle möglich. Im Krieg sieht man den Feind häufig gar nicht, noch viel weniger kennt man ihn – und tötet ihn trotzdem. Die Selbstmordattentäter, die in der Londoner U-Bahn 50 Menschen töteten – kannten sie eines der Opfer persönlich? Die Neo-Nazis, die schwarze Mitbürger anpöbeln und durch die Straße jagen – haben sie vorher auch nur einen Satz mit ihnen gewechselt?

Es lohnt, an dieser Stelle einmal genauer nach dem Sinn dieses Gebotes in der Bibel zu fragen. „Ich bin der Herr, dein Gott, der dich aus dem Sklavenhaus Ägypten herausgeführt hat." Dieser Satz steht als Überschrift auch über dem Gebot „Du sollst nicht töten!" Vielleicht spüren wir jetzt, dass mit diesem Gebot noch mehr gemeint war als der Schutz des nackten Lebens. Leben – dazu gehört im Alten Testament noch mehr: vor allem Gerechtigkeit untereinander, sicheres Wohnen auf eigenem Land und die Gemeinschaft mit Nachbarn, Freunden und Verwandten. „Du sollst nicht töten!" – das meint darum auch: Du sollst dem Anderen nicht die Lebensgrundlagen entziehen. Du sollst dem Anderen nicht die Chance rauben, in Gerechtigkeit und Gemeinschaft unter seinen Mitmenschen leben zu können. Ein wichtiger Gedanke in einer Zeit, in der laut darüber nachgedacht wird, ob nicht das Arbeitslosengeld und die Sozialhilfe gekürzt werden sollten. Vielleicht verstehen wir jetzt, warum das 5. Gebot bei Jesus noch eine schärfere Form annimmt: „Ihr habt gehört, dass zu den Alten gesagt ist: Du sollst nicht töten! ... Ich aber sage euch: Wer mit seinem Bruder zürnt, der ist des Gerichtes schuldig ... Wer aber sagt: Du Narr! Der ist des höllischen Feuers schuldig."
Jesus sagt das nicht, um unser Gewissen noch mehr einzuschüchtern. Er spitzt zu, um zu zeigen: Das Töten eines Menschen beginnt dort, wo ihm die Gemeinschaft, die Anerkennung entzogen wird. Die Zerstörung des Lebens endet im Totschlag, aber sie beginnt schon vorher: im Hass, im Rufmord, in der Abstempelung zum Feind, in der Verächtlichmachung des Gegners, in der Geringschätzung menschlichen Lebens.
Jeder Mensch, wer er auch ist und was er auch getan haben mag, er bleibt Gottes Geschöpf, nach dem Bilde Gottes geschaffen – als Frau und als Mann; eine unverlierbare Würde; bleibt das Wesen, um das Gott sich sorgt, das er nicht aufgeben wird, egal ob wir es ihm danken oder nicht. So kostbar, so wertvoll ist menschliches Leben!
„Du sollst nicht töten!", sagt Gottes Gebot. Töten – das beginnt mit der Geringschätzung menschlichen Lebens. Noch nie zuvor ist menschliches und kreatürliches Leben auf dieser Erde zu so niedrigem Wert gehandelt worden wie in diesem Jahrhundert: 40 Millionen Tote allein im 2. Weltkrieg, über 20 Millionen Kriegstote seither, 100 000 Hungertote täglich, jeden Tag Leichen im Fernsehen, jedes Jahr ausgerottete Tier- und Pflanzenarten. Leben scheint keinen Wert mehr zu besitzen.
„Du sollst nicht töten!" Das ist die Grenze, die Gott selbst gesetzt hat. Dieses begrenzte und doch so wertvolle, dieses unvollkommene und doch so reiche Leben steht unter dem Schutz des Schöpfers. Wer es antastet, wer es gering schätzt, wer glaubt, selbst über Leben und Tod entscheiden zu können, bringt sich selbst in Gefahr.

❶ INTENTIONEN

Kinder und Jugendliche haben normalerweise kaum noch einen unmittelbaren Kontakt zu Tod und Sterben. Die meisten von ihnen werden vermutlich noch keinen Toten gesehen haben. Sie werden auch kaum Erfahrungen mit Formen und Riten der Trauerbewältigung gemacht haben. Immer wieder kann man feststellen, dass auch bei Todesfällen im Umkreis der eigenen Familie selten mit Kindern und Jugendlichen über den Tod, über eigene Gefühle oder über Trauerbräuche gesprochen wird. In dieser Situation könnte der Konfirmandenunterricht zur Sprachfähigkeit über Tod, und Trauer beitragen. Die Unterrichtenden können von eigenen Erfahrungen mit Tod und Sterben reden. Verschiedene Verhaltensmöglichkeiten bei Trauerfällen könnten diskutiert werden.
Die Frage „Gibt es ein Leben nach dem Tod?" gehört für die Konfirmandinnen und Konfirmanden zu den interessantesten Themen des Unterrichts. Wie die letzten Jugendstudien gezeigt haben, ist der Glaube an die eigene Unsterblichkeit unter Jugendlichen verbreiteter als unter Erwachsenen. Der christliche Auferstehungsglaube spielt dabei nur eine untergeordnete Rolle, charakteristisch ist eher ein extremes Durcheinander von Erklärungsmustern und Ideen.
Eine wichtige Aufgabe des Konfirmandenunterrichts kann es darum sein, religiös-weltanschauliche Hoffnungsbilder, Symbole und Vorstellungen bei den Jugendlichen zu klären. Dies kann nicht geschehen, ohne die eigenen Hoffnungen offen zu legen und zu begründen.
Das Thema „Leben und Tod" bedarf im Konfirmandenunterricht besonderer Sensibilität. Von Beispielen und Erfahrungen, die persönliche Erlebnisse der Jugendlichen tangieren könnten, sollte eher distanziert oder verfremdet berichtet werden, sodass die Jugendlichen die Freiheit behalten, sich dort einzubringen, wo sie wollen.
Der christliche Glaube muss bei der Beschäftigung mit dem Thema auf jeden Fall lebensstärkend und hoffnungsstiftend ins Spiel kommen, sodass er für die Jugendlichen auch als Hilfe erfahren werden kann, auch das Leben vor dem Tod bewusster und intensiver zu führen.

❷ ERLÄUTERUNGEN ZUM »KURSBUCH KONFIRMATION«, S. 135-140:

S. 135 *Titelbild:* Jährlich sterben nach Angaben der Deutschen Verkehrswacht mehr als 2.600 Jugendliche im Alter von 15 bis 25 Jahren bei Verkehrsunfällen (Das sind mehr als zwei Drittel aller Verkehrsopfer im Jahr!). Meist sind es Freunde, die dann dort Kreuze aufstellen, wo die Jugendlichen gestorben sind. Nähere Informationen unter www.strassenkreuze.de.
Mit den Konfirmandinnen und Konfirmanden kann im Gespräch geklärt werden, ob sie solche Kreuze schon einmal gesehen haben, was ihrer Meinung nach dort passiert ist, was sie davon halten und ob die aufgestellten Kreuze auf einen christlichen Hintergrund hinweisen.

S. 136/137 Es ist wichtig, die *Geschichte* vom Unfalltod Carstens im Unterricht mit besonderer Sensibilität anzugehen. Das gilt vor allem dann, wenn jemand unter den Konfirmandinnen und Konfirmanden von Todesfällen in der eigenen Familie betroffen gewesen ist. Dann kann es sinnvoll sein, den Akzent bei der Behandlung zunächst auf die Besprechung der „Sachfragen" vor einer Beerdigung (S. 137) zu legen. Nicht selten sind betroffene Konfirmandinnen und Konfirmanden aber auch froh über die Möglichkeit, „einmal" von ihren Erfahrungen berichten zu können.
Nach einem Todesfall ist viel zu regeln. Die Konfirmandinnen und Konfirmanden können die Stichworte ergänzen. Was fällt ihnen noch ein?
Weitere mögliche Bibelworte für die Traueransprache und die Traueranzeige können sein: Hiob 3,25; Psalm 23,1; Psalm 46,2; Psalm 68,21; Jesaja 43,1; Matthäus 28,20; Johannes 11,25; Johannes 16,33; Offenbarung 21,4.
Ein Jahr danach: Wann hört die Trauer auf, wenn ein nahestehender Mensch gestorben ist? Sollte sie aufhören? Wenn nicht, warum nicht – wenn ja, wann?
Die Konfirmandinnen und Konfirmanden kennen evtl. Beispiele und nehmen Stellung zu den Fragen.

S. 138 *Was denkst du über den Tod?* Die Auswertung des Fragebogens ist wegen möglicher persönlicher Betroffenheit sensibel zu handhaben. Bestimmte Antworten (z. B. 5: „mit niemandem" oder 6: „ohne Trauerfeier") können evtl. auch als persönliche Signale verstanden werden, die nicht überhört werden sollten.
Es legt sich nahe, zum Thema „Leben und Tod" auch „die" Expertinnen und Experten zu interviewen: die Pfarrerinnen und Pfarrer. Für die Konfirmandinnen und Konfirmanden sind sie in dieser Sache auf jeden Fall interessante Gesprächspartner mit vielen Erfahrungen. Damit bei einem solchen Interview auch die für Jugendliche wirklich interessanten Fragen vorkommen, sollten sie ihre Fragen zunächst auf Zettel schreiben, die dann eingesammelt und anonym vorgelesen werden.

Hieronymus Bosch-Bild: Es handelt sich um einen Ausschnitt aus einer von „Vier Tafeln mit Jenseitsdarstellungen“, die im Dogenpalast von Venedig hängen. Von Engeln begleitet und getragen steigen die erlösten Seelen durch die Nacht auf zum Licht. Der Lichttunnel, in den die Seelen eintauchen, besteht aus den einzelnen Himmelssphären. Am Ende wartet das reine, ungeteilte Licht, von dem die geläuterten Seelen am Ende ihres Weges empfangen werden.
Das Bild zeigt eine enge geistige Verwandtschaft zu Motiven in den „Nah-Tod-Erlebnissen“, über die inzwischen viele glaubhafte Berichte vorliegen. Dabei ist jedoch zu berücksichtigen, dass keiner der Patienten, die Nah-Tod-Erlebnisse hatten, wirklich gestorben war. Das Herz hatte ausgesetzt, der Hirntod war aber noch nicht eingetreten.

S. 139 Gibt es ein Leben nach dem Tod? Die Zahl der Menschen nimmt zu, die ein Leben nach dem Tod für eine „reine Wunschvorstellung“ halten. Dies sagten 41 Prozent der befragten Bundesbürger ab 14 Jahren bei einer repräsentativen EMNID-Umfrage aus dem Jahr 2003. Ältere sind skeptischer als Jüngere, Ostdeutsche mehr als Westdeutsche, ärmere deutlich mehr als gutsituierte Zeitgenossen. 30 Prozent glauben an die Unsterblichkeit der Seele, 6 Prozent an die Wiedergeburt (Reinkarnation) in einem anderen Menschen (!) – fast nur Jüngere denken so – und 5 Prozent an eine Neuerschaffung von Leib und Seele im Jenseits. Vor allem bei Jugendlichen überwiegt ein buntes Gemisch aus den verschiedensten Versatzstücken. (Gerade darin zeigt sich auch, dass Jugendliche mit ihren Fragen zum Tod und zu einem Leben nach dem Tod meist allein gelassen sind. Sie versuchen dann, sich einen eigenen Reim auf diese Fragen zu machen und greifen nach Ideen und Vorstellungen, die ihnen irgendwie plausibel erscheinen und mit ihren Lebensvorstellungen zu vereinbaren sind. Deswegen ist der Konfirmandenunterricht eine große Chance, gemeinsam mit ihnen Ideen zu prüfen, Fragen zu klären und nach plausiblen Antworten zu suchen.)
Symbole und Verse: Jede(r) Konfirmand(in) sucht ein Symbol aus und überlegt, was dieses Symbol mit dem Tod zu tun haben könnte und warum die Angehörigen gerade dieses Symbol auf die Todesanzeige gesetzt haben könnten.
Sind noch andere Symbole von Todesanzeigen bekannt? Lassen sich die Symbole den verschiedenen Versen zuordnen?

Konfirmandinnen und Konfirmanden können Todesanzeigen auswerten und versuchen herauszufinden, welche Einstellung zum Tod und welche Hoffnung angesichts des Todes darin zum Ausdruck kommen: **M 1** und **M 2**.

Zur Information:
Aus einem Gespräch mit einem Bestattungsunternehmer:
Frage: Viele Menschen wollen heute anonym bestattet werden. Wie sehen Sie das?
Antwort: Das ist Ausdruck von einer Art von Einsamkeit. Einsam im Leben, einsam im Tod. Nicht einmal mehr eine Grabstelle soll an mich erinnern.
Das gilt auch für die Zunahme von Seebestattungen.
Frage: Drückt sich darin auch das Verhältnis des Verstorbenen zu seinen Angehörigen aus?
Antwort: Wir erleben es jeden Tag, dass wir auf die Form dieser Beisetzung angesprochen werden, und stellen immer wieder fest, dass dann das Familienverhältnis nicht intakt ist. Ich will das nicht verallgemeinern, aber häufig ist das so.
Frage: Die Bestattung als Spiegel eines Stück Lebens?
Antwort: Genauso ist es, obwohl das häufig gar nicht bewusst abläuft.

S. 140 Damit die Konfirmandinnen und Konfirmanden sich ihr *„persönliches Trostbuch“* zusammenstellen können, sollte ihnen eine Auswahl von Texten, Bildern, kleinen Geschichten, Liedern, Gebeten und Bibelversen zur Verfügung gestellt werden.
Anregungen für diese Materialien bieten die nachfolgenden Literaturhinweise. Damit es ein „persönliches“ Trostbuch werden kann, sollten die Konfirmanden die Materialien auch mit nach Hause nehmen können. Wichtig ist, dass sie nicht schon alle Seiten füllen, sondern noch Platz lassen für neue Fundstücke oder eigene Eintragungen. Hilfreich ist es meist, wenn die Unterrichtenden schon ein Exemplar fertiggestellt haben, das als Anschauungsmaterial dienen kann.
„Wenn ich noch ein Jahr zu leben hätte!“
Zu dieser Fragestellung überlegen Konfirmandinnen und Konfirmanden, was in ihrem Leben wichtig oder eher unwichtig ist und wie sie ihre Lebenszeit sinnvoll nutzen können: **M 3**.

❸ WEITERE IDEEN

- Es werden Fotos ausgelegt (jedes mehrfach!). Die Konfirmandinnen und Konfirmanden suchen sich jeweils ein Foto aus und sagen dazu, was das Foto für sie mit Tod oder Trauer zu tun hat; ob sie es als ein bedrohliches oder hoffnungsvolles Foto empfinden usw.
- Diskussion von Trauerbräuchen: Schwarz tragen? Armbinde? Was soll man am Grab sagen? Leichenschmaus? usw.
- Vergleich verschiedener Kasual-Voten für verstorbene Gemeindeglieder im Gottesdienst. Welche sind nichtssagend, welche hilfreich?
- Schweigegespräch zu Psalm 90,12.
- Die Konfirmandinnen und Konfirmanden gestalten zu Römer 8, 35.37-38 (Übersetzung: Bibel in heutigem Deutsch!) ein Textplakat mit Fotos, Erklärungen, Zeitungs-Schlagzeilen usw. Sie können sich aus dem Text

auch einen Satz aussuchen und ihn in graphischer Gestaltung schreiben.
- Rollenspiel: „Alter jüdischer Friedhof soll einem Einkaufszentrum weichen." Teilnehmer: Marktleiter des Einkaufszentrums, Stadtdirektorin, Jüdischer Kantor, Anwohnerin, ...
- Diskussion: Ist Sterbehilfe erlaubt?
- Diskussion: Haben Christen die Pflicht zur Organspende?
- Die Konfirmandinnen und Konfirmanden können drei Wünsche für ihr zukünftiges Leben äußern. – Mit einer Zeitmaschine reisen sie 60 Jahre in die Zukunft. Sie sind Großeltern und können drei Wünsche äußern, wie sie eigentlich gelebt haben wollten.
- In Gruppen entwerfen die Konfirmandinnen und Konfirmanden einen neuen Friedhof – mit Kapelle, Gräberfeldern, Kompostanlage, anonymes Urnenfeld (?), Parkplätzen usw.

❹ SPIRITUELLE FORMEN

EINE KLEINE MEDITATION

„Setz dich oder leg dich so hin, wie du es gern hast ...
Probiere die Haltung aus, bis du ganz entspannt bist ...
Achte darauf, dass du gut durchatmen kannst ... Schließe die Augen und konzentriere dich ganz auf deinen Körper ... achte auf die Geräusche, die du hörst ... Sei einmal „ganz Ohr"! ...
Spüre deine Füße ... bewege deine Zehen ... lass deine Füße ganz schwer werden ...!
Deine Beine: Spanne deine Muskeln an ... lass sie wieder los ... lass deine Beine zur Ruhe kommen ...!
Spüre deinen Rücken und die Schultern ... bewege sie ... und lass sie zur Ruhe kommen ...!
Deine Arme und Hände: Sie sind jetzt ganz ruhig ... Du fühlst, wie beschäftigt sie sonst sind ...
Dein Kopf ruht fest ... bewege ihn langsam hin und her ... jetzt wird er dir ganz leicht ... atme tief aus und ein ... ganz bewusst ... in deinem eigenen Rhythmus ... lass die Luft durch deinen Körper gehen ... Ich atme ... ich bin ... ich lebe ...
Ich bitte dich, an dein bisheriges Leben zu denken: Was war gut? ... Was würdest du gern anders machen? ... Und wenn du nur noch einen Tag zu leben hättest, was würde von deinem Leben bleiben? ...
Nimm dir drei Minuten Zeit! ...
Ich sage dir jetzt einen Satz, er steht in der Bibel: „Gott, meine Zeit steht in deinen Händen!" (evtl. wiederholen!)
Geh' diesen Worten nach ... Welche Gedanken kommen dir? ...
Erinnere dich, dass die anderen auch da sind ... Lass dir Zeit, langsam aus der Entspannung aufzuwachen ... Öffne die Augen ... Streck deine Glieder ... Bewege dich!"
(Nach B. Wilde/Ph Neßling, Zum Beten finden, 121f., s.Lit.)

FOTOS

- Lied: Von guten Mächten wunderbar geborgen (EG West 652,1)
- Foto: Straßenkreuz (Kursbuch Konfirmation, 135)
- Wir erschrecken, wenn wir einen schweren Unfall sehen.
  Wie konnte das passieren? Wer ist schuld?
  Und wenn es mich erwischt hätte?
  So viele Menschen sterben jedes Jahr im Straßenverkehr!
  Guter Gott! Lass uns vorsichtiger werden, lass uns rücksichtsvoller miteinander umgehen, lass uns aufeinander Acht geben!
- Foto: Am Grab (Lübking, Foto und Folien Nr. 52)
- „Nach kurzer, schwerer Krankheit verstorben" oder „in tiefer Trauer nehmen wir Abschied": So lesen wir es in der Zeitung.
  Warum dürfen die einen so lange leben
  und müssen die anderen so früh sterben?
  So viele Fragen, so viele schmerzende Erinnerungen!
  Gott, lass uns mit diesen Fragen nicht allein.
  Hilf uns, einander zu trösten.
- Foto: Balance auf dem Seil (Lübking, Fotos und Folien Nr. 36)
- Vieles ist mir unklar: Wie es mit mir weitergehen wird.
  Wie mein Leben in 20 Jahren aussehen wird.
  Wo ich dann sein werde und wer dann zu mir gehört.
  Manches ist mir auch rätselhaft: Warum das Leben oft so mühsam ist.
  Warum es den einen gut geht und den anderen schlecht.
  Ich hoffe, einmal werde ich alles wissen: Warum mein Leben so verlaufen ist und was es mit den Rätseln auf sich hat.
  Was es mit Gott auf sich hat und was nach dem Tod kommt.
- Vater unser
- Lied: Möge die Straße uns zusammenführen und der Wind in deinem Rücken sein;
  sanft falle Regen auf deine Felder und warm auf dein Gesicht der Sonnenschein.
  Und bis wir uns wiedersehen, halte Gott dich fest in seiner Hand,
  und bis wir uns wiedersehen, halte Gott dich fest in seiner Hand.
  (Die Fotos als Folien auf dem OHP)

❺ GOTTESDIENST

Einige Elemente und Ergebnisse des Unterrichts finden Eingang in einem Gottesdienst, den die Konfirmandinnen und Konfirmanden zum Thema „Leben und Tod" vorbereiten: **M 4**.

6 ANREGUNGEN FÜR PROJEKTE UND AKTIONEN

- Erkundung des Friedhofs (Vgl. CD-ROM).
- Gestaltung des Schaukastens der Gemeinde zum Totensonntag.
- „Der Tod im Fernsehen“: Untersuchung von Video-Mitschnitten, Fernseh-Serien und Programmzeitschriften. Erstellung einer Dokumentation.
- Besuch im Krankenhaus: Gespräch mit Ärzten, Schwestern, Pflegern und Pfarrern („Wie erleben Sterbende den Tod? Wie kann man sich in den letzten Tagen verhalten?“ usw.)
- Besuch in einem Bestattungsunternehmen: Umgang mit Toten und ihren Angehörigen.

7 HINWEISE

- Tränen im Regenbogen, Texte und Bilder schwer kranker Kinder, Tübingen 1990
- Dias: Abschied von Rune, Calwer 1989
  AV-Religion „Sterben – Tod“
  H. May/D. Steinwede (Hg.), Vorlesebücher Religion „Tod – Leben“, Zürich 1978
  M. u. M. Höhn, Leben und Sterben, Köln 1996
  KONFER normal 20 (10/97): Trauer tragen
- U. Baumann u.a., Projekt Tod. Materialien und Projektideen, Mülheim 1998
- M. Specht-Tomann, Wir nehmen jetzt Abschied, Düsseldorf 2000
- Video: Wenn das Leben geht
- K. Lammer, Trauer verstehen, Neukirchen 2004
- P. Neysters/K.H. Schmitt, Denn sie werden getröstet werden, München 2004
- H. Mödritzer, Sterben – Tod – Auferstehung. Eine Lernstraße, Calw 2004

8 WICHTIGE ERGEBNISSE

- Die Konfirmandinnen und Konfirmanden haben ihre Einstellungen, Gefühle und Erfahrungen mit Sterben und Tod im Unterricht äußern, besprechen und ansatzhaft klären können.
- Sie haben Trauerbräuche diskutiert, den Friedhof erkundet und die auf Gräbern und Grabsteinen erkennbaren Einstellungen und Hoffnungen angesichts des Todes kennengelernt.
- Sie kennen die christliche Hoffnung auf ein Leben nach dem Tod und haben sich eine eigene Meinung zu häufig vorgebrachten Vorstellungen über ein Leben nach dem Tod gebildet.
- Sie kennen Geschichten, Texte, Bibelverse, Lieder oder Bilder, die Hoffnung angesichts des Todes vermitteln können.

9 MATERIAL AUF DER CD-ROM

Leben und Tod
1| Lernstationen zum Thema Tod
2| Erkundung des Friedhofs
3| Trauerbräuche

10 INTERNET-ADRESSEN

www.freenet.de (wissenschaft/mensch/nahtod)
www.hospiz.net
ww.ak-leben.de
www.friedpark.com

M 1: TODESANZEIGEN

In einem Meer von Schmerzen
ertrinken die Einen,
die Anderen lernen darin schwimmen.
-Kyrilla Spieker-

Beim ersten Mal gesiegt,
beim zweiten Mal verloren.
Das Leben ist nicht fair.

Walter Greve

* 19. 12. 1945 † 31. 8. 2005

Wir sind sehr traurig

Ingrid Greve geb. Lamenta
Sigrun und Peter mit Moritz
Monika und Günter Rekos
Hans-Jürgen und Sabine Greve
Hans-Josef und Margret Lamenta
Angehörige und Freunde

[redacted]

Die Trauerfeier zur anschließenden Beisetzung findet statt am Mont
dem 5. September 2005, um 13.00 Uhr in der Trauerhalle des Haupt
friedhofes in [redacted] Am Gottesacker.
Anstelle von freundlich zugedachten Kranz- und Blumengrüßen bi
wir um eine Spende an das "Hospiz am Ostpark", Konto Nummer 1
012 822, bei der Sparkasse [redacted] (BLZ 440 501 99), mit dem
Vermerk: "Beerdigung Walter Greve".

Bestattungen Bommert, [redacted] Lücklemberg, Kirchhörder Str.

Viel zu früh

Karl-(Kalle) Heinz Meyer

**11.12.1963 † 31.08.2005*

Nie mehr ein "Hi, Karl"
Ein letztes Mal: "Tschüss, Kalle"

Du hast eine große Lücke in
deinem Freundeskreis hinterlassen.

In jedem von uns hast du Spuren hinterlassen.
Erinnerungen, Augenblicke, Bilder, Gedanken.
Sie werden uns immer an dich erinnern!

DANKE für die großartige Zeit,
die wir mit dir verbringen durften.

Unser tiefes Mitgefühl sprechen wir seinen
Angehörigen, insbesondere seinen
zwei Kindern aus.

Deine Freunde verabschieden sich in
Trauer und tiefer Dankbarkeit

Frank Trojan — *Erik Kastell*
Frank Rittner — *Guido Grzeschke*
Heiko Lübben — *Volker Schröder*
Michael Nagel — *Karsten Mertens*

Brigitte Stobbe

Von guten Mächten wunderbar geborgen
erwartet sie getrost, was kommen mag.
Gott ist bei ihr am Abend und am Morgen
und ganz gewiß an jedem neuen Tag.

Nach kurzer, aber schwerer Krankheit und doch ganz plötzlich verstarb meine liebe Mutti und Schwiegermutter, meine liebste Oma Trudy

Gertrud Schaberick

geb. Topp

*** 29. Dezember 1929 in Dortmund-Eichlinghofen** — **† 27. August 2005 in Lengerich/Westf.**

Wir sind sehr dankbar dafür, dass sie nicht länger hat leiden müssen. Sie wird uns sehr fehlen!

Brigitte Schaberick-Everding
mit Erich und Sebastian

vormals: [redacted] Bramkampsweg 6
Trauerhaus: Schaberick-Everding, [redacted] Harkortstraße 68

Auf Wunsch der lieben Verstorbenen fand die Beisetzung in aller Stille im engsten Familienkreis statt.

Meine liebe Frau ist gestorben

Renate Claas

geb. Kison

Nach schwerem Krebsleiden, ausgelöst durch den schmerzlichen Verlust unserer erst 24 Jahre alten Tochter, ist nun auch meine Frau im Alter von 49 Jahren am 13. Juli 1994 von mir gegangen. Ich kann es nicht begreifen.

Erwin Claas

[redacted]-Sossenheim, Marienberger Straße 11

Die Beerdigung ist am Mittwoch, dem 20. Juli 1994, um 10.15 Uhr
auf dem Friedhof in [redacted]-Sossenheim.
Von Kondolenzbesuchen im Trauerhaus bitte ich abzusehen.

Auferstehen ist unser Glaube,
Wiedersehen unsere Hoffnung,
Gedenken unsere Liebe

Irmgard Heese
* 2. 4. 1925
† 31. 7. 2005

Ihr habt mit ihr gelacht und euch gefreut,
als sie noch lebte.
Ihr habt mit uns geweint und uns getröstet,
als sie plötzlich tot war.
Ihr habt sie auf ihrem letzten Weg begleitet
und uns durch liebe Worte, tröstende
Briefe, Blumen, Kränze und Geldspenden
gezeigt, dass ihr sie gemocht habt.

Dafür danken wir von ganzem Herzen.

Angelika und Wolfgang mit Thomas,
Simone und Marcus
Claudia und Achim mit Andrea und Michael
Maria und Ralf mit Carina und Christian
Achim und Sabine mit Jan Benedikt

[redacted] im September 2005

Das Sechswochen-Seelenamt findet am Samstag, dem 17. September 2005 um 18 Uhr in der Herz-Jesu-Pfarrkirche zu [redacted] statt.

Du hast uns für immer verlassen.
Dein lebenslanger tapferer Kampf
gegen die unheilbare Krankheit ist zu Ende.

Nicole Bager

*** 28. 8. 1970 † 14. 5. 1997**

In tiefer Trauer und Liebe nehmen wir Abschied.

Ingrid und Gerhard Bager
Lars Bager
Stefan und Ulrike Kämmerer, geb. Bager

[redacted] Kastanienweg 2

Die Trauerfeier findet am Freitag, dem 23. Mai 1997, um 11.00 Uhr auf dem Bornheimer Friedhof in [redacted] Dortelweiler Straße, statt.

Anstelle von Kranz- und Blumengaben erbitten wir Spenden an die Uni-Klinik Ffm., Mukoviszidoseambulanz, Konto-Nr. 24026, BLZ 500 502 01, [redacted] Projekt-Kst. 8293163, KW Nicole.

Wenn ich mit Menschen- und mit Engelszungen redete,
und hätte der Liebe nicht,
so wäre ich ein tönend Erz
oder eine klingende Schelle.
Und wenn ich weissagen könnte
und wüßte alle Geheimnisse und alle Erkenntnis
und hätte allen Glauben,
so daß ich Berge versetzte,
und hätte der Liebe nicht,
so wär ich nichts.
Aus dem Brief des Paulus an die Korinther

ı langem, schwerem Leiden verstarb heute mein ge-
:r Bruder, unser guter Freund an den Folgen von Aids.

Ferdinand Schmidt

*** 11. 5. 1948 † 16. 10. 1992**

Im Namen der Famili
und der Freunde:
Siegfried Schmidt

[redacted], Am Linsenberg 1

Beisetzung findet am Freitag, dem 23. Oktober 199
10.00 Uhr auf dem evangelischen Friedhof St. Matthä
[redacted] statt.

Und wer nicht sein Kreuz auf sich ni
und mir nachfolgt, ist meiner
nicht würdig.

Wir sind traurig, dass sie verstorb
ist, doch wir freuen uns, dass si
nun am Ziel ist.

Irma Möller

geb. Mudra
* 5. Oktober 1927
† 26. August 2005

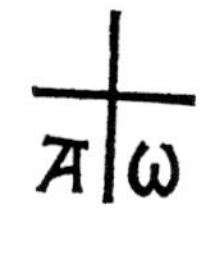

In Liebe:
Jürgen und
Anna Baron geb. Möller
Andreas und Silvia

[redacted] Lange Fuhr 93

Das Seelenamt findet am Donnerstag, dem 1. Septemb 2005 um 8.15 Uhr in der Pfarrkirche St. Karl Borromäu [redacted] Fine Frau, statt.

Die Trauerfeier zur anschließenden Beerdigung ist am se ben Tag um 10.00 Uhr in der Trauerhalle des Bezirksfried hofes [redacted] Martener Hellweg.

Anstelle von Blumen und Kränzen bitten wir um ein Spende zugunsten der „Deutschen Krebshilfe e. V." Spa kasse [redacted] BLZ 380 500 00, Kto.Nr.: 90 90 93, Kennwor Irma Möller

Bestattungshaus Röse, [redacted]

M 2: FRAGEN ZU DEN TODESANZEIGEN

1) Wie wird zum Ausdruck gebracht, dass dieser Mensch gestorben ist?
   Welche Worte werden für das „Sterben" gewählt?

2) Wie wird von dem Toten gesprochen?

3) Werden Symbole dargestellt? Wenn ja, welche (und welche Bedeutung haben sie?)?

4) Gibt es einen Spruch oder ein Gedicht? Was sind die Hauptaussagen darin?

5) Kommt eine Hoffnung zum Ausdruck? Welche?

6) Gibt es Besonderheiten oder Auffälliges in der Anzeige?

7) Was hat dich in den Todesanzeigen besonders angesprochen?

M 3: GIBT ES EIN LEBEN VOR DEM TOD?

WENN ICH NOCH EIN JAHR ZU LEBEN HÄTTE!
Jugendliche, etwa in eurem Alter, sind danach gefragt worden. Aus ihren Antworten:

- Ich würde mit der Schule aufhören und eine Weltreise machen, nach Kanada, Australien, Los Angeles, in die Südsee, und mir den Regenwald in Brasilien ansehen. Dann würde ich wiederkommen und ein Fest geben für alle meine Freundinnen.
- Mir persönlich würde alles, was ich bisher so gemacht habe, mit einem Schlag unwichtig sein. Ich würde nachdenken darüber, was nach dem Tod kommt und ob es Gott gibt. Man denkt sonst nicht darüber nach. Man lebt so in den Tag hinein.
- Ich würde keinem etwas davon sagen. Aber ich würde allen Leuten die Meinung sagen, wo ich mich vorher nicht so getraut habe. Die würden sich noch wundern!

HEUTE, ... (Datum),

ist der erste Tag vom Rest deines Lebens!

Heute = das sind 24 Stunden oder 1440 Minuten oder ...... Sekunden. Wenn du 80 Jahre alt werden solltest, hättest du noch ...... Tage, ... Stunden oder ...... Minuten Zeit.

Was willst du mit dieser Zeit anfangen? Du kannst sie vor der Glotze absitzen oder verpennen oder totschlagen. Dann wundere dich nicht, wenn du dich eines Tages erstaunt fragst:

„WAS, DAS SOLL ALLES GEWESEN SEIN?"

Du kannst aber in deiner Zeit auch das tun, was du gerne machst und was du für sinnvoll hältst, nämlich:

____

____

____

____

____

____

Es ist deine Lebenszeit, das Wertvollste, das du besitzt. Zeit, die Gott dir schenkt. Einmal wird sie vorbei sein.

WAS WÜRDEST DU TUN?

____

____

____

____

____

____

____

____

____

FRAUEN LEBEN LÄNGER ALS MÄNNER
Neugeborene Mädchen haben heute in Deutschland eine durchschnittliche Lebenserwartung von 81 Jahren, bei Jungen liegt sie bei 75 Jahren. Damit ist die Lebenserwartung weiter angestiegen. Bei Kindern, die 1996 geboren wurden, lag sie bei 80 und 72 Jahren, bei 1973 Geborenen bei 73 und 67 Jahren. Frauen werden älter, weil sie meist gesünder leben und mehr zu Vorsorgeuntersuchungen gehen. Männer sterben eher, weil sie riskanter leben, mehr rauchen, mehr trinken und eine höhere Belastung bei körperlicher Arbeit haben.

M 4: GOTTESDIENST – LEBEN UND TOD

Pfarrer/Pfarrerin: Begrüßung

Konfirmanden/Konfirmandinnen: Einführung in das Thema

- In Deutschland sterben jedes Jahr gut 850 000 Menschen, das sind etwa 2330 Menschen jeden Tag. Darunter sind etwa 7000 Menschen, die jedes Jahr im Straßenverkehr getötet werden. 1400 Menschen töten sich jährlich in Deutschland selbst, darunter etwa 700 Jugendliche.
- Mehr als 155 000 Menschen sterben in Deutschland Jahr für Jahr an den Folgen von Suchtmitteln. Davon sterben gut 110 000 an den Folgeschäden des Tabakkonsums und etwa 42 000 an denen des Alkoholkonsums. Durch Kokain, Heroin oder andere harte Drogen werden jährlich etwa 1700 Todesfälle verursacht. 30 bis 40 Millionen Menschen sterben weltweit jedes Jahr an Unterernährung und ihren Folgen. Darunter sind 15 Millionen Kinder.
- Dies sind nur Zahlen. Aber hinter jeder Zahl steht ein Mensch, steht ein besonderes Schicksal. (Drei Konfirmandinnen und Konfirmanden sprechen den Text.)

Lied: Aus der Tiefe rufe ich zu dir (EG West 655)

Pfarrer/Pfarrerin: Gruß (Eingangsvotum)

Alle: Wenn ich am Ende bin und keinen Ausweg mehr sehe,
bist du da und öffnest mir eine Tür.
Wenn ich keine Lust mehr habe und mir alles zu viel wird,
bist du da und gibst mir neue Kraft.
Wenn ich ganz allein bin und keinen mehr habe, der mit mir redet,
bist du da, und ich spüre deine Nähe.
Wenn ich mich selbst nicht mehr verstehe
und mich verrannt habe, bist du da und zeigst mir den Weg zurück.
Wo immer ich bin, was immer ich tue,
du bist da, Gott,
dafür will ich dir danken. (nach Psalm 51) (Der Psalm wird im Wechsel gesprochen.)

Konfirmanden/Konfirmandinnen: In stiller Trauer nehmen wir Abschied …
In großem Schmerz geben wir bekannt …
Ein langes, erfülltes Leben ging zu Ende …
Plötzlich und unerwartet …
Wurde mitten aus dem Leben gerissen …
Der Lebenskreis hat sich geschlossen …
Nach langer, mit großer Geduld ertragener Krankheit friedlich eingeschlafen …
Hat uns viel zu früh verlassen …
Von langem Leiden erlöst …
Den schweren Verletzungen erlegen …
Es ist schwer, einen geliebten Menschen zu verlieren …
Wir sind sehr traurig und werden an dich denken …
Wir werden dich nie vergessen …
(Mehrere Konfirmandinnen und Konfirmanden sprechen den Text.)

Gebet: „Plötzlich und unerwartet …" (H. M. Lübking, Jugendgottesdienst plus, 112)

Lied: Von guten Mächten (EG West 652,1+2)

Konfirmanden/Konfirmandinnen: Was kommt nach dem Tod? Manche sagen … (Text: Kursbuch Konfirmation, 139)

Alle: Glaubensbekenntnis

Lied: Von guten Mächten (EG West 652,5+6)

Pfarrer/Pfarrerin: Predigt zu Lukas 7,11-16

Lied: In dir ist Freude (EG 398)

Konfirmanden/Konfirmandinnen:

- Zeitungsmeldung:
Die Lebenserwartung der Deutschen steigt weiter. Wie das Statistische Bundesamt mitteilte, wird ein neugeborenes Mädchen heute durchschnittlich 81,1 Jahre alt, ein neugeborener Junge durchschnittlich 75,1. Nicht nur für Neugeborene, auch für ältere Menschen steigt die Lebenserwartung. So kann eine 60-jährige Frau damit rechnen, im Durchschnitt noch 23,7 Jahre vor sich zu haben, ein 60-jähriger Mann kann im Durchschnitt noch 19,5 Jahre leben. In Europa liegt die deutsche Lebenserwartung allerdings eher am unteren Ende. Franzosen und Skandinavier leben gesünder und werden älter.
- 81 Jahre Lebenserwartung – das sind fast 30 000 Tage. 30 000 Tage Lebenszeit. Jeder Tag hat 24 Stunden. 30 000 Tage – das sind 720 000 Stunden. 720 000 Stunden Lebenszeit. So viele Tage, so viele Stunden! Zeit zum Arbeiten und Zeit zum Ausruhen, Zeit zum Freuen und Zeit zum Traurig sein, Zeit zum Lieben und Zeit um klug zu werden, Zeit zum Glauben und Zeit zum Helfen. Einmal wird es vorbei sein. 30 000 Tage – was wollen wir damit anfangen?

Lied: Fürchte dich nicht (EG West 656)

Alle: Fürbittengebet „Gott, eines Tages …" (Jugendgottesdienst plus, 113)

Alle: Vater unser

Pfarrer/Pfarrerin: Segen

LUKAS 7,11-16

Jeden Tag bringt die Zeitung eine oder mehrere Seiten mit Todesanzeigen. Meist sind es unbekannte Menschen, oft in hohem Alter verstorben. Aber manchmal erschrickt man: Da ist eine Mutter mit 40 Jahren gestorben – und dort ist ein junger Mann mit 19 Jahren tödlich verunglückt. Was ein solcher Tod für die Angehörigen bedeutet, kann man sich vorstellen: Das sind Wunden, die oft ein Leben lang nicht mehr verheilen.
In dem kleinen Ort, südlich von Nazareth, lebt eine Witwe mit ihrem einzigen Sohn. Dieser Sohn war ihre einzige Hoffnung – ihr Rechtsvertreter und der Garant für ihre soziale Versorgung. Da stirbt der Sohn – und mit ihm alles, was die Frau an Familie, Sicherheit und Zukunft noch hatte. Noch am Abend findet die Beerdigung statt und der ganze Ort nimmt Anteil. Eine große Menge begleitet die Mutter und ihren toten Sohn auf der Bahre zum Friedhof. Doch vor dem Stadttor kommt dem Leichenzug ein anderer Trupp entgegen – Jesus, die Jünger und eine große Menge, die ihnen folgte.
Und nun geschieht das Ungewöhnliche: Jesus hält den Zug an, geht auf die Frau zu, spricht mit ihr und sagt: „Weine nicht!“ In der Menge hört man auf zu sprechen, man ahnt, dass etwas Ungewöhnliches geschieht. Jesus tritt an die Bahre und spricht den toten Jungen einfach an, als ob es für ihn keine Todesgrenze gäbe: „Ich sage dir, stehe auf!“ Und der Tote richtet sich auf und beginnt zu sprechen.
Die Geschichte einer Totenauferweckung. Ein starkes Stück! Jedes Jahr sterben in Deutschland etwa 850 000 Menschen – und keiner weckt sie wieder auf. So viele Menschen bringen sich um – und keiner holt sie wieder zurück. So viele Todesanzeigen, jeden Tag Verkehrsunfälle und Flugzeugabstürze – der Tod beherrscht die Zeitungsspalten, gegen den Tod scheint kein Kraut gewachsen, da muss man sich eben abfinden. Und dann wird von Jesus erzählt. dass er den toten Sohn einer Witwe wieder zum Leben erweckt.
In der Antike galten Totenauferweckungen als ungewöhnlich, aber nicht als unmöglich. Auch von Elia und Elisa, dann von Petrus und Paulus, ebenso gut aber auch von nichtchristlichen Ärzten und Heilern werden solche Wunder erzählt. Doch Wundergeschichte ist nicht gleich Wundergeschichte. Nicht irgendein Toter wird auferweckt, sondern der einzige Sohn einer Witwe. Das ist alles andere als nebensächlich. Das Wunder tritt zurück, Jesus setzt ein Zeichen – ein Zeichen für das, was Reich Gottes heißt. Er nimmt es nicht hin, dass hier eine Frau einer trostlosen Zukunft entgegengeht. Er stellt sich dem allgemeinen Lauf der Welt entgegen. Gegen den Glauben an die Allmacht des Todes setzt er auf die größere Macht Gottes.
Es gibt einen Tod, den man ertragen kann, weil er das natürliche Ende eines erfüllten Lebens ist. Und es gibt einen unerträglichen Tod, der das Leben abschneidet, bevor es gelebt wurde. Sind wir nicht als Christen auch dazu auf der Welt, damit die unerträglichen Tode immer mehr verschwinden? Christoph Blumhardt hat die Christen „Protestleute wider den Tod“ genannt – Menschen, die dem Tod den Kampf ansagen, wo immer sie ihm begegnen. So wie Jesus, als er dem Leichenzug begegnete, nicht sagte: „Da kann man eben nichts machen.“ Er trat dem Tod entgegen!

❶ INTENTIONEN

Die Konfirmandinnen und Konfirmanden befinden sich in einer Lebensphase, in der sie sich in der Regel von ihrem „Kinderglauben" gelöst haben, aber noch keine anderen festen Überzeugungen gewonnen haben, die zum Ausdruck bringen können, was sie momentan glauben und wovon sie überzeugt sind. Vermutlich waren sie bisher auch noch nicht in Situationen, in denen sie im Blick auf ihren Glauben Positionen beziehen mussten.
Der Behandlung des Themas „Glaube/Glaubensbekenntnis" stehen sie darum nicht selten eher zurückhaltend gegenüber, weil sie befürchten, auf Glaubenssätze eingeschworen zu werden. Sie wissen, dass von ihnen erwartet wird, das „Apostolische Glaubensbekenntnis" zu lernen und es im Gottesdienst mitzusprechen. Dieser Erwartung entziehen sie sich nur selten, ohne dass deswegen das Glaubensbekenntnis schon zu „ihrem" geworden sein muss.
Die Jugendlichen müssen darum die Möglichkeit bekommen, die Aussagen des Glaubensbekenntnisses zu prüfen und zu diskutieren, um sich eventuell mit den alten Worten dieses Bekenntnisses identifizieren zu können oder aber diese Worte als für sie nicht adäquat abzulehnen. Werden dabei auch grundsätzlichere Fragen und Zweifel gegenüber christlichen Glaubensvorstellungen geäußert, so sollten diese auf jeden Fall ernst genommen und nicht gleich „widerlegt" werden. Einladender ist es, wenn Unterrichtende eigene Zweifel nennen und damit klarstellen, dass es keinen Zwang in Glaubensfragen gibt.
So sollte die Beschäftigung mit dem Thema „Glaube" im Konfirmandenunterricht letztlich darauf abzielen, Jugendliche zu befähigen, „ihren" Glauben ausdrücken zu können und in Worte zu fassen, so vorläufig diese sein mögen. Ein wichtiger Schritt auf diesem Weg kann es sein, Begegnungen mit Menschen zu ermöglichen, die von ihrem Glauben erzählen und ihn begründen können. Solche Personen sind – gerade für Jugendliche – umso glaubwürdiger, wenn ihr Glaube auch erkennbar ihr Tun und Verhalten bestimmt.

❷ ERLÄUTERUNGEN ZUM »KURSBUCH KONFIRMATION«, S. 141-148:

S. 141 Im Gespräch über das *Titelbild* sollte dessen Symbolgehalt für das Thema „Glauben" erschlossen werden: Glauben heißt auch sich festmachen. Ein Poller hält stand, auch wenn das Tau sich spannt. Zugleich hat der Poller auch Kreuzesform.
Dem Titelbild entspricht der Text von J. Zink „Jeder Mensch glaubt an etwas":

„Jeder Mensch glaubt an etwas, auch wenn er meint, er glaube nichts. Er kann nicht von dem leben, was er sehen und beweisen kann.
Niemand kann einen Menschen lieben, wenn er nicht glauben will, denn der andere kann nicht ständig beweisen, dass er es ernst meint.
Niemand kann einem anderen vertrauen, wenn er nicht glauben will, denn der andere kann ihm nicht beweisen, dass er Vertrauen verdient.
Niemand kann etwas planen oder tun, wenn er nicht glauben will, denn er kann nicht wissen, was die Zukunft bringt.

Glauben heißt Vertrauen!
Wenn einer glaubt, heißt das nicht, dass er Unvernünftiges behauptet, weil er seine Vernunft nicht gebrauchen will, dass er Ungenaues hinnimmt, weil er nichts Genaues weiß, dass er von einer jenseitigen Welt träumt, weil er die diesseitige nicht liebt, dass er sich an Meinungen von gestern klammert, weil er mit der heutigen Zeit nicht zurechtkommt. Wer glaubt, vertraut – auch wo er keine Beweise hat! An Gott glauben heißt festen Halt haben!"

Jörg Zink

S. 142 *Glauben:* Jeder meint etwas anderes! Mind-Mapping zum Wort „glauben":
Die Konfirmandinnen und Konfirmanden schreiben in kleinen Gruppen auf ein DIN A3-Blatt ihre Assoziationen, Bemerkungen und Interpretationen zum Thema „Glauben". Die Eintragungen werden durch Verbindungslinien und Verästelungen in einen plausiblen Zusammenhang gebracht, so dass eine kleine „Glaubenslandkarte" entsteht. Die Gruppen präsentieren ihre Ergebnisse, sie werden mit den Sätzen im Info „Glauben" verglichen.
Ich glaube, dass ...: Welche Meinung bekommt die größte Zustimmung, welche erfährt die stärkste Ablehnung?
Die Konfirmandinnen und Konfirmanden können diese Frage in Dreier-Gruppen auch an Teilnehmer von Gemeindeveranstaltungen oder an Straßenpassanten richten.

Bild – Information zum Pendel und zum Gläserrücken: Bei einem Pendel, das an einem Stativ aufgehängt und in Bewegung versetzt wird, kann man beobachten, dass es nach einiger Zeit aufhört zu pendeln und zur Ruhe kommt. Beim Auspendeln wird jedoch eine Schnur mit einem Pendel zwischen die Finger genommen. Es gerät

nach einiger Zeit in kreisförmige oder hin und her schwingende Bewegungen. Der Grund: Es gibt keinen absoluten Ruhestand der Muskeln und bei längerem Halten des Pendels tritt ein Ermüdungszustand ein. Kleine Bewegungen schaukeln sich auf und werden verstärkt: Das Pendel bewegt sich stärker. Auch die Atembewegungen übertragen sich über den Hebelarm des Armes auf das Pendel. Beim Befragen des Pendels redet sich der Pendelnde seine Wunschantwort unbewusst ein (Autosuggestion), d. h. das Pendel bewegt sich so, wie es der Pendler wünscht (auch wenn er das selbst nicht weiß oder wahrhaben will.).
Beim Gläserrücken wirken diese Prinzipien ebenfalls, hinzu kommt, dass Gläserrücken in der Gruppe gemacht wird. Die geringen Kräfte der einzelnen Finger ergeben zusammen genug Kraft, so dass das Glas scheinbar willenlos zu den Buchstaben rutscht. Sinnvolle Antworten ergeben sich aber nicht mehr, wenn die Karten gemischt und mit der Buchstabenseite nach unten gelegt werden. Gegen Geister spricht auch, dass sich typische Rechtschreibfehler von Teilnehmern in den Geisterantworten wiederfanden.
Die Meinungskarten zum Glauben (**M 1**) präsentieren die ganze Bandbreite verschiedener Alltagsmeinungen zum Glauben, mit denen sich die Konfirmandinnen und Konfirmanden auseinandersetzen können, um ihr eigenes Glaubensverständnis weiter zu klären. Zur Methode vgl. S. 196.

S. 143 *Christ is the answer:* Einige der Fragen, die die Konfirmandinnen und Konfirmanden formulieren, können auch im Gemeindebrief veröffentlicht werden – mit der Bitte, zu den Vorschlägen der Konfirmanden in Leserbriefen Stellung zu nehmen.
„Was ich nicht glauben kann": Wer von den Konfirmandinnen und Konfirmanden die eigenen Zweifel für sich behalten will, sollte seine Sätze nicht vorlesen müssen. Genannte Zweifel sollten nicht gleich kritisiert oder „bearbeitet" werden.

S. 144 Die *Kommentierung* des Glaubensbekenntnisses mit verschiedenen Zeichen kann dem oder der Unterrichtenden zeigen, welche Aussagen des Glaubensbekenntnisses als „fragwürdig" empfunden werden und in erster Linie im Unterricht besprochen werden sollten. Die einzelnen Zeichen werden auf einem großen Textplakat zum Glaubensbekenntnis festgehalten. So erhalten die Unterrichtenden eine Übersicht zur Situation in der Gruppe.
Die Reihenfolge der Bibelstellen zum Glaubensbekenntnis lautet: Maleachi 2,10; 1. Mose 1,1; Johannes 3,16; Lukas 2,1-7; Markus 15.24.33-37; Markus 16,1-8 (!); Markus 16,19; Johannes 5,28-29; Apostelgeschichte 2,1-4; Apostelgeschichte 2,44; Psalm 103,3; 1. Korinther 15,42-44.
Die kirchlichen Feiertage und Sonntage ordnen sich dem Glaubensbekenntnis in folgender Reihenfolge zu: Erntedankfest; Advent; Weihnachten; Karfreitag; Ostern; Himmelfahrt; Pfingsten; Reformationstag; Totensonntag.
Arbeitshilfen zum Auswendiglernen des Glaubensbekenntnisses sind das Textpuzzle (**M 2**) und das Domino (**M 3**) zum Glaubensbekenntnis.

S. 145 *Bild:* Das Foto entstand nach dem Gewinn der Deutschen Fußballmeisterschaft im Jahr 2003.
Kennen die Konfirmandinnen und Konfirmanden noch andere Sportler und Prominente, die sich erkennbar zu ihrem Glauben bekennen?
Woran kann man Christen erkennen? Die Konfirmandinnen und Konfirmanden kreuzen ihre Meinungen zunächst jede(r) für sich an. Im zweiten Durchgang kann ausgewertet werden, wie die Meinung der Gruppe insgesamt ist. Zu der Meinung, die insgesamt die größte Zustimmung bekommen hat, können die Konfirmandinnen und Konfirmanden je nach persönlicher Wahl eine Postkarte, einen Aufkleber, ein Button, eine T-Shirt-Aufschrift, ein kleines Plakat oder etwas Vergleichbares entwerfen.

S. 146 Die einzelnen *Symbole* bedeuten:
Judentum = siebenarmiger Leuchter (Menorah).
Die Menorah war eine wichtige Ausstattung des Tempels in Jerusalem. Nach 2. Mose 25,40 gab Gott Mose auf dem Berg Sinai ein Muster davon mit. In der Diaspora wurde sie zum verbreitetsten Wahrzeichen der jüdischen Religion.
Islam = Das Symbol stellt das islamische Glaubensbekenntnis (Shahada) in kunstvollen arabischen Schriftzeichen dar: „Es gibt keinen Gott außer Allah und Mohammed ist der Gesandte Gottes." Das Symbol ziert oft die Wände von Moscheen.
Buddhismus = Das Rad der Lehre mit den acht Speichen verweist auf den achtfachen Pfad, der nach buddhistischer Lehre zum Erlöschen weltlicher Begierden (Nirvana) führt.
Christentum = Das Kreuz, an dem Jesus starb, ist überall auf der Welt „das" Erkennungszeichen des christlichen Glaubens.
(Zum Kreuz vgl. auch S.51 u. 53)
Zum Thema „Christentum und andere Religionen" vgl. im „Kursbuch Konfirmation" auch S. 107 und im Praxisbuch S.133.
Das Thema „Christentum und andere Religionen" kann unter der Perspektive der Frage nach dem eigenen Glauben auch mit den Meinungskarten „Mein Glaube und die vielen Religionen" (**M 4**) vertieft werden.

S. 147 Vielleicht kann aus den einzelnen Glaubenssätzen auch ein Glaubensbekenntnis der Konfirmandengruppe zusammengestellt werden, das auch im Gottesdienst gesprochen werden kann (auch im Konfirmationsgottesdienst).

❸ WEITERE IDEEN

- Nacherzählung einer „Glaubens-Geschichte" aus den Evangelien: Matthäus 8,5-13 oder Matthäus 15,21-28 (Vgl. dazu W. Laubi, Geschichten zur Bibel 4, Düsseldorf 1991, 44ff. und 107ff.). Zu der jeweiligen Geschichte stellen die Konfirmandinnen und Konfirmanden ein Standbild.
- Befragung von Gottesdienstbesuchern: Woran glauben Sie? Was ist Ihnen am Glauben wichtig? Haben Sie immer geglaubt? usw.
- Erzählungen: „Ich hab' den Führer gesehen" und „Kein Gruß für die Hakenkreuzfahne" in: D. Steinwede (Hg.), Erzählbuch zur Kirchengeschichte 2, Lahr 1987, 507 ff., 521ff.
- Der oder die Unterrichtende schreibt das Glaubensbekenntnis auf verschiedene Kartonstreifen und legt diese im Raum aus. Die Konfirmandinnen und Konfirmanden stellen sich jeweils zu dem Satz, der ihnen am wichtigsten ist.
- Der Text des Glaubensbekenntnisses wird kopiert und auseinander geschnitten. Die einzelnen Streifen setzen die Konfirmandinnen und Konfirmanden in einem Textpuzzle in der richtigen Reihenfolge wieder zusammen.
- Die Konfirmandinnen und Konfirmanden formulieren das Glaubensbekenntnis eines Menschen, der an nichts glaubt.
- Spiel: „Die Christenbewertungskommission" (Vgl. rpi Loccum, Arbeitshilfen KU 15, 1989, 46ff.).
- Die Konfirmandinnen und Konfirmanden suchen aus bereitgelegten Bibelversen sowie aus einem Stapel von Fotos diejenigen aus, die zu den jeweiligen Sätzen des Glaubensbekenntnisses „passen". Auf einer großen Wandzeitung werden die Bibelverse links und die Fotos rechts vom Text des Glaubensbekenntnisses montiert.

❹ SPIRITUELLE FORMEN

GLAUBENSBEKENNTNIS

(Das Apostolische Glaubensbekenntnis ist auf ein großes Plakat geschrieben. Für alle Konfirmandinnen und Konfirmanden liegen Teelichter bereit. Eine große Kerze wird entzündet.)

- L: Jeder Mensch glaubt an etwas, auch wenn er meint, er glaube nichts.
  Er kann nicht von dem leben, was er sehen und beweisen kann.
  Seit uralten Zeiten sprechen die Christen das Glaubensbekenntnis.
  Manche Sätze darin sind uns ganz wichtig, andere sind schwer zu verstehen.
  Ich spreche jetzt das Glaubensbekenntnis. Hört gut zu! Jeder von euch hat ein Teelicht. Entzündet es an der großen Kerze und legt es auf dem Plakat auf den Satz, der für euch ganz wichtig ist!
- L.: Glaubensbekenntnis
- Jede(r) Konfirmand(in) legt das eigene Teelicht an „seine" bzw „ihre" Stelle im Glaubensbekenntnis.
- Lesefigur: L. liest das ganze Glaubensbekenntnis laut vor, die Konfirmanden lesen nur „ihre" Stelle laut mit.
- Lied: Ins Wasser fällt ein Stein (EG West 659,1-3)

UNGLÄUBIGER THOMAS?

- L.: Jesus hat gesagt: „Ich bin in die Welt gekommen als Licht, damit, wer an mich glaubt, nicht in der Finsternis bleibt."
  (L. zündet eine Kerze an.)
- Konfirmand(in): „Viele glauben an nichts, Gott ..." (Kursbuch Konfirmation, 148)
- Bild: E. Barlach, Das Wiedersehen (ebd.)
- L.: „In der Bibel wird von Thomas erzählt ..." (ebd.)
- Konfirmand(in): „Es gibt einen Glauben, der sprachlos ist ..." (ebd., 143)
- Lied: Ins Wasser fällt ein Stein (EG West 659,1-2)

❺ GOTTESDIENST

Einen Entwurf für einen Gottesdienst zum Thema „Glaube – Aberglaube", in dem zahlreiche Materialien aus dem Konfirmandenunterricht aufgenommen sind, bietet **M 5**.

❻ ANREGUNGEN FÜR PROJEKTE UND AKTIONEN

- Eine Wandzeitung zu den verschiedenen Glaubensbekenntnissen der großen Religionen.
- Auf einem Plakat wird der Text des Glaubensbekenntnisses von Anfang an im Konfirmandenunterricht aufgehängt. (vgl. CD-ROM)
  Nach der Behandlung der einzelnen Themen wird dann jeweils ein Eintrag (Bild, Lied, Text, Bibelvers, Merksatz usw.) an der entsprechenden Stelle des Glaubensbekenntnisses auf dem Plakat hinzugefügt (evtl. mit Datumsangabe).
- „Die Religion in X (eigener Ort)": Die Konfirmandinnen und Konfirmanden führen eine Erkundung durch: Welche Religionen gibt es in unserem Ort? Wie viele Mitglieder/Gläubige haben sie? Wo sind ihre Treffpunkte? Was ist ihr Glaubensbekenntnis? Was haben sie für Schriften? usw.

7 HINWEISE

- E. Conrad (Hg.), Erzählbuch zum Glauben 1, Das Glaubensbekenntnis, Zürich 1981
- D. Sölle/F. Steffensky, Nicht nur Ja und Amen, rororo rotfuchs 324, Reinbek 1983
- G. Bubolz (Hg.), Religionslexikon, Frankfurt 1990
- Film: „O Happy Day“ (Evang. Medienzentralen)
- T. Copley/A. Brown, Der christliche Glaube. Lernspiele Religion, Mülheim 1995
- M. Gellmann/Th. Hartmann, Wie buchstabiert man Gott? Hamburg 1996
- ku praxis 38: Kaum zu glauben. Anregungen und Bausteine zum Glaubensbekenntnis, Gütersloh 1998
- T. Gundlach/R. Meister, Glauben. Ein Lexikon, Gütersloh 2001
- Konfer normal 66 (12/2001), Glaubensbekenntnis – was mich stark macht
- anknüpfen bausteine, Glauben und Betreuen, Stuttgart 2004.

8 WICHTIGE ERGEBNISSE

- Die Konfirmandinnen und Konfirmanden sind Menschen begegnet, die überzeugend von ihrem Glauben erzählen konnten. Sie haben erfahren, dass Glauben nach christlichem Verständnis in erster Linie bedeutet, auf Gott zu vertrauen, und dies auch Auswirkungen auf das alltägliche Leben hat.
- Sie können einige Fragen und Zweifel zum christlichen Glauben äußern und „ihren“ christlichen Glauben zum Ausdruck bringen.
- Sie kennen das Apostolische Glaubensbekenntnis und haben sich mit einzelnen Sätzen darin auseinandergesetzt.
- Sie kennen auch einige Merkmale, die den christlichen Glauben von anderen Religionen unterscheidet.

9 MATERIAL AUF DER CD-ROM

Glaubensbekenntnis
1| Dazu stehe ich!
2| Woran ich glaube!
3| Das Apostolische Glaubensbekenntnis – Methoden
Plakat-Vorlage: Das Glaubensbekenntnis

10 INTERNET-ADRESSEN

www.remid.de
www.religion.orf.at
www.ezw-berlin.de
www.wikipedia.org/wiki/religion

M 1: MEINUNGSKARTEN: GLAUBEN

Der Glaube ist Privatsache.	Ich glaube nur an das, was ich sehe.	Glauben gibt Kraft.
Jede(r) glaubt an etwas, weil jede(r) etwas braucht, woran er/sie sich halten kann.	Ich kann nicht alles glauben, was in der Bibel steht.	Glauben heißt Nicht-Wissen.
Die Pastorinnen und Pastoren glauben ja selbst nicht, was sie predigen.	Wer glaubt, vertraut, wo er/sie nichts sieht.	Zum Glauben gehört übermenschliche Kraft.
Glaube kann Berge versetzen.	Die modernen Naturwissenschaften haben den Glauben überflüssig gemacht.	Der Glaube hilft einem, mit Problemen besser fertig zu werden.
Der Glaube ist etwas für Schwache und Unselbständige.	Glauben heißt, sich nicht mit den Tatsachen dieser Welt abzufinden.	Glauben kann jede(r).
Ohne Glauben geht es nicht.	Wer glaubt, muss seinen Verstand ausschalten.	Wer glaubt, ist nicht allein.

» Sucht die Meinungen heraus, denen ihr persönlich zustimmt, und diejenigen, die ihr ablehnt! Welche Meinungen bekommen in eurer Gruppe insgesamt die größte Zustimmung oder Ablehnung? Diskutiert über das Ergebnis!

M 2: TEXTPUZZLE ZUM GLAUBENSBEKENNTNIS

geboren von der Jungfrau Maria,
gelitten unter Pontius Pilatus,

den Schöpfer des Himmels
und der Erde,

am dritten Tage auferstanden von den Toten,
aufgefahren in den Himmel;

ICH GLAUBE AN GOTT,

Vergebung der Sünden,
Auferstehung der Toten
und das ewige Leben.

die heilige christliche Kirche,
Gemeinschaft der Heiligen,

ICH GLAUBE AN DEN HEILIGEN GEIST,

von dort wird er kommen,
zu richten die Lebenden und die Toten.

seinen eingeborenen Sohn, unsern Herrn,
empfangen durch den Heiligen Geist,

den Vater, den Allmächtigen,

UND AN JESUS CHRISTUS,

er sitzt zur Rechten Gottes,
des allmächtigen Vaters;

gekreuzigt, gestorben und begraben,
hinabgestiegen in das Reich des Todes,

» Die einzelnen Textstreifen werden auseinandergeschnitten und von den Konfirmanden in der richtigen Reihenfolge wieder zusammengelegt.

M 3: DOMINO ZUM GLAUBENSBEKENNTNIS

Ich glaube an Gott, den Vater	Am dritten Tage auferstanden von den Toten
Vergebung der Sünden	Zu richten die Lebenden und die Toten
Aufgefahren in den Himmel	Gemeinschaft der Heiligen
Seinen eingeborenen Sohn, unseren Herrn	Gelitten unter Pontius Pilatus
Von dort wird er kommen	Geboren von der Jungfrau Maria
Die heilige, christliche Kirche	Und an Jesus Christus
Auferstehung der Toten	Den Allmächtigen, den Schöpfer des Himmels und der Erde
Empfangen durch den Heiligen Geist	Er sitzt zur Rechten Gottes, des allmächtigen Vaters
Hinabgestiegen in das Reich des Todes	Ich glaube an den Heiligen Geist
Gekreuzigt, gestorben und begraben	Und das ewige Leben. Amen.

» Alle erhalten einen Stapel gut gemischter Dominokarten. Nun sollen die Karten in der richtigen Reihenfolge zusammengelegt werden. Liegen sie richtig, können sie auf ein Blatt aufgeklebt werden. In die freien Felder rechts und links der Halbsätze können die Konfirmandinnen und Konfirmanden ein kleines Symbol zeichnen, das mit den nebenstehenden Worten zu tun hat (Beispiele: „Geboren von …“ = Krippe; „Vergebung der …“ = durchgestrichene Rechnung).

M 4: MEIN GLAUBE UND DIE VIELEN RELIGIONEN – MEINUNGSKARTEN

Man kann mit Menschen, die eine andere Religion haben, nicht über den Glauben diskutieren. Jeder soll bei seinem Glauben bleiben.	Ich würde es nicht verstehen, wenn ein Christ zum Islam übertritt.
Keine Religion ist im Besitz der Wahrheit. Darum ist es ganz egal, woran jemand glaubt.	Christen sollten nie in einer Moschee oder in einem Tempel beten.
Es gibt niedrige und höhere Religionen. Die höchste Form ist der christliche Glaube.	Am besten ist es, sich aus jeder Religion das beste zu suchen und daraus den eigenen Glauben zu machen.
Im Glauben sind die verschiedenen Religionen getrennt, aber im persönlichen und sozialen Verhalten kann man trotzdem übereinstimmen.	Fremde Religionen sind eine Gefahr für unsere Gesellschaft.
In Wirklichkeit glauben doch alle Menschen dasselbe.	Mein Glaube ist etwas ganz Persönliches. Er stimmt mit keiner Religion völlig überein.
Die eigene religiöse Herkunft kann niemand verlassen.	Aufgabe der Christen ist es, Menschen die einen anderen Glauben haben, zu bekehren.
Jeder muss selbst am besten wissen, was er glauben will.	Da die Menschen ganz verschieden sind, ist es gut, dass es viele verschiedene Religionen gibt. Dann kann sich jeder die aussuchen, die zu ihm passt.
Was der Glaube in einer Religion wert ist, zeigt sich daran, welche praktischen Konsequenzen er hat.	Der Streit der unterschiedlichen Religionen zeigt, dass sie alle keinen Sinn haben.

❶ INTENTIONEN

Theologische Interpretation und volkskirchliche Realität stehen bei der Konfirmation häufig in einer starken Spannung. Weder können die volkskirchlichen Erwartungen erfüllt werden, noch darf der theologische Anspruch unsensibel durchgesetzt werden. Soll die Konfirmation für alle Beteiligten zu einem wichtigen Ereignis werden, sind beide Faktoren miteinander in Beziehung zu bringen.
Die Konfirmation will junge Menschen in ihrem Glauben stärken und bei der Suche nach ihrem eigenen Lebensweg unterstützen. Mit diesem Verständnis der Konfirmation sollen sich die Jugendlichen auseinandersetzen und im Rückblick auf die Konfirmandenzeit überprüfen, ob ihnen der Unterricht auf diesem Weg geholfen hat. Sie sollten die Gelegenheit haben, sich die Themen und Ereignisse noch einmal zu vergegenwärtigen, ihre Erfahrungen mit der Gemeinde zu reflektieren und Vermisstes oder Gelungenes beim Namen zu nennen.
Über den letzten Unterrichtsstunden vor der Konfirmation liegt schon eine Atmosphäre des Abschieds. Mit ihren Gedanken sind viele Konfirmandinnen und Konfirmanden schon bei den Geschenken und bei der Feier in der Familie. Viele werden froh sein, dass der Konfirmandenunterricht nun bald vorbei ist. Andere, für die die Konfirmandenzeit ein starkes Gemeinschaftserlebnis bedeutete, werden mit Bedauern an das Ende des Zusammenseins denken und nach Möglichkeiten fragen, sich auch nach der Konfirmation zu treffen. Im Unterricht sollte deutlich werden, dass die Konfirmation kein Schlusspunkt sein muss, sondern dass die Türen der Gemeinde auch offen bleiben für die, die nun eine kürzere oder längere Kirchenpause einlegen.
Für die Konfirmandinnen und Konfirmanden und ihre Eltern ist die Konfirmation in erster Linie ein Familienfest. Die Frage nach einer angemessenen Gestaltung dieses Festes ist allerdings oft mit Unsicherheiten verbunden – vor allem dann, wenn die Eltern getrennt leben. Nicht nur mit den Eltern, sondern auch mit den Konfirmandinnen und Konfirmanden sollte über diese Fragen gesprochen werden, damit sie klarere Vorstellungen über den Ablauf „ihres Tages" gewinnen.
Konfirmandenunterricht und Konfirmationsgottesdienst sollten keinen Bruch darstellen. Die Glaubensäußerungen, Fragen und auch Zweifel der Konfirmandinnen und Konfirmanden müssen auch den Konfirmationsgottesdienst prägen. Wenn möglich, sollte darum der Konfirmationsgottesdienst in allen Teilen gemeinsam mit den Jugendlichen abgesprochen und vorbereitet werden.

❷ ERLÄUTERUNGEN ZUM »KURSBUCH KONFIRMATION«, S. 149-152:

S. 149 *Titelbild:* Das Bild zeigt Konfirmandinnen und Konfirmanden festlich herausgeputzt in besonderer Kleidung. Früher trugen die Mädchen bei der Konfirmation einheitlich ein schwarzes Kleid und die Jungen einen dunklen Anzug. Was spricht für oder gegen einheitliche Kleidung bei der Konfirmation? Soll jeder in der Kleidung gehen, die ihm oder ihr gefällt? Oder soll es bestimmte Standards geben?
In der Diskussion über die angemessene Kleidung zeigt sich immer auch die Bedeutung, die Konfirmandinnen und Konfirmanden der Konfirmation beimessen.
Die Konfirmandinnen und Konfirmanden werden gebeten, Konfirmationsfotos ihrer Eltern mitzubringen und ihre Eltern zu fragen, warum sie das Foto aufbewahrt haben und was es ihnen bedeutet.
Die Unterrichtenden steuern eine für die Konfirmanden interessante Information zu der Zeit bei, in der diese Fotos entstanden sind: Wie lebten Jugendliche vor ca. 30 Jahren, wie viele Fernsehsender gab es, welche Musik wurde gehört, was war gerade „in" usw.? Jede(r) Konfirmand(in) stellt sich in einem kleinen Bild dann selbst dar, wie er oder sie möglicherweise in 25-30 Jahren aussehen könnte, wo sie leben oder was zu ihrem Leben gehören soll. Die Einzelbilder werden zu einem Gruppenfoto (Unsere Konfirmandengruppe in 25 Jahren) zusammengestellt.

S. 150
Der *Brief der Patentante* und die Antwort der Konfirmandinnen und Konfirmanden können auch auf dem Elternabend vor der Konfirmation zur Diskussion gestellt werden.
Pyramide – Bedeutung der Konfirmation: Die Konfirmandinnen und Konfirmanden können die Pyramide auch zu Hause von ihren Eltern („Was mir meine Konfirmation damals, von heute aus betrachtet, bedeutet hat!") ausfüllen lassen. Beide Ergebnisse werden auf dem Elternabend verglichen.
Ein *Feedback* der Konfirmandinnen und Konfirmanden, in dem auch deutlich wird, was ihnen im Konfirmandenunterricht gefallen hat und was sie vermisst haben, sollte am Ende der Konfirmandenzeit auf keinen Fall fehlen. Eine Vorlage für ein solches Feedback bietet **M 1**.

S. 151
Religionsmündig: Vielleicht haben die Konfirmandinnen und Konfirmanden auch Mitschülerinnen und Mitschüler, die sich vom Religionsunterricht abgemeldet haben. Wird diese Frage aufgeworfen, wird es reichlich Gesprächsstoff geben. Eine Übersicht der verschiedenen Rechte, Pflichten und Freiheiten von Kindern und Jugendlichen im Alter zwischen 0 und 18 Jahren bietet **M 2**.
Und nach der Konfirmation? An dieser Stelle kann auch, wenn dies nicht schon vorher geschehen ist, über die

Angebote von Jugendarbeit in der Gemeinde informiert werden – am besten von Jugendmitarbeiterinnen und Jugendmitarbeitern selbst.
Karikatur: Konfirmandinnen und Konfirmanden können die Karikatur auch verändern und dabei auch ihren Platz in der Karikatur festhalten. Damit die so entstehenden Produkte dann in einer kleinen Ausstellung gezeigt werden können, müssten die Karikaturen zuvor kopiert werden.

❸ WEITERE IDEEN

- Die Konfirmandinnen und Konfirmanden schreiben Wünsche für die neuen Katechumeninnen und Katechumenen auf. Sie können auch witzige „Benimm-Regeln" für sie aufstellen: „Handbuch für gutes Benehmen im Konfirmandenunterricht".
- „Sie müssen jetzt ohne uns auskommen!" Konfirmandinnen und Konfirmanden äußern Wünsche für die Unterrichtenden.
- Zusammen mit den Konfirmandinnen und Konfirmanden wird das Gottesdienstprogramm für den Konfirmationsgottesdienst erarbeitet und ein Layout für das Gottesdienst-Faltblatt gestaltet. Die Konfirmandinnen und Konfirmanden beschreiben Verhaltensregeln für „ungeübte" Gottesdienstbesucher und stellen einen kleinen Kirchenführer für auswärtige Gäste zusammen.
- Gemeinsam mit den Konfirmandinnen und Konfirmanden werden Vorschläge für die Feier des Konfirmationstages in der Familie erarbeitet.
- Die Konfirmandinnen und Konfirmanden spielen ihre eigene „Silberne" oder „Goldene" Konfirmation: „Was ist aus mir geworden? Wo lebe ich jetzt? Wie geht es mir? Habe ich Segen erfahren? Bin ich selber zum Segen geworden? ..."
- Wandzeitung: Eine jugendfreundliche Gemeinde! Die Konfirmandinnen und Konfirmanden schreiben ihre Wünsche auf, malen dazu Bilder, machen Vorschläge. Die Wandzeitung kann während einer Presbyteriums-/Kirchenvorstandssitzung aufgehängt und dort mit den Konfirmandinnen und Konfirmanden diskutiert werden.

❹ SPIRITUELLE FORMEN

Die letzte Unterrichtsstunde vor der Konfirmation sollte nicht sang- und klanglos mit der Besprechung von Organisationsfragen zu Ende gehen. Konfirmanden und Unterrichtende, die so lange zusammen gearbeitet, miteinander diskutiert und gefeiert haben, sollten diese Zeit auch würdig mit einer Andacht oder einer kleinen Abschlussfeier im Unterrichtsraum beenden. Die Texte und das Bild von S. 152 bieten dafür verschiedene Elemente:

- Es wird noch einmal die (große) Kerze entzündet, die die Konfirmandinnen und Konfirmanden bei den Andachten in der Konfirmandenzeit immer begleitet hat.
- Es wird das Lieblingslied der Konfirmanden gesungen.
- Eine(r) der Konfirmandinnen und Konfirmanden liest den Text: „Am Ende der Konfirmandenzeit ..." (S. 152).
- Jede(r) der Konfirmandinnen und Konfirmanden nennt das Thema, das Ereignis oder Erlebnis während der Konfirmandenzeit, an die sie sich gern erinnern.
- Alle: „Glücklich die Kirche ..." (S. 152)
- Unterrichtende: „Die Konfirmation ist auch ein Stück Freiheit ..." (S. 152 – Der Text ist ein Vorschlag, es kann auch ein anderer gesprochen werden, der zu dem Ballon-Bild passt.)
- Alle: Vater unser
- Unterrichtende: Segen (S. 152)

❺ GOTTESDIENST

Die neue Konfirmationsagenda von VELKD und EKU (2001) enthält zahlreiche grundsätzliche Erläuterungen und praktische Hinweise zum Konfirmationsgottesdienst (S. 128 ff) sowie eine ganze Reihe von Praxisbeispielen (II ff).

❻ ANREGUNGEN FÜR PROJEKTE UND AKTIONEN

- Ausstellung: Konfirmation heute – gestern – vorgestern (evtl. mit Jahreszahlen). Konfirmandinnen und Konfirmanden fragen Eltern und Großeltern nach ihren Erinnerungen an ihre Konfirmation, tragen Erinnerungsstücke (Konfirmationsurkunden, Fotos, Gottesdienstprogramme, Speisekarten, Geschenke usw.) zusammen, sammeln Zeitungsartikel, Anzeigen und Werbeseiten und stellen daraus eine Ausstellung zusammen.
- Die Konfirmandinnen und Konfirmanden dokumentieren ihre Konfirmandenzeit: Texte, die im Unterricht entstanden sind; Fotos von den Freizeiten; Songs, die für den Gottesdienst geschrieben wurden; den Beitrag für das Lokalradio; Eindrücke von den Praktika; Zeitungsartikel von der Aktion mit der Jugendarbeit; Fotos von sich selbst und der Gruppe usw.
  Sie stellen ein kleines Heft mit Fotos, kleinen Gebeten, RAPs, Texten und Geschichten zusammen, die in der Konfirmandenzeit eine Rolle gespielt haben. Dokumentation und Ausstellung werden nach dem Vorstellungsgottesdienst präsentiert, das Heft wird den Eltern und Gemeindemitgliedern zum Kauf angeboten.

7 HINWEISE

- P. Horst/I. Scholz, Gottesdienste zur Konfirmation, Beratungsstelle für Gestaltung von Gottesdiensten (MH 57), Eschersheimer Landstraße 565, 60431 Frankfurt/M.
- R. Stark (Hg.), Mein Kind wird konfirmiert, Lahr 1994
- ku praxis 21: Den Konfirmationstag gestalten, Gütersloh 1986
- H.-M. Lübking, Ein freier Mensch werden. Geschenkbuch zur Konfirmation, Düsseldorf 1996
- H.-M. Lübking, Es macht Spaß zu leben. Album zur Konfirmation, Düsseldorf 1999
- Konfirmation. Agende für evangelisch-lutherische Kirchen und Gemeinden und für die Evangelische Kirche der Union, Bielefeld u.a. 2001
- E. Domay (Hg.), Gottesdienstpraxis. Konfirmation, Gütersloh 2002.

8 WICHTIGE ERGEBNISSE

- Am Ende der Konfirmandenzeit haben die Konfirmandinnen und Konfirmanden für sich und gemeinsam reflektiert, wie und ob diese Zeit sie in ihren Fragen nach Gott und der Welt weitergebracht hat und was offen geblieben ist.
- Sie haben in dieser Zeit die Gemeinde erlebt und wissen, was sie ihnen bieten kann, wo sie selbst mitwirken können und wo die Kirche auch für später eine wichtige Anlaufstelle sein kann.
- Die Konfirmation haben sie als ein wichtiges Glaubens- und Familienfest und zugleich als bedeutsamen Schritt für ihren weiteren Lebensweg erfahren.

M 1: FEED-BACK – AM ENDE DER KONFIRMANDENZEIT

1. Wenn ich an die Konfirmandenzeit zurückdenke, habe ich folgendes Gefühl:

1	2	3	4
sehr schlecht			sehr gut

2. Mir gefiel am Konfirmandenunterricht: ______

3. Mir gefiel nicht: ______

4. Ich erinnere mich besonders an: ______

5. Vermisst habe ich folgende Themen: ______

6. Wenn ich den Unterricht halten würde, würde ich ändern: ______

7. Wie war der Pfarrer oder die Pfarrerin im Großen und Ganzen in der Konfirmandenzeit?

ungerecht	1	2	3	4	gerecht
streng	1	2	3	4	nachgiebig
unsympathisch	1	2	3	4	sympathisch
launisch	1	2	3	4	ausgeglichen
dickköpfig	1	2	3	4	verständnisvoll
todernst	1	2	3	4	humorvoll

8. Ich habe in der Konfirmandenzeit den christlichen Glauben besser verstanden:

1	2	3	4
nicht besser			viel besser

9. Ich halte für das Wichtigste des christlichen Glaubens: ______

10. Darüber würde ich gern mehr wissen: ______

11. Ich fühlte mich in der Konfirmandengruppe wohl

1	2	3	4
gar nicht wohl			sehr wohl

12. Woran lag das? ______

M 2: ALTER, RECHTE, PFLICHTEN, FREIHEITEN

GEBURT **BEGINN DER RECHTSFÄHIGKEIT**
Kaum bist du auf der Welt, kannst du schon etwas erben, geschenkt bekommen oder besitzen. Vom Tag deiner Geburt an hast du einen gesetzlichen Unterhaltsanspruch an deine Eltern. Bis zum Alter von 7 Jahren bist du aber noch nicht „geschäftsfähig".

6 JAHRE **BEGINN DER SCHULPFLICHT**
Mit 6 Jahren beginnt für dich die Schulzeit. In Deutschland herrscht Schulpflicht. In Berlin und Nordrhein-Westfalen dauert sie 10 Jahre, in den anderen Bundesländern 9 Jahre.

10 JAHRE **ERSTE RELIGIONSMÜNDIGKEIT**
Wenn deine Eltern ihre Konfession oder Religionszugehörigkeit wechseln und dich religiös anders erziehen wollen, müssen sie dich dazu fragen und anhören.

12 JAHRE **ZWEITE RELIGIONSMÜNDIGKEIT**
Du bist berechtigt, bei deiner Religionsgemeinschaft zu bleiben, auch wenn deine Eltern sie wechseln. Gegen deinen Willen kannst du nun nicht mehr in einer anderen Konfession erzogen werden.

14 JAHRE **VOLLE RELIGIONSMÜNDIGKEIT**
Du hast das Recht, über die eigene Religionszugehörigkeit frei zu entscheiden. Du kannst dich zum Beispiel selber vom Religionsunterricht in der Schule abmelden. Du kannst dich aber auch selbstständig dort anmelden.

KONFIRMATION
Mit der Konfirmation wirst du zu einem mündigen Mitglied der Kirchengemeinde. Du darfst Taufpatin oder Taufpate werden, in Notfällen selbst taufen und in einigen Jahren (meist mit 16) an den Wahlen zum Presbyterium (Kirchenvorstand) teilnehmen.

BEDINGTE STRAFMÜNDIGKEIT
Du wirst nun für Straftaten verantwortlich gemacht, wenn du „zur Zeit der Tat nach deiner geistigen und sittlichen Entwicklung reif genug warst, das Unrecht der Strafe einzusehen und dieser Einsicht gemäß zu handeln", Höchststrafe im Jugendrecht: 5 Jahre.

15 JAHRE **MINDESTALTER FÜR DIE ZULASSUNG ZUR ARBEIT**
15 Jahre alt musst du sein, wenn du eine berufliche Ausbildung anfangen oder dir neben der Schule Geld verdienen willst. Du darfst aber höchstens 40 Wochenstunden arbeiten und nachts schon gar nicht.

16 JAHRE **ERSTE EHEMÜNDIGKEIT**
Du kannst schon mit 16 Jahren heiraten, wenn dein Ehepartner volljährig ist und deine Eltern oder ein Vormundschaftsgericht einverstanden sind.

PERSONALAUSWEIS
Du unterliegst nun auch der allgemeinen Meldepflicht und brauchst einen Personalausweis; der Kinderausweis reicht nun nicht mehr.

JUGENDSCHUTZ
Ab deinem 16. Geburtstag darfst du allein eine Gaststätte oder Spielhalle besuchen, in der Öffentlichkeit Alkohol trinken (aber kein Branntwein) oder rauchen, öffentliche Tanzveranstaltungen oder Catch-Kämpfe aufsuchen.

FÜHRERSCHEIN DER KLASSE 1B, 4 UND 5
Für Mopeds und kleine Motorräder bis 80 cm^3 und höchstens 80 km/h und für Kraftfahrzeuge bis 50 cm^3 kannst du jetzt den Führerschein erwerben.

WAHLRECHT IN DER KIRCHE
Du kannst mit 16 Jahren bei einer Presbyteriums- oder Kirchenvorstandswahl die Frauen oder Männer wählen, die deine Kirchengemeinde leiten: dein erstes aktives Wahlrecht.

18 JAHRE **VOLLJÄHRIGKEIT**
Mit deinem 18. Geburtstag wirt du volljährig. Herzlichen Glückwunsch! Nun bist du voll geschäftsfähig, darfst Prozesse führen und ein Testament machen, auch ohne Einwilligung deiner Eltern heiraten. Du bist nun selbst für dich verantwortlich. Das gilt aber auch, wenn du etwas „ausgefressen" hast: Mit 18 bist du auch strafrechtlich voll verantwortlich.

WAHLRECHT
Bundesbürger erhalten mit 18 Jahren das aktive und passive Wahlrecht – und zwar bei Bundestags-, Landtags- und Kommunalwahlen. Du kannst auch bei einer Wahl zum Kirchenvorstand oder Presbyterium deiner Gemeinde kandidieren und – falls du gewählt wirst – in den nächsten Jahren deine Gemeinde mit leiten.

FÜHRERSCHEIN DER KLASSEN 1A UND 3
Endlich kannst du nun auch den Führerschein für größere Motorräder (über 80 cm^3) und für Pkws erwerben.

❶ INTENTIONEN

Spätestens ab dem dritten Schuljahr kommt Jesus mit jährlicher Regelmäßigkeit im Religionsunterricht vor. Ein Zwölf- oder Dreizehnjähriger hatte meist schon vier, fünf oder sechs Jahre Zeit, Jesus im Religionsunterricht und vielleicht auch im Kindergottesdienst näher kennen zu lernen. Jesus ist wahrscheinlich die pädagogisch am meisten traktierte historische Person in der Biographie eines Heranwachsenden. Doch kaum ein Konfirmand oder eine Konfirmandin hat bisher ein ganzes Evangelium gelesen oder auch eine zusammenhängende Darstellung der Jesus-Geschichte. Sie kennen allenfalls einzelne Geschichten von Jesus, die sie meist aber nicht in einen inneren Zusammenhang bringen können. So können sie sich, oft auch erst mit Nachhilfe, an einzelne Geschichten Jesu erinnern, über Jesus selbst wissen sie aber meist nicht viel zu sagen, weil sie die Geschichten nicht in einen Zusammenhang des Lebens und Wirkens Jesu einordnen können.
In der Konfirmandenarbeit sollte darum die Chance genutzt werden, mit den Konfirmandinnen und Konfirmanden die Jesus-Geschichte zu lesen, damit die Jesus-Texte und Jesus-Erzählungen, denen sie sonst begegnen, in einen nachvollziehbaren Verständnishintergrund eingeordnet werden können.
Ich habe die Jesus-Geschichte in Anlehnung an das Markusevangelium erzählt. Dabei war es mein Anliegen, mich in der Erzählung ohne weitere Ausschmückungen und ohne erläuternde Interpretationen möglichst eng an den Markus-Text zu halten. Die Erzählung sollte nicht, wie bei anderen Versuchen fast immer, doppelt so lang werden wie das Original. Die Texte sollen (und werden) für sich selbst sprechen.

❷ INFORMATION

Die Jesus-Geschichte enthält nicht alle Texte des Markusevangeliums. Ich habe die Texte ausgelassen, die für Jugendliche schwierig zu verstehen, für das Verständnis der Jesus-Geschichte entbehrlich oder die Dubletten (z. B. Speisung der 5000/Speisung der 4000) sind. Es fehlen:

Markus	1,12-13	Markus	7,1-23	Markus	11,12-14
	40-45		8,1-9		20-25
	3,7-11		8,14-21		12,35-37
	22-30		9,2-13		13,14-32
	4,10-25		30-32		16,9-20
	5,1-20		38-50		
	6,45-56		10,28-34		

❸ PRAKTISCHE MÖGLICHKEITEN

Ritual: Zu Beginn oder am Ende der Stunde bzw. des Konfirmandentages wird die „Jesus-Geschichte" abschnittsweise reihum von den Konfirmandinnen und Konfirmanden gelesen. Dazu sollten die Konfirmanden im Kreis sitzen. In der Mitte brennt eine Kerze. Es wäre schön, wenn dazu der Altarraum der Kirche genutzt werden könnte. An die Lesung kann sich auch eine kurze Fragerunde zu dem Gelesenen anschließen. Es ist aber darauf zu achten, dass aus dieser Fragerunde kein Unterricht wird.

Abschnitte: Zu einzelnen Abschnitten der „Jesus-Geschichte" malen die Konfirmandinnen und Konfirmanden Streichholzbilder (vgl. „Methoden im Konfirmandenunterricht", S.198). So kann eine kleine Illustration der „Jesus-Geschichte" bzw. des Markusevangeliums entstehen, die auch als Ausstellung gezeigt werden kann.
Einzelne Abschnitte der „Jesus-Geschichte" können von den Konfirmandinnen und Konfirmanden als Zeitungsartikel (vgl. „Methoden im Konfirmandenunterricht", S.195) formuliert werden. Beispiel (zu Markus 3,20-21):

> **Jesus gehört nach Hause**
> Verwandte: Wahrscheinlich ist er verrückt geworden
> Die Verwandten Jesu wollen einen Gerichtsbeschluss erwirken, um eine Vormundschaft über ihn zu bekommen. Seine Angehörigen haben sich nach Kafarnaum begeben, wo er sich im Augenblick aufhält.
> „Wir glauben, dass er den Verstand verloren hat", sagte ein Verwandter siebten Grades. „Wir sind eine angesehene Familie. Wir können nicht zulassen, dass er im ganzen Land herumlatscht und solche verrückten Sachen verbreitet."

Aktion: Die „Jesus-Geschichte" kann von den Konfirmandinnen und Konfirmanden im Rahmen einer „Lesenacht" in der Gemeinde, im Rahmen einer „Nacht der offenen Kirchen" oder während des Gemeindefestes in der Kirche vorgelesen werden.
Die Konfirmandinnen und Konfirmanden gestalten die „Jesus-Geschichte" als Hörbuch: Sie nehmen die „Jesus-Geschichte" auf Kassette auf (evtl. mit Musik), vervielfältigen sie und verkaufen sie auf dem Gemeindefest oder zu einem anderen Gemeindeanlass.

Freizeit: Eine Konfirmandenfreizeit bietet genug Zeit und Spielraum, um mit Konfirmandinnen und Konfirmanden das Projekt „Den Prozess gegen Jesus neu aufrollen" (Vgl. CD-ROM)

durchzuführen. Für dieses Projekt bietet sich die „Jesus-Geschichte“ als Hintergrund- und Drehbuch-Lektüre an.
Während einer Konfirmandenfreizeit sollte es einen Ruheraum und feste Ruhezeiten geben – z. B. die 15 Minuten vor jeder Mahlzeit. In dieser Zeit kann die „Jesus-Geschichte“ gelesen werden.

METHODEN IM KONFIRMANDENUNTERRICHT

1. Immer noch dominiert im Konfirmandenunterricht das sog. „gelenkte Unterrichtsgespräch" – eine der schwierigsten pädagogischen Übungen – in völlig überzogener Weise. Es gibt daher noch keinen Grund, vor Methodenvielfalt zu warnen.
2. Es gibt im Konfirmandenunterricht deutliche Unterschiede zwischen dem Einsatz von und den guten Erfahrungen mit Methoden. Kognitive Arbeitsmethoden werden wesentlich öfter eingesetzt, als dass gute Erfahrungen mit ihnen gemacht werden. Umgekehrt werden mit kreativen Methoden deutlich mehr gute Erfahrungen gemacht, als dass sie eingesetzt werden.
3. Im Konfirmandenunterricht kommen Kinder und Jugendliche aus verschiedenen Schulformen und mit ganz unterschiedlichen Begabungen zusammen. Je variabler die Methoden eingesetzt und je öfter sie gewechselt werden, umso mehr haben alle Konfirmandinnen und Konfirmanden eine Chance, mit ihren Stärken am Unterricht beteiligt zu werden.
4. Wenn die Konfirmandinnen und Konfirmanden im Unterricht von Statisten zu Hauptdarstellern werden sollen, dann müssen möglichst viele Methoden eingesetzt werden, durch die sie selbst beteiligt werden. „Was der Schüler sich nicht selbst erwirkt oder erarbeitet hat, das ist er nicht, und das hat er nicht" (A. Diesterweg).
5. Was Konfirmandinnen und Konfirmanden erleben oder praktisch erfahren, ist für sie in der Regel viel eindrücklicher als das, was sie sich nur über den Kopf aneignen sollen. Eine einfache pädagogische Regel lautet: „Wer etwas verstehen will, muss es entstehen sehen."
6. Gerade auf dem Hintergrund der durchgehenden Mediatisierung von Kindheit und Jugend ist es im Konfirmandenunterricht sinnvoll, verstärkt Methoden einzusetzen, die auf die Eigentätigkeit der Konfirmandinnen und Konfirmanden zielen. Es ist besser, gemeinsam etwas zu bauen, als ein Arbeitsblatt auszufüllen oder ein Video anzusehen.
7. „Veränderte Lebensbedingungen (sc. Jugendlicher) brauchen veränderte Lernbedingungen" (O. Hertz). Dies weist auch für den Konfirmandenunterricht eindeutig in die Richtung eines handlungsorientierten Unterrichts, in dem Aktionen, Projekte, Erkundungen und Begegnungen eine wesentliche Rolle spielen.
8. Konfirmandinnen und Konfirmanden, denen im offiziellen Teil des Unterrichts Methodenvielfalt vorenthalten wird, schaffen sich diese Vielfalt im inoffiziellen Teil des Unterrichts selbst.
9. Nicht jeder Unterrichtende wird in gleichem Maße alle Methoden beherrschen und handhaben können. Da gibt es Vorlieben und Abneigungen, Begabungen und Beschränkungen. Man wird aber von jedem die Bereitschaft erwarten dürfen, sich auch einmal mit bisher noch nie vertrauten Methoden zu beschäftigen. Experimentieren und Üben ist dabei unerlässlich. Denn: „Alles, was im Unterricht gemacht werden soll, muss ich zuvor einmal selbst ausprobieren."
10. Nicht nur die Inhalte des Unterrichts, sondern auch die Art der Methoden prägen entscheidend die Erfahrungen, die Jugendliche im Konfirmandenunterricht machen können. Diese Erfahrungen aber bilden einen wesentlichen Faktor in der späteren Einstellung zum christlichen Glauben und zur Kirche.

LITERATUR

- G. Adam/R. Lachmann (hg.), Methodisches Kompendium für den Religionsunterricht 1 u. 2, Göttingen 1996/2002
- H.-M. Lübking, Fotos und Folien für die Konfirmanden- und Gemeindearbeit, Düsseldorf 1997
- G. Törner, KU mit Hand und Fuß, Gütersloh 1998
- A. Löbbecke (Hg.), Fundgrube für den Ethik- und Religionsunterricht, Berlin 1999
- W. H. Peterßen, Kleines Methoden-Lexikon, München 1999
- Ch. Grethlein, Methodischer Grundkurs für den Religionsunterricht, Leipzig 2000
- F. Müller, Selbständigkeit fördern und fordern, Landau 2001
- W. Mattes, Methoden für den Unterricht, Paderborn 2002

EINSTIEGSMETHODEN

- **ABC-Methode**

Die Konfirmandinnen und Konfirmanden erhalten ein Blatt, auf dem die Buchstaben des Alphabets senkrecht untereinander gesetzt sind. In Einzelarbeit schreiben sie zunächst zu den verschiedenen Buchstaben wichtige Stichworte zu dem vorgegebenen Thema (z.B. Gewalt, Kirche, Weihnachten usw.). In einem zweiten Schritt vergleichen, ergänzen und besprechen die Konfirmandinnen und Konfirmanden in Partnerarbeit die notierten Wörter und verständigen sich auf fünf Begriffe, die farbig eingekreist werden.

- **Assoziationsposter**

Auf große Plakate werden in Gruppen Einfälle, Bemerkungen, Wünsche und Assoziationen zu einem gestellten Thema geschrieben. Die Gruppe berät, welche Einfälle besonders wichtig sein könnten, und markiert diese. Die Ergebnisse werden mit denen der anderen Gruppen verglichen.

- **Brainstorming**

Beim Brainstorming („Ideensturm") sind alle Ideen und Vorschläge zulässig. Diese werden auf der Tafel oder auf einem großen Plakat gesammelt und notiert. In dieser Phase sollte noch keine Kritik geübt werden. Anschließend werden die gesammelten Ideen thematisch geordnet, gewichtet und eventuell ausgewählt.

• **Distanz oder Nähe**
Ein Symbol für das gestellte Thema wird in die Mitte des Raumes gelegt. Die Konfirmandinnen und Konfirmanden bringen ihre Einstellungen zu dem Thema durch die Wahl eines näheren oder distanzierteren „Standortes" zu dem ausgelegten Symbol zum Ausdruck. Anschließend begründen sie ihre Platzwahl.

• **Erwartungen artikulieren**
Auf zwei verschiedenfarbigen Zetteln können die Konfirmandinnen und Konfirmanden anonym ihre Befürchtungen einerseits und ihre Hoffnungen andererseits aufschreiben. Die Zettel werden dann von zwei Konfirmanden unkommentiert vorgelesen.

• **Experiment**
Durch ein „Experiment" oder eine einfache Demonstration wird in ein Thema eingeführt. Dies ist umso wirkungsvoller, je mehr es dabei zu sehen gibt und je weniger dabei gesprochen wird.

• **Fotosprache**
Zu einem Thema werden geeignete Fotos ausgelegt (möglichst alle Fotos in 2–3 Exemplaren). Die Konfirmandinnen und Konfirmanden gehen herum, schauen sich alle Fotos in Ruhe an und wählen eines aus. Dann beschreiben sie es kurz und begründen ihre Auswahl.

• **Hitparade**
Zu einem Thema werden einzelne Aussagen aufgelistet. Die Konfirmandinnen und Konfirmanden erstellen eine persönliche Prioritätenliste. Die Antwort, die man persönlich am höchsten bewertet, erhält eine 1, die zweitwichtigste Antwort eine 2 usw. Anschließend werden die einzelnen Werte abgefragt und in eine Gruppen-Bewertungsliste übertragen.

• **Information**
Zu Beginn eines Themas ist es unerlässlich, die Konfirmandinnen und Konfirmanden über die geplanten Schritte zu informieren und sie evtl. in die Planung mit einzubeziehen. Nur wenn sie über die Absichten des oder der Unterrichtenden informiert sind, können sie konstruktiv mitarbeiten.

• **Mitbringsel**
Die Konfirmandinnen und Konfirmanden bringen einen Gegenstand zum Thema mit: „Ich habe folgenden Gegenstand mitgebracht, weil ..." Nach der Vorstellung wird der Gegenstand in die Mitte gelegt.
Durch dieses Mitbringsel fällt es den Konfirmandinnen und Konfirmanden nicht schwer, über ihren Bezug zum Thema zu sprechen.

• **Offener Koffer**
Ein offener Koffer wird in die Mitte gestellt. Die Konfirmandinnen und Konfirmanden sollen sich vorstellen, welche Fähigkeiten und welches Wissen sie in Zukunft zu einem Thema gern „im Gepäck" haben möchten bzw. welche Fragen zu einem Thema geklärt werden sollten. Sie beschriften Karten und legen sie in den Koffer. Aus den Karten lassen sich an der Pinnwand gemeinsame Themen zusammenstellen.

• **Präsentieren**
Einen Gegenstand mitbringen, der zum Thema in Beziehung steht; ein Bild oder Plakat zeigen; etwas Selbstgemachtes präsentieren. Immer geht es darum, eine Anfangsspannung aufzubauen.

• **Provozieren**
Durch die Konstruktion eines Widerspruchs etwa zu einem Konfliktfall, durch die Parodie einer verbreiteten Alltagsmeinung oder durch die Gegenüberstellung scheinbar feststehender Überzeugungen der Konfirmandinnen und Konfirmanden mit anders lautenden Beobachtungen und Daten können Denkanstöße gegeben werden, sich mit dem Thema genauer zu beschäftigen.

• **Vorspielen**
Mit dem Kassettenrekorder wird ein kurzer Beitrag (Song, Unterhaltung, Radiobeitrag, Hörspielsequenz u. a.) vorgespielt, der Konfirmandinnen und Konfirmanden „aufhorchen" lassen und neugierig machen kann.

• **Zeitungsartikel**
Ein Zeitungsartikel wird vorgelesen, der zu dem gestellten Thema in Beziehung steht. Der Impuls kann überleiten zu der Aufgabe, in den Zeitungen der nächsten Tage auf ähnliche Artikel zu achten.

ARBEIT MIT TEXTEN

• **Brief schreiben**
Eine Möglichkeit, mit einem Text ins Gespräch zu kommen, ist das Briefschreiben (Zweifel äußern, Rat geben, Fragen stellen u. a.). Das können Briefe an den Verfasser oder die Verfasserin des Textes oder an eine Person aus dem Text sein.

• **Comics**
Ein Text kann in Partnerarbeit in eine Comic-Geschichte umgewandelt werden. Es kann auch mit fertigen Comics (Beispiel: Bibel-Comics) gearbeitet werden, deren Sprechblasen leer sind. Die Dialoge werden dann etwa aufgrund des entsprechenden Bibeltextes selbst formuliert.

• **Erzählen am Overheadprojektor**
Es gibt verschiedene Möglichkeiten:
1. Der Erzähler oder die Erzählerin hat passend zur Erzählung stilisierte Figuren und Requisiten ausgeschnitten, die während der Erzählung auf die Projektionsfläche gelegt und bewegt werden.
2. Es kann auch mit Folienfiguren erzählt werden, die aus Bilderbibeln (etwa: Merian-Bibel) kopiert und ausgeschnitten werden.
3. Aus Bilderbibeln werden Bilder zu biblischen Geschichten kopiert und in Folie gezogen. Diese Folie

wird zunächst abgedeckt. Teil für Teil wird dann das Bild aufgedeckt und dazu die Geschichte erzählt.

- **Erzählpantomime**

Die Erzählpantomime lebt von dem dynamischen Dialog zwischen dem Sprecher oder der Sprecherin und dem Pantomimen. Der Text sollte auf kurze, prägnante Sätze reduziert sein und frei (Blickkontakt!) und mit langsamen Sprechtempo vorgetragen werden, wobei notwendige Regieanweisungen gleich in den Erzählablauf mit aufgenommen werden müssen. Für die Pantomimen kann es sinnvoll sein, zuvor einige „Fingerübungen" zu machen und einzelne Handlungselemente gesondert auszuprobieren.

- **Filmplakat**

Zu einer biblischen Geschichte wird ein „Filmplakat" erstellt, das einen zugkräftigen Titel, die Namen der Hauptdarsteller, der Regisseure, Drehbuchautoren und Kameraleute sowie ein werbewirksames Bild zu der Geschichte enthält.

- **Kreuzworträtsel**

Zu einem Text wird ein einfaches Kreuzworträtsel erstellt, in dem nicht mehr als 6–8 Begriffe geraten werden sollen, die in dem Text eine Rolle spielen. Die Begriffe können dann senkrecht oder waagerecht durch ein gesuchtes Lösungswort verbunden werden.

- **Lückentexte**

Bei einem Lückentext können die fehlenden Worte entweder unten auf dem Blatt aufgeführt sein oder es kann dort auch eine größere Anzahl von Wörtern zur Auswahl stehen. Alternative: Für jede Lücke stehen 3–4 Variationen zur Wahl. Die Wahl des Lösungswortes muss dann begründet werden.

- **Texte gliedern**

1. Eine passende Überschrift suchen.
2. Den Text in Abschnitte gliedern und jeweils einen Zwischentitel finden.
3. Den Text auf die wichtigsten Aussagen reduzieren oder die Höhepunkte des Textes markieren.
4. Den Text als Schaubild gestalten: den Text in einzelne Bilder oder Sequenzen aufteilen; für Personen und Gegenstände einfache Symbole finden; Pfeile, Kreise und Verbindungslinien verwenden.

- **Textpuzzle**

Ein Text wird in verschiedene Teile zerschnitten, die in der richtigen Reihenfolge wieder zusammengesetzt werden sollen.

- **Västeras-Methode**

Um die eigene Einstellung zu diesem Text zu klären, kann ein Text mit vier verschiedenen Zeichen versehen werden:

? = Ein Fragezeichen dort, wo eine Stelle nicht verstanden wird oder wo es dazu Fragen gibt.
! = Ein Ausrufezeichen dort, wo etwas Wichtiges oder Einleuchtendes gesagt wird.
↑ = Ein Pfeil dort, wo eine Textstelle zum Handeln herausfordert.
N = Ein N(ein) dort, wo eine Textstelle auf Widerspruch oder Unverständnis stößt.

- **Zeitungsbericht**

Wie würde eine Tageszeitung den Text formulieren? Was müsste anders formuliert, was gekürzt oder erklärt werden? Welche Überschrift würde der Text bekommen? Variante: Wie müsste der Text verändert werden, damit er als Nachricht in der Tagesschau gelesen werden kann?

DISKUSSIONS- UND GESPRÄCHSFORMEN

- **Ein-Wort-Methode**

Um von allen Teilnehmern eine Stellungnahme zu einem Thema, Text, Bild, Film o. Ä. zu erhalten, sagt jeder und jede entweder einen Satz (oder auch nur ein Wort) in der Runde oder schreibt dieses auf einen großen Bogen Papier.

- **Fishbowl**

Es wird ein Innenkreis und ein Außenkreis gebildet. Im Innenkreis sitzen jeweils die Sprecher der beteiligten Gruppen und ein(e) Moderator(in). Ein oder zwei Stühle bleiben im Innenkreis frei. Im Außenkreis sitzen die restlichen Konfirmandinnen und Konfirmanden. Im Innenkreis diskutieren die Anwesenden das Thema. Die Teilnehmer des Außenkreises können sich an der Diskussion beteiligen, indem sie sich auf einen freien Stuhl im Innenkreis setzen. Er oder sie erhält dann das Wort. Nach Äußerung seines Standpunktes setzt er oder sie sich wieder in den Außenkreis zurück.

- **Fragebogen**

Die Fragebögen können geschlossene oder offene Fragen enthalten, mit Multiple-choice-Antworten oder mit einer „Trifft-zu-Skala" (möglichst ohne Mittelwert) arbeiten. Konfirmandinnen und Konfirmanden sind in der Regel an den Ergebnissen der Fragebögen sehr interessiert. Die Auswertung vor allem der Skala-Fragebögen kann zu einer Diskussion unterschiedlichster Sichtweisen eines Themas genutzt werden.

- **Graffiti**

Die Konfirmandinnen und Konfirmanden werden in Dreier- oder Vierergruppen aufgeteilt. Jede Gruppe geht zu einem der Tische, auf denen jeweils ein großes Blatt Papier mit einer Frage oder Aussage zu einem bestimmten Thema liebt. Einige Minuten lang schreiben die Konfirmandinnen und Konfirmanden einzeln in ihrer jeweiligen Gruppe Ideen oder Antworten zu der Frage auf das Papier. Nach einiger Zeit geht jede der Gruppen einen Tisch weiter und beschäftigt sich mit der nächsten Frage. Wenn die Gruppen wieder an ihren Ausgangstisch zurückkommen, lesen und diskutieren sie alle dort vermerkten Ideen und Kommentare, wählen drei davon aus und präsentieren sie im Plenum.

- **Gruppenmix**

In einer ersten Gruppenarbeitsphase bearbeitet eine Arbeitsgruppe einen Auftrag oder eine Frage. Am Ende werden die Gruppen neu gebildet: In den Gruppen wird abgezählt und die Einser, Zweier, Dreier, Vierer oder Fünfer bilden neue Gruppen. In den neugebildeten Gruppen berichten alle Mitglieder reihum über den Verlauf der ersten Phase. Danach berät die Gruppe erneut und stellt ihr Ergebnis dem Plenum vor.

- **Klebepunkte**

Auf einer Wandzeitung oder einem Plakat stehen verschiedene Stellungnahmen und Meinungsäußerungen zu einem Thema. Die Konfirmandinnen und Konfirmanden bekommen eine bestimmte Anzahl von farbigen Klebepunkten, die sie nach vorher besprochenen Kriterien (Wichtigkeit, Aktualität, Fragwürdigkeit usw.) auf die Äußerungen verteilen können. In einem Halbkreis vor dem Plakat wird das entstandene Ergebnis diskutiert.

- **Kugellager**

Ein äußerer und ein innerer Kreis stehen sich gegenüber. Die Personen, die sich gegenseitig ansehen, haben eine Minute Zeit, eine bestimmte Frage miteinander zu diskutieren. Dann dreht sich der äußere Kreis weiter und es gibt eine neue Frage.

- **Meinungskarten**

Eine Reihe von Behauptungen zu einem Thema werden auf kleine Kärtchen geschrieben. Jeder und jede sortiert diese Kärtchen zunächst nach eigener Zustimmung oder Ablehnung. Das eigene Ergebnis wird dann mit dem Ergebnis der anderen verglichen: „Welche Sätze haben die größte Zustimmung oder Ablehnung gefunden?" In der Regel gibt es eine Differenz zwischen der persönlichen Reihenfolge und der Reihenfolge der Gruppe, die zur Diskussion herausfordert.

- **Meinungslinie**

Der oder die Unterrichtende nennt eine Behauptung oder stellt eine Frage, die vermutlich in der Gruppe kontrovers beurteilt werden. Dazu nehmen die Konfirmandinnen und Konfirmanden einen „Standpunkt" ein, indem sie sich im Unterrichtsraum auf erdachte Linien (markiert durch gegenüberstehende Stühle) stellen, die wie eine Skala von eins bis vier (eher) Zustimmung oder (eher) Ablehnung signalisieren. Der eigene „Standpunkt" wird begründet.

- **Methode 66**

Sechs beieinander Sitzende bilden eine Kleingruppe und diskutieren eine vereinbarte kurze Zeit lang (etwa 6 Minuten) zu einer konkreten Frage. (Würden sich vier Personen zusammensetzen und neun Minuten lang diskutieren, hieße die Methode 49) Diese Gesprächsform empfiehlt sich vor allem dann, wenn die Plenumsdiskussion festgefahren ist oder wenn ein Detailaspekt diskutiert werden soll.

- **Pro und Kontra**

Die Methode orientiert sich an dem Muster der gleichnamigen Fernsehsendung. Zwei gegensätzliche Positionen werden von einem Pro-Anwalt und einem Kontra-Anwalt dargestellt und erläutert. Eine Moderatorin oder ein Moderator führt ins Gespräch ein, achtet auf die Einhaltung der Spielregeln und Zeiten. Am Schluss stimmt das Publikum ab.

- **Schneeballverfahren**

Zu einer Frage oder einem Impuls notiert jede Konfirmandin und jeder Konfirmand drei Einfälle, Fragen, Antworten oder Stichworte zu dem Thema. Danach wird die Gruppe in Dreier-Zufallsgruppen aufgeteilt. In einer solchen Gruppe, in die jede und jeder jeweils die eigenen Stichworte mitbringt, einigt man sich auf vier wesentliche Punkte, die schriftlich festgehalten werden. Danach werden zwei (oder evtl. drei) Gruppen zusammengeführt und diese größeren Gruppen legen sich jeweils auf fünf gemeinsame Punkte fest. Anschließend erfolgt die Präsentation im Plenum (Idee zur Weiterarbeit: Fortsetzung mit Klebepunkten).

- **Schweigegespräch**

Auf die Tafel oder auf einen Papierbogen wird ein Satz geschrieben, der zu weiteren Stellungnahmen animiert. Das Besondere dabei ist: Es wird nicht gesprochen. Aus dem Anfangssatz entwickelt sich eine Diskussion auf dem Papier oder an der Tafel. Die Konfirmandinnen und Konfirmanden können Sätze oder auch einzelne Worte schreiben, aber auch auf das reagieren, was schon dasteht.

- **Unterrichtsgespräch**

Das Unterrichtsgespräch ist immer noch die mit Abstand häufigste Methode im Konfirmandenunterricht. Sie wird aber oft unreflektiert und regelwidrig eingesetzt. Einige Faustregeln:

  - Kurze, eindeutige Fragen oder Impulse – keine Schachtelfragen!
  - Eher offene Fragen – aber keine, auf die es nur ein Wort als richtige Antwort gibt!
  - Keine Suggestivfragen oder Scheinfragen (in Frageform verpackte Ironisierung, Anbiederung, Ermunterung ...)!
  - Fragen durch nonverbale Impulse unterstützen (Gegenstände zeigen usw.)!
  - Zeit lassen zur Beantwortung – aber nicht die Fragen selbst beantworten – oder die Antworten noch einmal wiederholen!
  - Antworten sammeln!
  - Lob und Zustimmung bewusst einsetzen, einzelne Antworten bewusst aufgreifen!

- Antworten strukturieren – durch Gegenüberstellung verschiedener Meinungen, durch das Festhalten von Antworten an der Tafel!

- **Vier-Ecken-Methode**

Zu einer Frage oder zu einem Problem, bei dem es verschiedene Sichtweisen gibt, werden in jede der vier Ecken eines Raumes unterschiedliche Aussagen gehängt oder gelegt. Die Konfirmandinnen und Konfirmanden gehen umher und ordnen sich dann der Aussage zu, der sie am ehesten zustimmen. In der jeweiligen Ecke diskutieren sie miteinander, wie sie zu der Aussage stehen und warum sie sich ihr zugeordnet haben (Idee zur Weiterarbeit: Wortwechsel).

- **Wortwechsel**

Jeder und jede wird gebeten, zu einer kontroversen Frage nur ein Wort zu äußern: eher zustimmend oder ablehnend, befürwortend oder zweifelnd.
Augrund der Äußerungen bilden sich zwei Lager, die sich in zwei verschiedenen Ecken des Raumes einfinden, dort ihre Argumente untereinander abklären und dann gegeneinander in einen Wortwechsel eintreten. Jede Rednerin und jede Redner hat 10 Sekunden (oder 30 Sekunden – je nach Ausgangssituation) Zeit, dann ertönt ein Gong, und die andere Seite ist dran.

KREATIVE ARBEITSVERFAHREN

- **Collagen**

Für Collagen können Bilder, Schlagzeilen und Texte aus Zeitungen und Illustrierten, gerissene oder geschnittene Tonpapiere in verschiedenen Farben, aber auch Stoffreste, Alufolie, Gräser, Wollfäden u. a. verwendet werden. Bei Zeitungen und Illustrierten empfiehlt es sich, das Material vorzubereiten (einzelne Seiten statt ganzer Hefte). Der Arbeitsauftrag für eine Collage sollte eine gewisse Spannung enthalten. (Beispiel: „Dein Wille geschehe – und nicht meiner“ o. Ä.) Collagen dürfen nicht zu klein sein (DIN A2 und größer!).

- **Dias malen**

Für das Malen von Dias werden gewöhnliche Wechselrahmen für Diapositive und wasserlösliche, spitze Folienstifte benötigt. Gemalt wird zunächst auf die Innenseite der Dias, als Bildhintergrund kann aber auch die gegenüberliegende Seite bemalt werden. So können Einzel-Dias entstehen, aber auch Dia-Serien oder -Erzählungen.
Variante: Die Dia-Gläser werden mit dunkler Plaka-Farbe oder Goldbronze überzogen, in die mit einem spitzen Stift Linien, Symbole oder Bilder eingekratzt werden. Die eingekratzten Linien können auch wieder mit Folienstiften farbig ausgemalt werden.

- **Graphische Darstellung**

Hier kann die Aufgabe heißen: „Schreibe den Text/Satz so, dass du damit zugleich deutlich machen kannst, was dir daran wichtig ist. Du kannst groß oder klein schreiben, verschiedene Farben benutzen, einzelne Worte stark hervorheben, die Worte umstellen, einzelne Worte durch Symbole oder kleine Bilder ersetzen, im Kreis oder geradeaus schreiben – wie es dir sinnvoll erscheint.“ Für diese Formen eignen sich nur kurze Texte.

- **Kalender herstellen**

Einzelne Themen (Beispiele: Kirchenjahr, Zehn Gebote, Jesus, Bibel u. a.) eignen sich zur Herstellung selbst produzierter Kalender. Die einzelnen Seiten können Texte, Fotos, selbst gemalte Bilder, Kreuzworträtsel oder Comics enthalten.

- **Lernen an Stationen**

Die Konfirmandinnen und Konfirmanden erhalten in Form von Stationen verschiedene Lernangebote zu einem Thema, die sie weitgehend selbständig bearbeiten können. Die Stationen sind durchnummeriert auf Gruppentischen (evtl. auch mit Stellwänden) angeordnet. Die Bearbeitung findet meist in Kleingruppen statt, Einzel- oder Partnerarbeit sind aber ebenfalls möglich. Alle Konfirmandinnen und Konfirmanden erhalten Laufzettel, auf denen jede und jeder kurz notiert, welche Stationen absolviert wurden. Es kann Pflicht- und Wahlstationen geben. Die Konfirmandinnen und Konfirmanden entscheiden dann selbst, welche der Wahlstationen sie bearbeiten. Zu den Wesensmerkmalen des Stationenlernens gehört es, dass in den Einzelstationen methodisch und lerntypisch unterschiedliche Angebote gemacht und gerade die Wahlstationen die heterogene Zusammensetzung der Konfirmandengruppe berücksichtigen.
Mit den Gruppen sollte zuvor besprochen werden, welche Art von Ergebnispräsentation am Ende erwartet wird. Die Unterrichtenden können sich während der Arbeitsphase aus dem Zentrum des Unterrichtsprozesses herausnehmen, sollten aber beratend zur Verfügung stehen („Beratungsbüro“). An einem zentralen Platz werden allgemeine Hilfsmittel (Bibel, Lexikon, evtl. auch PC, Stifte, Papier usw.) zur Verfügung gestellt.

- **Malen nach Musik**

Während ein Musikstück läuft, werden auf einem DIN-A3- oder DIN-A4-Blatt, ohne abzusetzen, Linien gezeichnet, die sich überkreuzen können. Nach der Musik (ca. 3 Minuten) werden die entstandenen Flächen zu einer vorgegebenen Themenstellung (Beispiele: „Manchmal habe ich Angst“, „Ich und die anderen“ u. a.) farbig ausgemalt. Die fertigen Bilder werden in einer kleinen Ausstellung gezeigt und auf Anfrage kommentiert.

- **Mandalas malen**

Mandalas sind Meditationsbilder, die zu innerer Ruhe

und Konzentration führen können. Sie werden in kreisförmigem Vorgehen von außen nach innen farbig ausgemalt. Mandalas können vorgegeben werden, sie können aber auch von den Konfirmandinnen und Konfirmanden mit Zirkel und Lineal selbst entworfen werden.

- **Mindmapping**

Ein Thema oder eine Idee wird als Schlüsselbegriff in die Mitte eines großen Papierbogens (DIN A 2) geschrieben. Um diesen Begriff herum schreibt, zeichnet oder malt eine Arbeitsgruppe Aspekte, Überlegungen, Unterideen, Strategien, Gedankenspiele oder Stichworte, die durch Linien, Pfeile, Symbole und Farben miteinander verknüpft werden. Dabei werden bewusst verbale und bildliche Darstellungen gewählt. Es entsteht eine Gedächtnislandkarte, ein Kranz von Hauptästen und weiteren Verzweigungen. Am Ende steht ein Bild, das eine Bandbreite an Ideen darstellt und den mentalen Prozess der Gruppe widerspiegelt.

- **Streichholzbilder**

Das innere Kästchen einer Streichholzschachtel bildet einen perfekten Rahmen für ein Bild im Mini-Format. Das Bild wird auf ein Papierstück gemalt, das in das Kästchen hineingeklebt wird. Auf diese Weise können mehrere Szenen einer biblischen Geschichte in einer Reihe von Streichholzbildern festgehalten werden.

- **Verklanglichung**

Die Empfindungen, die Texte auslösen, können auch durch eine musikalische Gestaltung ausgedrückt werden. Hierfür eignen sich Orffsche Instrumente am besten. Als Texte kommen in erster Linie kontrastreiche Geschichten infrage, die von innerer Spannung und emotionalen Beziehungen zwischen den handelnden Personen geprägt sind (Beispiele: verlorener Sohn, Bartimäus, großes Gastmahl u. a.).
Erfahrungsgemäß ist die erste Arbeitsphase mehr durch eine naturalistische klangliche Darstellung von Geräuschen geprägt. Durch weiteres Proben können auch Konfirmandinnen und Konfirmanden dann immer mehr zur musikalischen Gestaltung von Erlebnissen und Gefühlen kommen.

SPIELFORMEN UND SZENEN

- **Bilder nachstellen**

Markante Bilder zu biblischen Texten (Beispiele: Leonardo: Abendmahl, Rembrandt: Zeichnungen u. a.) werden szenisch nachgestellt, indem die Konfirmandinnen und Konfirmanden die Haltungen, die Gesten und die Mimik der abgebildeten Personen imitieren. Das so entstandene Bild kann anschließend fotografiert werden.

- **Hörspiel**

Wenn biblische Geschichten als Hörspiele aufgenommen werden sollen, empfehlen sich folgende Arbeitsschritte:

1. Vertrautmachen mit der Geschichte
2. Umgestaltung des Textes zu einer Szene
3. Gliederung der Szene und Ausgestaltung zu einem Hör-Drehbuch (Personen, Schauplätze, Geräusche u. a.)
4. Verteilung der Rollen (Sprecher, Geräusche, Bedienung des Kassettenrekorders u. a.)
5. Lesung der Szene, Probe der Geräusche u. a.
6. Probeaufnahmen
7. Aufnahme (Dabei ist auf den richtigen Abstand der Sprecher vom Mikrophon, auf eine genaue Aussteuerung und auf den präzisen Einsatz der Geräusche zu achten.)

- **Pantomime**

Es können sowohl biblische Geschichten als auch einzelne Sätze, etwa Bildworte, pantomimisch dargestellt werden. Bei den Geschichten handelt es sich mehr um ein darstellendes Nachspielen, bei einzelnen Sätzen eher um einen interpretierenden Ausdruck durch Bewegung. Pantomimische Darstellung kann zunächst durch kleine Proben eingeübt werden (Beispiele: unsichtbare Gegenstände weitergeben, Paket öffnen, Apfelsine schälen u. a.), die jeweils erraten werden müssen. In einer zweiten Phase können Gebärden, Gesten und Bewegungen in einer Kleingruppe gemeinsam überlegt und ausprobiert werden, bevor die Pantomime dann im Ablauf vorgestellt wird.

- **Rollenspiel**

Zum Einstieg in die Rollenspielpraxis eignen sich vorstrukturierte Situationen, in denen das Problem (oder der Konfliktfall) und die handelnden Personen klar angegeben sind. Wenn sich die Konfirmandinnen und Konfirmanden mit der Rollenspielpraxis etwas vertrauter gemacht haben, werden sie sich auch an „freie" Rollenspiele wagen, in denen sie die Problembeschreibung, den Handlungsablauf und die Regeln des Spiels selbst festlegen.
Für den konkreten Ablauf von Rollenspielen kann man sieben Phasen benennen:

1. Die Spielhandlung wird beschrieben; Ort, Zeit und Situation werden abgeklärt, die Personen kurz charakterisiert.
2. Es werden viele wichtige Gesichtspunkte zum angesprochenen Problem benannt und mögliche Argumente der Rollenträger gesammelt.
3. Die Rollen werden verteilt (Hilfreich sind Rollenspielkarten!). Es darf aber niemand gezwungen werden, an einem Rollenspiel teilzunehmen!
4. Der Spielraum wird gestaltet und evtl. benötigte Requisiten werden herbeigeschafft.
5. Die Spieler bereiten sich vor (Studium der Rolle, Berücksichtigung der Reaktionen der Mitspieler, Beobachtungsaufgaben für die Nicht-Spieler).

6. Spielphase (Es ist immer nötig, einen Spielleiter zu haben, der den Anfang setzt, das Spiel beobachtet und auch beendet.).
7. Auswertung: Die Auswertung darf bei keinem Rollenspiel ausgelassen werden. Zuerst sollten sich die Hauptdarsteller äußern können. Es darf nicht zu einer Verurteilung eines Mitspielers kommen. Aktion geht vor Diskussion. Anstatt einer längeren Diskussion darüber, was alles hätte anders laufen sollen, ist es besser, eine neue Fassung des Rollenspiels zu erspielen.

Variante: Rollenplanspiel. Hier werden die einzelnen Rollen jeweils in einer Kleingruppe vorbereitet. Einer oder eine aus der Gruppe spielt dann zunächst die Rolle, wird aber nach einiger Zeit durch ein anderes Gruppenmitglied abgelöst.
Wichtig: Es sollten möglichst alle Gruppenmitglieder beteiligt werden. Wer nicht mitspielt, erhält Beobachtungsaufgaben.

• **Szene**

Die Darstellung einer Szene setzt eine erste Beschäftigung mit dem Text voraus. Der Text wird in Abschnitte gegliedert, auf die Personen aufgeteilt und in direkte Rede umgeschrieben. Werden noch weitere Personen hinzuerfunden (Beispiele: einzelne Jünger Jesu, Boten, Bürger, Bauern u. a.), erweitert sich der Text oft erheblich, gewinnt dadurch aber auch an Lebendigkeit. Die Szene wird dann in verteilten Rollen zunächst gelesen und anschließend gespielt.
Wird der Ausgang der Szene offen gelassen, kann in Gruppen eine mögliche Lösung überlegt und dann im Plenum neu vorgestellt werden.

• **Standbild**

Kleingruppen bekommen den Auftrag, die Schlüsselszene einer bestimmten biblischen Geschichte in einer „Plastik“ darzustellen. Dazu stellen sie eine Pantomime, die im entscheidenden Moment erstarrt. Werden mehrere Standbilder erarbeitet, können die Nicht-Beteiligten jeweils raten, um welche Geschichte es sich handelt.

PROJEKTE

Projekte sollten möglichst nicht einfach vorgegeben, sondern gemeinsam mit den Konfirmandinnen und Konfirmanden entwickelt und in den einzelnen Arbeitsschritten abgesprochen werden. Mögliche Projektphasen können sein:

1. Entwicklung einer Projektidee und Verständigung über ein mögliches Projektziel
2. Projektplanung
   • Vorstellung einer ersten Projektskizze des oder der Unterrichtenden.
   • Ideensammlung (Hilfreiche Anstöße dafür können sein: Wer hat etwas dazu im Fernsehen gesehen? Wen können wir dazu interviewen? Welche Stelle befasst sich damit? Wer kennt jemanden, der Ahnung davon hat? Was können wir uns dazu ansehen? usw.).
   • Vertiefung einzelner interessanter Ideen in thematischen Kleingruppen.
   • Verständigung über Teilthemen und Schwerpunkte.
   • Überlegungen zur Präsentation.
   • Bildung von Arbeitsgruppen.
   • Erstellung eines Zeitrahmens und Verabredung gemeinsamer Treffen.
   • Zusammenstellung von Materialien, Adressen, Telefonnummern, Stadtplänen usw.
   • Verteilung eines Projekt-Fahrplans an alle Beteiligten.
3. Informationsbeschaffung
   Die einzelnen Teilgruppen machen sich kundig, überlegen sich weitere Informationsmöglichkeiten und verabreden ihre Kontakte.
4. Durchführung des Projekts
   Während dieser Zeit stehen die Unterrichtenden beratend zur Verfügung. Es ist auch sinnvoll, sich in dieser Zeit ein- oder zweimal gemeinsam zu treffen, um Probleme abzuklären oder über Veränderungen zu beraten.
5. Produkterstellung
   Zunächst wird über die gemachten Erfahrungen berichtet, dann werden die Ergebnisse ausgewertet und zu einem vorstellbaren Produkt verarbeitet.
6. Präsentation des Projekts für die Öffentlichkeit (Gottesdienst, Gemeindehaus, Zeitung, Lokalfunk, Sparkasse usw.).
7. Abschließende Reflexion („Was war gut! Was würden wir ein zweites Mal anders machen?“ ...) und geselliger Abschluss.

PRÄSENTATIONEN

• **Präsentationen**

Wann immer es sich anbietet (Projekt, nach Gruppenarbeit, Erkundung, Interviews usw.) sollten Konfirmandinnen und Konfirmanden besondere Ereignisse dem Plenum oder auch einer anderen Gruppe (Presbyterium/Kirchenvorstand, Frauenhilfe, Bibelkreis o.ä.) präsentieren. Präsentationen vor anderen sind wichtig für persönlichkeitsbildendes Lernen und steigern in erheblichem Maße das Selbstvertrauen. Einmal erworbene Präsentationskompetenz wird nicht mehr verlernt.
Am besten sollte in Teams präsentiert werden, wobei die Mitglieder verschiedene Aufgaben übernehmen können. Wichtig ist es, dabei für eine ungeteilte Aufmerksamkeit für die Präsentierenden zu sorgen. Die Zuschauenden dürfen sich nicht mehr mit ihren eigenen Unterlagen beschäftigen. Die Unterrichtenden vereinbaren mit der Gruppe eine maximale Dauer für die

Präsentation, begeben sich selbst in die Zuschauerrolle und unterbrechen die Präsentation nach Möglichkeit nicht. Die erste Reaktionsmöglichkeit auf die Präsentation sollten die Zuschauer haben.

- **Markt**

Nach Gruppenarbeitsprozessen werden die Ergebnisse an verschiedenen Stellwänden oder Tischen vorgestellt. Jede Gruppe sorgt dafür, dass jeweils zwei Mitglieder den eigenen Info-Stand betreuen, um auftretende Fragen beantworten zu können. Die übrigen Konfirmandinnen und Konfirmanden teilen sich in mehrere Gruppen ein und wandern nach einem Glockenzeichen von Info-Stand zu Info-Stand.

- **Museumsgang**

Die Ergebnisse eines Arbeitsprozesses (Bilder, Texte, Plakate, Listen, Collagen usw.) werden an verschiedene Wände des Unterrichtsraumes gehängt. Nach einem inszenierten Beginn können die verschiedenen Arbeiten ähnlich wie bei einem Museumsbesuch begutachtet und evtl. erläutert werden.

SOZIALFORMEN

- **Frontalunterricht**

Der Frontalunterricht ist die häufigste Form des Unterrichts, doch er genießt einen schlechten Ruf. In der Tat lernen die Konfirmandinnen und Konfirmanden dabei fast ausschließlich rezeptiv und können kaum Selbständigkeit entwickeln. Eine Differenzierung ist kaum möglich, da im Gleichschritt vorgegangen wird. Dass der Frontalunterricht auch Vorzüge besitzt, wird oft vergessen. Er ist die Klammer, die unterrichtliche Lernprozesse zusammenhält. Ohne Frontalunterricht sind Gruppen- und Projektarbeit nicht möglich. Sie müssen durch ihn eingeleitet und aufgefangen werden. Bei Schülerinnen und Schülern ist der Frontalunterricht die beliebteste Sozialform, vor allem wenn sie mit Lehrervortrag, Schülerreferat, Erzählung und Medienpräsentationen in sich differenziert gestaltet ist.

- **Einzelarbeit, Partnerarbeit und Gruppenarbeit**

Gemeinsam ist diesen Sozialformen, dass die Konfirmandinnen und Konfirmanden hier selbstbestimmt und eigenverantwortlich lernen können. Jede der drei Sozialformen hat ihre spezifischen Vorzüge und Nachteile. Es kommt darauf an, sie den passenden Inhalten und Zielen unterzuordnen.
Die Einzelarbeit ermöglicht in besonderer Weise das konzentrierte, stille und sorgfältige Arbeiten. In der Konfirmandenarbeit ist sie unverzichtbar, weil es hier oft um existentielle Fragen geht, zu denen sich jede und jeder eine eigene Meinung bilden sollte. Auch der eigene Aufbau von Wissen setzt meist Einzelarbeit voraus.
Aufgaben, die arbeitsteilig bearbeitet werden können, sind ebenso für eine Partnerarbeit geeignet wie komplexe Fragestellungen, bei denen man sich gegenseitig helfen muss. Partnerarbeit eignet sich auch zur inneren Differenzierung: eine Stärkere hilft einem Schwächeren.
Für Aufgaben, die sich zur kooperativen Bearbeitung eignen und in denen etwas diskutiert, recherchiert, inszeniert und produziert wird, eignet sich in besonderer Weise die Gruppenarbeit. Sie ermöglicht kommunikatives und soziales Lernen. A und O der Gruppenarbeit ist eine klare und unmissverständliche Aufgabenstellung. Gruppen können nach Neigung, Interessen oder auch nach einem Zufallsverfahren gebildet werden. Es ist in der Regel ratsam, die Freundschaftsbeziehungen der Konfirmandinnen und Konfirmanden zu berücksichtigen.
Während es sich bei der Einzel- und Partnerarbeit in der Regel eher um kurze Phasen handelt, können Gruppen auch über längere Zeit eigenverantwortlich miteinander arbeiten.

ZUR ARBEIT MIT BILDERN, FOTOS UND FOLIEN IN DER KONFIRMANDENARBEIT

• Fotos und Folien gehören heute zu den wichtigsten Medien in der Konfirmandenarbeit. Dies ergab eine vor einigen Jahren durchgeführte empirische Untersuchung unter westfälischen Pfarrerinnen und Pfarrern (vgl. Th. Böhme-Lischewski/H.-M. Lübking [Hg.], Engagement und Ratlosigkeit, Konfirmandenunterricht heute – Ergebnisse einer empirischen Untersuchung, Bielefeld 1995, 26. 78 ff.). Sie sind leicht handhabbar, schnell einsetzbar und in unterschiedlichen Unterrichtssituationen variabel anwendbar. Unkomplizierte und vielfältige Einsatzmöglichkeiten machen Fotos und Folien auch für andere Felder der Gemeindearbeit interessant. In der Erwachsenenbildung können sie schwierige Themen veranschaulichen, in Bibelkreisen Gesprächsanstöße geben, im Gottesdienst Wirklichkeitsbezug herstellen. Fotos und Folien werden in der Gemeindearbeit gebraucht. Umso auffallender ist es, dass gegenwärtig kaum aktuelle Fotosammlungen verfügbar sind. Nach dem Veröffentlichungsboom der siebziger Jahre sind in den letzten zehn Jahren nur wenige Mappen erschienen. Viele Fotos und Bilder aus den sechziger und siebziger Jahren wirken jedoch heute veraltet und provozieren gerade bei Jugendlichen nicht selten Gelächter.

• Zwölf- und Fünfzehnjährige sind heute immer auch Medienkinder. Häufig haben sie in ihrem bisherigen Leben mehr Stunden vor dem Fernseher als in der Schule zugebracht. Jeden Tag begegnen ihnen viele hundert Bilder – in Zeitungen, Postwurfsendungen, Schulbüchern, auf dem Bildschirm. Welche Aufmerksamkeit können Fotos da noch wecken?
Bewusste Arbeit mit Fotos kann in dieser Situation auch eine kleine Seh-Schule initiieren. Gezielte Impulse und Aufgabenstellungen (s. Methoden!) können Bilder „sichtbar" machen. Mit Fotos lassen sich kreative Prozesse in Gang setzen. Fotos, mit denen gearbeitet wird, lassen sich nicht mehr nur einfach konsumieren. Voraussetzung dafür ist jedoch in der Regel eine Auswahl von Fotos, die „stutzig" machen und zu einem zweiten Blick provozieren.

• Die Arbeit mit Bildern erfordert Konzentration und eine Atmosphäre der Ruhe. Dies kann man aber in der Konfirmandenarbeit nicht immer voraussetzen. In vielen Gruppen sind Störungen zum Normalfall geworden. Hier erscheint es schwierig, ja fast aussichtslos, für längere Zeit Ruhe herzustellen, um konzentriert Bilder zu betrachten. Dies gilt vor allem für die in der religionspädagogischen Praxis so beliebten meditativen Bilder. Für die Konfirmandenarbeit besser geeignet sind Bilder, die das spontane Interesse von Jugendlichen finden, ohne deshalb oberflächlich zu sein. Es sind häufig Bilder, die einen Widerspruch oder eine gewisse Spannung aufweisen und dadurch Neugier wecken.

• Gute Fotos und Bilder erregen Aufmerksamkeit und animieren zu spontanen Bemerkungen. In sehr heterogen zusammengesetzten Gruppen, in denen fast immer einige „nichts sagen", eröffnen Fotos und Bilder daher zusätzliche Chancen zur Mitarbeit. Noch anders als Texte sind Fotos und Bilder unmittelbar ansprechende Medien.

• Fotos schlagen eine Brücke zwischen dem Unterricht und der den Jugendlichen vertrauten Alltagswelt. Sie verbinden den Unterricht auch mit den Gegenwarts- und Konfliktfragen, die in der Öffentlichkeit, aber auch unter Jugendlichen diskutiert werden. Dies gilt vor allem dann, wenn es sich um Fotos handelt, die auch in Zeitungen oder Illustrierten zu finden sind.

• Fotos können abstrakte Themen veranschaulichen. Sie stellen häufig einen Wirklichkeitsbezug zum Thema her und können damit auch eine Gesprächsbasis eröffnen. Nicht selten können Fotos festgefahrene Gespräche aber auch produktiv weiterführen. Kommt man in Diskussionen einer Sache manchmal nicht näher, weil alle etwas anderes mit dem Thema verbinden, so hilft ein Foto oder Bild oft, den Kern der Sache anschaulich zu machen oder auch das Gespräch auf eine gemeinsame Ebene zu heben: „Man hat ein anschauliches Streitobjekt vor sich, das sich beschreiben lässt, das Gedachtes ins Bild setzt. Das Foto gibt das Beispiel ab, das mir hilft zu sagen, was ich meine" (G. Jost).

• Fotos können Sprachhemmungen abbauen und Kommunikation in Gang bringen. In Konfirmandengruppen sitzen häufig Jugendliche, die nur selten den Mund aufmachen oder sich aus unterschiedlichen Gründen mit verbalen Äußerungen sehr zurückhalten. Fotos sprechen aber in der Regel alle an. Die Arbeit mit Fotos lässt sich verbinden mit zahlreichen Methoden, die niedrige Schwellen haben. Wer sonst kaum etwas sagt, kann so auch durch die Wahl eines Bildes, durch Distanzierung von einem Bild oder durch Fotosprache seine Meinung kundtun.

METHODEN FÜR DIE ARBEIT MIT BILDERN UND FOTOS

• BEBILDERN

Ein Text oder eine Aussage werden mit Bildern/Fotos illustriert oder kommentiert. Die Bilder können auch im Sinne eines „Anti-Textes" als Kontrast eingesetzt werden. (Partnerarbeit, Gruppenarbeit)
Beispiele: Vaterunser, Seligpreisungen, Zehn Gebote, Glaubensbekenntnis

• BILD-AUSSCHNITT

„Was ist mir an dem Bild besonders wichtig?" Durch die Einrahmung eines besonderen Ausschnitts, das Abdecken der anderen Bildfläche oder durch die Markierung mit Pfeilen kann eine bestimmte Aussage oder Perspektive des Bildes hervorgehoben werden. Dazu eignen sich besonders Folien. (Einzelarbeit)

• BILDBETRACHTUNG

Für eine eingehende Bildbetrachtung empfiehlt sich folgendes Vorgehen: Entweder haben alle ein Exemplar des Bildes vor sich, oder das Bild wird als Folie für alle gut sichtbar auf eine Leinwand projiziert. Zu Beginn sollen die Teilnehmer nur beschreiben, was sie sehen.

1) Was sehe ich? Beschreiben, ohne zu werten.
2) Woran bleibe ich hängen? Wohin sehe ich intensiver?
3) Wie wirkt das Bild auf mich? Stöß mich etwas ab, stört mich etwas, was zieht mich an?

Erst dann können die Teilnehmer äußern, wie sie das Bild verstehen:

4) Wie interpretiere ich das Bild? Welche Titel könnte es tragen? (Einzelarbeit)

• BILDBEWERTUNG

Zu einem Thema werden verschiedene Fotos und Bilder ausgelegt: „Welches Bild kommt dem angesprochenen Thema am nächsten?" Die Bilder können mit Punkten bewertet werden: 10 Punkte = große Nähe – 0 Punkte = große Distanz! (Einzelarbeit)

• BILDERGESCHICHTE

Zu einem gegebenen Thema wird mit Fotos eine Bildergeschichte erzählt. Noch besser als Fotos sind für diese Methode Dias geeignet. Den Teilnehmern wird eine Auswahl von Fotos oder Dias zur Verfügung gestellt, die von ihnen kombiniert und in eine plausible Reihenfolge gebracht werden. (Partnerarbeit, Gruppenarbeit)

• BILDTITEL

Nach der Betrachtung eines Bildes wird ein passender Titel gesucht. Die Teilnehmer machen hierzu Vorschläge – durch Zuruf oder schriftlich. Über den geeignetsten Vorschlag wird abgestimmt. (Einzelarbeit, Partnerarbeit, Gruppenarbeit)

• ERÖFFNUNGSFOTO

Eine Unterrichtsstunde kann auch mit einem Foto oder Bild eröffnet werden, das gezeigt und kurz persönlich kommentiert wird. Steht eine Fotoauswahl zur Verfügung, können sich die Konfirmandinnen und Konfirmanden nach einiger Zeit auch an diesem Anfangsritual beteiligen. (Einzelarbeit)

• BILD-, FOTOANDACHT

Alle sitzen im Kreis, in der Mitte steht eine Kerze. Die Teilnehmer erhalten ein Bild und beschreiben zunächst nur, was sie auf dem Bild sehen. In einer nächsten Phase äußern sie ihre Empfindungen, die das Bild bei ihnen ausgelöst hat („Mich ärgert das Bild, denn ..." oder: „Mir gefällt das Bild sehr, weil ..."). Danach sprechen sie einen Wunsch, eine Bitte, eine Klage oder einen Dank aus, die sie mit dem Bild verbinden. Diese Äußerungen können abschließend von der Leiterin oder dem Leiter in einem Gebet aufgenommen werden. (Einzelarbeit, Kreisform)

• BILD-, FOTOAUSSTELLUNG

Zu einer gestellten Aufgabe oder als Abschluss der Beschäftigung mit einem Thema stellen Teilnehmer aus einer Auswahl von Fotos und Bildern auf Stellwänden eine Ausstellung zusammen. (Gruppenarbeit)
Beispiele: „Dazu darf die Kirche nicht schweigen!"; „Was spricht für Gott, was spricht gegen Gott?"; „Machet euch die Erde untertan! – Hat Gott das gewollt?"; Dokumentation zum Diakoniepraktikum, Religionen in unserem Ort ...

• BILD-, FOTO-AUSWAHL

Aus mehreren vorgegebenen Fotos und Bildern wird eines zu einem bestimmten Thema oder Text ausgewählt. Die Fotos (möglichst in 2 bis 3 Exemplaren) werden im Raum ausgelegt. Die Teilnehmer gehen umher, schauen sich alle Fotos in Ruhe an und wählen eines aus. Kriterien für die Auswahl können sein: „Von welchem Foto würdest du dir ein Poster aufhängen? Welches Foto löst eine Empfindung aus, die du bei dem Thema oft hast? Welches Foto würdest du am wenigsten mit dem Thema in Verbindung bringen?" (Einzelarbeit)

• FOTOCOLLAGE

Um ein Foto herum wird eine Collage aus Zeitungsschlagzeilen, Werbeanzeigen, Reißbildern, Illustriertenschnipseln und eigenen Bemerkungen (Wachsmalkreiden, Filzstifte) gestaltet. (Partnerarbeit, Gruppenarbeit)

• FOTOGESCHICHTE

„Versetzt euch in eine Person oder in einen Gegenstand, die auf dem Bild zu sehen sind, und denkt euch zu dieser Figur eine Geschichte aus!" (Einzelarbeit)

• FOTO-SCHRIFTKETTE

Zu einem Thema wandern mehrere Fotos reihum durch die Gruppe. Mit einer Büroklammer ist an die Fotos jeweils ein Blatt geheftet, auf das jede(r) ein Stichwort oder eine Bemerkung zu dem Foto schreibt. Mit dem Schreiben wird ganz unten auf dem Blatt begonnen,

dann wird das Geschriebene weggeknickt, so dass es vom Nächsten nicht mehr gesehen werden kann.
Die Auswertung der Schreibkette führt in ein Gespräch zum Thema über. (Gruppenarbeit)

• FOTOS KOMBINIEREN

Durch Zusammenstellung und Zuordnung mehrerer Fotos kann die Darstellung eines Bildes ergänzt, weitergeführt, kontrastiert oder auch bestritten werden. (Partnerarbeit)

• FOTOSPRACHE

Zu einem Thema wird eine Anzahl Fotos ausgelegt, die nach Einschätzung der Leiterin oder des Leiters in einem engeren oder weiteren Bezug zum Thema stehen. Die Teilnehmer gehen umher, sehen sich in Ruhe alle Fotos an und wählen dann eins aus, das sie verdeckt vor ihrem Platz niederlegen (Kreisform ohne Tische). Zur Auswertung decken die Teilnehmer jeweils ihre Bilder auf und beschreiben sie kurz:
1) „Auf dem Bild ist ... dargestellt" (Beschreibung, keine Wertung!); 2) „Ich habe dieses Bild gewählt, weil ..."
Diese Runde kann als Einstieg in ein Gespräch dienen. Kommt ungezwungen kein Gespräch in Gang, kann der Unterrichtende Impulse geben: „Ein Aspekt unseres Themas kam in vielen Fotos vor ..." (o. Ä.) Die ausgewählten Fotos können von den Teilnehmern auch in Gruppen zusammengefasst werden, für die sie dann eine Überschrift suchen. (Einzelarbeit)
Beispielthemen: Liebe ist das, was letztlich zählt; Woran du dein Herz hängst, das ist dein Gott; Gerechtigkeit in der Welt ...

• FOTOTEST

Zum Abschluss der Behandlung eines Themas werden mehrere Fotos vorgelegt: „In einigen dieser Bilder kommen die Anliegen unseres Themas vor. Welche Bilder sind es?" Diese Methode eignet sich auch als eine Art Lernkontrolle. (Einzelarbeit, Partnerarbeit)

• INSZENIERUNG

Führt die Arbeit mit Fotos zu Ergebnissen, die vorgestellt, präsentiert oder ausgestellt werden können, so sollte diese Präsentation auch eine Bedeutung bekommen. Vorstellungen und Ausstellungen sollten inszeniert werden: Alle stellen sich im Halbkreis um die Exponate auf. Die Präsentation wird von der Leiterin oder dem Leiter eröffnet, die „Künstler" stellen kurz ihre Arbeit vor, es können Fragen gestellt werden; wenn es nicht aufgesetzt wirkt, kann geklatscht werden. (Gruppenarbeit)

• KENNENLERN-BILDER

In einer neuen Gruppe, in der sich die Teilnehmer bisher noch nicht kennen, werden Fotos und Bilder ausgelegt. Die Teilnehmer gehen umher und wählen ein Foto aus, das sie persönlich anspricht. Sie setzen sich und legen das Bild verdeckt vor sich. Dann stellt sich jede(r) mit Namen und etwaigen persönlichen Angaben vor und zeigt das ausgewählte Bild: „Ich sehe auf dem Bild ..." und: „Ich habe es ausgewählt, weil ..."
Variante: Die Teilnehmer suchen jeweils ein Bild aus und stellen sich und das Bild der Nachbarin/dem Nachbarn vor. Danach stellt jede(r) jeweils die Nachbarin/den Nachbar in der Gruppe vor. (Einzelarbeit, Partnerarbeit)

• KOMBINATION: BILD – MUSIK

Werden die Ergebnisse der Arbeit mit Fotos vorgestellt, so kann die Bild-Präsentation, um den Effekt zu steigern, auch mit einer von den Teilnehmern ausgewählten Musik unterlegt werden. (Einzelarbeit, Partnerarbeit)

• KONTRASTFOTOS

Zu einem Thema wird ein passendes Foto gezeigt. Die Teilnehmer werden gebeten, zu diesem Foto ein Kontrastbild auszuwählen. Dazu sind im Raum viele Fotos (Mehrfachexemplare) ausgelegt. (Einzelarbeit)

• PERSÖNLICHE BILDER

In einem Raum sind viele Bilder (Mehrfachexemplare) ausgelegt. Jede(r) sucht ein Bild aus, in dem sie oder er sich selbst wieder finden kann: Stimmung, Situation, Selbstbewusstsein. Dann wird ein Bild gewählt, das eine Situation oder eine Stimmung zeigt, in die man nicht geraten möchte. Es kann auch ein Bild sein, das ein Selbstbewusstsein zeigt, das einem fremd ist. Schließlich kann auch noch ein Wunschbild ausgesucht werden, das zeigt, wie man gern selbst sein möchte, wie oder wo man gern leben möchte, was man gern erleben möchte. (Einzelarbeit)

• RAHMENFOTO

Haben die Teilnehmer zu einer gestellten Aufgabe ein Foto ausgesucht, können sie dazu auch einen Rahmen zeichnen oder malen. Die Wirkung des ausgestellten Bildes wird dadurch wesentlich gesteigert. (Einzelarbeit)

• SPRECHENDE BILDER

Fotos oder Bilder, auf denen Personen zu sehen sind, können mit Sprechblasen verlängert werden. „Was könnten diese Personen in der abgebildeten Situation sagen?" Die Inhalte der Sprechblasen werden von den Teilnehmern formuliert. (Einzelarbeit)

• TEXTFOTOS

Zum Predigttext oder zur Lesung des nächsten Sonntags suchen die Konfirmandinnen und Konfirmanden aus einer vorbereiteten Auswahl ein Foto oder Bild aus. Dieses wird erläuternd oder kontrastierend im Gottesdienst während der Lesung oder zur Predigt gezeigt (evtl. mit den Bemerkungen der Jugendlichen). (Partnerarbeit)

SPIELE FÜR DIE KONFIRMANDENARBEIT

1. Spielen macht Spaß! Auch Pfarrerinnen und Pfarrer spielen gern – wenigstens heimlich! Selbst der gestrenge Calvin gestattete sich am Sonntagnachmittag ein Boccia-Spiel zur Ehre Gottes.
2. Spielen und Lernen schließen sich nicht aus. Im Gegenteil! Das Spiel ist eine der effektivsten Formen des Lernens. Es geschieht im Experiment, in einem „Als-ob-Raum", in dem Verhaltensalternativen relativ angstfrei ausprobiert werden können. Erfolg oder Misserfolg stellen sich sofort ein, aber es gibt auch immer eine zweite oder dritte Chance.
3. Ein Spiel ist immer kommunikativ. Nichts fördert die Entwicklung sozialen Verhaltens darum besser als gemeinsames Spielen.
4. Kein Spiel ohne Spielregeln! Gleichsam nebenbei wird im Spiel gelernt, dass menschliches Miteinander von Regeln bestimmt ist. Spielen trainiert die Toleranz und unterstützt zugleich einen flexiblen Umgang mit Regeln.
5. Spiele im Konfirmandenunterricht können dazu beitragen, dass aus einer Horde von Konfirmandinnen und Konfirmanden eine Gruppe wird.
6. Spiele sorgen im Konfirmandenunterricht für Abwechslung und bauen Ermüdungserscheinungen bei Konfirmandinnen und Konfirmanden (+ Unterrichtenden?) vor.
7. Nur der kann andere zum Spielen animieren, der auch selbst gern spielt. Spielen die Unterrichtenden selber mit, wissen sie auch, was sie bei dem Spiel anderen zumuten.
8. Spiele müssen möglichst angstfrei sein. Keiner darf zum Spielen gezwungen werden!
9. Auch Spiele im Konfirmandenunterricht unterliegen Abnutzungserscheinungen. Man kann nicht in jeder Stunde intensiv spielen.
10. Im Konfirmandenunterricht können viele Spielformen ausprobiert werden. „Ätsch-Spiele" aber haben hier nichts zu suchen (Spiele, bei denen man sich auf Kosten einzelner lustig macht).

LITERATUR

- U. Baer, 666 Spiele für jede Gruppe, für alle Situationen, Seelze-Velber 1994
- D. Haas/G. Vicktor, Spielideen zur Bibel, Lahr 1989
- ku praxis 29: Spielen hat seine Zeit, Gütersloh 1991
- D. Haas/P. Stein, Der Bibel anders begegnen, Lahr 1994
- D. Coors, In der Kirche spielen. Biblische Spiele für Gottesdienst, Schule und Gemeinde, Lahr 1995
- KONFER normal 25 (3/98), Spielend einsteigen
- E. Scheibe, Christsein lässt sich lernen. Spiele für Schüler- und Konfirmandenarbeit, Berlin 2000
- R. u. K.-H. Schneider, Spiele und Rätsel für den Religionsunterricht I u. II, Düsseldorf 2004/2006

KENNENLERNSPIELE

- **Alle in einer Reihe**

Die Gruppe stellt sich nach wechselnden Kriterien jeweils in einer Reihe auf. Die Kriterien werden vom Spielleiter oder der Spielleiterin angesagt. Beispiele: Anfangsbuchstaben der Vornamen oder der Straßennamen, Schuhgrößen, Geburtstage von Januar bis Dezember, Alter, Lieblingstiere von A bis Z usw.

- **Einer fehlt**

Alle schließen die Augen und gehen langsam und vorsichtig durch den Raum. Dann berührt der Spielleiter oder die Spielleiterin einen Mitspieler oder eine Mitspielerin, die darauf den Raum verlassen. Die anderen öffnen die Augen. Einer fehlt, wer ist es?

- **Lügen-Porträt**

Paare interviewen sich gegenseitig: Namen, Wohnort, Alter, Hobbys, Fernsehvorlieben, Musikgeschmack, Berufswünsche usw. Anschließend stellen sie einander der Gruppe vor, indem sie fünf interessante Einzelheiten mitteilen. Eine Einzelheit ist erfunden. Wird die Gruppe sie erraten?

- **Mein Name**

Jede Konfirmandin und jeder Konfirmand schreibt den eigenen Namen in senkrechten Druckbuchstaben auf ein Blatt Papier. Zu jedem Buchstaben werden typische Eigenschaften zur Person geschrieben. In Partnerarbeit unterhalten sich zwei Konfirmandinnen und Konfirmanden über diese Eigenschaften und stellen sich gegenseitig im Plenum vor.

- **Namensschilder**

Auf eine Karte werden zu dem eigenen Namen weitere Angaben über die eigene Person geschrieben: Hobbys, Wunschreise, Lieblingsfächer in der Schule, Berufswunsch, Lieblingssport usw. Es kann aber auch darauf geschrieben werden: Wovor ich Angst habe, worüber ich mich am meisten ärgere, wen ich gern treffen möchte? ... Die Karten werden vor die Brust geheftet und dann gehen alle umher und sprechen über das, as sie auf den Karten der anderen sehen.

- **Schubladenspiel**

Alle stehen in der Mitte des Raumes. Zu einem vom Spielleiter oder der Spielleiterin genannten Begriff ordnen sich die Spieler und Spielerinnen bestimmten Unterbegriffen (= Schubladen) zu, die in den Ecken des Raumes lokalisiert sind. In den Ecken wird kurz ausgetauscht, warum man in dieser „Schublade" gelandet ist. Beispiele: Wohnort – Nord, Süd, Ost, West; Lieblingsgetränke – O-Saft, Cola, Mineralwasser, anderes usw.

- **Was ich mag**

Auf eine Karte schreibt jede und jeder etwas, das er oder sie besonders mag (Hobbys, Essen, Fernsehen, Sport, Musik usw.). Alle Karten werden gemischt und dann eine nach der anderen aufgedeckt und vorgelesen. Die Gruppe muss raten und begründen, von wem die jeweilige Karte ist.

- **Wer hat die meisten Knöpfe?**

Wer hat die meisten Knöpfe? Zu leiser Musik gehen alle durch den Raum und beobachten sich genau. Stoppt die Musik, legen alle dem Mitspieler oder der Mitspielerin mit den meisten Knöpfen die Hand auf die Schulter. Weitere Fragen: Wer hat die größten Hände? Wer hat die größten Schuhe an? Wer hat die bunteste Kleidung? usw.

WARMING-UP-ÜBUNGEN

- **Atemübung**

Alle haben einen festen Stand mit Bewegungsspielraum. Beim tiefen Einatmen werden die Arme seitwärts bis über den Kopf geführt. Beim Ausatmen sinken die Arme ausgestreckt bis auf Schulterhöhe, wo sie einen Moment hin und her wippen. Beim erneuten Einatmen wird die Luft mit einer weiten Atembewegung zum eigenen Körper herangeholt, bis die Hände vor der Brust liegen. Beim Ausatmen wird die Luft mit den Handflächen von der Brust abwärts hörbar herausgedrückt. Diese Übung kann mehrfach wiederholt werden.

- **Baum im Wind**

Jede und jeder stellt sich, die Füße leicht auseinander, mit Bewegungsspielraum im Raum auf. Der Spielleiter oder die Spielleiterin bittet alle, den Boden unter den Füßen zu spüren, die Zehen in den Boden zu drücken, bis alle das Gefühl haben, fest verwurzelt zu stehen. Dann schließen alle die Augen, um leicht wie ein Baum im Wind hin- und herzuschwanken.

- **Rhythmus-Stampfen**

Es wird eine starke rhythmische Musik eingespielt. Die Gruppe steht eng beieinander und versucht, langsam einen gemeinsamen Stampf- oder Hüpfrhythmus zu finden, erst nur mit den Füßen, dann mit dem ganzen Körper.

- **Spots in movement**

Die Gruppe bewegt sich langsam im Raum. In Zehnsekundenabständen werden der Gruppe Körperformen, Tätigkeiten, Gefühle und Menschentypen zugerufen. Diese Impulse werden pantomimisch kurz dargestellt. Beispiele für

- Körperformen: rund, spitz, eckig, breit ...
- Tätigkeiten: kochen, Laub harken, staubsaugen ...
- Gefühle: wütend, traurig, ängstlich, lustig ...
- Typen: Opernsänger, Fotomodell, Westernheld ...

- Über Stock und Stein

Die Gruppe bewegt sich langsam gehend barfuß (pantomimisch) durch den Raum. Der Spielleiter oder die Spielleiterin gibt die Anweisung: „Du gehst jetzt auf weichem Sand, über spitze Steine, durch trockenes Laub, durch klebrigen Morast, durch eine Dornendecke, auf heißem Asphalt, stapfst durch den Schnee, springst über Pfützen" usw. Alle probieren eine dem jeweiligen Untergrund entsprechende Gehweise.

ENTSPANNUNGS- UND KONZENTRATIONSÜBUNGEN

- **Einander auffangen**

Es bilden sich Dreiergruppen mit möglichst gleich großen Personen: Zwei stehen sich gegenüber, der oder die dritte steht hinter der in der Mitte stehenden Person. Diese lässt sich aus einem sicheren Stand heraus langsam nach vorn und nach hinten fallen, wobei sie von den beiden anderen an den Schultern aufgefangen und vorsichtig zurückgestoßen wird. Sie schließt dabei die Augen. Die Abstände werden immer etwas größer. Jede und jeder der drei kommt einmal in die Mitte.

- **Entspannungsstern**

Bis zu acht Spielerinnen und Spieler legen sich auf den Rücken liegend in der Form eines Sterns hin (Köpfe in die Mitte, Füße nach außen). Bei größeren Gruppen bilden sich mehrere Sterne. „Schließt jetzt bitte die Augen ... Konzentriert euch auf die Geräusche, die von außen zu hören sind ... Achtet auf euren Körper und spürt ganz bewusst die Stellen, mit denen ihr den Boden berührt ... Ihr hört jetzt Musik. Konzentriert euch auf die Musik und geht den Gedanken nach, die euch dabei kommen ..."

- **Hören**

Alle legen sich auf den Boden und schließen die Augen. Es darf nicht geredet werden. Nun wird ein Fenster geöffnet. Drei Minuten lang sollen alle Geräusche wahrgenommen werden. Dann wird das Fenster geschlossen. Wer kann die meisten Geräusche aufzählen?

- **Konzentrationsübung**

Der Spielleiter oder die Spielleiterin spricht mit ruhiger und monotoner, aber nicht zu lauter Stimme: „Setz dich oder leg dich so hin, wie du es gern hast ... Probiere die Haltung aus, bis du ganz entspannt bist ... Achte darauf, dass du gut durchatmen kannst ... Schließe die Augen und konzentriere dich ganz auf deinen Körper ... achte auf die Geräusche, die du hörst ... Sei einmal „ganz Ohr"! ...
Spüre deine Füße ... bewege deine Zehen ... lass deine Füße ganz schwer werden ...!
Deine Beine: Spanne deine Muskeln an ... lass sie wieder los ... lass deine Beine zur Ruhe kommen ...!
Deine Arme und Hände: Sie sind jetzt ganz ruhig ... du fühlst, wie beschäftigt sie sonst sind ...
Dein Kopf ruht fest ... bewege ihn langsam hin und her ... jetzt wird dir ganz leicht ... atme tief ein und aus ... ganz bewusst ... in deinem eigenen Rhythmus ... lass die Luft durch deinen Körper gehen ... Ich atme ... ich

bin ... ich lebe ...
Ich sage dir jetzt einen Satz: „Ich danke dir, Gott, dass ich wunderbar gemacht bin" (evtl. wiederholen!). Geh diesen Worten nach ... Welche Gedanken kommen dir? ... Erinnere dich, dass die anderen auch da sind ... Lass dir Zeit, langsam aus der Entspannung aufzuwachen ... Öffne die Augen ... Streck deine Glieder ... Bewege dich ...!"
(Nach B. Wilde/Ph. Neßling, Zum Beten finden, 121 f., s. Lit.)

- **Spiel mit der Kerze**

Zwei Personen sitzen sich gegenüber, in der Mitte eine brennende Kerze. Abwechselnd blasen sie leicht in Richtung der Kerze und spielen dabei mit der Flamme. Diese darf nicht verlöschen. Immer mehr versuchen beide, sich aufeinander abzustimmen und beim Atmen einen gemeinsamen Rhythmus zu finden.

- **Stellen, setzen, legen**

Alle stehen mit leicht gespreizten Füßen und etwas gebeugten Knien im Raum. Langsam werden, sich nach vorn beugend, die Wirbel der Wirbelsäule vom Kopf beginnend abgerollt. Wenn die herunterhängenden Arme den Boden berühren, gleiten alle durch Kreuzen der Beine langsam in den Schneidersitz. Dann werden vom Gesäß ausgehend Wirbel für Wirbel zurückgerollt, bis der Körper flach auf dem Rücken liegt. Mehrmals tief durchatmen! Dann wird die ganze Bewegungsabfolge umgekehrt wiederholt, bis alle wieder stehen.

INTERAKTIONS- UND KONZENTRATIONSSPIELE

- **Bullenkampf**

Zwei Konfirmanden (oder auch Konfirmandinnen), die einen Konflikt miteinander haben, stellen sich einander gegenüber und müssen versuchen, den anderen, ohne die Hände zu Hilfe zu nehmen, über eine Linie zu drängen. Dabei schnauben und grunzen sie wie rivalisierende Bullen.

- **Drei Leute mit drei Füßen**

Dreiergruppen bewegen sich gemeinsam über eine bestimmte Strecke. Sie dürfen dabei allerdings nur insgesamt drei Füße auf dem Boden haben.

- **Eisscholle**

Jede Konfirmandin und jeder Konfirmand stellt sich vor, sie oder er sei ein Pinguin und alle Tiere stünden dicht nebeneinander auf einer großen Eisscholle (= ein großes Blatt Zeitungspapier). Es wird langsam wärmer und das Eis beginnt zu schmelzen (vom Zeitungspapier werden Streifen abgerissen). Die Scholle wird kleiner und kleiner. Die Konfirmandinnen und Konfirmanden müssen sich gegenseitig festhalten und einander helfen, um nicht von der Eisscholle zu stürzen. Schaffen es alle, auf einer immer kleiner werdenden Fläche zusammenzubleiben?

- **Gruppenknoten**

Die Gruppe bildet einen Kreis und fasst sich dabei an den Händen. Ohne dass die Hände losgelassen werden, verknotet sich der Kreis mit sich selbst – soweit es nur geht. Anschließend entknotet sich die Gruppe wieder. Variante: Die Gruppe verknotet und entknotet sich schweigend.

- **Ich bin du**

Alle Konfirmandinnen und Konfirmanden schreiben jeweils ihre Namen auf Zettel. Alle Zettel werden eingesammelt und gemischt. Dann erhält jede und jeder einen neuen Zettel mit dem Namen einer anderen Konfirmandin oder eines anderen Konfirmanden und vollendet vorgegebene Halbsätze in Ich-Form,
z. B.: – „Ich kann sehr gut ..."
– „Ich mag ..."
– „Ich freue mich auf ..."
– „Ich lese gern ..."
Anschließend soll der Name der vorgestellten Person erraten werden.

- **Jurtenkreis**

Das Spiel erfordert eine gerade Teilnehmerzahl. Alle stehen im Kreis und halten sich fest an den Händen. Nun wird abgezählt: 1, 2, 1, 2 usw. Zur gleichen Zeit (wichtig!) lassen sich alle Einser langsam nach vorn, alle Zweier nach hinten fallen. Es entsteht eine Zickzacklinie, bei der alle von allen gehalten werden. Das Spiel wird öfter wiederholt, wobei die Positionen gewechselt werden.

- **Kreismassage**

Die Konfirmandinnen und Konfirmanden stellen sich in einen Kreis. Jede und jeder wendet sich dann nach links und legt die Hände auf die Schultern der Vorderfrau oder des Vordermannes. Dann werden die Schultermuskeln massiert. Dabei geht man langsam in Kreis herum.

- **Mit Fingerspitzen führen**

Zwei Partner stehen sich gegenüber und berühren sich leicht mit den Fingerspitzen. Nun schließt eine oder einer die Augen und der oder die andere führt vorsichtig durch den Raum. Nach einiger Zeit wird gewechselt.

- **Prui**

Alle gehen langsam mit geschlossenen Augen durch den Raum. Der oder die Spielleiterin flüstert einem oder einer ins Ohr, dass er oder sie „Prui" ist. Berührt einer den andern, so gibt er oder sie dem oder der anderen die Hand und fragt: „Prui?" Fragt der oder die andere „Prui?" zurück, so ist klar, dass man Prui noch nicht gefunden hat. Erhält man auf seine Frage keine Antwort, dann hat man „Prui" gefunden (denn Prui ist stumm und geht als Einzige[r] mit geöffneten Augen durch den Raum). Man darf die Augen öffnen, die Hand von „Prui" festhalten und so selbst zu einem Teil der mit der Zeit immer größer werdenden „Prui-Schlange" werden. Schließlich ist die ganze Gruppe zu „Prui" geworden.

- **Was wäre ich, wenn ich ein X wäre?**

Jede Konfirmandin und jeder Konfirmand erhält ein Blatt mit Halbsätzen: „Was wäre ich, wenn ich ein Tier/ ein Auto/eine Pflanze/eine Sportart/eine Farbe wäre?" Alle beenden die Sätze. Die Blätter werden eingesammelt. Die Gruppe errät, wer sich hinter den Assoziationen verbirgt.

- **Wer wird Kapitän?**

Jede und jeder erhält 25 Streichhölzer. Reihum gibt nun jede und jeder zwei bis drei Hölzer an eine Mitspielerin oder einen Mitspieler und begründet (positiv), warum sie die Streichhölzer erhalten haben („Ich gebe dir 3 Streichhölzer, weil du mir neulich geholfen hast" oder „...weil du immer so nett lachst."). Die Konfirmandin oder der Konfirmand mit den meisten Streichhölzern ist Kapitän geworden.

- **Zeltplatzspiel**

Die Konfirmandinnen und Konfirmanden gehen so lange im Raum umher, bis sie eine Stelle gefunden haben, wo sie sich am wohlsten fühlen. Dort bleiben sie stehen. Wenn alle stehen, ist eine Momentaufnahme der Gruppe entstanden. Mit Fragen wie „Wie ist es dir bei deiner Suche nach deinem Zeltplatz ergangen?" oder „Was fällt dir auf, wenn du in den Raum schaust?" kommt das Gespräch in Gang.

- **Zu zweit aufstehen**

Paare stehen Rücken an Rücken zusammen, Oberkörper, Arme und Kopf hängen locker vornüber. Zunächst richten sich beide, Wirbel für Wirbel, auf, dann setzen sie sich, aneinander herunter gleitend, auf den Boden. Mit dem Gesäß zusammensitzend drücken sich beide wieder hoch bis in den Stand. Alles langsam in Zeitlupe wiederholen.

THEMATISCHE SPIELE – RATESPIELE

- **Großer Preis**

Die Spielregeln sind die der gleichnamigen Fernsehsendung. Es werden Kleingruppen gebildet, die gegeneinander spielen. Der Spielplan muss für alle gut sichtbar angeschrieben oder aufgehängt sein. Eine Gruppe beginnt mit der Wahl einer bestimmten Punktzahl. Der Spielleiter oder die Spielleiterin nennt die entsprechende Frage. Für jede Frage gibt es 30 Sekunden Zeit. Kennt die Gruppe die richtige Antwort, werden ihr die Punkte gutgeschrieben, sonst wandert die Frage zur nächsten Gruppe weiter. Jede Gruppe fängt mit einem Bonus von 100 Punkten an. Bei einer „Glücksfrage" können 50 Punkte gewonnen werden; bei nicht beantworteten „Risikofragen" gibt es einen Punktabzug. Alle Gruppen erhalten zum Schluss kleine Preise. Als Themen eignen sich: Schöpfung, Weihnachten, Unsere Gemeinde u. a.
(vgl. ku praxis 29, 67 ff.)

- **Identifikationsspiel**

Alle Teilnehmer kommen einzeln zum Spielleiter oder der Spielleiterin und nennen ihm oder ihr die Person, die sie gut finden oder die sie interessiert (Popstar, Sportler, Politikerin usw.). Die Teilnehmer bilden zwei gleich große Gruppen. Der Spielleiter oder die Spielleiterin schreibt alle ihm oder ihr berichteten Namen auf ein großes Plakat. Die einzelnen Gruppen versuchen nun herauszubekommen, wer in der jeweils anderen Gruppe „wer ist". Abwechselnd wird gefragt: „X, bist du vielleicht ...?" Wird eine Person erraten, wechselt sie zu der anderen Gruppe über. Bei einem Rateerfolg darf dieselbe Gruppe noch einmal raten. Das Spiel ist zu Ende, wenn alle Teilnehmer erraten sind. Sieger ist die Gruppe, die am Schluss die meisten Mitglieder hat.

- **Känguru**

Es werden zwei oder mehr gleich starke Gruppen gebildet, die sich nebeneinander aufstellen. In den Gruppen legt jeder und jede dem oder der von ihm/ihr Stehenden die Hände auf die Schulter. Die Gruppe, aus der jemand zuerst eine Frage des Spielleiters oder der Spielleiterin (Beispiele: Fragen zur Bibel, Gemeinde, Jesus, Gottesdienst u. a.) beantworten kann, darf in Richtung Ziellinie hüpfen – aber nur alle zusammen. Sieger ist die Gruppe, die zuerst die Ziellinie erreicht.

- **Religionsfußball**

Das Spiel eignet sich besonders zur Wiederholung und Vertiefung von bereits erworbenen Kenntnissen zu einem Thema. Es bilden sich mehrere Gruppen mit je fünf Spielern, zwei Angreifern und drei Verteidigern. Über die „Mannschaftsaufstellung" einer Gruppe befindet die Gruppe selber. Nun stellt ein Angreifer der Mannschaft A eine Frage, die von den Verteidigern der Mannschaft B beantwortet werden muss. Kann die Frage nicht beantwortet werden, geht die Mannschaft A 1:0 in Führung. Kann der Angreifer die Frage selbst nicht beantworten, hat er ein Eigentor erzielt: 0:1. Auf diese Weise können in der Konfirmandengruppe auch Turniere ausgetragen werden. Der Schiedsrichter ist mit gelben und roten Karten (für Störungen des Spielbetriebs) ausgestattet.

- **Silbenrätsel**

An Kleingruppen (3–4 Teilnehmer) werden Briefumschläge verteilt, in denen Zettel mit einzelnen Silben stecken. Auf ein Zeichen hin werden die Umschläge geöffnet. Die Gruppen müssen nun versuchen, aus den Silben den richtigen Satz zu legen (Beispiele: Seligpreisungen, Sätze aus dem Glaubensbekenntnis, Vaterunser u. a.). Wer hat es zuerst geschafft?

BEWEGUNGS- UND SPASSSPIELE

• **Besenspiel**
Die Gruppe sitzt in einem engen Kreis zusammen. Jede und jeder nennt ein Tier, das er oder sie besonders interessant findet. In der Mitte steht ein Teilnehmer, für den im Kreis kein Platz mehr ist. Er oder sie hält aufrecht einen Besen fest, ruft ein vorher genanntes Tier auf und lässt den Besen fallen. Der Spieler oder die Spielerin, die dieses Tier genannt haben, müssen schnellstens aufspringen und verhindern, dass der Besenstiel den Boden erreicht. Glückt das nicht, werden die Plätze gewechselt.

• **Ebbe und Flut**
Alle sitzen im Kreis auf Stühlen – bis auf eine oder einen, der oder die keinen Platz mehr gefunden hat. Er oder sie steht nun in der Mitte und ruft: „Ebbe" (alle müssen einen Platz weiter nach rechts rutschen), „Flut" (einen Platz weiter nach links) oder „Sturmflut" (alle müssen den Platz tauschen). Dabei muss der oder die in der Mitte Stehende zusehen, dass er oder sie einen freien Platz erwischt.

• **Familiensuche**
Der Spielleiter oder die Spielleiterin verteilt vorbereitete Zettel, auf die ähnlich klingende Familiennamen mit einzelnen Familienrollen geschrieben sind (Beispiel: Oma, Vater, Mutter, Tochter, Sohn Beyer/Meyer/Geyer/Heyer ...). Auf ein Zeichen müssen sich die Familien möglichst schnell zusammenfinden und gemeinsam auf einem Stuhl Platz nehmen.

• **Hexe im Park**
Alle gehen als Spaziergänger im Park (= im Raum) umher. Eine oder einer, durch ein Hexentuch (Schal oder Halstuch) als Hexe oder Hexer kenntlich gemacht, versucht, die Spaziergänger zu fangen. Diese können sich vor der Hexe retten, wenn sie vor ihr zu einer Fratze erstarren. Sie müssen allerdings in dieser Haltung so lange verharren, bis ein anderer Spaziergänger sich vor sie stellt und spiegelbildlich dieselbe Fratze wiederholt.
Wenn dagegen die Hexe einen Spaziergänger abschlägt, muss dieser anschließend als Hexe unschuldige Leute fangen.

• **Jung – alt**
Die Konfirmandinnen und Konfirmanden bewegen sich bei leiser Musik im Raum. Die oder der Unterrichtende ruft eine Zahl: 70. Anschließend bewegen sich die Jugendlichen wie 70-Jährige, bei 3 wie 3-Jährige, bei 18 wie 18-Jährige usw.

• **Nummernspiel**
Jede und jeder zieht einen Nummernzettel und merkt sich die eigene Nummer (so viel Nummern wie Teilnehmer!). Alle sitzen im Kreis bis auf eine oder einen, der oder die keinen Platz mehr gefunden hat. Er oder sie sagt zwei Nummern an und diese müssen möglichst heimlich Kontakt aufnehmen und die Plätze wechseln, ohne dass es der oder die in der Mitte merkt.

• **Obstkorb**
Die Gruppe sitzt im Kreis, der Spielleiter oder die Spielleiterin steht ohne Stuhl in der Mitte. Er oder sie teilt die Gruppen in verschiedene Obstsorten ein (am einfachsten durch Abzählen): Äpfel, Zitronen, Kirschen, Birnen usw. Heißt das Kommando: „Äpfel!", dann tauschen alle Äpfel ihre Plätze, bei „Zitronen!" alle Zitronen usw. Bei dem Wort „Obstkorb" müssen alle Spielerinnen und Spieler ihre Plätze tauschen. Der oder die in der Mitte stehende muss bei diesen Aktionen versuchen, einen freien Stuhl zu ergattern.

• **Spiele mit Luftballons**
Zweiergruppen müssen einen Luftballon so lange wie möglich in der Luft halten, ohne die Hände zu benutzen. Wenn er zu Boden fällt, scheidet das Paar aus. Das letzte Paar hat gewonnen.
Variante: Jedes Paar hält drei Ballons in der Luft.
Jede und jeder erhält einen Luftballon und stellt sich in den Kreis. Erste Phase: Man hält den eigenen Ballon durch Antippen mit der Fingerspitze in der Luft. Zweite Phase: Man hält den Ballon durch „Pusten" in der Luft. Dritte Phase: Man hält ihn nur durch Antippen mit der Schulter in der Luft.

• **Stühle-Mühle**
Es werden neun Stühle in drei Reihen hintereinander aufgestellt. Nun werden zwei Mannschaften mit drei Spielern gebildet, die abwechselnd die Stühle besetzen. Dabei muss eine bestimmte Reihenfolge eingehalten werden: A 1, B 1, A 2, B 2 usw. Die Spieler und Spielerinnen dürfen sich dabei weder verbal noch nonverbal verständigen. Jede Mannschaft muss versuchen, eine Mühle zu bilden (waagerecht, senkrecht oder diagonal).

• **Wir sind eine Maschine**
Die Gruppe sitzt im Kreis. Der Spielleiter gibt folgende Anweisung: „Denkt euch, wir wären eine Maschine ..." Einer fängt an und macht in der Mitte des Kreises Bewegungen (z. B. dreht die Arme), ein anderer steht auf und schließt sich mit Bewegungen an, die dazu passen (z. B. Arm drehen und Kopf wackeln) usw. Jede und jeder überlegt sich passende Bewegungen oder kopiert die anderer Teilnehmer. Am Schluss ist die ganze Gruppe an einer Maschine beteiligt.

• **Wundertaler**
Der Spielleiter oder die Spielleiterin verschenkt einen gedachten Wundertaler, für den sich ein Spieler oder eine Spielerin etwas kaufen kann, was er oder sie schon immer haben will (Beispiele: Weltreise, Rennrad, Computer usw.). Zu diesem Wunsch wird er oder sie eine Minute lang von allen in der Gruppe befragt. In

dieser Zeit darf er oder sie nicht „ja“, „nein“, „schwarz“ oder „weiß“ sagen.

- **Zahlen rufen**

An der Tafel oder auf der Flipchart werden Zahlen mit einer bestimmten Bedeutung aufgeschrieben:

1 = auf den Boden setzen
2 = auf dem rechten Bein stehen
3 = Kniebeugen machen
4 = sich auf den Rücken legen

Die Konfirmandinnen und Konfirmanden gehen im Raum umher. Die oder der Unterrichtende ruft eine der Zahlen und alle erfüllen die damit verbundene Aufgabe. Wer mit einer falschen Aufgabe beginnt, scheidet aus. Am Ende bleibt eine Siegerin oder ein Sieger übrig.

FRÖMMIGKEITSFORMEN/SPIRITUALITÄT IM KONFIRMANDENUNTERRICHT

Bei jedem thematischen Abschnitt des Kursbuches gibt es in der Regel auf der letzten Seite ein Angebot für eine Andacht zu dem jeweiligen Thema, für ein Anfangs- oder Schlussritual oder für eine andere spirituelle Form. Sie können mit der Konfirmandengruppe auch im Konfirmandenraum, besser jedoch, wenn möglich, im Kirchraum gefeiert werden.
Da ein Großteil der Kinder und Jugendlichen heute in einer Umgebung der spirituellen Verarmung oder Leere aufwächst, wird es zur immer wichtigeren Aufgabe der Konfirmandenarbeit, Erfahrungen mit Religion oder Spiritualität anzubahnen oder zu ermöglichen.
Zu fast jedem Thema bietet dieses Praxisbuch auch Materialien zu einem mit den Konfirmandinnen und Konfirmanden erarbeiteten Gottesdienst. Wahrscheinlich bekommen Konfirmandinnen und Konfirmanden durch die Mitwirkung und Gestaltung von Gottesdiensten am ehesten eine Vorstellung davon, dass ein Gottesdienst auch für sie zur Glaubens- und Lebenshilfe werden kann. Dazu müssten aber auch Fragen, Themen und Ergebnisse aus der Konfirmandenarbeit in die Gestaltung des Gottesdienstes einbezogen werden.

BETEN

- **Gebetswürfel**

Aus quadratischen Holzrohlingen werden Würfel hergestellt, auf die die Konfirmandinnen und Konfirmanden aus einer ihnen vorliegenden Auswahl Gebete schreiben. Zu Beginn der Unterrichtsstunde, bei Freizeiten, vor gemeinsamen Mahlzeiten oder bei anderen Anlässen kann das „Spiel“ mit diesen Gebetswürfeln Konfirmandinnen und Konfirmanden die sonst oft anzutreffende Scheu vor dem Beten nehmen.

- **Klagemauer**

Im Gemeindehaus oder im Vorraum der Kirche bauen die Konfirmandinnen und Konfirmanden aus Kartons oder fester Pappe eine Klagemauer auf, auf die Gemeindeglieder und Gottesdienstbesucher Bitten, Klagen, Wünsche und Danksagungen schreiben können. Diese Klagemauer wird von den Konfirmandinnen und Konfirmanden betreut. Dabei können einzelne Äußerungen von der Klagemauer immer wieder im Unterricht aufgenommen und zu gottesdienstlichen Fürbitten umformuliert werden.

- **Malen nach Musik**

Vgl. S.197.

- **Natur**

Werden Psalmen, Gebete oder meditative Texte einmal draußen in der Natur (Beispiele: unter dem Sternenhimmel, im Wald, bei einem Sonnenaufgang/Sonnenuntergang, unter einem großen Baum ...) gesprochen, haben sie nicht selten gerade für Konfirmandinnen und Konfirmanden eine wesentlich intensivere Wirkung. Dasselbe gilt von einem bei einer Nachtwanderung gesprochenen Psalm.

- **Ruhe halten**

Bei einer Freizeit sollte es einen Ruhe-Raum und eine feste Ruhe-Zeit geben. Man kann mit den Konfirmandinnen und Konfirmanden verabreden, zu bestimmten Zeiten (Beispiel: jeweils 15 Minuten vor den Mahlzeiten) in den Raum zu gehen, sich auf die Erde zu setzen oder zu legen, Kerzen anzuzünden und Ruhe zu halten. In die Stille hinein kann jeweils von einem Konfirmanden oder einer Konfirmandin ein kurzer Bibeltext gelesen werden.

- **Ringbuch**

Die Konfirmandinnen und Konfirmanden erhalten ein selbst zusammengestelltes DIN-A5-Ringbuch („Andachtsmappe“) mit Fotos, kurzen Texten, kleinen Geschichten, Karikaturen, Bibeltexten, Gedichten, bekannten Liedern und Gebeten. (Vgl. dazu die Materialien auf der CD-ROM!) Der Reihe nach ist jeder und jede dran, zu Beginn der Stunde eines der Materialien auszuwählen, vorzustellen und kurz etwas dazu zu sagen. Die Materialien können immer wieder ergänzt werden, auch auf Vorschlag der Jugendlichen selbst. (Da manche das Ringbuch, wenn sie „dran“ sind, auch mit nach Hause nehmen werden und es dabei schon mal zu Verlusten kommt, empfiehlt es sich, von vornherein ein doppeltes Exemplar anzulegen.)

- **Vaterunser**

Für die Konfirmandinnen und Konfirmanden ist das wichtigste Gebet in der Regel das Vaterunser. Es kann jeweils am Ende der Stunde gebetet, gesungen oder in Gebärdensprache gesprochen werden (Alternative: Friedensgebet des Franz von Assisi).

- **Zeitungsgebete**

Zu Zeitungsmeldungen oder -schlagzeilen sprechen einzelne Konfirmandinnen und Konfirmanden kurze Bitten, die jeweils durch ein von allen gesungenes oder gesprochenes „Herr, erbarme dich“ unterbrochen werden. Zunächst gestalten die Unterrichtenden selbst die Fürbitten, bis auch die Konfirmandinnen und Konfirmanden in diese Form hineinwachsen.

BIBEL

- **Bilderbibel**

Aus einer Bilderbibel (Beispiel: Merian-Bibel) wählen die Unterrichtenden etwa 30–40 Bilder zu alt- und neutestamentlichen Geschichten aus. Diese Bilder werden für alle Konfirmandinnen und Konfirmanden kopiert. Zugleich werden DIN-A4-Blätter (in der Mitte gefaltet) vorbereitet, auf die die Bilder geklebt werden können. Zu Beginn der Stunde bekommt jeder ein Bild. Gemeinsam wird versucht, über das Bild die Geschichte zu rekonstruieren. Sie kann anschließend kurz

vorgelesen werden. Neben das Bild schreiben die Konfirmandinnen und Konfirmanden den Titel der Geschichte.
Im Laufe der Konfirmandenzeit erhalten die Jugendlichen auf diesem Wege eine eigene kleine Bilderbibel. Die einzelnen Blätter werden durch Fadenheftung zusammengehalten.

- **Dias**

Zu Anfang einer Stunde wird ein Dia oder eine Folie zu einer biblischen Geschichte gezeigt, die gemeinsam von allen beschrieben, erschlossen und kommentiert werden können.

- **Lesefigur**

Ein biblischer Text (Beispiele: Psalm 22, 23, 103, 139, 145 oder Matthäus 5,3-10 oder Römer 8,31-39 oder 1. Korinther 13,1-13) wird den Konfirmandinnen und Konfirmanden als Kopie vorgelegt. Sie lesen den Text genau durch und unterstreichen die Sätze, Verse und Versteile (möglichst nur eine Stelle), die sie sehr ansprechen. Anschließend liest der oder die Unterrichtende laut den gesamten Text. Jeder Konfirmand und jede Konfirmandin liest die Stellen laut mit, die er oder sie unterstrichen hat.
Diese Lesefigur kann zugleich auch auf Kassette aufgenommen und hinterher vorgespielt werden.

- **Texte tauschen und verschieden sprechen**

Alle Konfirmandinnen und Konfirmanden bekommen jeweils eine Karte, auf der auf der Vorderseite ein Bibelvers und auf der Rückseite eine Zahl stehen. Die Zahl bezeichnet den Platz des Verses im Zusammenhang des Textes. Alle ausgeteilten Karten ergeben einen zusammenhängenden Text – z.B. Psalm 23 oder 139. (Bei kürzeren Texten und größeren Konfirmandenzahlen werden nur Versteile auf die Karten geschrieben.).
1. Die Konfirmandinnen und Konfirmanden gehen im Raum umher und machen sich mit ihrem Text vertraut. Sie können ihn laut sprechen oder still für sich meditieren.
2. Tauschaktion: Spricht der Vers, den sie bekommen haben, sie nicht an, können sie versuchen, ihre Textkarte gegen eine andere zu tauschen.
3. Haben sie „ihren" Vers gefunden, gehen sie durch den Raum und sprechen ihn laut, als ob sie ihn bei einem Gottesdienst vorlesen würden.
4. Sie flüstern diesen Vers einem anderen zu – „wie ein wichtiges Geheimnis".
5. Sie versuchen, diesen Vers mit Bewegungen und Gebärden Gehörlosen zu verdeutlichen.
6. Sie sprechen den Vers so, als ob es ihr Text für die Aufnahmeprüfung einer Schauspielschule wäre.
7. Sie stellen sich im Kreis in der Reihenfolge ihrer Zahlen auf und sprechen ihren Vers und damit den ganzen Text so, wie sie ihn gern sprechen möchten.

BILDER

- **Bildbetrachtung**

Eine einfache Form der Bildmeditation: Alle sitzen im Kreis, in der Mitte steht eine Kerze. Die Konfirmandinnen und Konfirmanden erhalten ein Bild und beschreiben zunächst nur, was sie sehen. In einer zweiten Phase äußern sie ihre Gefühle, die ihnen bei dem Bild gekommen sind („Mich ärgert das Bild, denn ..." oder: „Bei diesem Bild werde ich traurig, weil ..."). Danach sprechen sie eine Bitte, einen Dank, einen Wunsch aus, die sie mit dem Bild verbinden. Der oder die Unterrichtende kann diese Voten in einem kurzen Schlussgebet aufnehmen und weiterführen.

- **Symbolbilder**

Malen die Konfirmandinnen und Konfirmanden Mandalas (vgl. Kursbuch, S. 116) aus, schreiben sie Texte in eine Spiralfigur (vgl. Kursbuch, S. 99), gestalten sie einen Taufstein (vgl. Kursbuch, S. 46) oder einen Glaubensbaum, dann beschäftigen sie sich in Gedanken auch mit dem Thema, das mit der Symbolfigur verbunden ist. Diese Beschäftigung kann durch leise Meditationsmusik unterstützt werden.

FEIERN

- **Adventsfeier**

Elemente der Adventsfeier können sein: Plätzchen backen, Lieder singen, Dias malen und vorführen, Geschichten erzählen, Kerzen verzieren, Geschenke verteilen, kleine Spiele, kleine Geschenke basteln für allein stehende ältere Gemeindeglieder u. a. (vgl. S. 43).

- **Abendmahl-Freizeit**

Anregungen und Beispiele für Agape- und Abendmahlsfeiern auf Konfirmandenfreizeiten bieten: Mit Konfirmanden: Jesus begegnen. Beten, Materialhefte der Beratungsstelle für Gestaltung 46/47, Frankfurt 1986, 181 ff., und: ku praxis 27, 25 ff.

- **Essen**

Für gemeinsames Essen während der Konfirmandenzeit kann es verschiedene Anlässe geben:
  - Essen mit Presbytern/Kirchenvorstand, Eltern und Konfirmanden zu Beginn der Konfirmandenzeit.
  - Einladung der ausländischen Schulfreundinnen und Schulfreunde zu einem Essen (vgl. S. 68).
  - Gemeinsames Essen im Unterricht während der Abendmahls-Einheit (vgl. Kursbuch, S. 52).
  - Essen während des Feierabendmahls der Gemeinde.
  - Vor den Sommerferien.
  - Gemeinsames Frühstück am Tag nach der Konfirmation.

- **Feierabendmahl**

Zur Beteiligung der Konfirmandinnen und Konfirmanden am Feierabendmahl vgl. S. 68.

• **Konfirmationsfeier**
Vorschläge und Beispiele für eine Andacht, ein Treffen oder eine Feier nach der Konfirmation finden sich in: ku praxis 21, 78 f.; E. Domay (Hg.), Gottesdienst-Praxis Serie B. Konfirmation, Gütersloh 1990, 157 ff., und in: Gottesdienste zur Konfirmation, Materialhefte der Beratungsstelle für Gestaltung 57, Frankfurt 1990, 213 ff.

RÄUME

• **Kirche**
Während der Unterrichtszeit sollten die Unterrichtenden mit den Konfirmandinnen und Konfirmanden öfter in die Kirche gehen. Im Altarraum können Sitzkissen ausgelegt oder Decken ausgebreitet werden, auf denen die Jugendlichen Platz nehmen, während eine Geschichte erzählt, miteinander gesungen oder gebetet wird.

• **Räume**
Religiöses Erleben ist auch mit ästhetischen Empfindungen verbunden. In hässlichen Räumen fällt es schwerer, Frömmigkeit zu praktizieren. Unaufgeräumte Unterrichtsräume laden nicht zum Meditieren ein, starre Tischordnungen verhindern eher eine konzentrierte Atmosphäre, wie sie fürs Beten sinnvoll ist. Die Größe eines Raumes, seine Stimmung und Ausstattung wirken sich fast immer darauf aus, ob Jugendliche sich in ihren Frömmigkeitsäußerungen ermutigt oder gehemmt fühlen.
Daher ist es oft unerlässlich, gemeinsam mit den Konfirmandinnen und Konfirmanden den Raum, in dem gefeiert, gebetet, meditiert oder die Bibel gelesen werden soll, erst entsprechend herzurichten und zu gestalten.

SINGEN

• **Rock-Songs**
Es gibt eine ganze Reihe von Rock-Songs mit religiösen Texten (Sting, E. Clapton, B. Dylan, Ph. Collins, Pur, Müller-Westernhagen, Die Toten Hosen u. a.). Oft kennen die Jugendlichen die Melodien, aber nicht die Texte. Zu bestimmten Anlässen (Freizeiten, Feten ...) können die Jugendlichen ihre Kassetten oder CDs mitbringen, um sie gemeinsam anzuhören und über die Texte zu reden.

• **Singen**
1. Wenn die Kindheit zu Ende geht, haben Jugendliche meist die Unbefangenheit zum Singen verloren. Keiner sollte darum zum Singen gezwungen werden. Jungen, die sich im Stimmbruch befinden, schämen sich oft, wenn sie in einer Gruppe zusammen mit Mädchen singen sollen.
2. Kommt das erste Lied gut an, ist das am ehesten eine Motivation für weiteres Singen. Darum ist es wichtig, sich vorher genau zu überlegen, was gesungen werden soll.
3. Für Konfirmandinnen und Konfirmanden ist die Melodie wichtiger als der Text. Im Anfang sollten nur einige „Ohrwürmer“ gesungen werden.
4. Lieder, die sich die Jugendlichen wünschen, haben Vorrang. Diese Lieder dürfen auch mehrmals gesungen werden.
5. Vor dem Singen sollte möglichst die richtige Tonart herausgesucht werden. Viele Lieder sind für Jugendliche zu hoch gesetzt.
6. Im Konfirmandenunterricht sollte man nicht warten, bis alle mitsingen, sondern selber mit dem Singen beginnen. Oft braucht es mehrere Versuche, bis der Funke überspringt.
7. Für den gesamten Konfirmandenunterricht reicht ein Umfang von etwa 10–15 Liedern, die immer wieder gesungen werden sollten. Sie sollten auch im Gottesdienst vorkommen.
8. Zusammen mit den Konfirmandinnen und Konfirmanden kann ein eigenes kleines Liederheft für den Unterricht zusammengestellt werden.

„UNRELIGIÖSE“ JUGENDLICHE

In jeder Konfirmandengruppe gibt es Jugendliche, die über religiöse Texte, Lieder und Gebete nur schwer anzusprechen sind. Sie singen oder beten mit den anderen mit, aber es ist ihnen anzusehen, dass sie keinen rechten Zugang dazu finden. Oft sind sie aber bereit, sich für eine Aktion einzusetzen oder bei einer Unternehmung aktiv mitzumachen. Es ist ihre Form der „Frömmigkeit“, die akzeptiert und unterstützt werden sollte.

LITERATUR

- Schenk dir Zeit. Texte–Bilder–Lieder für Schule, Familie und Gemeinde (Evang. Presseverband Baden), Karlsruhe 1988
- ku praxis 30: Wenn ihr betet ..., Gütersloh 1992
- ku praxis 35: Gott gab uns Atem ... Anregungen und Bausteine zu Liedern, Gütersloh 1996
- J. Burgschweiger, Heute leben. Kurzandachten für Jugendliche. Düsseldorf 2000.
- Liederbuch der Jugend, Gütersloh 2001
- H. M. Lübking, Jugendgottesdienst plus, Gütersloh 2001
- W. Milstein, Spielszenen für den Gottesdienst, Göttingen 2002
- H. Rupp (Hg.), Handbuch der Kirchenpädagogik, Calw 2006

Die Arbeitsmaterialien und Angebote der CD-ROM sind auch beim Inhaltsverzeichnis des Praxisbuches aufgeführt.
Alle Dateien liegen im Pdf-Format vor. Diese Dateien sind nicht veränderbar; Texte können über die Zwischenablage kopiert werden.
Den Acrobat-Reader, der zum Lesen der Pdf-Dateien benötigt wird (ab 5.0), kann man sich in der neuesten Version unter www.adobe.com/de/ im Internet herunterladen.

TEXTNACHWEIS

18 Peter Horst und Ingrid Scholz, Mit Konfirmanden Spuren Gottes suchen, Materialhelft 38 der Beratungsstelle für Gestaltung von Gottesdiensten u.a., Frankfurt/Main 1983, S. 185-187.
77 Ernst Lange, „Der Wahrheit ins Auge sehen, in: Projektgruppe Fulda: Pulsschlag der Kirchen-Mission, Aachen 1975, © Bischöfliches Generalvikariat Fulda.
78 © Heiner Heine.
100 „Gespräch zwischen Israeliten und Babyloniern", Originaltitel aus: Loccumer Reihe, Heft 2/1983, S. 29 © rpi, Loccum.
140 Am Ende die Rechnung, aus: Lothar Zenetti, Auf seiner Spur. Texte gläubiger Zuversicht (Toposplus 327) © Matthias-Grünewald-Verlag, Mainz 3/2002, S. 198.
147 forum religion: pti Kassel.
162 Hans-Georg Noack, aus: Der gewaltlose Aufstand, © Jugendstiftung HGN.
178 Aus: Jörg Zink/Rainer Röhricht, Was Christen glauben, Gütersloh 1992, © Jörg Zink.

BILDNACHWEIS

46 © Fritz Behrendt.
70 Quelle unbekannt.
71 (u.) Otto Pankok, Er feiert mit den Freunden Abendmahl, aus: Die Passion, 1933/34, © Eva Pankok, Pankok-Museum, Hünxe.
78 © Heiner Heine.
80 © Klaus-Gerhard Dumrath.
92 © Peter Wirtz, Dormagen.
106 „Das Zeichen der Bäume", aus: Wolfgang Dietrich, Exemplarisch Bilder, © 1978 by Burckhardthaus-Laetare Verlag.
138 Hiobs Plagen und Erhöhung/Meister der Barbara-Legende, 1485/90.
139 H.R. Giger, Satan I, 1977, © Museum H.R. Giger, Gruyères.
157 Otto Pankok, Christus zerbricht das Gewehr, 1950, © Eva Pankok, Pankok-Museum, Hünxe.
161 Tony Schreiber, Erftstadt.
166 © Jals.
175 Quelle unbekannt.

Hans-Martin Lübking
Die Jesus-Geschichte
48 Seiten, kartoniert
ISBN 3-491-76449-1

Zum neuen Programm Kursbuch Konfirmation gehört eine „Jesus-Geschichte". Das Heft enthält eine Auswahl und Bearbeitung des Markusevangeliums. Kurze sachliche und thematische Erläuterungen für Jugendliche begleiten den knapp und verständlich gehaltenen Text.

GESCHENKBUCH
ZUR KONFIRMATION
HANS-MARTIN LÜBKING
EIN FREIER
MENSCH
WERDEN
Patmos